面向新工科普通高等教育系列教材

电力系统分析

孙秋野　编著

机械工业出版社

本书全面介绍了电力系统的分析和设计方法以及相应的运行实践，共分为10章，包括电力系统稳态和暂态两部分。稳态部分共6章，主要内容包括电力系统概述、电网等效电路和参数计算、电力系统潮流计算、电力系统计算机潮流计算、电力系统有功功率和频率、电力系统无功功率和电压；暂态部分共4章，主要内容包括电力系统对称故障分析与计算、电力系统不对称故障分析与计算、电力系统静态稳定性、电力系统暂态稳定性。

本书力求将理论知识与工程实践紧密结合。全书以一个典型简化电网为案例贯穿，力求为读者构建完整的电力系统观念。在各章开篇加入章节知识的思维导图，在各章末尾加入了现场工程师和杰出青年科研工作者对于该部分知识的理解。为便于教学及自学，在各章中均配以视频、动画等二维码数字资源，通过扫描二维码即可直观明了地观看导学视频讲解和知识点动画演示。

本书取材全面且合理，可作为电气工程类电力系统及其自动化专业的教材，也可作为其他强电类专业的教学用书，同时亦可作为从事电力相关行业的工程技术人员的参考用书。

本书配有授课电子课件，需要的教师可登录 www.cmpedu.com 免费注册，审核通过后下载，或联系编辑索取（微信：15910938545，电话：010-88379739）。

图书在版编目（CIP）数据

电力系统分析/孙秋野编著.—北京：机械工业出版社，2022.6（2025.7 重印）

面向新工科普通高等教育系列教材

ISBN 978-7-111-68224-0

Ⅰ.①电⋯　Ⅱ.①孙⋯　Ⅲ.①电力系统-系统分析-高等学校-教材　Ⅳ.①TM711

中国版本图书馆 CIP 数据核字（2021）第 088211 号

机械工业出版社（北京市百万庄大街 22 号　邮政编码 100037）
策划编辑：汤　枫　　责任编辑：汤　枫
责任校对：张艳霞　　责任印制：常天培
河北虎彩印刷有限公司印刷

2025 年 7 月第 1 版・第 3 次印刷
184mm×260mm・17.75 印张・437 千字
标准书号：ISBN 978-7-111-68224-0
定价：69.00 元

电话服务　　　　　　　　　网络服务
客服电话：010-88361066　　机　工　官　网：www.cmpbook.com
　　　　　010-88379833　　机　工　官　博：weibo.com/cmp1952
　　　　　010-68326294　　金　书　网：www.golden-book.com
封底无防伪标均为盗版　　机工教育服务网：www.cmpedu.com

前言

电力系统是由发电、输电、变电、配电和用电等环节组成的电能生产与消费系统。它的功能是将自然界的一次能源通过发电装置转换成电能,再经输电、变电和配电系统将电能供应给负荷,通过各种设备转换成动力、热、光等不同形式的能量,从而为地区经济和人民生活提供服务。电力系统的出现,使高效、无污染、使用方便、易于调控的电能得到广泛应用,推动了社会生产各个领域的变化,开创了电力时代,引发了第二次技术革命。电力系统的规模和技术水准已成为一个国家经济发展水平的标志之一。电力系统分析是一门研究电力系统在稳态和暂态过程中的各种行为特性及其调控技术的、应用性极强又具有系统理论体系的学科。

目前,绝大部分高校的电气相关专业均开设了电力系统分析课程。对于高校电气专业学生、电力工程师等,一本内容充实、难度适当且能够涵盖电力系统传统及新兴技术,并将其较好融合的教材是极其重要的。

党的二十大报告指出:"立足我国能源资源禀赋,坚持先立后破,有计划分步骤实施碳达峰行动。"作为国家重要的基础产业和公共事业,电力系统是碳减排的重要领域,党的二十大报告为电力系统的发展指明了绿色低碳发展之路。面向这一国家最新能源战略需求,本书全面介绍了电力系统的分析和设计方法以及相应的运行实践,其中特别强调了这一学科领域的发展历程及新技术的产生与应用。本书包括电力系统稳态和暂态两部分,其中稳态部分主要内容包括电网等效电路和参数计算、电力系统潮流计算、电力系统计算机潮流计算、电力系统有功功率和频率、电力系统无功功率和电压;暂态部分主要内容包括电力系统对称故障分析与计算、电力系统不对称故障分析与计算、电力系统静态稳定性、电力系统暂态稳定性。

本书面向电力行业最新科技发展,立足行业应用,强化了书中知识的先进性、实用性和可操作性,具有如下特点:

1) 案例驱动,贯穿始终。本书开篇提供了两个贯穿全书的由实际电网简化而来的系统案例,后续章节的研究学习均以这两个案例为背景,便于教师授课以及学生构建完整的知识体系。

2) 立足学科导向,激发学生兴趣。每章开篇,首先给出一条国内外知名科学家的名言,然后设计本章知识点的思维导图,引出对应知识的学科发展史,指导学生了解应该学什么、为什么学以及如何学。

3) 面向行业应用,解决书本与实践脱节的问题。针对每章的知识重点,每章中安排一节技术相关的工程应用,由编者与具备多年现场经验的工程师共同完成,以行业工程师的视角,介绍该部分内容在现场如何应用,解决实际问题。

4) 面向行业未来科技发展,引导学生热爱科学。针对每章的主体内容,每章中安排一节技术相关的前沿拓展,由编者与国内外著名学科专家共同完成,以科研工作者的视角,介绍该部分国内外最新前沿技术，开拓学生视野。

5) 贯彻国家全面发展的教育理念。每章通过我国有影响力的电力系统工程典型案例或者行业卓越专家的见解，践行科学精神和工程伦理。

电力系统作为一门古老而又新兴的学科，既有很多成熟的理论和方法，同时，随着信息技术、新能源技术等相关领域的快速发展，又是一门新兴的充满挑战的学科。为这样一个学科的核心课程编写教材，编者确实如履薄冰。编者结合十余年电力系统分析的教学、科研工作以及对于未来电网的思考，编写了本书。如果本书在传授知识以外，还能够对于学生的学习能力、实践能力、创新能力培养以及工程伦理和科研精神塑造起到一点点助益，则编者不胜欣慰和感激。本书写作历时两年多，历经了三十余次修改，终于成稿。感谢博士研究生王睿、黄雨佳、程冲、任一平、秦德豪、董千语，硕士研究生王一帆、孙茜、孙家正、李治波、李林娟、吴玒璘、姚葭、李正、杨萌等在文字校对、图形制作、仿真算例以及本书习题等方面卓有成效的工作，特别感谢硕士研究生高嘉文在全书格式编排、公式校对等方面的工作，同时也要感谢丹麦技术大学王佳蔚，浙江大学丁一，天津大学朱介北，武汉大学张俊，山东大学赵浩然，东南大学汤奕，上海科技大学刘宇，香港中文大学（深圳）理工学院赵俊华，中国电力科学研究院马世聪、鲁广明，国网辽宁省电力有限公司李典阳、禹佳，国网辽宁省电力有限公司经济技术研究院王义贺，国网辽宁省电力有限公司电力科学研究院张强、楚天丰，国网南瑞科技股份有限公司南瑞研究院巴超，中车株洲电力机车研究所有限公司何志强，深圳市恒力电源设备有限公司于洋等专家在其擅长的领域针对本书的知识拓展及行业应用方面给出的新颖而又契合实际的观点和参考。

限于编者的水平和教学经验，书中错误和不当之处在所难免，恳请读者批评指正。如果读者在使用本书的过程中有任何疑问或建议，欢迎加入 QQ 群：866679530 交流探讨。

编 者

电力系统分析
说课视频

目录

前言
第1章　电力系统概述 ... 1
1.1　电力系统及其发展 ... 1
1.1.1　电力系统基本概念 ... 1
1.1.2　电力系统发展概况 ... 3
1.1.3　电力系统发展趋势 ... 7
1.2　电力系统电压等级及电能质量 ... 9
1.2.1　电力系统电压等级 ... 9
1.2.2　电力系统电能质量 ... 11
1.2.3　用电安全 ... 13
1.3　电力系统新技术 ... 15
1.3.1　新能源发电技术 ... 15
1.3.2　柔性交流输电技术 ... 16
1.3.3　智能电网技术 ... 18
1.3.4　能源互联网 ... 20
1.3.5　特高压交直流输电 ... 21
1.3.6　电力电子化能源系统 ... 22
1.3.7　需求响应 ... 23
1.3.8　分布式发电接入电力系统 ... 23
1.4　本书选用的几个典型电网结构 ... 24
小结 ... 29
第2章　电网等效电路和参数计算 ... 30
2.1　电力线路及其参数计算 ... 32
2.1.1　电力线路概述 ... 32
2.1.2　电力线路架设与绝缘子 ... 35
2.1.3　电力架空线路参数计算 ... 38
2.2　输电线路参数及等效电路 ... 43
2.2.1　一般线路的等效电路 ... 43
2.2.2　长距离线路的分布参数等效模型 ... 45
2.3　变压器等效电路及参数 ... 46
2.3.1　变压器的主要特性及额定参数 ... 46
2.3.2　双绕组变压器的参数和等效模型 ... 48

  2.3.3　三绕组变压器的参数和等效模型 ………………………………………………… 51
  2.3.4　自耦变压器的参数和等效模型 ……………………………………………………… 55
 2.4　发电机等效电路及参数 ……………………………………………………………………… 55
 2.5　负荷等效电路及参数 ………………………………………………………………………… 56
  2.5.1　机理式负荷模型 ……………………………………………………………………… 57
  2.5.2　输入/输出式负荷模型 ………………………………………………………………… 58
 2.6　电力系统的等效网络 ………………………………………………………………………… 59
 2.7　电网等效电路知识拓展 ……………………………………………………………………… 61
  2.7.1　电网仿真分析技术发展综述 ………………………………………………………… 61
  2.7.2　电网等效电路工程应用 ……………………………………………………………… 63
 小结 …………………………………………………………………………………………………… 64
 习题 …………………………………………………………………………………………………… 64

第3章　电力系统潮流计算 ………………………………………………………………………… 66
 3.1　电力线路运行状况的分析与计算 …………………………………………………………… 67
  3.1.1　电力线路上的功率损耗和电压降落计算 …………………………………………… 68
  3.1.2　线路运行状况的分析 ………………………………………………………………… 72
  3.1.3　变压器的电压降落、功率损耗 ……………………………………………………… 74
 3.2　简单辐射形网络的潮流分布 ………………………………………………………………… 77
 3.3　简单环形网络的潮流计算 …………………………………………………………………… 80
 3.4　网络变换 ……………………………………………………………………………………… 84
 3.5　电力网络潮流的调整控制 …………………………………………………………………… 87
 3.6　潮流计算知识拓展 …………………………………………………………………………… 88
  3.6.1　潮流计算发展综述 …………………………………………………………………… 88
  3.6.2　潮流计算工程应用 …………………………………………………………………… 89
 小结 …………………………………………………………………………………………………… 90
 习题 …………………………………………………………………………………………………… 91

第4章　电力系统计算机潮流计算 ………………………………………………………………… 93
 4.1　潮流计算方程 ………………………………………………………………………………… 95
  4.1.1　支路潮流 ……………………………………………………………………………… 95
  4.1.2　节点功率方程 ………………………………………………………………………… 95
  4.1.3　节点复功率方程 ……………………………………………………………………… 96
  4.1.4　直角坐标表示的电力系统节点功率方程 …………………………………………… 97
  4.1.5　极坐标表示的节点功率方程 ………………………………………………………… 98
 4.2　高斯-赛德尔迭代法 ………………………………………………………………………… 99
  4.2.1　高斯-赛德尔迭代法基本原理 ……………………………………………………… 99
  4.2.2　电力系统潮流计算的高斯-赛德尔迭代法 ………………………………………… 101
 4.3　牛顿-拉夫逊法 ……………………………………………………………………………… 103

####### 4.3.1 牛顿-拉夫逊法基本原理 ………………………………………… 103
####### 4.3.2 直角坐标节点功率方程的牛顿-拉夫逊法 ……………………… 104
####### 4.3.3 极坐标节点功率方程的牛顿-拉夫逊法 ………………………… 106
4.4 PQ 分解法 …………………………………………………………… 108
4.5 计算机潮流计算知识拓展 …………………………………………… 110
4.5.1 电力市场环境下的最优潮流发展综述 ………………………… 110
4.5.2 计算机潮流计算工程应用 ……………………………………… 111
小结 ……………………………………………………………………… 112
习题 ……………………………………………………………………… 112

第5章 电力系统有功功率和频率 …………………………………………… 114
5.1 电力系统有功功率的平衡 …………………………………………… 116
5.1.1 频率及有功功率调节的意义 …………………………………… 116
5.1.2 电力系统频率及有功功率的分层控制 ………………………… 117
5.2 电力系统的频率特性 ………………………………………………… 118
5.2.1 电力系统负荷的频率特性 ……………………………………… 118
5.2.2 发电机组的频率特性 …………………………………………… 120
5.2.3 电力系统的频率特性及其控制 ………………………………… 124
5.2.4 联合电力系统的频率控制 ……………………………………… 125
5.3 电力系统的自动调频方法 …………………………………………… 127
5.3.1 主导发电机法 …………………………………………………… 127
5.3.2 积差调节法（同步时间法） …………………………………… 128
5.3.3 联合自动调频 …………………………………………………… 131
5.3.4 联合电力系统的调频 …………………………………………… 132
5.4 电力系统有功功率经济分配控制 …………………………………… 134
5.4.1 发电设备的经济特性 …………………………………………… 134
5.4.2 等微增率准则 …………………………………………………… 134
5.4.3 考虑网络损耗的负荷经济分配 ………………………………… 137
5.5 有功功率和频率知识拓展 …………………………………………… 139
5.5.1 有功功率和频率发展综述 ……………………………………… 139
5.5.2 有功功率和频率工程应用 ……………………………………… 140
小结 ……………………………………………………………………… 141
习题 ……………………………………………………………………… 141

第6章 电力系统无功功率和电压 …………………………………………… 143
6.1 电力系统总无功功率的平衡 ………………………………………… 145
6.1.1 无功功率负荷和无功功率损耗 ………………………………… 145
6.1.2 电网中的无功电源 ……………………………………………… 147
6.1.3 无功功率平衡 …………………………………………………… 150

6.2 电力系统的电压调整 · 152
6.2.1 调整电压的必要性 · 152
6.2.2 电压波动和电压管理 · 152
6.2.3 电力系统最优潮流 · 155
6.3 电压调整的措施 · 156
6.3.1 通过改变发电机端电压调压 · 157
6.3.2 通过改变变压器电压比调压 · 158
6.3.3 通过补偿设备调压和组合调压 · 161
6.3.4 线路串联补偿电容改善电压质量 · 163
6.4 无功功率和电压知识拓展 · 165
6.4.1 大规模风电并网发展综述 · 165
6.4.2 无功功率补偿工程应用 · 166
小结 · 167
习题 · 168

第7章 电力系统对称故障分析与计算 · 170
7.1 短路的基本概念 · 171
7.2 标幺值 · 172
7.3 无限大容量系统的三相短路分析 · 174
7.4 三相短路实用计算 · 178
7.4.1 周期电流起始值的计算 · 178
7.4.2 短路电流计算机算法原理 · 180
7.5 对称故障分析知识拓展 · 182
7.5.1 对称故障分析发展综述 · 182
7.5.2 对称故障分析工程应用 · 183
小结 · 184
习题 · 184

第8章 电力系统不对称故障分析与计算 · 186
8.1 对称分量法 · 187
8.1.1 对称分量法概述 · 188
8.1.2 对称分量法的应用 · 190
8.1.3 三相对称元件序分量的独立性 · 191
8.2 电力系统元件的序参数和等效电路 · 192
8.2.1 架空线路的序阻抗和等效电路 · 192
8.2.2 电缆线路的零序阻抗 · 194
8.2.3 变压器的各序参数和等效电路 · 195
8.2.4 旋转电机的各序参数 · 197
8.3 不对称短路的分析计算 · 200

        8.3.1 故障处的电流与电压计算 200
        8.3.2 非故障处的电流与电压计算 211
    8.4 不对称故障分析知识拓展 215
        8.4.1 不对称故障分析发展综述 215
        8.4.2 不对称故障分析工程应用 216
    小结 218
    习题 219

第9章 电力系统静态稳定性 221
    9.1 简单电力系统的静态稳定性 222
    9.2 自动励磁调节器对静态稳定的影响 228
    9.3 电力系统静态稳定分析计算工程化方法 238
    9.4 电力系统的电压稳定性 242
    9.5 静态稳定性知识拓展 245
        9.5.1 静态稳定性发展综述 245
        9.5.2 静态稳定性工程应用 245
    小结 247
    习题 247

第10章 电力系统暂态稳定性 249
    10.1 电力系统暂态稳定性概述 251
    10.2 简单电力系统暂态稳定的分析计算 252
    10.3 发电机转子运动方程的数值解法 256
    10.4 考虑调节系统作用时暂态过程的计算 261
    10.5 复杂电力系统暂态稳定的分析计算 262
        10.5.1 大扰动后各发电机转子运动的特点 262
        10.5.2 复杂电力系统暂态稳定计算的原理和特点 264
        10.5.3 复杂电力系统暂态稳定的判据 265
        10.5.4 暂态稳定计算用的网络模型 266
    10.6 暂态稳定性知识拓展 269
        10.6.1 暂态稳定性发展综述 269
        10.6.2 暂态稳定性工程应用 270
    小结 271
    习题 271

参考文献 273

第 1 章 电力系统概述

> 我没有专业，国家的需要就是我的专业。——钱伟长

本章要点：

- 什么是电力系统？
- 电能是怎样生产的？
- 电力系统有什么特点？
- 我国电力系统的现状是怎样的？

第 1 章导学

1.1 电力系统及其发展

能源一直伴随着人类的发展，自 1831 年英国物理学家迈克尔·法拉第发现磁生电现象，并制造出小型发电机以来，人类对于电力的利用史也仅仅不到 200 年的时间，电力能在人类能源史中持续多少年，取决于在能源利用终端如何能够更安全、高效、便捷地使用电能服务人类的生产生活。电力系统这门学科不是要解决电力的生产或者消费的问题，而是要解决如何将生产的电能安全高效地输送到终端电能用户的问题。

1.1.1 电力系统基本概念

电力系统俗称电网，是由发电、变电、输电、配电和用电等环节组成的电能生产与消费系统，包括发电机、变压器、断路器、母线、架空线、电缆、配电装置、受电装置等设施，以及为保证这些设施正常运行所需的继电保护和安全自动装置、计量装置、电力通信设施、电网调度自动化设施等。它的功能是将自然界的一次能源通过发电动力装置（主要包括锅炉、汽轮机、发电机及电厂辅助生产系统等）转换成电能，再经输、变电系统及配电系统将电能供应到各负荷中心，通过各种设备转换成动力、热、光等不同形式的能量，从而为地区经济和人民生活提供服务。由于电源点与负荷中心多数处于不同地区，也无法大量储存，故其生产、输送、分配和消费端在同一时间内完成，并在同一地域内有机地组成一个整体，电能生产必须时刻保持与消费平衡。因此，电能的集中开发与分散使用，以及电能的连续供应与负荷的随机变化，就制约了电力系统的结构和运行。据此，电力系统要实现其功能，就需在各个环节和不同层次设置相应的信息与控制系统，以便对电能的生产和输运过程进行测量、调节、控制、保护、通信和调度，确保用户获得安全、经济、优质的电能。电力系统示

意图如图 1-1 所示。

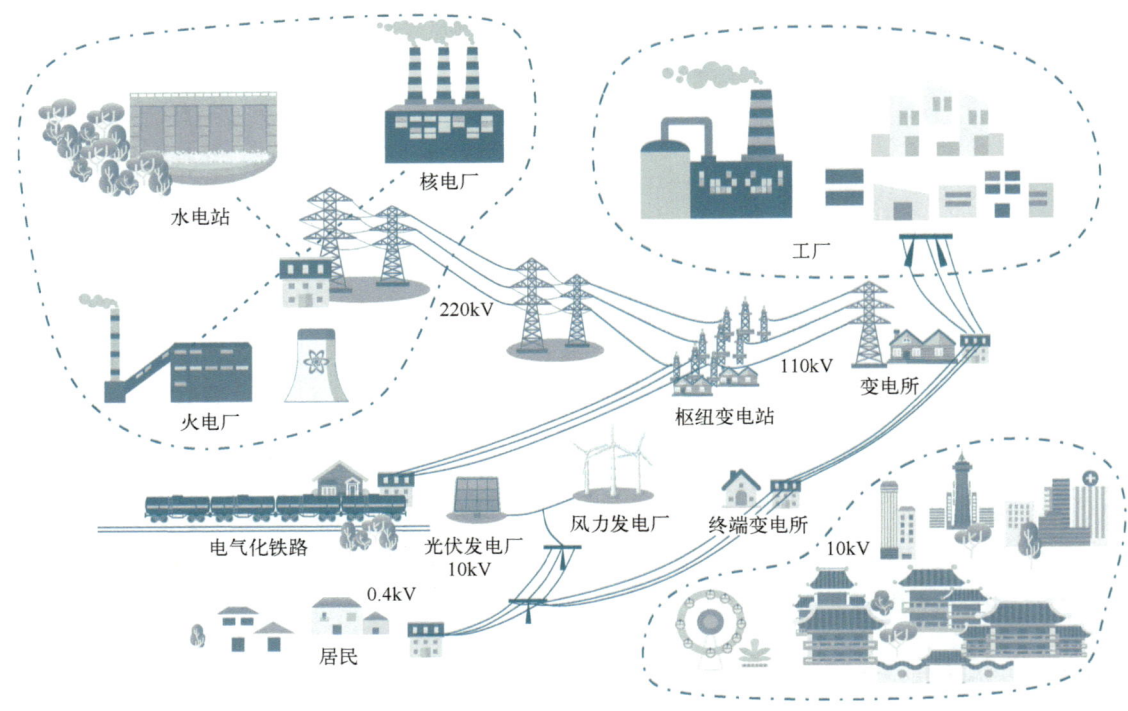

图 1-1 电力系统示意图

电力工业生产有如下特点：

1）同时性。发电、输电、变电、用电是同时完成的，电能不能储存，必须用多少发多少。

2）整体性。发电厂、变压器、高压输电线路、配电线路和用电设备在电网中形成了一个不可分割的整体，缺少任一环节，电力生产都不可能完成。相反，任何设备脱离电网都将失去其存在的意义。

3）快速性。电能输送过程迅速，其传输速度与光速相同，即使相距几万千米，发、供、用都是在一瞬间实现。

4）连续性。电能的质量需要实时、连续地监视与调整。

5）实时性。电网事故发展迅速、涉及面大，需要实时安全监视。

6）随机性。由于负荷变化、异常情况、电网操作及事故发生的随机性，电能质量的变化是随机的。因此，在电力生产过程中，需要实时调度，并需要实时安全监控系统随时跟踪随机事件，以保证电能质量及电网安全运行。

随着科技的发展和国民经济对于电力系统要求的提升，现代电网具有如下特点：

1）由较强的超高压系统构成主网架。

2）各电网之间联系较强，电压等级相对简化。

3）具有足够的调峰、调频、调压容量，能够实现自动发电控制，有较高的供电可靠性。

4）具有相应的安全稳定控制系统、高度自动化的监控系统和高度现代化的通信系统。

5）具有适应电力市场运营的技术支持系统，有利于合理利用能源。

建立结构合理的大型电力系统不仅便于电能生产与消费的集中管理、统一调度和分配，减少总装机容量，节省动力设施投资，且有利于地区能源资源的合理开发利用，更大限度地满足地区国民经济日益增长的用电需要。电力系统建设往往是国家及地区国民经济发展规划的重要组成部分。

电力系统的出现，使高效、无污染、使用方便、易于调控的电能得到广泛应用，推动了社会生产各个领域的变化，开创了电力时代，出现了第二次技术革命。电力系统的规模和技术水准已成为一个国家经济发展水平的标志之一。

1.1.2 电力系统发展概况

翻看电力的发展史，充满了一些熠熠生辉的名字，正是这些伟大的科学家前赴后继的努力，才给我们带来了今天光明的世界。

1747年，富兰克林（美国）通过实验提出了电荷守恒原理，1752年，他又进行了著名的"风筝实验"，证明了闪电带来的"天电"与摩擦产生的"地电"同质。1785年，库仑（法国）用扭秤测量了静电力和磁力，建立了著名的库仑定律。1799年，伏特（意大利）发明了"伏打电池"，使电学的研究由静电扩大到动电。1827年，安培（法国）将他研究的电磁现象及其原理整理成书，出版《电动力学现象的数学理论》，奠定了电动力学的基础。同年，欧姆（德国）出版了《动电电路的数学研究》，从理论上严格推导出了欧姆定律。1831年，法拉第（英国）完成了著名的"电磁感应"实验，验证了"磁生电"的可能性。1857年，基尔霍夫（德国）对长距离架空线路建立了分布参数电路模型。1873年，麦克斯韦（英国）出版了电磁场理论的经典著作《电磁学通论》，建立了完整的电磁学理论体系。1887年，赫兹（德国）通过实验证明了电磁波的存在。

> ※一点讨论
>
> 由于篇幅所限，上面其实还缺席了很多著名的科学家，他们也在电磁发展史中做出了卓越的贡献，但遗憾的是，其中却没有一个中国人的名字，希望未来的能源发展史能弥补这一缺憾！

在电磁理论发展得如火如荼的同时，电力的应用领域也迎来了大发展。1879年，爱迪生（美国）发明了电灯，1882年，他建成了美国第一个商业直流发电厂，纽约珍珠街火电厂装有6台直流发电机组，装机容量为660 kW。1883年，特斯拉（美籍塞尔维亚裔科学家）发明了感应电动机，1888年又发明了两相异步电动机和交流电力传输系统。同年，德布罗夫斯基（俄国）发明了三相交流制。著名的交直流之争也随之展开。1895年，在美国尼亚加拉建成了复合电力系统，这是早期交流电力系统的代表。它装有单机容量为5000马力⊖的交流水力发电机，用二相制交流2.2 kV向地区负荷供电，又用三相制交流11 kV输电线路

⊖ 1马力 = 735.499 W。

与巴伐洛电站相连，还使用了变压器和交直流变换器将交流电变为100~230 V直流电，供应照明、化工、动力等负荷。尼亚加拉电力系统的成功，结束了长达10年的关于直流输电（以爱迪生为代表）与交流输电（以G. 威斯汀豪斯为代表）方案之争。交流电力系统可以提高输电电压，增加装机容量，延长输电距离，节省导线材料，具有无可争辩的优越性。交流输电地位的确定，成为电力系统大发展的新起点。

> ※一点讨论
>
> 　　交直流之争的结果也说明了科技的进步从不会以个人的意志为转移，尊重科技规律、服务人类社会需求才是科技发展的持续动力。回溯电力发展史也可以看到，电磁理论起源、发展于欧洲，但是电力的技术和应用却始于美国，这也成为美国国家崛起的一个有效助力。后发国家的科技发展以需求驱动，先应用、次技术、再科学是一个有例可循的发展路径。

进入20世纪后，人们普遍认识到扩大电力系统规模可以在能源开发、工业布局、负荷调整、安全与经济运行等方面带来显著的社会、经济效益。于是，以电力负荷的增长、发电机单机容量的增大和输电电压的提高为基础，电力系统的规模迅速发展。发达国家的动力、冶炼、化工、轻工、生活用电等电力总负荷平均每10年增加一倍。交流输配电网的建设进入了快车道。1916年，美国建成第一条90 km的132 kV线路。1920年，世界装机容量为3000万kW，其中美国占2000万kW。1929年，美国制成第一台20 kW汽轮机组。1932年，苏联建成第聂伯河水电站，单机容量为6.2万kW。1934年，美国建成432 km的287 kV线路。第二次世界大战期间，德国试验四分裂导线，解决了380 kV线路电晕问题，建成从易伯到柏林的100 km地下直流电缆，大大促进了超高压交流输电的发展和直流输电的振兴。战后，美国于1955年、1960年、1963年、1970年和1973年等分别制成并投运30万kW、50万kW、100万kW、115万kW和130万kW汽轮发电机组。第二次世界大战期间开发的核技术还为电力提供了新能源。1954年，苏联成功研制第一台5000 kW核电机组。1973年，法国试制成功120万kW核反应堆。1954年，瑞典首先建立了380 kV线路，采用两分裂导线，距离为960 km，将北极圈内的哈斯普朗盖特水电站电力送至瑞典南部。同年，苏联在奥布宁斯克建成第一座核电站。1964年，美国建成500 kV交流输电线路。苏联也于同年完成了500 kV输电系统。1965年，加拿大建成765 kV交流线路。同年，苏联建成±400 kV的470 km高压直流输电线路，送电75万kW。1970年，美国建成±400 kV的1330 km高压直流输电线路，送电144万kW。1989年，苏联建成一条世界上最高电压1150 kV、长1900 km。经过一个多世纪的发展，许多国家都建成了总装机容量数亿kW的区域性大电力系统，并且在本国或跨国间互联。例如英、法、德、意电力系统互联，加拿大与美国电力系统互联，苏联与东欧国家电力系统互联等。苏联还在当时的全国范围建立起统一电力系统，东西延伸7000 km，南北延伸3000 km，覆盖了大约1000万km^2的领土。从19世纪80年代的住户电站到20世纪80年代的联合电力系统，电力系统已经成为现代社会的能源动脉和基础产业，并且仍在继续发展和提高。至此，电力工业以大机组、大电厂、超高压以至特高压输电，形成以联合系统为特点的高速发展期告一段落，取而代之的是各发达国家开启提高电网自动化程度，降低碳排放，加强供电可靠性，降低供电损耗等更为精细化的进程。未来很长一段时间，更开放的电力市场、大范围的电力平衡、多种能源的互补利用、可再生能源发电占比的提升都将成为不可逆转的发展趋势。

> ※一点讨论
>
> 　　1850年，马克思在看到一台电力机车模型后，就曾预言："蒸汽大王在前一个世纪中翻转了整个世界，现在它的统治已到末日，另外一个更大得无比的革命力量——电力将取而代之。"100多年来的历史充分证实了马克思预言的正确。未来的某一天，也许电力会被其他更环保、更安全、更便捷、更易获取的能源所替代，这又将书写能源历史的新篇章。

　　1882年7月26日，我国的电力事业从上海起步，这个在我国大地上诞生的第一个发电厂，属于英国人创办的上海电气公司。1888年，北京城的第一盏电灯在慈禧太后寝宫亮起。到辛亥革命前，我国有20余座城市新建电厂，全国的发电装机总容量只有2.7万kW。

　　20世纪初，在民族工业短暂繁荣的背景下，各地官办、商办、官商合办电力企业。我国第一座水电站——云南昆明石龙坝水电站投产，这是我国水力发电事业的开端。火电方面，伴随上海的发展，始建于1908年的杨树浦电厂不断增容，于1923年成为远东第一大电厂。1929年，国民政府出台的《电力民用监管条例》，统一了频率和电压、设立资源委员会管理机构，频率采用50 Hz，用户电压为380 V与220 V。这是我国电力工业最早的标准化，且沿用至今。到1949年，历经战火与磨难的我国电力工业已经有67年的历史，但全国发电装机总容量只有184.86万kW，全年发电量为43.1亿kW·h，分别排在世界第21位和第25位。全年实际用电量为34.6亿kW·h，只相当于2002年浙江省一个中等规模的城市一年的用电水平。人均年用电量才7.94 kW·h，相当于现在我们家庭客厅里的立柜式空调开4 h的用电量。这一年，美国的年发电量是我国的60多倍。

　　1949年，新中国诞生了，我国电力事业也获得新的生命力。在苏联156个援建工程中，一批新的火电项目在阜新、抚顺、吉林、西安、郑州、太原、包头、重庆、武汉等地建成，增加火电装机容量163.9万kW，接近1949年时全国拥有的火电机组容量之和，在世界排名上，从第21位跃至第12位，我国火电事业呈现出蒸蒸日上的新局面。1956年，国产第一台6000 kW火电机组在淮南电厂投运，我国终于可以自己制造火电设备了。1955年，我国自行设计和施工的第一条110 kV输电线路——京官线建成，配合官厅水电站电力送出。这比国外同等级迟了近50年。20世纪60—70年代，除西北电网外，我国电网逐步通过220 kV线路互联，以220 kV线路为主网架，以省域为主要供电范围的省级电网开始形成。改革开放为经济社会注入了强大的动力，电力需求随之日益旺盛，电力供不应求成为当时的常态，针对缺电状况，全国电力行业开始千方百计办电厂、建电厂、多发电。一批大型水电站、坑口火电站以及核电站陆续兴建。2009年，三峡水利枢纽工程全部完工，总装机容量为2250万kW，2019年全年发电量达968.8亿kW·h，至今仍然是世界上规模最大的发电站。1991年12月，我国自行设计建造的秦山30万kW核电站并网成功，实现我国内地核电零的突破。1981年12月22日，我国第一条500 kV超高压输电线路——河南平顶山至湖北武昌输变电工程竣工。我国成为世界上第8个拥有500 kV线路的国家。2004年，我国成为世界上水电装机容量最多的国家。截至2015年10月底，我国在建核电机组数达到世界第一，还拥有了自主知识产权、世界先进的第三代核电技术。

2002年，我国电力体制改革全面展开，传统的大一统的电力体制被分拆成厂、网、辅业11家公司。一个充满活力的发电市场竞争时代宣告到来，这也极大激发了发电企业的发展潜力，装机容量得到了极快的增长，"电荒"成为过去，"重发（电）轻送（电）不管用（电）"成为历史，电网迎来了黄金发展期。1990年，我国第一条±500 kV超高压直流输电线路——葛上线（葛洲坝—上海）建成投入运行。称其为"里程碑"，是因为在一个电网中，电压等级代表着电网的强弱，它展示了电网建设和管理的技术含量。2002—2004年，三峡向东送往华东的两条500 kV超高压直流输电线路和三峡向西经万县至长寿的500 kV交流输电线路先后建成，且我国在2004年成为世界上水电装机容量最多的国家。2002年，国家电力体制再次进行重大改革，全国形成了6个跨省市大电网：东北（含内蒙古东部）、华北（含山东）、西北、华东（含福建）、华中（含四川、重庆）电网和南方电网（含云南、贵州、广东、广西、海南），到目前为止，各大电网已基本实现了互联。2009年，三峡水利枢纽工程全部完工，总装机容量为2250万kW，年发电量接近1000亿kW·h，至今仍然是世界上规模最大的发电站，同年1月，晋东南—南阳—荆门1000 kV特高压交流试验示范工程建成，2010年7月，向家坝—上海±800 kV特高压直流工程建成投产，2011年，青藏联网工程投运，2014年11月，川藏联网工程投运，除我国台湾省外，其他各省电网全部实现交直流联网，我国电网全面进入特高压交直流混合电网时代。到2015年年底，我国已全面解决无电人口用电问题，人均装机容量超过1 kW。

2004年年底，我国风电装机容量仅有74万kW，2011年已达6236万kW，我国成为世界第一风电大国。2014年，我国特高压技术——巴西美丽山特高压输电项目首次走出国门。2015年，"华龙一号"的开工，标志着我国具有完全自主知识产权的第三代核电技术正式走向世界。中国电力，在世界上成为一个响亮的名字，不仅仅只是规模，中国电力生产、传输和消费都更为"绿色"，为世界的绿色发展奉献了一份中国智慧。2017年，我国光伏发电装机总容量超过1.3亿kW，其中青海省的百兆瓦太阳能光伏发电实证基地是全球规模最大、最全面也是最先进的研究基地，2017年、2018年，青海电网先后实现了连续7天、连续9天全部使用清洁能源供电，这又是一项新的世界纪录。2018年8月21日，苏通GIL综合管廊工程正式贯通，为我国实现清洁能源大范围开发利用提供强力支撑，为全球能源革命提供有益探索。2020年6月29日竣工投运的张北柔性直流电网试验示范工程首次突破柔性直流组网技术、首次将柔性直流的输电容量提升至常规直流水平、首次将柔性直流的可靠性提升至常规直流水平，共创造了12项世界第一。2020年7月31日提前实现阶段性投产的昆柳龙直流工程是目前世界上容量最大的特高压多端直流输电工程，它是首个特高压多端混合直流工程、首个特高压柔性直流换流站工程、首个具备架空线路直流故障自清除能力的柔性直流输电工程。

1949年，我国发电装机总容量为184.86万kW；2019年年底，我国的发电装机容量达到

20.1亿kW，是1949年的1087倍，位居世界第一。1949年，我国年发电量为43亿kW·h，在全世界排名第25位，2019年，我国年发电量突破7.3万亿kW·h，占全球发电量的1/4，位居全球第一。1949年，全年实际用电量为34.6亿kW·h；经过70年发展，到2019年，全社会用电量为72255亿kW·h，是1949年的2088倍。2019年，我国全社会用电量是美国终端用户全年用电量的近2倍，70年来人均用电量增长640余倍。从1882年到2020年，我国电力已然从追随者变成了领跑者，"中国"名片，在世界面前熠熠闪光。

> ※一点讨论
>
> 自1882年我国有了自己的电网以来，电网的发展始终和国家的发展同呼吸共命运，电网的发展也体现了国家的发展。人均用电量是衡量一国电力工业发展的重要指标之一，是国际公认的衡量一国发展水平的重要指标，被世界银行等国际组织采用。今天我国电网的成就也是一百多年来无数电力人前赴后继、不懈努力奋斗的结果。

1.1.3 电力系统发展趋势

未来20年，是我国经济和社会发展的重要战略机遇期。目前我国人均国内生产总值已超过1000美元，进入了世界中等收入国家行列，消费结构升级，工业化进程加快，城镇化水平提高，人均用电量超过1400 kW·h，进入了重工业化发展阶段。加快工业化、现代化进程对电力发展提出更高的要求。

1. 电力需求旺盛，发展潜力巨大

国民经济持续快速增长，对电力的拉动作用巨大。20世纪70年代起，我国基本处于长期严重缺电的局面，电力供应短缺是制约经济发展的主要瓶颈。随着电力工业快速发展，1997年开始实现了电力供需的基本平衡，部分地区供大于求。进入新世纪，随着我国实施西部大开发战略，实行积极财政政策和扩大内需的经济方针，国民经济持续发展，电力需求增长也屡创新高。继2001年用电增长9%之后，2002年增长11.8%、2003年增长15.4%、2004年增长14.8%。经济较发达的长江三角洲、珠江三角洲等沿海地区电力需求持续旺盛。从2002年下半年开始，全国电力供需状况又趋紧张，发电装机利用率（利用小时数）大幅提高，局部地区开始启用限电措施。2003—2004年，全国电力供需平衡继续总体偏紧。整体看来，由于人均发电装机占有量偏低，电力供应的高速增长仍难以满足更快增长的电力需求，电力工业仍存在较大发展空间。

从今后一个较长时期来看，一方面，随着工业化、城镇化进程以及人民生活水平的提高，我国电力消耗强度会有一个加大的过程。但另一方面通过结构调整，高附加值、低能耗的产业将加快发展，即使是高耗能行业，其电耗水平也应有较大下降。

预计用电负荷增长速度高于电量增长，但考虑加强电力需求侧管理，负荷增长速度与电量增长速度的差距将逐步缩小。预计2030年全社会用电量将突破10万亿kW·h，2021—2030年年均增长5.5%左右。

2. 电力建设任务艰巨

资源条件制约发展。我国水能、煤炭较丰富，油、气资源不足，且分布很不均衡。水能资源居世界首位，但 3/4 以上的水能资源分布在西部。我国煤炭探明保有储量居世界第三位，人均储量为世界平均水平的 55%。我国天然气和石油人均储量仅为世界平均水平的 11% 和 4.5%。风能和太阳能等新能源发电受技术因素限制，多为间歇性能源，短期内所占比重不可能太高，需要引导积极开发。

电力发展与资源、环境矛盾日益突出。电力生产高度依赖煤炭，大量开发和燃烧煤炭引发环境生态问题，包括地面沉陷、地下水系遭到破坏，酸雨危害的地理面积逐年扩大，温室气体和固体废料的大量排放等。火力发电需要耗用大量的淡水资源，而我国淡水资源短缺，人均占有量约为世界平均水平的 1/4，且分布不均，其中华北和西北属严重缺水地区。同时，我国也是世界上水土流失、土地荒漠化和环境污染严重的国家之一。以我国的发展阶段分析，未来若干年，是大量消耗资源、人与自然之间冲突极为激烈的时期。目前的能源消耗方式，是我国能源、水资源和环境容量无法支撑的。

电网安全要求不断提高。我国电网进入快速发展时期，大电网具有大规模输送能量、实现跨流域调节、减少备用容量、推迟新机组投产、降低电力工业整体成本、提高效率等优点。但随着目前电网进一步扩展，影响安全的因素增多，技术更加复杂，需要协调的问题更多，事故可能波及的范围更广，造成的损失可能会更大。发生在 2003 年 8 月 14 日的"8·14"美加电网事故造成大范围停电给全世界敲响了警钟，对大电网的电力安全提出更高要求。

3. 结构性矛盾突出，技术升级任重道远

电源结构有待优化。一是煤电比重很高，近几年又增长较快，所占比重进一步提高，水电开发率较低，清洁发电装机总容量所占比例较小；二是 20 万 kW 及以下机组超过 1 亿 kW（4403 台），其中 10 万 kW 及以下有 6570 万 kW（3993 台），加之目前各地小机组关停步伐明显放缓、企业自备燃油机组增多，燃煤和燃油小机组仍占有过高比重，投入运行的 60 万 kW 及以上火电机组仅 55 台，大型机组为数较少；三是在运空冷机组容量约为 500 万 kW，与"三北"（即我国东北、华北北部和西北地区）缺水地区装机容量相比，所占比例低，其节水优势没有体现出来；四是热电联产机组少，城市集中供热普及率为 27%；五是电源调峰能力不足，主要依靠燃煤火电机组降负荷运行，调峰经济性较差。

电力生产主要技术指标与国际水平还有一定差距。火电机组参数等级不够先进，亚临界及以上参数机组占 40%，高压、超高压参数机组占 29%，高压及以下参数机组占 31%；超临界机组仅 960 万 kW，占火电装机总量的 2.95%。国产大机组的经济性落后于相应进口机组，30 万 kW 容量等级国产亚临界机组的供电煤耗比进口机组高 4~12 g/kW·h；60 万 kW 容量等级国产亚临界机组的供电煤耗比进口机组高 20~23 g/kW·h，比进口超临界机组高 28~39.5 g/kW·h。在 30 万 kW、60 万 kW 亚临界机组主、辅机引进消化过程中，由于主、辅机出力及可靠性等因素影响，从标准、设计和管理上要求增大辅机配备裕度，直接导致辅机运行偏离经济工况，厂用电升高，机组经济性下降。电网的平均损失率为 7.71%，尚有进一步降低的空间。清洁煤发电技术、核电技术的进步较慢，大型超（超）临界机组、大型燃气轮机、大型抽水蓄能设备及高压直流输电设备等本地化水平还比较低，自主开发和设计制造能力不强，不能满足电力工业产业升级和技术进步的需要。

我国电力发展的基本方针是提高能源效率，保护生态环境，加强电网建设，大力开发水电，优化发展煤电，积极推进核电建设，适度发展天然气发电，鼓励新能源和可再生能源发电，带动装备工业发展，深化体制改革。在此方针的指导下，结合近期电力工业建设重点及目标，我国电力发展将呈现以下鲜明特点：

结构调整力度将会继续加大。将重点推进水电流域梯级综合开发，加快建设大型水电基地，因地制宜开发中小型水电站和发展抽水蓄能电站，使水电开发率有较大幅度提高。合理布局发展煤电，加快技术升级，节约资源，保护环境，节约用水，提高煤电技术水平和经济性。实现百万 kW 级压水堆核电工程设计、设备制造本土化及批量化的目标，全面掌握新一代百万 kW 级压水堆核电站工程设计和设备制造技术，积极推进高温气冷堆核电技术研究和应用，到 2030 年核电装机容量力争达到 3.24 亿 kW 左右。在电力负荷中心、环境要求严格、电价承受力强的地区，因地制宜建设适当规模的天然气电厂，提高天然气发电比重。在风力资源丰富的地区，开发较大规模的风力发电场；在大电网覆盖不到的边远地区，发展太阳能光伏电池发电；因地制宜发展地热发电、潮汐电站、生物质能（秸秆等）与沼气发电等；与垃圾处理相结合，在大中城市规划建设垃圾发电项目；到 2030 年力争使新能源发电装机比重超过 25%。

预计 2030 年全国发电装机容量将可能达到 36 亿 kW，其中水电为 5.76 亿 kW，煤电为 15.12 亿 kW，核电为 3.24 亿万 kW，气电为 2.16 亿万 kW，光伏、光热发电为 2.52 万 kW，陆上、海上风力发电为 5.4 亿 kW，其余各项发电为 1.8 亿 kW。

> ※一点讨论
>
> 大部分人认为工科专业属于自然科学，蕴含较少的意识形态属性，认同科学技术是无国界的。然而在实际生活中，任何一门科学技术的产生、发展和应用都与国家的倡导与需求息息相关，因此从这个角度来看，科学技术也是有国界的，其国界属性主要体现在科技的来源性、科技的权属性以及科技的服务性三个方面。

1.2 电力系统电压等级及电能质量

1.2.1 电力系统电压等级

电压等级（Voltage Class）是指电力系统及电力设备的额定电压级别系列。额定电压是电力系统及电力设备规定的正常电压，即与电力系统及电力设备某些运行特性有关的标称电压。电力系统各点的实际运行电压允许在一定程度上偏离其额定电压，在这一允许偏离范围内，各种电力设备及电力系统本身仍能正常运行。

我国最高交流电压等级是 1000 kV（长治—荆门线），于 2008 年 12 月 30 日投入运行。在运输电线路（向家坝—上海，锦屏—苏南特高压直流 800 kV），其下有 750 kV（兰州—官亭线）、500 kV、330 kV、220 kV、110 kV、（60 kV）、35 kV、10 kV、380 V/220 V，其中 60 kV 是由于历史原因遗留下来的，目前仅在我国东北地区存在。

我国最高直流电压等级为±1100 kV（准东—皖南线、昌吉—古泉线），另有±50 kV（上海—嵊泗群岛线）、±100 kV（宁波—舟山线）、±500 kV（葛洲坝—上海南桥线、天生桥—广州线、贵州—广东线、三峡—广东线），以及南方电网公司建成的±800 kV 特高压直流输电线。

我国目前部分在建在运交直流特高压工程一览见表1-1（按投运时间先后排序）。

表1-1　交直流特高压工程

序号	区域	交流/直流	电压等级/kV	序号	区域	交流/直流	电压等级/kV
1	晋东南—南阳—荆门	交流	1000	18	锡盟—泰州	直流	±800
2	云南—广州	直流	±800	19	上海庙—山东	直流	±800
3	向家坝—上海	直流	±800	20	扎鲁特—青州	直流	±800
4	锦屏—苏南	直流	±800	21	准东—皖南	直流	±1000
5	普洱—江门	直流	±800	22	北京西—石家庄	交流	1000
6	淮南—浙北—上海	交流	1000	23	滇西北—广东	直流	±800
7	哈密南—郑州	直流	±800	24	苏通GIL综合管廊工程	交流	1000
8	溪洛渡—浙西	直流	±800	25	昌吉—古泉	直流	±1100
9	浙北—福州	交流	1000	26	山东—河北	交流	1000
10	锡盟—山东	交流	1000	27	潍坊—枣庄—石家庄	交流	1000
11	宁东—浙江	直流	±800	28	青海—河南	直流	±800
12	淮南—南京—上海	交流	1000	29	蒙西—晋中	交流	1000
13	蒙西—天津南	交流	1000	30	雅中—江西	直流	±800
14	晋北—江苏	直流	±800	31	张北—雄安	交流	1000
15	酒泉—湖南	直流	±800	32	陕北—湖北	直流	±800
16	锡盟—胜利	交流	1000	33	白鹤滩—江苏	直流	±800
17	榆横—潍坊	交流	1000	34	白鹤滩—浙江	直流	±800

目前我国常用的电压等级有220 V、380 V、6 kV、10 kV、35 kV、110 kV、220 kV、330 kV、500 kV 及1000 kV。电力系统一般是由发电厂、输电线路、变电所、配电线路及用电设备构成。通常将35 kV 及35 kV 以上的电压线路称为送电线路；10 kV 及其以下的电压线路称为配电线路；将额定1 kV 以上电压称为"高电压"，额定电压在1 kV 以下电压称为"低电压"。我国规定的安全电压有36 V、24 V 和12 V 三种。随着电机制造工艺的提高，10 kV 电动机已批量生产，所以3 kV、6 kV 已较少使用，20 kV、66 kV 也很少使用。供电系统以10 kV、35 kV 为主。输配电系统以110 kV 以上为主。发电厂发电机有6 kV 与10 kV 两种，现在以10 kV 为主，用户均为220 V/380 V（0.4 kV）低压系统。

根据《城市配电网规划设计规范》规定：输电网为500 kV、330 kV、220 kV、110 kV，高压配电网为110 kV、66 kV，中压配电网为20 kV、10 kV、6 kV，低压配电网为0.4 kV（220 V/380 V）。

发电厂发出6 kV 或10 kV 电，除发电厂厂用电之外，也可以用10 kV 电压送给发电厂附近用户，各个电压等级具体送电范围见表1-2。

表 1-2 各个电压等级具体送电范围

电压等级/kV	送电距离/km	送电功率
0.4	0.6 以下	100 kW 以下
6.6	4~15	100~1200 kW
10	6~20	200~2000 kW
35	20~70	1000~10000 kW
66	30~100	3500~30000 kW
110	50~150	10~50 MW
220	100~300	100~500 MW
330（西北）	200~600	200~800 MW
500	150~850	1000~1500 MW
750	500 以上	2000~2500 MW
1100	1000~1500	3000 MW 以上

1.2.2 电力系统电能质量

随着电力电子技术的广泛应用与发展，供电系统中增加了大量的非线性负载，特别是静止变流器，从低压小容量家用电器到高压大容量用的工业交直流变换装置都得到广泛应用，由于静止变流器是以开关方式工作的，会引起电网电流、电压波形发生畸变，引起电网的谐波"污染"。另外，冲击性、波动性负荷，如电弧炉、大型轧钢机、电力机车等运行中不仅会产生大量的高次谐波，而且使得电压波动、闪变、三相不平衡日趋严重，这些对电网的不利影响不仅会导致供用电设备本身的安全性降低，而且会严重削弱和干扰电网的经济运行，造成对电网的"公害"。为此，国家技术监督局相继颁布了涉及电能质量五个方面的国家标准，即：供电电压偏差、公用电网间谐波、电压波动和闪变、三相电压不平衡，以及电力系统频率偏差的指标限制。

1. 供电电压偏差

用电设备的运行指标和额定寿命是对其额定电压而言的。当其端子上出现电压偏差时，其运行参数和寿命将受到影响，影响程度视偏差的大小、持续的时间和设备状况而异，电压偏差计算式如下：

$$电压偏差(\%) = \frac{实际电压 - 额定电压}{额定电压} \times 100\%$$

《电能质量 供电电压偏差》（GB/T 12325—2008）规定：电力系统在正常运行条件下，用户受电端供电电压的允许偏差如下：

1) 35 kV 及以上供电和对电压质量有特殊要求的用户为额定电压的 -5%~+5%。
2) 10 kV 及以下高压供电和低压电力用户为额定电压的 -7%~+7%。
3) 低压照明用户为额定电压的 -10%~+5%。

为了保证用电设备的正常运行，在综合考虑了设备制造和电网建设的经济合理性后，对各类用户设备规定了如上的允许偏差值，此值为工业企业供配电系统设计提供了依据。

在工业企业中，改善电压偏差的主要措施有以下三个方面：

1) 就地进行无功功率补偿，及时调整无功功率补偿量。无功负荷的变化在电网各级系统中均产生电压偏差，它是产生电压偏差的源，因此，就地进行无功功率补偿，及时调整无功功率补偿量，从源上解决问题，是最有效的措施。

2) 调整同步电动机的励磁电流，在铭牌规定值的范围内适当调整同步电动机的励磁电流，使其超前或滞后运行，就能产生超前或滞后的无功功率，从而达到改善网络负荷的功率因数和调整电压偏差的目的。

3) 采用有载调压变压器。从总体上考虑无功负荷只宜补偿到功率因数为 0.90~0.95，仍然有一部分变化无功负荷要电网供给而产生电压偏差，这就需要分区采用一些有效的办法来解决，采用有载调压变压器就是有效而经济的办法之一。

2. 公用电网间谐波

谐波（Harmonic）即对周期性的变流量进行傅里叶级数分解，得到频率为大于 1 的整数倍基波频率的分量，它是由电网中非线性负荷而产生的。

《电能质量 公用电网间谐波》（GB/T 24337—2009）中规定了各电压等级的总谐波畸变率，各单次奇次电压含有率和各单次偶次电压含有率的限制值。

该标准还规定了电网公共连接点的谐波电流（2~25 次）注入的允许值；而且同一公共连接点的每个用户向电网注入的谐波电流允许值按此用户在该点的协议容量与其公共连接点的供电设备容量之比进行分配，以体现供配电的公正性。

3. 电压波动和闪变

电压波动（Fluctuation）即电压方均根值一系列的变动或连续的改变，闪变（Flick）即灯光照度不稳定造成的视感，是由波动负荷，如电弧炉、轧机、电弧焊机等引起的。

《电能质量 电压波动和闪变》（GB/T 12326—2008）是在原来标准 GB/T 12326—2000 的基础上，参考了国际电工委员会（IEC）电磁兼容（EMC）标准 IEC 61000-3-7 等修订而成的，适用于由波动负荷引起的公共连接点（PCC）电压的快速变动及由此可能引起的人对灯闪明显感觉的场合，该标准规定了各级电压下的闪变限制值。

4. 三相电压不平衡

《电能质量 三相电压不平衡》（GB/T 15543—2008）适用于交流额定频率为 50 Hz，电力系统正常运行方式下由于负序分量而引起的公共连接点的电压不平衡，该标准规定：电力系统公共连接点正常运行方式下不平衡度允许值为±2%，短时间不得超过±4%。

而且该标准还解释：不平衡度允许值指的是在电力系统正常运行的最小方式下，负荷所引起的电压不平衡度为最大的生产（运行）周期中的实测值，例如炼钢电弧炉应在熔化期测量等。在确定三相电压允许不平衡指标时，该标准规定用 95% 概率值作为衡量值。即正常运行方式下不平衡度允许值，对于波动性较小的场合，应和实际测量的 5 次接近数值的算术平均值对比；对于波动性较大的场合，应和实际测量的 95% 概率值对比；以判断是否合格。其短时允许值是指任何时刻均不能超过的限制值，以保证保护和自动装置的正确动作。

5. 电网频率

《电能质量 电力系统频率偏差》（GB/T 15945—2008）中规定：电力系统频率偏差允许

值为±0.2 Hz，当系统容量较大时，偏差值可放宽到-0.5~+0.5 Hz，标准中并没有说明系统容量大小的界限，而在《全国供用电规则》中有规定："供电局供电频率的允许偏差：电网容量在300万kW及以上者为±0.2 Hz；电网容量在300万kW以下者为±0.5 Hz。"实际运行中，我国各跨省电力系统频率都保持在-0.1~+0.1 Hz的范围内，这点在电网质量中最有保障。

我国规定城市配电网必须满足"$N-1$"准则，具体规定如下：

1）高压变电所中失去任一回路进线或一组降压变压器时，必须保证向下一级配电网供电。

2）高压配电网中一条架空线或一条电缆、变电所中一组降压变压器发生事故停运时，在正常情况下，除故障外不停电，不得发生电压过低，不允许设备过负荷。在计划停运情况下，又发生故障停运时，允许部分停电，但应在规定时间内恢复供电。

3）低压电网中当一台变压器或电网发生故障时，允许部分停电，但应尽快将完好的区段在规定的时间内切换至邻近电网恢复供电。

1.2.3 用电安全

在各种不同环境条件下，人体接触到有一定电压的带电体后，身体各部分组织（如皮肤、心、脏、呼吸器官和神经系统等）不发生任何损害时所能承受的电压称为安全电压。

脱离低压电源的主要方法有切断电源、割断电源线、挑拉电源线、拉开触电者、采取相应救护措施。采取以上措施时注意必须使用符合相应电压等级的绝缘工具。

一般在干燥环境中，人体电阻大约为$2\ k\Omega$；皮肤出汗时，约为$1\ k\Omega$；皮肤有伤口时，约为$800\ \Omega$。人体触电时，皮肤与带电体的接触面积越大，人体电阻越小。当人体接触带电体时，人体就被当作一电路元件接入回路。人体阻抗通常包括外部阻抗（与触电当时所穿衣服、鞋袜以及身体的潮湿情况有关，从几$k\Omega$到几十$M\Omega$不等）和内部阻抗（与触电者的皮肤阻抗和体内阻抗有关）。人体阻抗不是纯电阻，主要由人体电阻决定。人体电阻也不是一个固定的数值。一般认为，干燥的皮肤在低电压下具有相当高的电阻，约10万Ω。当电压在500~1000 V时，这一电阻便下降为$1\ k\Omega$。表皮具有这样高的电阻是因为它没有毛细血管。手指某部位的皮肤还有角质层，角质层的电阻值更高，而不经常摩擦部位的皮肤的电阻值是最小的。皮肤电阻还同人体与带电体的接触面积及压力有关。当表皮受损暴露出真皮时，人体内因布满了输送盐溶液的血管而有很低的电阻。一般认为，接触到真皮里，一只手臂或一条腿的电阻大约为$500\ \Omega$。因此，由一只手臂到另一只手臂或由一条腿到另一条腿的通路相当于一只$1\ k\Omega$的电阻。假定一个人用双手紧握带电体，双脚站在水坑里而形成导电回路，这时人体电阻基本上就是体内电阻，约为$500\ \Omega$。一般情况下，人体电阻可按$1~2\ k\Omega$考虑。

安全电压是为了防止触电事故而采用的由特定电源供电的电压系列。其供电要求实行输出与输入电路的隔离，与其他电气系统的隔离。这个电压系列的上限值，在正常和故障情况下，任何两导体间或任一导体与地之间均不得超过交流（50~500 Hz）有效值50 V。

人们可根据场所特点，采用我国安全电压标准规定的交流电安全电压等级：

1）42 V（空载上限小于或等于50 V），可供有触电危险的场所使用的手持式电动工具等使用。

2）36V（空载上限小于或等于43V），可供矿井、多导电粉尘等场所使用的行灯等使用。

3）24V、12V、6V（空载上限分别小于或等于29V、15V、8V）三档，可供某些人体可能偶然触及的带电体的设备选用。在大型锅炉内、金属容器内或者其他容器内工作时，为了确保人身安全，一定要使用12V或6V低压行灯。当电气设备采用24V以上的安全电压时，必须采取防止直接接触带电体的保护措施。其电路必须与大地绝缘。

安全电压是以人体允许电流与人体电阻的乘积为依据而确定的。

电流对人体伤害的严重程度与通过人体电流的大小、频率、持续时间、途径以及人体的电阻大小等多种因素有关。

1. 人体被伤害程度与电流大小的关系

通过人体的电流越大，人体的生理反应越明显，感觉越强烈，引起心室颤动所需的时间越短，致命的危险就越大。对于工频交流电，按照通过人体电流的大小，人体所呈现的不同状态大致可分为下列三种。

1）感觉电流：引起人的感觉的最小电流，称为感觉电流。实验表明，成年男性的平均感觉电流约为1.1mA，成年女性约为0.7mA。

2）摆脱电流：人触电后能自主摆脱电源的最大电流称为摆脱电流。实验表明，成年男性平均摆脱电流约为16mA，成年女性约为10mA。从安全角度考虑，男性最小摆脱电流为9mA，女性为6mA，儿童的摆脱电流较成人小。

3）致命电流：在较短时间内危及生命的最小电流，也可以说引起心室颤动的电流称为致命电流。引起心室颤动的电流与通过时间有关。实验表明，当通过时间超过心脏搏动周期时，引起心室颤动的电流一般是50mA以上。当通过电流达数百毫安时，心脏会停止跳动，可能导致死亡。

2. 人体被伤害程度与电流频率的关系

电流频率不同，对人体的伤害程度也不同。25~300Hz的交流电流对人体伤害最严重。1000Hz以上，伤害程度明显减轻，但高压高频电也有电击致命的危险。例如，10000Hz高频交流电感知电流，男性约为12mA；女性约为8mA。平均摆脱电流，男性约为75mA；女性约为50mA。可能引起心室颤动的电流，通电时间0.03s时约为1100mA；3s时约为500mA。

3. 人体被伤害程度与通电时间的关系

1）通电时间越长，人体电阻因出汗等原因而降低，导致通过人体电流的增加，触电的危险性也随之增加。

2）通电时间越长，越容易引起心室颤动，即触电危险性越大。引起心室颤动的工频电流和时间的关系可用下式表示：

$$I = \frac{165}{\sqrt{t}}$$

式中，I为引起心室颤动的电流（mA）；t为通电时间（s）。

4. 人体被伤害程度与电流途径的关系

电流通过人体的途径以经过心脏为最危险。因为通过心脏会引起心室颤动，较大的电流还会使心脏停止跳动，这都会使血液循环中断而导致死亡。因此，从左手到胸部是危险的电流途径；从手到手、从手到脚也是很危险的电流途径；从脚到脚是危险性较小的电流途径之一。

1.3 电力系统新技术

1.3.1 新能源发电技术

新能源是相对常规能源而言的，一般具有以下特征：尚未大规模作为能源开发利用，有的甚至还处于初期研发阶段；资源赋存条件和物化特征与常规能源有明显区别；开发利用技术复杂，成本较高；清洁环保，可实现二氧化碳等污染物零排放或低排放；资源量大、分布广泛，但大多具有能量密度低的缺点。根据技术发展水平和开发利用程度，不同历史时期以及不同国家和地区对新能源的界定也会有所区别。发达国家一般把煤、石油、天然气、核能以及大中型水电都作为常规能源，而把小水电归为新能源范围。我国把新能源范围确定为太阳能、风能、生物质能、地热能、海洋能、氢能、天然气水合物、核能、核聚变能共9个品种。在这里，主要介绍核能、太阳能、风能、生物质能这几种新型能源。

核能发电是利用原子核分裂时产生的能量，把反应器中的水加热产生蒸汽，然后借蒸汽推动汽轮机，再带动发电机转动产生电能。以核燃料为能源的核电站已在世界许多国家发挥越来越大的作用，核电干净、无污染，几乎是零排放，不会造成对大气的污染排放。在国际社会越来越重视温室气体排放、气候变暖的形势下，积极推进核电建设，是我国能源建设的一项重要政策。

我国核电发展起步于20世纪80年代中期，核电设计工作从20世纪70年代就开始。我国主要核电站有秦山核电站、大亚湾核电站、岭澳核电站，同时中国广东核电集团形成了具有自主品牌的中国改进型压水堆核电技术。然而在关注核电优势的时候不能忽视其安全问题。核电厂的安全问题主要指辐射防护问题，包括两个方面：一是正常运行条件下放射性物质的排放控制，其排放量必须保持在远低于环境中天然放射性本底的水平；二是事故条件下放射性物质的排放控制，应保证在可能发生事故的情况下有足够的安全裕量。

在我国目前煤炭能源短缺和环境污染的形势下，积极发展核电有一定的战略意义。但核电技术要求高、成本高，我国在技术方面和国际先进水平还有一定的差距，先进核电站的建设仍然主要依赖技术引进，同时我国核燃料并不充足，仅够开采50年，此外核废料的处理问题仍然令一些人不安。因此利用太阳能、风能等可再生能源发电越来越受到关注。

太阳能发电是把太阳辐射能转换成电能的发电技术。由于太阳能储量巨大，不会枯竭，清洁能源，无污染，不受地域限制，是一种无所不在的能源，这些优点使它成为最理想的能源。它包括两大类型：一类是利用太阳热能直接发电，如半导体或金属材料的温差发电、真空器件中的热电子和热离子发电等；另一类是太阳能热动力发电，利用太阳集热器将太阳能收集起来，加热水或其他工质，使之产生蒸汽，驱动热力发动机，再带动发电机发电。太阳能发电虽受昼夜、晴雨和季节的影响，但可以分散地进行，所以它适于各家各户分别进行发电,而且要连接到供电网络上,使得各个家庭在电力充裕时可将其卖给电力公司,不足时又可从电力公司买入。

由于太阳能能量密度低,易受气候条件的影响,不具备蓄电功能等,因此对于大容量的太阳能发电装置,需要附加储能设备,例如蓄电池组,或把太阳能发电系统和交流电网联网进行能量互补。此外,太阳能发电本身虽然没有对环境造成污染,但太阳能电池、电力电子变换装置的制造过程仍会产生环境污染,这在综合发电效益时也应加以考虑。因此,要使太阳能发电真正达到实用水平,一是要提高太阳能光电变换效率并降低其成本,二是要实现太阳能发电与现在的电网联网。

风力发电是利用风力带动风车叶片旋转,再透过增速机将旋转的速度提升,来促使发电机发电。风力发电快速增长的原因在于两个方面:一是经济发展对电力需求的快速增长和可持续发展的要求;二是风力发电技术的不断进步,风轮机的大型化、规模化和高效化促进了风电价格不断降低。正是由于风力发电不需要燃料、不占耕地、没有污染、运行成本低等优点,使得风力发电产业发展前景非常广阔。

我国近些年对生物质能利用进行了广泛探讨,一些科学家也极力提倡,认为我国生物质能开发潜力很大。两院院士石元春曾提出,如果我国能积极种植能源植物,可能建成两个大庆的液体燃料年产量。但关于生物质能源,现在争议较多。对于用粮食来做液体燃料,世界上的反对力量很强,认为这是和人争口粮,对穷人很不公平。我国也曾以陈化粮为原料,年生产 102 万 t 燃料乙醇,但也就到此为止,已经叫停。生物质的进一步发展,要求用纤维素来制作燃料,相关技术全球还都在攻关、实验当中。

虽然有人认为我国有很多"边际土地"——既不能种粮,也不能正规开采,但可以种植能源植物。但就目前来看,这方面的讨论热度呈下降趋势。首先,边际土地到底在何方?加上生物质体积大但能量密度较低,收集很费力。从一个很偏远的地方种植、收集,再运输和集中进行工业生产,成本就会增加。比如说秸秆发电,现在国内已经有很多项目,但主要问题是生物质秸秆收集比较困难,收集半径有限。收集半径太大,经济效益、规模就要受影响,所以只能小规模地、分散地利用。另外,秸秆的价格也会因需求量增多而被抬高,国家又很难强制收购。所以,生物质能源要成为主导性能源比较难。

综上,在能源短缺和全球变暖、酸雨压力下,我国正坚持能源可持续发展战略目标,优先发展水电,积极发展核电,优化发展火电,重点发展资源潜力大、技术基本成熟的风力和太阳能等可再生能源发电。新能源发电对人类和自然的和谐发展具有重大意义。

1.3.2 柔性交流输电技术

柔性交流输电技术(FACTS),也称为灵活交流输电技术,是综合电力电子技术、微处理和微电子技术、通信技术而形成的用于控制交流输电的新技术。它的应用开辟了提高交流输电运行整体控制能力的渠道,为高压和超高压交流输电性能的革新指出了方向。

所谓"柔性控制",主要是区别和相对于原来交流电网中的常规"刚性控制"而言的。这不仅是由于前者主要依靠电子型技术,后者常是机械型或机电型技术,更重要的差别在于其控制作用的快速性、精确性、连续性、柔韧性和有效性等。

FACTS 概念被提出后,已显示出它的重要作用和意义:开辟了提高交流输电运行整体控制能力的渠道,为高压和超高压交流输电性能的革新指出了方向;提出了一个"升流"

的输电途径，扩大规划设计中方案比较以及选用范围和选择的余地；有助于解决输电网和输电线运行中的环流、振荡和稳定性、可靠性、热备用容量等问题；促进和改善输电网其他运行控制技术，并将改变交流输电的传统应用范围；同时还对 FACTS 控制器本身的发展起到了推动作用。

FACTS 技术按其接入系统方式可分为并联型、串联型和综合型。并联型 FACTS 主要用于电压控制和无功潮流控制；串联型 FACTS 主要用于输电线路的有功潮流控制、系统的暂态稳定和抑制系统功率振荡；综合型 FACTS 设备主要包括潮流控制器（UPFC）和可控移相器（TCPR），UPFC 适用于电压控制、有功和无功潮流控制、暂态稳定和抑制系统功率振荡，TCPR 适用于系统的有功潮流控制和抑制系统功率振荡。各种类型设备的技术原理介绍如下。

（1）并联型 FACTS 装置

典型的并联型 FACTS 装置是 STATCOM。STATCOM 主回路主要由大功率电力电子器件组成的电压型逆变器和并联直流电容器构成，是与传统 SVC 原理完全不同的无功功率补偿装置。这种装置脱离了以往无功功率概念的约束，不采用常规电容器和电抗器来实现无功功率补偿，而是利用逆变器产生无功功率。因此，设备无功功率的大小都由它输出的电流来调整，而其输出的电流与系统电压基本无关，这些功能、原理上类似于同步调相机，但它是完全的静态装置，因此 STATCOM 又称为静止调相器，它的动态性能远优于同步调相机，启动无冲击，调节连续范围大，响应速度快，损耗小。

（2）串联型 FACTS 装置

典型的串联型 FACTS 装置是可控串补（TCSC）。TCSC 通常指采取晶闸管控制的分路电抗器与串联电容器组并联组成的串联无功功率补偿系统，通过改变晶闸管的触发延迟角来改变分路电抗器的电流，使串联补偿器的等效阻抗大小能够连续平滑快速变化，因而 TCSC 可以等效成一个容量连续可变的电容器，其接入的输电线路的等效阻抗也可以连续变化，在给定的线路两端电压和相角情况下，线路的输送功率将可实现快速连续控制，以适应系统负载变化和动态干扰，达到控制线路潮流，提高系统暂态稳定极限的目的。TCSC 也可以用于阻尼系统功率振荡和抑制次同步振荡。

（3）综合型 FACTS 装置

典型的综合型 FACTS 设备是综合潮流控制器（UPFC）。UPFC 是将并联补偿的 STATCOM 和串联补偿的 SSSC 组合成具有一个共同统一的控制系统的新型潮流控制器，它结合了多种 FACTS 技术的灵活控制手段，是 FACTS 技术中功能最强大的装置。它通过将换流器产生的交流电压串接入相应的输电线上，使其幅值和相角均可连续变化，从而控制线路等效阻抗、电压或功角，同时控制输电线路的有功和无功潮流，提高线路输送能力和阻尼系统振荡。它最基本的特点之一是注入系统的无功功率是其本身装置控制和产生的，但注入系统的有功功率必须通过直流回路由并联回路 STATCOM 传至串联回路 SSSC，UPFC 整体并不大量消耗或提供有功功率。

FACTS 的特点可以总结成以下几项：①可以使电能储存起来，使在电力系统运行中电能的存入和取用可以在不改变电能形态的情况下实现；②按电压的控制要求产生或消耗无功功率，因此无功不平衡的情况在 FACTS 装置处明显存在；③可以按要求的大小和方向在系统中补偿原有的电压，因而相位也可以按要求改变；④电压幅值和相位、无功功率和有功功率、系统阻抗可以快速变化和调节；⑤电压、无功功率和系统阻抗可以频繁调节；⑥电压、无功功率、有功功率、系统阻抗和系统功率潮流可以平滑调节。

FACTS 这项先进技术展现了交流输电的美好前景，但并不是无所不能的。目前它还存在一些局限性：

1）"升流"能力有局限性。FACTS 控制器的功能的确较好，但超高压长距离重载线路的其他约束条件（如线损、电压降、弧垂、事故后影响等）能否允许这样输送还是一个未知数，尤其是它的可靠性。所以至少在 FACTS 初期发展的 10 余年内，其输送能力只允许提高到一定水平，而很难应用它达到热极限而取代下一级输电电压。

2）FACTS 控制器的造价。FACTS 控制器的结构、功能等各异，造价也不一。像已有的 SVC 或 Station 的造价基本还可为电力公司所接受，但串联型的 TCSC 或正在研制的综合潮流控制器（UPFC）的造价则高得多。这些产品要广泛应用于电力公司，必须进一步降低造价。

3）FACTS 对现有研究和试验工具提出了新要求。为了适应 FACTS 应用的研究，所有成熟的电力系统分析软件包（包括运行分析程序包、规划程序软件、EMTP 等）和各种试验工具（动态模型、数字仿真实验室、交直流输电模型等）都需要补充 FACTS 控制器的附加模型和相应算法或子程序，并能适应其动态动作的要求。

4）需预防 FACTS 控制器与电力设备及其他控制器之间的不良作用。目前的 FACTS 控制器大多仍属于晶闸管控制型的，它必然会产生高次谐波甚至谐波谐振等类问题。FACTS 控制器之间、FACTS 控制器与按分散控制理论设计的已有快速控制器之间、FACTS 控制器与常规机械操作型控制器之间，各种装置的相互管制或相互作用必须认真研究。国外对这些快速动作装置的协调控制或分层控制的方法做了探讨，也提出了一些建议，但还只是初步的工作。

5）FACTS 控制器对一些辅助性支持技术将提出新要求。当 FACTS 应用较普遍时，其对新的支持技术的需要，如高分辨率的时间系统、相角值的远方传送和测量等，将逐渐显现出来。更为重要的是，作用的快速性和准确性将对计算或启动条件等所需参数的准确性提出新的要求。

6）切换用的电力电子断路器（SSCB）近期内难以实现。输电线的切换操作和事故快速断开、重开等开关设备是提高输电线和输电网可控性能的重要器件，它的电力电子化的意义重大。但是 SSCB 和 TCSC（可控串联补偿）相比，SSCB 的高压和断流部件还有很长的一段路程要走，这与技术上和造价上的困难是密切相关的。

FACTS 在我国电力系统中的应用对我国电力系统未来的发展至关重要，而且其产业化也展示了诱人的前景。但 FACTS 的应用过程不可能一蹴而就，一方面需要结合我国电力系统的实际，有的放矢地开展大量基础研究；另一方面还必须开展软硬件结合的、面向实用的开拓性工程研究，以便不仅在理论上而且在工程实践上、工艺上和可靠性上得到全面的发展。

1.3.3 智能电网技术

近年来，智能电网已成为电力界的热门话题，被认为是改变未来电力系统面貌的电网发展模式。智能电网技术目前尚未提出一个明确的定义，可以将其理解为采用先进的电力技术和设备、信息与通信技术，系统地实现电网的智能型监测、分析和决策控制，支持新型能源发电和灵活优质用电，具有高自动化水平，并有一定自愈、互动功能的安全可靠的高效率电网。

我国在建设智能电网方面提出了六个环节和一个平台的说法，即坚强智能电网的六个环节和一个平台：以通信信息平台为支撑，以智能控制为手段，包含电力系统的发电、输电、变电、配电、用电和调度六大环节。

1）发电：通过深入研究和应用网厂协调技术、风电及太阳能发电并网技术和大容量储能技术，促进电源结构优化，适应清洁能源发展。

2）输电：全面实施输电线路状态监测、智能巡检、状态检修和全寿命周期管理，广泛应用灵活输电技术。

3）变电：应用智能变电站相关技术，实现电网运行数据的全面采集和实时共享，支撑电网实时控制、智能调节和各类高级应用。

4）配电：建成配电自动化和配网调控一体化智能技术支持系统，实现微电网的灵活接入和安全运行。

5）用电：建成智能用电双向互动服务平台，实现用电信息采集"全覆盖、全采集、全费控"，推广建设智能用电小区/楼宇；建设充电设施网络，满足电动汽车发展需要。

6）调度：建成自主创新、国际领先的智能电网调度技术支持系统，全面提升电网调度的资源优化配置能力、纵深风险防御能力和灵活高效调控能力，全面支撑电网集约化管理和"大运行"体系构建。

智能电网以实现电网的安全稳定运行，降低大规模停电的风险，使分布式电源得到有效利用，同时提高电网资产的利用率以及用户用电的效率、可靠性和电能质量为主要目标。

智能输电网立足于提高输电网运行的安全性和稳定性，降低全网大规模停电的风险，实现能源的广域优化配置以及大型可再生能源的集约化开发。智能输电网的建设为智能配电网的实现提供了坚强的网架基础，保证了智能配电网发展的可持续性。

与智能输电网一样，智能配电网也通过应用各种先进的信息技术，实现电网的数字化、信息化、自动化和智能化，并最终实现配电网与用户间的互动，以满足未来各种关键的技术需求，这包括：实现资产优化提高运行效率，兼容各种分布式电源和储能设备，创造新的产品、服务和市场，实现用户的积极参与，提高配电网的安全性，电网故障时具有自愈功能，提高配电网的稳定性，以灵活的运行方式抵御各种物理破坏、网络攻击和自然灾害，以及根据需求提供不同质量的电能。

SDG（智能配电网）是人们对未来配电网的愿景。它不是一项局部的技术，也不是传统配电网的简单改进与提高，而是将各种配电新技术进行有机的集成、融合，使系统的性能出现革命性的变化。它具有以下功能特征：

1）更高的安全性。能够有效抵御自然灾害与外力破坏的影响。

2）自愈能力。能够及时检测出已发生或正在发生的故障并进行相应的纠正性操作，使其不影响用户的正常供电或将其影响降至最小。自愈主要是解决"供电不间断"的问题，包括故障重合闸等引起的瞬间断电。

3）更高的电能质量。提供电压有效值和波形符合用户要求的电能。

4）支持分布式电源（DER）的大量接入。不再像传统电网只能被动地硬性限制DER

接入点与容量,而是从有利于可再生能源发电足额上网、提高运行效率、节省整体投资出发,积极接入 DER 并发挥其作用。

5) 支持与用户的互动。一是应用智能电表,实行动态实时电价,让用户自行选择用电时段;二是允许用户拥有的 DER(包括电动车等)向电网送电。

6) 更高的资产利用率。通过完善的实时监控,提高系统容量利用率,减少一次设备投资,达到所谓的"电子换钢铁"的投资效果;通过优化潮流分布,减少线损,提高运行效率;在线监测并诊断设备运行状态,实施状态检修,延长设备使用寿命。

7) 对配电网及其设备进行可视化管理。实时采集配电网及其设备运行数据以及电能质量、故障停电等数据,为运行人员提供高级的电网监控界面,克服目前的"盲管"现象。

8) 配电管理与用电管理的信息化。将配电网实时运行与离线管理数据高度融合、深度集成,实现设备管理、检修管理、停电管理以及用电管理的信息化。

配电网直接面向用户,是保证供电质量、提高运行效率的关键环节。目前电力用户遭受的停电时间,95%以上是由于配电系统造成的(扣除发电不足原因);电力系统损耗中约有一半产生在配电网。此外,DER 接入的影响主要在配电网,与用户互动的着眼点也在配电网。要实现智能电网的整体建设目标,必须给予配电网足够的关注。

由于历史原因,我国配电网投资相对不足,这是目前制约电力系统供电质量与运行效率提高的薄弱环节,亟待进一步加强、提高。智能电网的提出为这些问题创造了条件,给配电技术的发展指明了方向。积极研发并推广应用 SDG 技术,对于建设现代配电网,更好地满足我国经济与社会发展对电力系统的要求,具有十分重要的意义。

1.3.4 能源互联网

能源互联网可理解是综合运用先进的电力电子技术、信息技术和智能管理技术,将大量由分布式能量采集装置、分布式能量储存装置和各种类型负载构成的新型电力网络、石油网络、天然气网络等能源节点互联起来,以实现能量双向流动的能量对等交换与共享网络。

能源是现代社会赖以生存和发展的基础。为了应对能源危机,各国积极研究新能源技术,特别是太阳能、风能、生物质能等可再生能源。可再生能源具有取之不竭、清洁环保等特点,受到世界各国的高度重视。可再生能源存在地理上分散、生产不连续、随机性、波动性和不可控等特点,传统电力网络的集中统一的管理方式,难以适应可再生能源大规模利用的要求。对于可再生能源的有效利用方式是分布式的"就地收集,就地存储,就地使用"。

但分布式发电并网并不能从根本上改变分布式发电在高渗透率情况下对上一级电网电能质量、故障检测、故障隔离的影响,也难以实现可再生能源的最大化利用,只有实现可再生能源发电信息的共享,以信息流控制能量流,实现可再生能源所发电能的高效传输与共享,才能克服可再生能源不稳定的问题,实现可再生能源的真正有效利用。

信息技术与可再生能源相结合的产物——能源互联网为解决可再生能源的有效利用问题,提供了可行的技术方案。与目前开展的智能电网、分布式发电、微电网研究相比,能源互联网在概念、技术、方法上都有一定的独特之处。因此,研究能源互联网的特征及内涵,探讨实现能源互联网的各种关键技术,对于推动能源互联网的发展,并逐步使传统电网向能源互联网演化，具有重要理论意义和实用价值。

从政府管理者视角来看，能源互联网是兼容传统电网的，可以充分、广泛和有效地利用分布式可再生能源的、满足用户多样化电力需求的一种新型能源体系结构；从运营者视角来看，能源互联网是能够与消费者互动的、存在竞争的一个能源消费市场，只有提高能源服务质量，才能赢得市场竞争；从消费者视角来看，能源互联网不仅具备传统电网所具备的供电功能，还为各类消费者提供了一个公共的能源交换与共享平台。

能源互联网具备如下五大特征：

1）可再生。可再生能源是能源互联网的主要能量供应来源。可再生能源发电具有间歇性、波动性，其大规模接入对电网的稳定性产生冲击，从而促使传统的能源网络转型为能源互联网。

2）分布式。由于可再生能源的分散特性，为了最大效率地收集和使用可再生能源，需要建立就地收集、存储和使用能源的网络，这些能源网络单个规模小，分布范围广，每个微型能源网络构成能源互联网的一个节点。

3）互联性。大范围分布式的微型能源网络并不能全部保证自给自足，需要互联起来进行能量交换才能平衡能量的供给与需求。能源互联网更关注将分布式发电装置、储能装置和负载组成的微型能源网络互联起来，而传统电网更关注如何将这些要素"接进来"。

4）开放性。能源互联网应该是一个对等、扁平和能量双向流动的能源共享网络，发电装置、储能装置和负载只要符合互操作标准，就能够"即插即用"，这种接入是自主的，从能量交换的角度看没有一个网络节点比其他节点更重要。

5）智能化。能源互联网中能源的产生、传输、转换和使用都应该具备一定的智能。

1.3.5 特高压交直流输电

特高压是目前世界上最先进的输电技术。我国成为世界首个成功掌握并实际应用特高压这项尖端技术的国家，不仅全面突破了特高压技术，率先建立了完整的技术标准体系，而且自主研制成功了全套特高压设备，实现了跨越式发展。

特高压交流输电是指1000 kV及以上的交流输电，具有输电容量大、距离远、损耗低、占地少等特点。特高压直流输电是指±800 kV及以上电压等级的直流输电及相关技术，具有输送容量大、输电距离远、电压高、可用于电力系统非同步联网等特点。两者区别在于交流输电具有输电和组网双重功能，电力的接入、传输和消纳十分灵活；直流输电只具有输电功能，不能形成网络，主要以中间不落点的两端工程为主，可点对点、大功率、远距离直接将电力送往负荷中心。交流与直流从来都是配合使用、相互补充的。

我国特高压输电技术的出现，使"煤从空中走、电送全中国"成为现实，使"以电代煤、以电代油、电从远方来、来的是清洁电"成为我国能源和电力发展的新常态，为落实国家"一带一路"倡议提供了强大基础支撑。

特高压输电的优势主要表现在以下几个方面：

1）可以满足大规模、远距离、高效率电力输送要求。我国能源资源与负荷中心逆向分布的特征明显，能源资源大部分中在西部、北部地区，负荷中心集中在中东部、东南部地区，大型能源基地与负荷中心的距离可达1000～3000 km，因此，要保障大型能源基地的集约开发和电力可靠送出，需要大力发展具有输送容量大、距离远、效率高等特点的特高压输电技术。

2) 有利于改善环境质量。采用特高压输电，可以推动清洁能源的集约化开发和高效利用，将我国西南地区的水电以及西北和北部地区的风电、太阳能发电等清洁电能大规模、远距离输送至东中部、东南部负荷中心，减少化石能源消耗及污染物排放，具有显著的环境效益。

3) 有利于提高电网运行的安全性。采用"强交强直"的特高压交直流混合电网输电，可以大大降低直流系统故障情况下 500kV 电网潮流转移能力不足、无功电压支撑弱等问题，降低电网大面积停电风险，并可为下一级电网逐步分层分区运行创造条件，解决短路电流超限等限制电网发展的问题，提高电网运行的灵活性和可靠性。

4) 有利于提高社会综合效益。相对于高压、超高压输电，采用特高压输电能够大量节省输电走廊，显著提高单位走廊宽度的输送内容，节约宝贵的土地资源，提高土地资源的整体利用效率。

1.3.6 电力电子化能源系统

能源是发展国民经济的命脉。人类对于能源的探索从未停歇，从最早认识并利用火到以煤为动力冶铁，再到用石油作燃料来照明以及电能的发现和利用。随着人类生产活动和物质需求的不断增加，传统的化石能源日益枯竭，人们越来越重视可再生能源技术的开发利用，电力系统也逐渐从以煤、石油等传统能源为主的能源结构向着传统能源与新能源并存的方向发展。新能源接入能源系统更多的是依靠电力电子技术。随着电力电子技术的日趋成熟，传统的电力能源网络逐步被电力电子化，成为电力系统发展的重要趋势。能源系统正经历着深刻的历史性变革。

电力电子技术是可再生能源连接到电力能源系统的关键技术，为电力能源系统提供必要的控制功能，能建立起一个更加可控的电力能源系统。电力电子化能源系统是在传统电力能源系统的基础上混合了各种新能源，融入了新型的电力电子设备，采用了更为先进的信息科学技术，运用了更加成熟的控制方法之后的新一代电力能源系统。电力电子化能源系统将更多地使用分布式的可再生能源，实现以可再生能源逐步替代化石能源，创建一个可持续发展的能源体系。根据电力电子化能源系统的定义，电力电子化能源系统的特征主要体现在装备、结构和控制三个方面。

1) 装备层面。传统的电力能源系统多采用旋转设备，例如发电机、电动机、鼓风机和引风机等；电力电子化的能源系统更多地使用了电力电子设备，如变换器、变频器、有源滤波器和电力电子系统。

2) 结构层面。传统的电力能源系统是垂直化管理的，传统能源网络主要以化石能源为主，采用单向潮流树状拓扑结构，集中化管控，供能与用能垂直集成，不同能源系统之间条块分割；电力电子化的能源系统则呈现出扁平化的组织架构，逐渐形成了一个生产要素配置的去中心化和生产管理模式的扁平化系统。

3) 控制层面。传统电力能源系统是单向的、可控性弱的集中化管理系统；电力电子化的能源系统则具有较强的可控性，能量能实现双向流动，系统的控制结构也更为多样化。

电力电子化能源系统是探究能源多样化利用、推广能源领域先进电力电子技术的前沿阵地，具有非常重要的研究意义。

1.3.7 需求响应

需求响应（Demand Response，DR）即电力需求响应的简称，是指当电力批发市场价格升高或系统可靠性受威胁时，电力用户接收到供电方发出的诱导性减少负荷的直接补偿通知或者电力价格上升信号后，改变其固有的习惯用电模式，达到减少或者推移某时段的用电负荷而响应电力供应，从而保障电网稳定，并抑制电价上升的短期行为。它是需求侧管理（Demand Side Management，DSM）的解决方案之一。

需求侧资源主要包括分布式发电资源、负荷资源和储能资源。需求侧管理是通过一系列途径，例如经济补贴手段、强制法律手段、宣传手段等调整用户负荷或者用电模式，引导用户科学合理地用电。需求侧管理是一种重要的节能途径，旨在降低负荷需求减少装机容量，将部分高峰负荷转移到低谷时期，降低负荷峰谷差。

需求侧响应策略主要分为两种：基于价格和基于激励。其中基于价格的需求侧响应策略分为分时电价、尖峰电价和实时电价。分时电价是国内较为常见的一种电价策略，能有效反映电网不同时段供电成本差别的电价机制，其措施主要是在高峰时段适当提高电价，在低谷时期适当降低电价，降低负荷峰谷差，改善用户用电，达到削峰填谷的作用。

负荷管理是需求侧响应中的一个重要方面，可以通过对需求侧负荷的调控改善用户用电习惯，达到降低电网最大负荷、降低系统装机容量、减少运行费用的目标。负荷管理通常有三种管理形式，即削峰、填谷和移峰填谷。削峰指的是减少高峰时期电网负荷需求，填谷指的是增加系统闲时发电容量利用水平，移峰填谷指的是调整峰谷时期负荷使用方式。

需求侧负荷一般分为以下三种类型：重要负荷、可平移负荷和可调整负荷。这是根据负荷的重要性进行划分的，重要负荷是指在特定时段不可以断电的负荷；可平移负荷指的是在允许的一定范围内，可以将负荷的使用时间从一个区间转移到另一个区间，转移负荷不能超过最大允许转移量；可调整负荷是用户使用的直接结果，提前预测客户使用负荷量具有一定的困难性，所以通常采用历史数据进行评估处理。而实际上由于重要负荷的固定性和不可中断性，使其无法更改使用时间，而可调整负荷的数量及类型的难以预测性，使得需求侧负荷着重考虑的是可平移负荷对微电网经济优化调度的影响。

1.3.8 分布式发电接入电力系统

分布式发电指的是在用户现场或靠近用电现场配置较小的发电机组（一般低于30 MW），以满足特定用户的需要，支持现存配电网的经济运行，或者同时满足这两个方面的要求。这些小的机组包括燃料电池、小型燃气轮机、小型光伏发电、小型风光互补发电或燃气轮机与燃料电池的混合装置。由于靠近用户提高了服务的可靠性和电力质量。技术的发展、公共环境政策和电力市场的扩大等因素的共同作用使得分布式发电成为新世纪重要的能源选择，其具有良好的安全性、可靠性、环保性、灵活性和经济性等优势。

近年来，分布式发电技术水平日益提升，加上国家节能环保政策的推广，在电力系统中对分布式发电的应用比例日益增加，这就对电力系统的运行和保护等方面产生了影响，主要包括对系统电能质量和潮流、电力系统整体规划以及电力系统安全性产生的影响。

为消除上述影响，可以采取以下四种处理措施：

1）完善潮流计算工作。在电力系统中接入分布式发电系统后，配电网电源结构会发生变化，为了确保电力系统正常运行，需要经常更新潮流计算；且因为分布式发电电源的控制策略、技术类型和运行方式多样化，所以电网的潮流计算和传统发电系统的计算模型也不一致，节点类型和传统节点也不相同，需根据实际情况制定出收敛性良好的潮流计算方法，解决计算量过大的问题。

2）电压控制。电网中接入分布式电源后，需从外部和自身两个方面着手控制电网电压，可以利用分布式发电系统来加强对电压的控制，并优化电压控制方法。此外，还可以利用大容量无功功率补偿设备进行协调，达到外部控制的目的。

3）电能质量控制。分布式发电系统接入电力系统后，局部电网会出现电压波动、电压过大、瞬时涌流大等问题，电能质量会受到一定程度的影响。为解决上述问题，可对分布式电源的电压质量及其大电网的影响进行评估，并利用储能来解决电能质量波动的问题。

4）稳定性控制。由于分布式电源并网容量增加，大电网的电压、功角、稳定性以及频率都会受到比较大的影响。针对这些问题，需要对含有分布式发电系统的大电网进行建模，并对其运行稳定性进行分析，然后针对电网的实际情况合理地选择控制系统和电力换流器。

1.4 本书选用的几个典型电网结构

电力系统的主体结构由电源、电力网络和负荷中心组成，它的目标是将发电厂发出的电能安全、经济、高效地送到用户端，以保证用户的合理用电需求。由于其间的距离可以远达几百甚至上千千米，涉及的 10 kV 以上的用户数量就数以百万计，所以网络结构极其复杂。但是，万变不离其宗，所有的电力网络都可以归结为环形网络和辐射形网络两类。其中，环形网络由于各个节点有多条回路可以供电，因此安全性更高，但是，其网络结构复杂，建设成本高，网络内电能流向多样，分析复杂；辐射形网络各个节点只有一条支路能够供电，一旦出现事故或者检修，将导致用户停电（不考虑冷/热备用情况），供电可靠性较低，但是，其网络结构相对简单，建设成本低，网络中电能仅从电源节点流向负荷节点，分析相对简单。

> ※一点讨论
>
> 环形网络和辐射形网络各有特点，可以根据不同的需求场合选择合适的网络结构，而电压等级是一个常规的选取网络结构标准，一般在高压网络中选取环形网络结构提高可靠性和灵活性，在低压网络中选取辐射形网络结构降低建设和运维成本。近年来，随着对于配电网络的供电可靠性要求越来越高，配电网络也经常采用弱环网或者双电源等结构来提高供电可靠性。

电能输送过程涉及输–变–配不同环节、不同电压等级，更有海量节点及支路。在本书中，根据实际电网进行简化得到4个典型网络，并用于后续各章的分析和计算。其中包括两个小型网络（4节点辐射网和4节点环网）以及两个较大网络（14节点电网和24节点电网）。小型网络节点数少，结构简单，可以进行手动计算与分析，用于了解相关章节知识的原理及分析计算过程；较大网络的参数较多，结构复杂，与实际的电网结构更为接近，但是难以进行手工计算，主要用于计算机辅助计算，这与当前电网相关部门的运行方式更为接近，便于理解当前电力系统的实际运行情况。

本书选用基准电压为 66 kV 的 4 节点辐射网（见图 1-2），该网络运行参数及线路参数见表 1-3 和表 1-4。

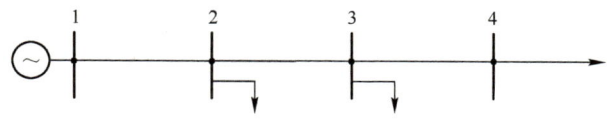

图 1-2　4 节点辐射网结构图

表 1-3　4 节点辐射网节点信息

节点	节点类型	电压		负荷	
		U/p.u.	θ/(°)	P/MW	Q/Mvar
1	平衡节点	1.000	0.000	—	—
2	PQ 节点			2.0	1.5
3	PQ 节点			1.5	1.2
4	PQ 节点			1.5	1.2

表 1-4　4 节点辐射网线路参数

线路（i—j）	R/p.u.	X/p.u.
1—2	0.0170	0.0278
2—3	0.0162	0.0198
3—4	0.0136	0.0165

本书以基准电压为 220 kV 的 4 节点环网为例，网络结构如图 1-3 所示，运行参数及线路参数见表 1-5 和表 1-6。

本书选用的较大型电网结构仍由辐射网和环网构成。14 节点电网结构如图 1-4 所示，节点 1 为平衡节点，基准电压为 66 kV，该规模网络一般为地市级或者区县级电网，负荷功率及线路参数见表 1-7 和表 1-8。

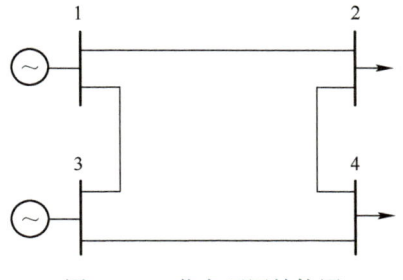

图 1-3　4 节点环网结构图

表 1-5　4 节点环网节点信息

节点	节点类型	电压		发电 P/MW	负荷	
		U/p.u.	θ/(°)		P/MW	Q/Mvar
1	平衡节点	1.090	0.000	—	—	—
2	PQ 节点			—	180	90
3	PV 节点	1.016		40		
4	PQ 节点			—	50	30

表1-6 4节点环网线路参数

线路（i—j）	R/p.u.	X/p.u.
1—2	0.014	0.113
1—3	0.006	0.227
2—4	0.134	0.207
3—4	0.134	0.207

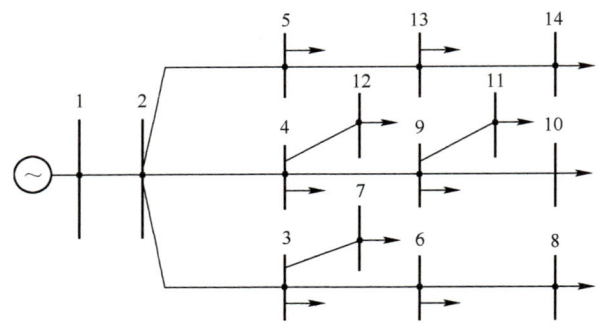

图1-4 14节点网络结构图

表1-7 14节点网络负荷节点信息

节点	负荷 P/MW	负荷 Q/Mvar	节点	负荷 P/MW	负荷 Q/Mvar
1	0	0	8	5.0	3.0
2	0	0	9	4.5	2.0
3	2.0	1.6	10	0.6	0.1
4	1.0	0.9	11	1.0	0.9
5	2.0	0.8	12	1.0	0.7
6	3.0	1.5	13	2.0	1.6
7	1.5	1.2	14	2.1	1.0

表1-8 14节点网络线路参数

线路（i—j）	R/p.u.	X/p.u.	线路（i—j）	R/p.u.	X/p.u.
1—2	0.005	0.0012	4—9	0.08	0.11
2—3	0.075	0.1	9—10	0.08	0.11
2—4	0.11	0.11	9—11	0.11	0.11
2—5	0.11	0.11	4—12	0.11	0.11
3—6	0.09	0.18	5—13	0.09	0.12
3—7	0.08	0.11	13—14	0.04	0.04
6—8	0.04	0.04			

24节点电网结构如图1-5所示,基准电压为220 kV,发电机功率、负荷功率和线路参数见表1-9~表1-11。

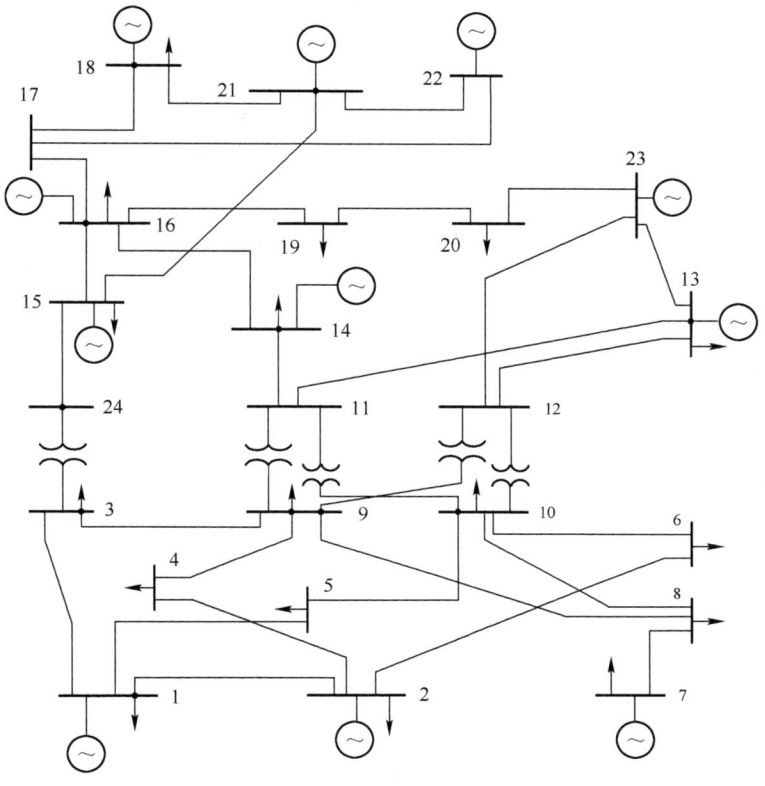

图1-5 24节点网络结构图

表1-9 24节点网络发电机节点信息

节点	节点类型	电压		发电 P/MW
		U/p.u.	θ/(°)	
1	PV节点	1.035		172
2	PV节点	1.035		172
7	PV节点	1.025		240
13	平衡节点	1.02	0.000	
14	PV节点	0.98		0
15	PV节点	1.014		215
16	PV节点	1.017		155
18	PV节点	1.05		400
21	PV节点	1.05		400
22	PV节点	1.05		300
23	PV节点	1.05		660

表 1-10 24节点网络负荷节点信息

节点	负荷 P/MW	负荷 Q/Mvar	节点	负荷 P/MW	负荷 Q/Mvar
1	108	22	13	—	—
2	97	20	14	194	39
3	180	37	15	317	64
4	74	15	16	100	20
5	71	14	17	—	—
6	136	28	18	333	68
7	125	25	19	181	37
8	171	35	20	128	26
9	175	36	21	—	—
10	195	40	22	—	—
11	—	—	23	—	—
12	—	—	24	—	—

表 1-11 24节点网络线路参数

线路（i—j）	R/p.u.	X/p.u.	B/p.u.	变压器电压比	线路（i—j）	R/p.u.	X/p.u.	B/p.u.	变压器电压比
1—2	0.0026	0.0139	0.4611	0	12—13	0.0061	0.0476	0.0999	0
1—3	0.0546	0.2112	0.0572	0	12—23	0.0124	0.0966	0.203	0
1—5	0.0218	0.0845	0.0229	0	13—23	0.0111	0.0865	0.1818	0
2—4	0.0328	0.1267	0.0343	0	14—16	0.005	0.0389	0.0818	0
2—6	0.0497	0.192	0.052	0	15—16	0.0022	0.0173	0.0364	0
3—9	0.0308	0.119	0.0322	0	15—21	0.0063	0.049	0.103	0
3—24	0.0023	0.0839	0	1.03	15—21	0.0063	0.049	0.103	0
4—9	0.0268	0.1037	0.0281	0	15—24	0.0067	0.0519	0.1091	0
5—10	0.0228	0.0883	0.0239	0	16—17	0.0033	0.0259	0.0545	0
6—10	0.0139	0.0605	2.459	0	16—19	0.003	0.0231	0.0485	0
7—8	0.0159	0.0614	0.0166	0	17—18	0.0018	0.0144	0.0303	0
8—9	0.0427	0.1651	0.0447	0	17—22	0.0135	0.1053	0.2212	0
8—10	0.0427	0.1651	0.0447	0	18—21	0.0033	0.0259	0.0545	0
9—11	0.0023	0.0839	0	1.03	18—21	0.0033	0.0259	0.0545	0
9—12	0.0023	0.0839	0	1.03	19—20	0.0051	0.0396	0.0833	0
10—11	0.0023	0.0839	0	1.02	19—20	0.0051	0.0396	0.0833	0
10—12	0.0023	0.0839	0	1.02	20—23	0.0028	0.0216	0.0455	0
11—13	0.0061	0.0476	0.0999	0	20—23	0.0028	0.0216	0.0455	0
11—14	0.0054	0.0418	0.0879	0	21—22	0.0087	0.0678	0.1424	0

小　结

第 1 章部分知识点动画讲解

电力系统俗称电网，是由发电、变电、输电、配电和用电等环节组成的电能生产与消费系统，包括发电机、变压器、断路器、母线、架空线、电缆、配电装置和受电装置等设施，以及为保证这些设施正常运行所需的继电保护和安全自动装置、计量装置、电力通信设施、电网调度自动化设施等。

电力系统的特点：电能作为一种商品，它的生产、输送、分配和使用与其他工业产品相比有明显不同的特点，主要表现为以下几个方面。

1）电能的生产、传输及消费几乎同时进行，因为发电设备任何时刻生产的电能必须与消耗的电能相平衡。

2）电能与国民经济各部门之间的关系密切。

3）电力系统的暂态过程非常短暂。

4）对电能质量的要求颇为严格。

电力系统中新技术不断得到应用并推动了电力系统的发展。未来 20 年，是我国经济和社会发展的重要战略机遇期。电力需求旺盛，发展潜力巨大；电力建设任务艰巨；结构性矛盾突出，技术升级任重道远。我国电力系统的发展始终遵循着安全、可靠、优质、经济的要求，加强现代电网建设，以便更好地满足我国经济与社会发展对电力系统的要求。

第 2 章 电网等效电路和参数计算

> 把简单的事情考虑得很复杂,可以发现新领域;把复杂的现象看得很简单,可以发现新定律。——牛顿

本章要点:
- 电力线路等效电路及参数的计算方法。
- 变压器等效电路及参数的计算方法。
- 发电机等效电路及参数的计算方法。
- 负荷等效电路及参数的计算方法。

第 2 章导学

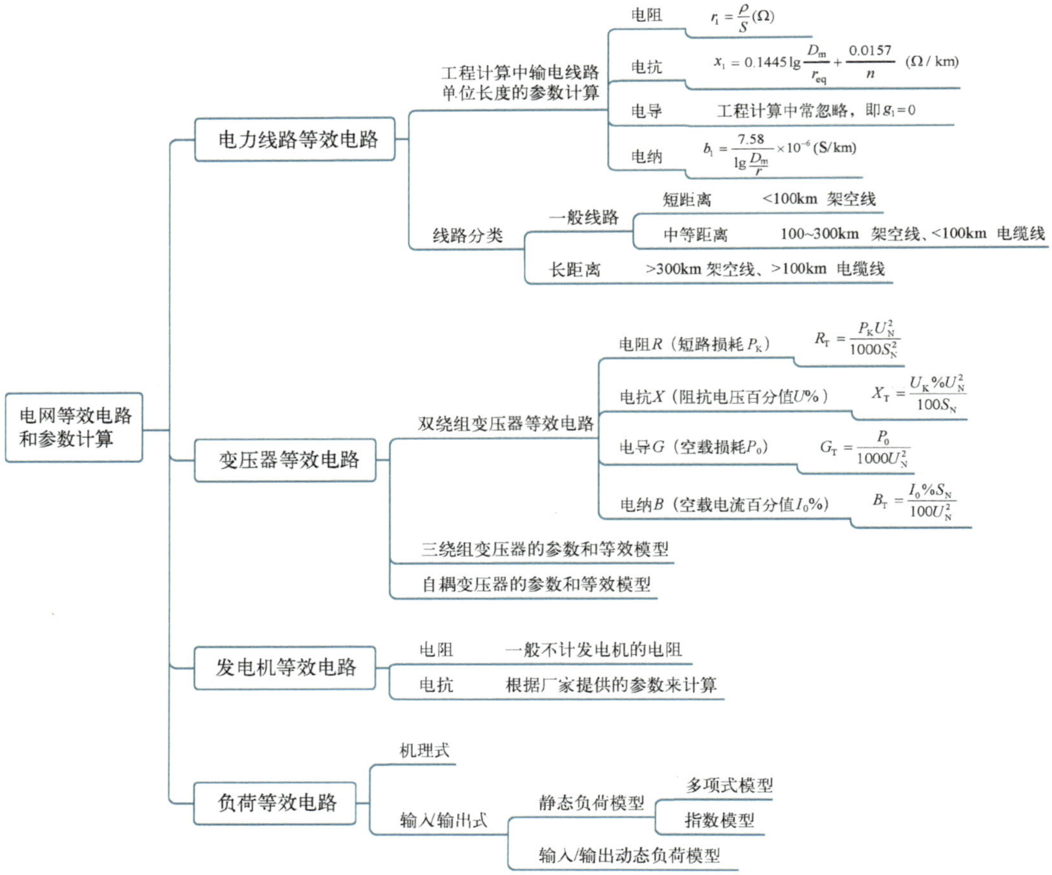

电网等效电路和参数计算
- 电力线路等效电路
  - 工程计算中输电线路单位长度的参数计算
    - 电阻　$r_1 = \dfrac{\rho}{S}\,(\Omega)$
    - 电抗　$x_1 = 0.1445\lg\dfrac{D_m}{r_{eq}} + \dfrac{0.0157}{n}\,(\Omega/\mathrm{km})$
    - 电导　工程计算中常忽略,即 $g_1 = 0$
    - 电纳　$b_1 = \dfrac{7.58}{\lg\dfrac{D_m}{r}} \times 10^{-6}\,(\mathrm{S/km})$
  - 线路分类
    - 一般线路
      - 短距离　<100km 架空线
      - 中等距离　100~300km 架空线、<100km 电缆线
    - 长距离　>300km 架空线、>100km 电缆线
- 变压器等效电路
  - 双绕组变压器等效电路
    - 电阻 R(短路损耗 P_K)　$R_T = \dfrac{P_K U_N^2}{1000 S_N^2}$
    - 电抗 X(阻抗电压百分值 $U_K\%$)　$X_T = \dfrac{U_K\% U_N^2}{100 S_N}$
    - 电导 G(空载损耗 P_0)　$G_T = \dfrac{P_0}{1000 U_N^2}$
    - 电纳 B(空载电流百分值 $I_0\%$)　$B_T = \dfrac{I_0\% S_N}{100 U_N^2}$
  - 三绕组变压器的参数和等效模型
  - 自耦变压器的参数和等效模型
- 发电机等效电路
  - 电阻　一般不计发电机的电阻
  - 电抗　根据厂家提供的参数来计算
- 负荷等效电路
  - 机理式
  - 输入输出式
    - 静态负荷模型
      - 多项式模型
      - 指数模型
    - 输入/输出动态负荷模型

本章学科史：

电路理论最初是属于物理学中电磁学的一个分支，那时仅局限于对实体进行研究，其科学抽象过程是从欧姆定律和基尔霍夫定律出现之后逐渐开始的。科学家们将电路看成是以理想化的集中参数元件组成的系统，进而对各种抽象的（理想化的）基本元件集合组成的结构（系统）进行研究，这一过程使得电路问题中各种复杂的实际元器件或设备被简单抽象的基本元件及其组合模拟或等效替代了。

1. 电网等效电路模型

英国物理学家汤姆逊于1855年发表了电缆传输理论论文，他采用电容、电阻构成的梯形电路，来构成长距离电缆的等效电路模型，分析了电报信号经过长距离传送所产生衰减、延迟、失真的原因。

德国物理学家基尔霍夫于1857年对长距离架空线路建立了分布参数电路模型。他认为架空线路与电报电缆不同，架空线上的自感元件不能忽略，从而改进了电路模型并推导出了完整的传输线的电压及电流方程。

2. 电路元件

（1）变压器

法拉第于1831年发现电磁感应现象，法拉第感应线圈实际上是世界上第一台变压器的雏形。但是，事实上，在1830年，亨利采用一个实验装置进行磁生电实验，他的实验装置比法拉第的感应线圈更接近于现代通用的变压器。因此，最早发明变压器的是美国著名科学家亨利。其后多人对变压器的模型进行了改进。

德国技师鲁姆科尔夫于1850年制成第一支感应线圈，并于次年提出第一个感应火花线圈（变压器）的专利。鲁姆科尔夫感应线圈由于功率较大，不但可用于实验，还可用于放电治疗。可以说，鲁姆科尔夫感应线圈是第一个有实用价值的变压器。

1884年9月16日，伯诺夫斯基、德里、布拉什在岗茨工厂制成了第一台变压器（1400 W，120/72 V，电压比为1.67），它是一台单相壳式、闭合铁心变压器。1885年5月1日，匈牙利布达佩斯国家博览会开幕，一台150 V、70 Hz单相交流发电机发出的电流，经过75台岗茨工厂5 kV变压器（闭合铁心，并联，壳式）降压，点燃了博览会场的1067只爱迪生灯泡，光耀夺目的场面轰动了全世界。

后来人们把1885年5月1日作为现代实用变压器的诞生日而加以纪念。

（2）发电机

法国毕克西在1832年发明了世界上第一台旋转式交流发电机，为永磁手摇式，可进行火花放电实验，并于次年在交流发电机的基础上安装换向器，发明了直流发电机。1856年，英国霍姆斯用多极永久磁铁创制成世界上第一台商用发电机，这台发电机用蒸汽机驱动，转速为600 r/min，功率小于1.5 kW。

1870年，法国籍比利时电气工程师格拉姆发明了实用自激直流发电机。这种发电机虽然效率还不高，但能提供较高的输出电流并发出较大的功率（最大功率为100 kW），具有实用价值。至此，电流的产生不再依赖实验装置，而由结构可靠、电流稳定的发电机提供。

2.1 电力线路及其参数计算

电力系统运行状态的分析研究，主要有两种方法：一种是物理模拟方法，即通过实测或等效模拟系统的实验来进行分析研究。另一种是数学模拟方法，其主要步骤为①建立描述电力系统各种运行状态的数学模型（即数学方程）；②用数学方法和计算工具求解所建立的数学模型，求得在各种状态下的运行参数；③对求得的结果进行验证分析。随着计算机技术的发展，用数学模拟的方法进行电力系统分析研究，已越来越精确和全面。本书主要介绍的是用数学模拟的方法来分析和研究电力系统。

不论是根据电路理论的基本关系来推算电力系统的运行参数（通常指的"手算"方法），还是使用计算机来进行电力系统的分析计算，电力系统元件及其连接方式都必须用等效电路来表示。因此，在进行电力系统分析研究时，首先要研究电力系统各元件的电气参数和等效电路，以及整个电力系统的等效电路。

本章主要讲述电力系统稳态（正常运行状态）时的等效电路（序参数及其等效电路将在暂态部分进行讲述）。电力系统在正常运行状态（稳态）时，可以认为三相是对称的。因此，在分析计算时只需要采用单相等效电路。

在进行电力系统各元件参数计算时，认为系统的频率保持不变，即不计参数的频率特性。

2.1.1 电力线路概述

电力线路可分为架空线路和电缆线路两类。

(1) 架空线路

架空线路主要由杆塔（基础）、导线、架空地线、绝缘子、横担、金具、拉线、接地装置及附属设备等组成。

1) 导线：通过绝缘子固定在杆塔上，主要起传送电流的作用。

目前常用的导线材料有铝、铜、钢和铝合金。避雷线一般用钢导线，在特殊情况下也有用铝包钢线的。导线和避雷线的材料标号以不同的拉丁字母表示，如铝表示为 L，钢表示为 G，铜表示为 T，铝合金表示为 HL。由于多股线优于单股线，架空线路多半采用绞合的多股导线，称为多股绞线，多股绞线的标号为 J。由于铝线的机械强度较低，采用铝导线时，线路的挡距不能太大，这样就增加了杆塔的数目，从而抬高了线路的造价。所以电压在 10 kV 以上的输电线路广泛采用由钢导线和铝导线制成的钢芯铝绞线。

为了减小电晕损耗或线路电抗，对电压在 220 kV 以上的输电线还常常采用分裂导线或扩径导线。

分裂导线是将每相导线分裂成若干根，这时，线路的每相中不只具有一根导线，而是具有总截面与单根导线截面相当的几根导线，相互间保持一定距离。导线的这种分裂使导线周围的电磁场发生很大变化，可减小电晕和线路电抗。

扩径导线是人为地扩大导线直径，但又不增大载流部分的导线截面，扩径导线的型号为 LGJK。扩径导线和普通钢芯铝绞线的区别在于扩径导线的支撑层并不为铝线所填满。

2）架空地线：架空地线又称为避雷线，它用1根或2根导线架设在杆塔顶部，用于保护导线和杆塔不受雷击。

3）绝缘子：绝缘子是用来保持架空导线和杆塔之间电器绝缘的一种瓷质元件，又称为瓷绝缘子。绝缘子应具有良好的绝缘性能、符合线路的电压要求、较好的机械强度、不受温度剧变的影响以及防止水分侵入等特点。架空线路上绝缘子主要有针式绝缘子和悬式绝缘子两种。

4）杆塔：杆塔是用来支持架空导线和避雷线的，也叫作电杆或铁塔。在铁路供电系统中，使用电杆较多，使用铁塔较少。其安装图如图2-1所示。

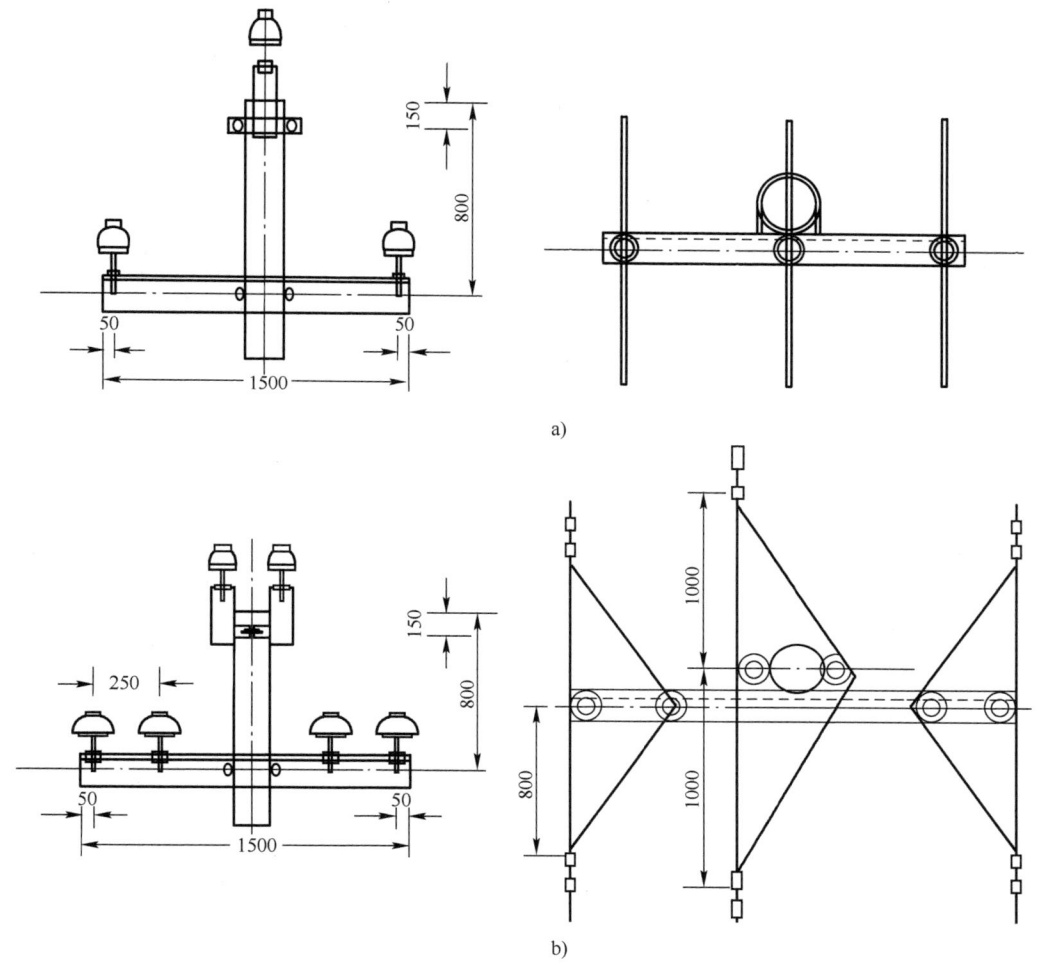

图2-1 杆塔安装示意图
a）直线杆安装图 b）跨越杆单横担双绑扎安装图

5）横担：采用镀锌角钢（规格：三角排列为∠63 mm×∠63 mm×6 mm×1500 mm、水平为∠63 mm×∠63 mm×6 mm×2240 mm）和瓷横担两种。

6）金具：绝缘子与横担的连接、绝缘子与导线的连接、导线本身的连接等，都需要一些金属附件，这些金属附件，例如抱箍、线夹、钳接管、垫铁、穿心螺栓、花篮螺栓、直角挂板等，统称为金具。

7) 拉线：拉线起着平衡导线的拉力差和提高电力线路稳定性的作用。拉线一般采用不小于 $\phi 25\,mm^2$ 的镀锌钢绞线，拉线底把采用不小于 $\phi 16\,mm^2$ 的镀锌圆钢（取消 $\phi 4.0$ 镀锌铁线的拉线）。拉线又分为普通拉线、V型拉线、自身拉线和水平拉线。

(2) 电缆线路

按绝缘材料的不同，电缆可分为（常用）①油浸纸绝缘电缆（PILC）；②交联聚乙烯电缆（XLPE）；③聚乙烯电缆（PE）；④聚氯乙烯电缆（PVC）；⑤橡胶电缆（EPR）。

按电压等级，电力电缆可分为低、中压电力电缆（35kV 及以下），高压电力电缆（110kV、220kV）和超高压电力电缆（500kV）。

电力电缆有五种典型结构，其结构示意图如图 2-2 所示。

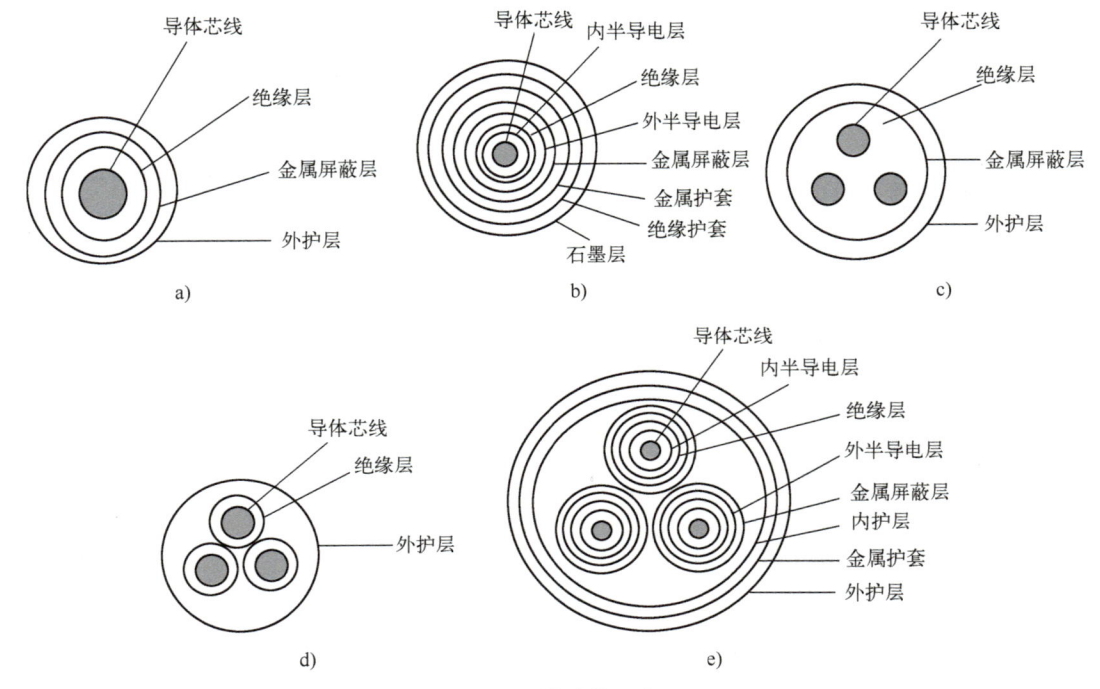

图 2-2 电缆结构示意图
a) 单芯电缆Ⅰ b) 单芯电缆Ⅱ c) 三芯电缆Ⅰ d) 三芯电缆Ⅱ e) 三芯电缆Ⅲ

图 2-2 中，导体芯线和绝缘层是必需的电缆组成部分，导体芯线的材料通常为铜芯和多股铝芯，绝缘材料如上所述有五大类。

图 2-2a 所示的单芯电缆是油浸纸绝缘介质电缆的典型结构，金属屏蔽层为铅包，外护层由钢带和塑料材料等组成。

图 2-2b 中所示的单芯电缆，通常是塑料交联聚乙烯（XLPE）绝缘介质电缆的典型结构，比图 2-2a 中的结构多了内外半导电层和石墨层，而金属屏蔽层一般为铜带，金属护套可能是钢带（丝）、铝、铜或不锈钢等材质。

图 2-2c 所示的三芯电缆是油浸纸绝缘介质电缆的典型结构，与图 2-2a 所示的单芯电缆结构基本相同。

图 2-2d 所示的三芯电缆,多为塑料聚乙烯(PVC)绝缘介质和橡皮绝缘介质电缆,一般为 6kV 以下低等级电缆典型结构,这样的结构也有四芯电缆情况。

图 2-2e 所示的三芯电缆,多为 XLPE 绝缘介质电缆的结构,与图 2-2a 所示的单芯电缆基本相同。

分析五种电缆的典型构造可知,电缆主要由五部分组成:导体芯线、绝缘层、半导电层、金属屏蔽层和外护(套)层。

2.1.2 电力线路架设与绝缘子

1. 绝缘子类型

架空线路的绝缘子是用来支持导线并使之与杆塔绝缘的。它应具有足够的绝缘强度和机械强度,同时对化学杂质的侵蚀有足够的抗御能力,并能适应周围大气条件下的变化,如温度和湿度的变化影响等。

架空电力线路常用的绝缘子类型有以下几种:

1) 针式绝缘子,主要用于电压不超过 35kV 的线路上。

2) 蝶式绝缘子,主要用于高、低压配电线路上。

3) 悬式绝缘子,主要用于电压为 35kV 及以上的线路上。

4) 棒式绝缘子,它是一个瓷质整体,可以代替悬垂绝缘子串。由于其机械强度低,主要用于 35kV 及以下线路上。

5) 陶瓷横担绝缘子,这是棒式绝缘子的另一种形式,它代替了针式和悬式绝缘子,且省去电杆横担。由于其机械强度低,近年很少选用。

6) 合成绝缘子,这时近年来新开发的一种新型绝缘子,可用于 35~500kV 线路上。

2. 直线杆塔悬垂串绝缘子的片数的计算公式

《(110~500)kV 架空送电线路设计技术规程》DL/T 5092—1999 规定,一般地区的线路,绝缘子串或陶瓷横担绝缘子的单位工作电压(额定线电压)泄露距离不应小于 1.6cm/kV,以保证在正常工作电压下不致闪络。因此,从满足工频电压安全运行的条件出发,悬垂串绝缘子的片数应不小于下式计算的片数,即

$$绝缘子片数 = \frac{1.6 U_N}{h_X}$$

式中,U_N 为额定线电压(kV);h_X 为每个绝缘子的泄露距离(cm)。

例如,110kV 线路直线杆塔采用 XP-6 型绝缘子时(其泄露距离为 29cm),则绝缘子片数为 $\frac{1.6 \times 110}{29} = 6.07$,于是可选用每串 7 片的悬垂串。

3. 各类杆塔上绝缘子的最少片数

每一悬垂串上绝缘子的最少片数的确定原则,除了应使线路能在工频电压条件下安全可靠地运行外,还应使线路在操作过电压、雷电过电压等各种条件下安全可靠地运行。在某些特殊情况下还须考虑其他有关因素。

根据《(110~500)kV 架空送电线路设计技术规程》DL/T 5092—1999 及《66kV 及以下架空电力线路设计规范》GB 50061—2010 规定,杆塔上悬垂串绝缘子的最少片数见表 2-1。

表 2-1 直线杆塔上悬垂串绝缘子的最小用量表

标称电压/kV	35	66	110	220	330	500
单片绝缘子的高度/mm	XP-6	XP-6	146	146	146	155
绝缘子片数/片	3	5	7	13	17	25

在高压输电线路上，当三相导线的排列不对称时，即三相导线的几何位置不在等边三角形的顶点，那么各相导线的电抗就不相等。因此，即使在三相导线中通过对称负荷的对称电流，各相中的电压降也不相同。另一方面，由于三相导线的不对称，相间电容和各相对地电容也不相等，从而会有零序电压出现。所以《(110~500) kV 架空送电线路设计规程》规定，在中性点直接接地的电力网中，当线路总长度超过 100 km 时，均应进行换位，以平衡不对称电流。在中性点非直接接地的电力网中，为降低中性点长期运行中的电位，平衡不对称电容电流，也应进行换位。

（1）导线换位方法

导线的换位方法，可以在每条线路上进行循环换位，即让每一相导线在线路的总长中所处位置的距离相等。具体有三种方法，即单循环换位、双循环换位和三循环换位，如图 2-3 所示。

1）单循环换位：如图 2-3a 所示，设线路的总长度为 l，当三相导线进行单循环换位时，其上部为两根避雷线进行四处交叉换位，下部为三根导线进行了三处换位，图上分别标

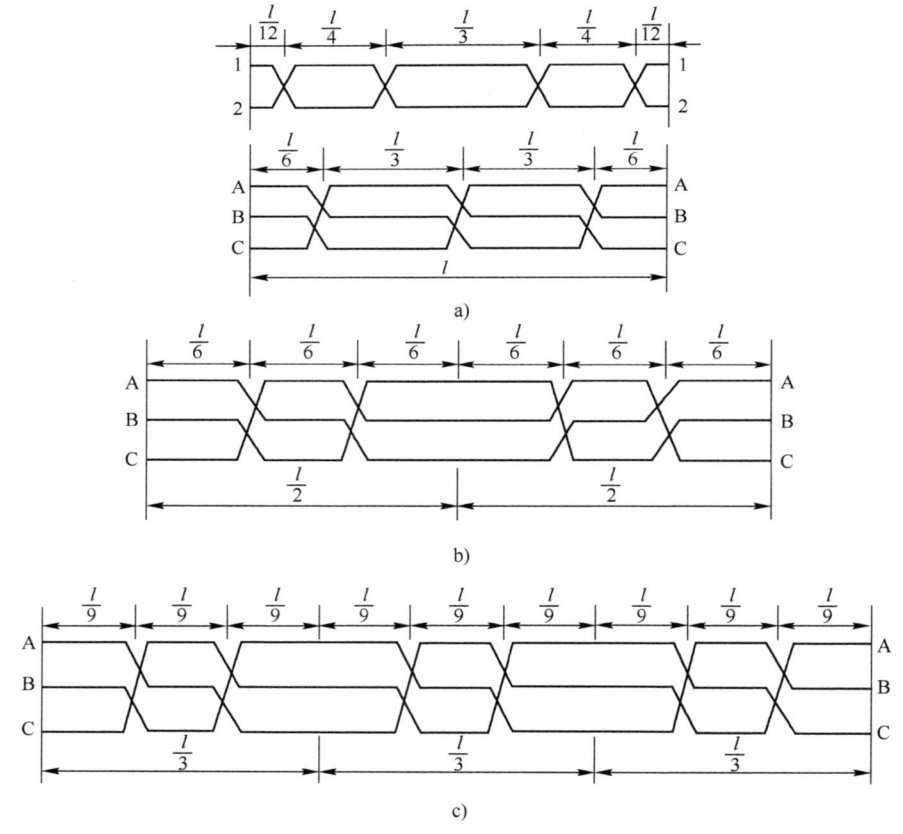

图 2-3 送电线路换位示意图
a）单循环换位 b）双循环换位 c）三循环换位

出的 $\frac{l}{6}$、$\frac{l}{3}$、$\frac{l}{12}$ 等，为两换位处之间的距离。每相导线在图上的三个位置（上、中、下）的长度和是相等的，故为完全换位。避雷线换位后在每一位置的长度均为 $\frac{l}{2}$。

2) 双循环换位：如图 2-3b 所示（只画出三相导线的换位示意图）。

3) 三循环换位：如图 2-3c 所示（只画出三相导线的换位示意图）。

双循环及三循环换位，均属于完全换位，不过，其换位处的长度相对地减少了，这对远距离送电线路的安全运行是有好处的。

> ※一点讨论
>
> 特高压线路的长距离架设一直是我国电力工业需要面对的重要挑战。从 2005 年国家同意启动特高压工作，到 2020 年国家电网特高压骨干网架基本形成，我国成为世界首个也是唯一成功掌握并应用特高压技术的国家，从零起步到世界领先的特高压技术成为"中国名片"。

（2）导线换位方式

常用的换位方式有滚式换位、耐张塔换位和悬空换位三种，如图 2-4 所示。滚式换位的优点是可用于一般型式的杆塔，缺点是换位处有导线交叉现象，易因覆冰不均而引起导线短路，且在挡距中导线的距离不稳定，易接近，因此广泛应用于轻冰区。耐张塔换位的优点

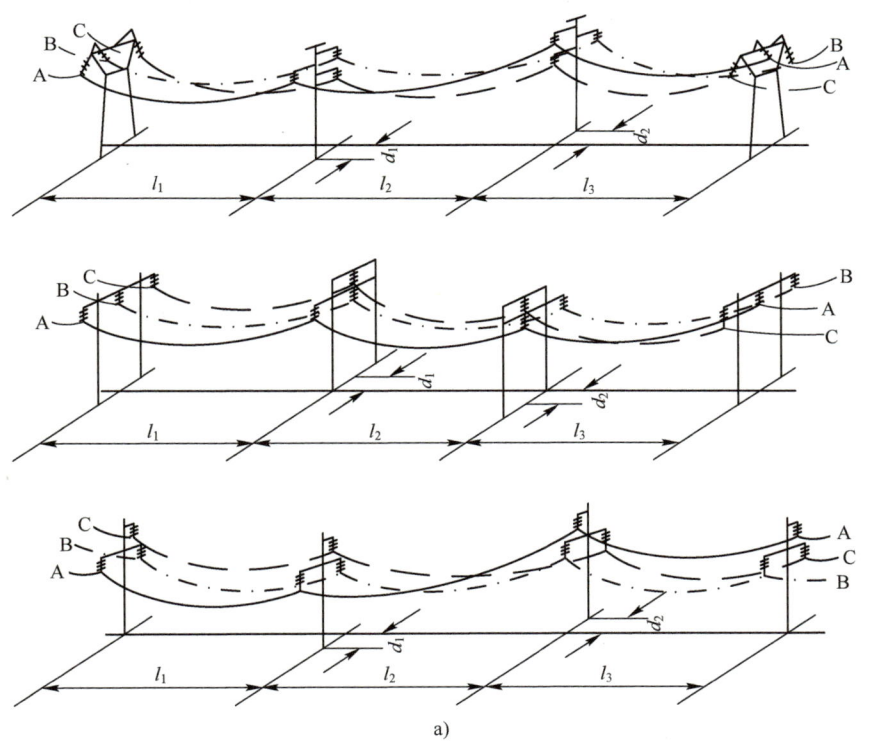

图 2-4 换位方式示意图

a) 滚式换位

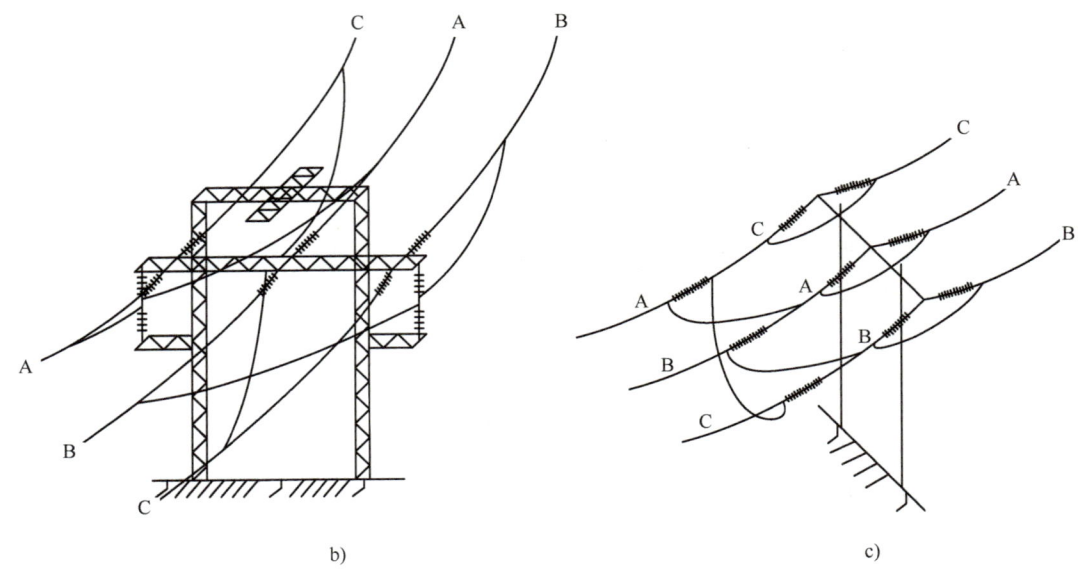

图 2-4 换位方式示意图（续）
b）耐张塔换位　c）悬空换位

是导线换位时导线间距离稳定，但需要特殊的耐张塔换位，复杂且不经济，故一般在重冰区使用。悬空换位在芬兰、瑞典用得较多，虽然我国山西、辽宁等地也曾用过，但因施工和检修不便，故未被普遍推广。

2.1.3 电力架空线路参数计算

电力线路的电气参数包括导线的电阻、电导、电感和电容四个参数。线路的电感以电抗的形式计算，而线路的电容则以电纳的形式计算。电力线路是均匀分布参数的电路，也就是说，它的电阻、电抗、电导和电纳都是沿线路长度均匀分布的。

1. 电阻

当线路的导线通以交流电流时，将有一部分能量以热能形式耗散掉。这一特性可用电阻来表征。直流电路中导体的电阻可按下式计算：

$$R = \frac{\rho}{S} l \tag{2-1}$$

式中，ρ 为导线材料的电阻率（$\Omega \cdot mm^2/km$）；S 为导线的额定截面积（mm^2）；l 为导线的长度（km）。

在交流电路中，式（2-1）仍然适用，但由于趋肤效应和近距作用的影响，交流电阻与直流电阻不同。在同一种材料的导体上，其单位长度的电阻 r_1 是相同的，只要知道 r_1，再乘以它的长度 l 就可以求出导体的电阻。而单位长度的电阻为

$$r_1 = \frac{\rho}{S} \tag{2-2}$$

在电力系统计算中，导线材料的电阻率（ρ）和电导率（γ）可以查表，见表 2-2，表中的数据不是各种导体材料原有的电阻率，而是修正以后的电阻率，应考虑到下面三个因素：

1）绞线中线股的实际长度要比导线的长度长2%~3%。
2）导线和电缆的实际截面比额定截面要小。
3）趋肤效应。

表2-2 导线电阻率和电导率计算表

导线材料	铜	铝
ρ（$\Omega \cdot mm^2/km$）	18.8	31.5
γ（$m/\Omega \cdot mm^2$）	53	32

电阻一般可查表获得。查表所得的数据为20℃的数值，而线路的实际工作环境温度异于20℃时，可按下式修正：

$$r_t = r_{20}[1+a(t-20)] \tag{2-3}$$

式中，r_{20}为20℃时的电阻（Ω/km）；r_t为实际温度t时的电阻（Ω）；a为电阻的温度系数，对于铝，$a=0.0036$，对于铜，$a=0.00382$。

2. 电抗

交流电流产生的交变磁场在导线中感应电动势而产生电压降落。这一特性可用电抗（感抗）来表征。三相导线对称排列或虽不对称排列但经整循环换位时，每相导线单位长度的电抗由电工原理已知，可按下式计算：

$$x_1 = 2\pi f\left(4.6\lg\frac{D_m}{r}+\frac{\mu_r}{2}\right)\times 10^{-4} \tag{2-4}$$

式中，$D_m = \sqrt[3]{D_{ab}D_{bc}D_{ca}}$，$D_m$为三相导线的几何平均距离，简称几何均距（cm或mm），其单位应与r单位相同；x_1为导线单位长度的电抗（Ω/km）；r为导线的半径（cm或mm）；μ_r为导线材料的相对磁导率，对于铝、铜等，取$\mu_r=1$；f为交流电的频率（Hz）。

如将$f=50$Hz，$\mu_r=1$代入式（2-4），可得

$$x_1 = 0.1445\lg\frac{D_m}{r'}+0.0157 \tag{2-5}$$

式（2-5）又可改写为

$$x_1 = 0.1445\lg\frac{D_m}{r'} \tag{2-6}$$

r'常称为导线的几何平均半径，$r'=0.779r$。

由于电抗与几何均距、导线半径之间为对数关系，导线在杆塔上的布置和导线截面积的大小对线路的电抗没有显著影响，架空线路的电抗一般都在0.40Ω/km左右。

对于采用分裂导线线路的电抗，应按如下考虑：

1）分裂导线的采用，改变了导线周围的磁场分布，等效地增大了导线半径，从而减小了每相导线的电抗。

2）若将每相导线分裂成n根，则决定每相导线电抗的将不是每根导线的半径r，而是等效半径r_{eq}。于是每相具有n根分裂导线的单位电抗为

$$x_1 = 0.1445\lg\frac{D_m}{r_{eq}}+\frac{0.0157}{n} \tag{2-7}$$

式中，$r_{eq}=\sqrt[n]{r(d_{12}d_{13}\cdots d_{1n})}$，$r_{eq}$ 为分裂导线的等效半径；r 为每根导线的半径；$d_{12}d_{13}\cdots d_{1n}$ 为某根导线与其余 $n-1$ 根导线间的距离。

3）采用分裂导线时，分裂导线的根数越多，电抗下降得也越多，但分裂导线根数超过 4 根时，电抗的下降并不明显。目前，我国最高运行电压 500 kV 线路采用的是四分裂导线。

对于同杆并架的双回输电线路，两回线的互感，从整体上说，由于正常运行时 ABC 三相电流之和为零，所以一回线对另外一回线路的互感影响小，总影响近似为零，可略去不计，因此，仍可按式（2-5）计算电抗。双回输电线路的总电抗相当于单回线并联。

3. 电导

当电力线路上加以交流电压时，由于绝缘的泄漏、导体的放电等，会引起有功功率的损耗。这一特性可用电导来表征。线路的电导主要是由沿绝缘子的泄漏电流和电晕现象决定的。通常由于线路的绝缘水平较高，沿绝缘子的泄漏电流很小，往往可以忽略不计，只有在雨天或严重污秽等情况下，泄漏电导才会有所增加，所以线路的电导主要取决于电晕现象。

所谓电晕现象，就是在强电磁场作用下导线周围空气的电离现象。导线周围空气之所以会产生电离，是由于导线表面的电场强度很大，而架空线路的绝缘介质是空气，一旦导线表面的电场强度达到或超过空气分子的游离强度时，空气分子就被游离成离子。这时能听到"滋滋"的放电声，或看到导线周围发生的蓝紫色荧光，还可以闻到氧气分子被游离后又结合成臭氧（O_3）的气味，最后形成空气的部分电导。

电晕的危害：①消耗有功功率；②对无线电和高频通信产生干扰；③电晕还会使导线表面发生腐蚀，从而降低导线的使用寿命。因此，输电线路应考虑避免发生电晕现象。

电晕现象的发生，主要决定于导线表面的电场强度。在导线表面开始产生电晕的电场强度，称为电晕起始电场强度。使导线表面达到电晕起始电场强度的电压，称为电晕起始电压，或称为临界电压。对于三相三角形架设的普通导线线路，校核线路是否会发生电晕，其电晕临界电压的经验公式为

$$U_{cr}=49.3m_1m_2\delta r\lg\frac{D_m}{r} \tag{2-8}$$

式中，U_{cr} 为电晕临界相电压（kV）；m_1 为导线表面的光滑系数，对于表面完好的多股导线，$m_1=0.83\sim0.966$，当股数在 20 股以上时，m_1 均大于 0.9，可取 $m_1=1$；m_2 为反映天气状况的气象系数，对于干燥晴朗的天气，取 $m_2=1$；δ 为空气的相对密度，$\delta=\frac{3.86b}{273+t}$，如当 $b=7600\,\text{Pa}$，$t=20\,\text{℃}$ 时，$\delta=1$；b 为大气压力（Pa）；t 为空气的温度（℃）；r 为导线的半径（cm）；D_m 为三相导线的几何均距（cm）。

采用分裂导线时，由于导线的分裂，减小了电场强度，电晕临界相电压也改为

$$U_{cr}=49.3m_1m_2\delta rf_{nd}\lg\frac{D_m}{r_{eq}} \tag{2-9}$$

式中，r_{eq} 为分裂导线的等效半径（cm）；f_{nd} 为与分裂状况有关的系数，$f_{nd}=n\left[1+2(n-1)\frac{r}{d}\sin\frac{\pi}{n}\right]$，一般取 $f_{nd}\geq 1$；n 为分裂导线根数；r 为每根导体的半径（cm）；其

余符号的意义与式（2-8）相同。

导线水平排列时，边相导线的电晕临界电压 U_{cr1}，较按式（2-8）、式（2-9）求得的 U_{cr} 高 6%，即 $U_{cr1}=1.06U_{cr}$；中间相导线的电晕临界电压 U_{cr2} 较按式（2-8）、式（2-9）求得的 U_{cr} 低 4%，即 $U_{cr2}=0.96U_{cr}$。

以上介绍了电晕临界电压的求法，在实际线路工作电压一旦达到或超过临界电压时，电晕现象就会发生。

电晕将消耗有功功率。电晕损耗 ΔP_c 在临界电压时开始出现，而且工作电压超过临界电压越多，电晕损耗就越大。若再考虑沿绝缘子的泄漏损耗 ΔP_l（很小），则总的功率损耗 $\Delta P_g=\Delta P_c+\Delta P_l$。一般 ΔP_g 为实测的三相线路的泄漏损耗和电晕损耗的总和。

从而可确定线路的电导为

$$g_1=\frac{\Delta P_g}{U^2}\times 10^{-3} \tag{2-10}$$

式中，g_1 为导线单位长度的电导（S/km）；ΔP_g 为三相线路泄漏损耗和电晕损耗功率之和（kW/km）；U 为线路的线电压（kV）。

应该指出，实际上在线路设计时，经常按式（2-8）校验所选导线的半径能否满足在晴朗天气不发生电晕的要求。若在晴朗天气就发生电晕，则应加大导线截面或考虑采用扩径导线或分裂导线。《（110~500）kV 架空送电线路设计技术规程》规定：对普通导线，330 kV 电压线路，直径不小于 33.2 mm（相当于 LGJQ-600 型）；220 kV 电压线路，直径不小于 21.3 mm（相当于 LGJQ-240 型）；110 kV 电压线路，直径不小于 9.6 mm（相当于 LGJ-50 型），满足以上条件时，就可不必验算电晕。因为在导线制造时，已考虑了躲开电晕发生。通常由于线路泄漏很小，所以一般情况下可设 $g_1=0$。

4. 电纳

导线与导线、导线与大地之间存在电场的作用，这一特征可用电纳来表征。线路的电纳取决于导线周围的电场分布，与导线是否导磁无关。因此，各类导线线路电纳的计算方法都相同。在三相线路中，导线与导线之间或导线与大地之间仅有磁的联系，相当于存在着电容，线路的电纳正是导线与导线之间及导线与大地之间存在着电容的反映。

三相线路对称排列或虽不对称排列但经整循环换位时，每相导线单位长度的电容由电工原理已知，可按下式计算：

$$C_1=\frac{0.0241}{\lg\dfrac{D_m}{r}}\times 10^{-6} \tag{2-11}$$

式中，C_1 为导线单位长度的电容（F/km）；D_m、r 的意义与式（2-4）相同。

于是，频率为 50 Hz 时，单位长度的电纳为

$$b_1=2\pi fC_1=\frac{7.58}{\lg\dfrac{D_m}{r}}\times 10^{-6} \tag{2-12}$$

式中，b_1 为导线单位长度的电纳（S/km）。

显然，由于电纳与几何均距、导线半径之间存有对数关系，架空线路的电纳变化也不大，其值一般在 2.85×10^{-6} S/km 左右。

采用分裂导线的线路仍可按式（2-12）计算其电纳，只是这时导线的半径 r 应以等效半径 r_{eq} 替代。

另外，对于同杆并架的双回线路，在正常稳态状况下仍可近似按式（2-12）计算每回每相导线的等效电纳。

> **※一点讨论**
>
> 上述内容介绍了一些关于电力线路的专业基础知识，包括输电线路中电阻、电导、电纳、电抗的详细公式，以及各参数量的物理意义，使读者对生活中常见的电力线路有了深刻的理解。但是在实际工程应用中，往往通过《电气工程师手册》中输电线路参数表进行相关物理量的查找，而不需要进行详细的计算。

5. 工程计算中输电线路单位长度的参数计算

（1）电阻

$$r_1 = \frac{\rho}{S} \; (\Omega/\text{km})$$

式中，ρ 为导线电阻率（$\Omega \cdot \text{mm}^2/\text{km}$）；$S$ 为导线载流部分截面积（mm^2）。

（2）电抗

单导线：
$$x_1 = 0.1445 \lg \frac{D_m}{r} + 0.0157 \; (\Omega/\text{km})$$

分裂导线：
$$x_1 = 0.1445 \lg \frac{D_m}{r_e} + \frac{0.0157}{n} \; (\Omega/\text{km})$$

式中，D_m 为三相导线的几何均距（m）；r 为导线半径（m）；r_e 为等效半径（m），$r_e = \sqrt[n]{rd^{n-1}}$。

（3）电纳

$$b_1 = \frac{7.58}{\lg \dfrac{D_m}{r}} \times 10^{-6} \; (\text{S/km})$$

（4）电导

$$g_1 = \frac{\Delta P_g}{U_L^2} \; (\text{S/km})$$

式中，ΔP_g 为三相线路单位长度电晕损耗；U_L 为线路运行电压。

工程计算中常忽略电导，即 $g_1 = 0$。

例 2-1 设图 1-2 所示 4 节点辐射网中，架空输电线路的导线型号为 LG-185，导线水平排列，相间距离为 4 m。求线路参数。

解：线路的电阻为

$$r = \frac{\rho}{S} = \frac{31.5}{185} \, \Omega/\text{km} = 0.17 \, \Omega/\text{km}$$

由手册查得 LG-185 的计算直径为 19 mm。

线路的电抗为

$$x = 0.1445 \lg \frac{D_m}{r'} = 0.1445 \lg \frac{1.26 \times 4000}{0.779 \times 19 \times 0.5} \, \Omega/\text{km} = 0.409 \, \Omega/\text{km}$$

线路的电纳为

$$b = \frac{7.58}{\lg \frac{D_m}{r}} \times 10^{-6} = \frac{7.58}{\lg \frac{1.26 \times 4000}{19 \times 0.5}} \times 10^{-6} \text{ S/km} = 2.78 \times 10^{-6} \text{ S/km}$$

2.2 输电线路参数及等效电路

由于正常运行的电力系统三相是对称的，三相参数完全相同，三相电压、电流的有效值相同，所以可用单相等效电路代表三相。典型的电力线路示意图如图2-5所示。严格来说，电力线路的参数是均匀分布的，但对于中等长度以下的电力线路可按集中参数来考虑。这样，在实际的工程应用中可以使其等效电路大为简化，而对于计算结果的精度不会产生太大的影响。对于长线路则要考虑分布参数的特性。

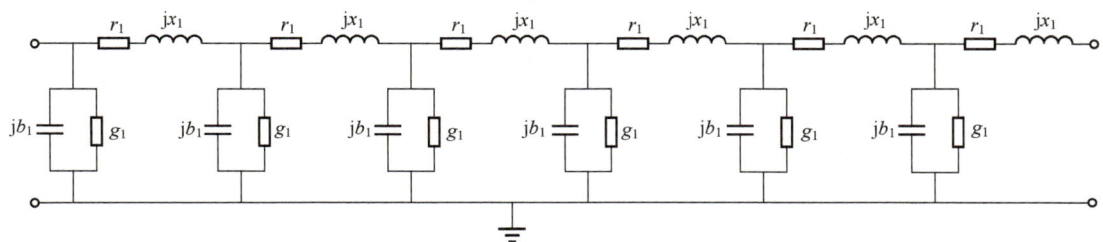

图 2-5 电力线路示意图

2.2.1 一般线路的等效电路

所谓一般线路，是指中等及中等以下长度的线路。对于架空线，长度大约为300 km；对于电缆线路，大约为100 km。线路长度不超过这些数值时，可不考虑它们的分布参数特性，而只用将线路参数简单地集中起来的电路来表示。一般线路中，又有短线路和中等长度线路之分。

1. 短距离电力线路

所谓短线路，是指长度不超过100 km的架空线。线路电压不高时，这种线路电纳的影响一般不大，可略去。从而这种线路的等效电路最简单，只有串联的总阻抗 $Z = r + jx$，如图2-6所示。

由等效电路图得基本方程为

$$\begin{cases} \dot{U}_1 = \dot{U}_2 + Z\dot{I}_2 \\ \dot{I}_1 = \dot{I}_2 \end{cases} \quad (2-13)$$

端口网络方程形式为

$$\begin{bmatrix} \dot{U}_1 \\ \dot{I}_1 \end{bmatrix} = \begin{bmatrix} 1 & Z \\ 0 & 1 \end{bmatrix} \begin{bmatrix} \dot{U}_2 \\ \dot{I}_2 \end{bmatrix} = \begin{bmatrix} A & B \\ C & D \end{bmatrix} \begin{bmatrix} \dot{U}_2 \\ \dot{I}_2 \end{bmatrix} \quad (2-14)$$

显然，$A = 1$，$B = Z$，$C = 0$，$D = 1$。

2. 中等距离电力线路

所谓中等长度线路，是指长度在 100~300 km 之间的架空线路和不超过 100 km 的电缆线路。这种线路的电纳 B 一般不能略去。这种线路的等效电路（π 型等效电路和 T 型等效电路）如图 2-7 所示。

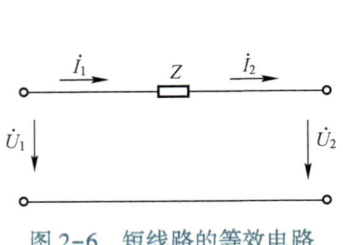

图 2-6 短线路的等效电路

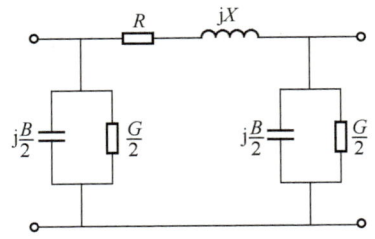

图 2-7 集中参数表示线路的等效电路

在 π 型等效电路中，除串联的线路总阻抗 $Z=R+jX$ 外，还将线路的总导纳 $Y=jB$ 分为两半，分别并联在线路的始末端，π 型等效电路如图 2-8 所示。在 T 型等效电路中，线路的总导纳集中在中间，而线路的总阻抗则分为两半，分别串联在它的两侧。因此，这两种电路都是近似的等效电路，但是它们相互之间并不等效，即不能用 △-Y 变换公式相互变换。

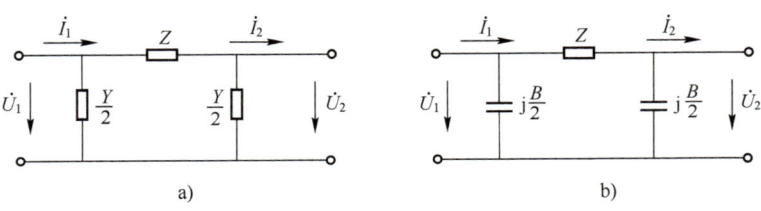

图 2-8 π 型等效电路
a) 一般形式　b) $G=0$ 形式

基本方程以图 2-8a 为例。流入末端导纳支路的电流为 $\frac{Y}{2}\dot{U}_2$，阻抗支路的电流为 $\left(\dot{I}_2+\frac{Y}{2}\dot{U}_2\right)$，则始端电压为

$$\dot{U}_1=\left(\dot{I}_2+\frac{Y}{2}\dot{U}_2\right)Z+\dot{U}_2 \tag{2-15}$$

而流入始端导纳支路的电流为 $\frac{Y}{2}\dot{U}_1$，则始端电流为

$$\dot{I}_1=\frac{Y}{2}\dot{U}_1+\frac{Y}{2}\dot{U}_2+\dot{I}_2 \tag{2-16}$$

联立式 (2-15)、式 (2-16)，并写成矩阵形式：

$$\begin{bmatrix}\dot{U}_1\\ \dot{I}_1\end{bmatrix}=\begin{bmatrix}\frac{ZY}{2}+1 & Z\\ Y\left(\frac{ZY}{4}+1\right) & \frac{ZY}{2}+1\end{bmatrix}\begin{bmatrix}\dot{U}_2\\ \dot{I}_2\end{bmatrix}=\begin{bmatrix}A & B\\ C & D\end{bmatrix}\begin{bmatrix}\dot{U}_2\\ \dot{I}_2\end{bmatrix} \tag{2-17}$$

显然，$A=\dfrac{ZY}{2}+1$，$B=Z$，$C=Y\left(\dfrac{ZY}{4}+1\right)$，$D=\dfrac{ZY}{2}+1$。

在 T 型等效电路中，串联的线路总阻抗 $Z=R+\mathrm{j}X$ 被分为两半，线路导纳为 $Y=\mathrm{j}B$，T 型等效电路如图 2-9 所示，由于 T 型等效电路比 π 型等效电路计算更为复杂，因此，工程中相对应用较少，其通用常数为 $A=\dfrac{ZY}{2}+1$，$B=Z\left(\dfrac{ZY}{4}+1\right)$，$C=Y$，$D=\dfrac{ZY}{2}+1$。

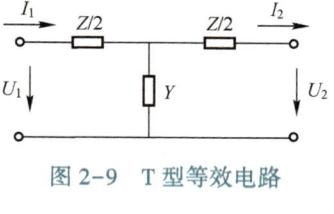

图 2-9 T 型等效电路

2.2.2 长距离线路的分布参数等效模型

长线路指长度超过 300 km 的架空线和超过 100 km 的电缆线路。对于这种线路，不能不考虑它们的分布参数特性。图 2-10 所示为这种长线的示意图。图中，z_1、y_1 分别表示单位长度线路的阻抗和导纳，即 $z_1=r_1+\mathrm{j}x_1$，$y_1=g_1+\mathrm{j}b_1$；$\dot{U}$、$\dot{I}$ 分别表示距线路末端长度为 x 处的电压、电流；$\dot{U}+\mathrm{d}\dot{U}$、$\dot{I}+\mathrm{d}\dot{I}$ 分别表示线路末端长度为 $x+\mathrm{d}x$ 处的电压、电流；$\mathrm{d}x$ 为长度的微元。

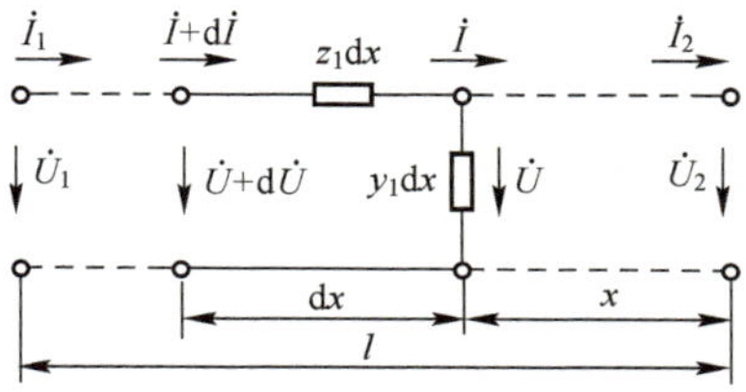

由图 2-10 可见，长度为 $\mathrm{d}x$ 的线路，串联阻抗中的电压降落为 $\dot{I}z_1\mathrm{d}x$，并联导纳中的分支电流为 $\dot{U}y_1\mathrm{d}x$，从而可列出

图 2-10 长距离线路的等效电路

$$\mathrm{d}\dot{U}=\dot{I}z_1\mathrm{d}x \quad 或 \quad \dfrac{\mathrm{d}\dot{U}}{\mathrm{d}x}=\dot{I}z_1 \tag{2-18}$$

$$\mathrm{d}\dot{I}=\dot{U}y_1\mathrm{d}x \quad 或 \quad \dfrac{\mathrm{d}\dot{I}}{\mathrm{d}x}=\dot{U}y_1 \tag{2-19}$$

式（2-18）、式（2-19）的二阶微分为

$$\dfrac{\mathrm{d}^2\dot{U}}{\mathrm{d}x^2}=z_1\dfrac{\mathrm{d}\dot{I}}{\mathrm{d}x}=z_1y_1\dot{U} \tag{2-20}$$

$$\dfrac{\mathrm{d}^2\dot{I}}{\mathrm{d}x^2}=y_1\dfrac{\mathrm{d}\dot{U}}{\mathrm{d}x}=z_1y_1\dot{I} \tag{2-21}$$

式（2-20）的解为 $\dot{U}=C_1\mathrm{e}^{\sqrt{z_1y_1}x}+C_2\mathrm{e}^{-\sqrt{z_1y_1}x}$，将其微分后代入式（2-18）得

$$\dot{I}=\dfrac{C_1}{\sqrt{z_1/y_1}}\mathrm{e}^{\sqrt{z_1y_1}x}-\dfrac{C_2}{\sqrt{z_1/y_1}}\mathrm{e}^{-\sqrt{z_1y_1}x}$$

其中，$Z_\mathrm{c}=\sqrt{z_1/y_1}$ 称为线路特性阻抗，而 $\gamma=\sqrt{z_1y_1}$ 称为线路传播系数。

计及 $x=0$ 时 $\dot{U}=\dot{U}_2$、$\dot{I}=\dot{I}_2$，可推得

$$\begin{bmatrix}\dot{U}\\\dot{I}\end{bmatrix}=\begin{bmatrix}\cosh\gamma x & Z_\mathrm{c}\sinh\gamma x\\\dfrac{\sinh\gamma x}{Z_\mathrm{c}} & \cosh\gamma x\end{bmatrix}\begin{bmatrix}\dot{U}_2\\\dot{I}_2\end{bmatrix}=\begin{bmatrix}A & B\\C & D\end{bmatrix}\begin{bmatrix}\dot{U}_2\\\dot{I}_2\end{bmatrix}$$

由于用分布参数表示线路非常麻烦,若能找到一个用集中参数等效代替分布参数的方法,等效电路就简单多了。在工程计算中,首先以数学为工具做了推证,结论表明:只要将分布参数乘以适当的修正系数就变成了集中参数,从而就可绘制出用集中参数表示的 π 型等效电路,如图 2-11 所示。

图中 R、X、B 为全线路的单相集中参数,k_r、k_x、k_b 分别是电阻、电抗及电纳的修正系数,这些修正系数分别为

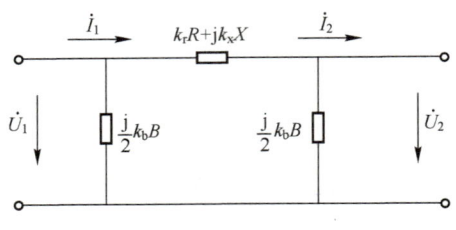

图 2-11 长线路的简化等效电路

$$\begin{cases} k_r = 1 - x_1 b_1 \dfrac{l^2}{3} \\ k_x = 1 - \left(x_1 b_1 - \dfrac{r_1^2 b_1}{x_1}\right) \dfrac{l^2}{6} \\ k_b = 1 + x_1 b_1 \dfrac{l^2}{12} \end{cases} \quad (2\text{-}22)$$

应该指出,上述修正系数只适用于计算线路始、末端的电流和电压。对于线路长度超过 300 km、小于 750 km 的架空线路及长度超过 100 km、小于 250 km 的电缆线路,应按均匀分布参数的线路方程计算。

2.3 变压器等效电路及参数

2.3.1 变压器的主要特性及额定参数

变压器的型号由字母和数字组成,含义如下。

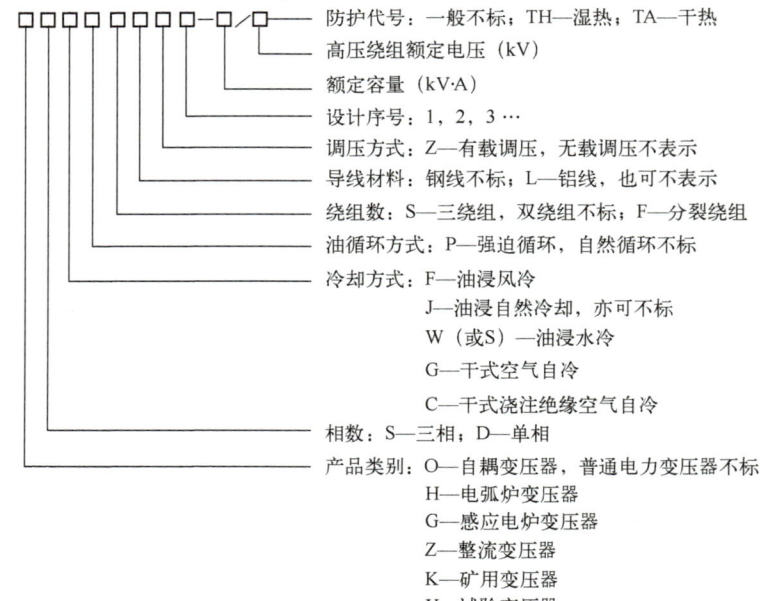

举例如下（括号内的内容为"不表示"项）。

SFL-20000/110：（普通）三相油浸风冷、（油自然循环）、（双绕组）、铝线、（无载调压）、20000kV·A、110kV 电压级电力变压器。

OSSPSZ-120000/220：自耦、三相、水冷强迫油循环、三绕组、（铜线）、有载调压、120000kV·A、220kV 电压级电力变压器。

SJZ-1000/35：（普通）三相、油浸自冷、（油自然循环）、（双绕组）、（铜线）、有载调压、1000kV·A、35kV 电压级电力变压器。

工矿企业中常见的国产变压器主要型式如下。

1）S7（SZ7）系列和 SL7 系列：按国家标准 GB/T 1094.1—2013 生产，为低损耗节能变压器，铁心采用晶粒取向冷轧硅钢片，S7 系列为铜线绕组（SZ7 为有载调压方式），SL7 系列为铝线绕组，曾推荐使用，属于过渡性产品。

2）S9 系列：按国家标准 GB/T 1094.1—2013 生产，为第二代优质低耗节能变压器，铁心采用晶粒取向冷轧硅钢片，并采用全斜接缝及玻璃纤维带绑扎等工艺，铜线绕组，性能更加优良。

每台变压器都有一铭牌，上面标注着型号、额定值及其他数据，便于用户了解变压器的运行性能。电力变压器铭牌示意如下。

```
电力变压器
产品型号    SL7-315/10       产品编号
额定容量    315 kV·A         使用条件   户外式
额定电压    10000/400 V      冷却条件   ONAN
额定电流    18.2/454.7 A     阻抗电压   4%
额定频率    50 Hz            器身吊重   765 kg
相　　数    三相             油　　重   380 kg
联结组标号  Y,yn0            总　　重   1525 kg
制　造　厂                   生产日期
```

1）额定容量：指在额定工况下，变压器输出能力的保证值。

2）额定频率：我国采用的额定频率是 50Hz，也称为工频。

3）额定电压：指变压器空载时，在额定分接头下，一次、二次侧端电压的保证值。在三相变压器中均指线电压。为了适应电力网电压变化的需要，变压器的高压侧都有分接抽头，两相邻分接头之间的电压称为分接电压，一般两分接头之间的电压以额定电压的百分数来表示，叫作抽头百分比。

4）额定电流：一次、二次额定电流与允许温升有关。在三相变压器中，铭牌上标注的一、二次额定电流均指其额定线电流。

5）阻抗电压：是当变压器的一侧绕组短路，在另一侧绕组中通过额定电流时所施加的电压，以额定电压的百分数来表示。它是变压器的一个重要参数，对变压器并列运行具有重要意义，又是计算短路电流及继电保护整定值的重要依据。

6）负载损耗：变压器的绕组导线有电阻，当变压器一侧短路，另一侧通过额定电流时，便产生损耗，此损耗叫负载损耗，也称为额定铜损，其值与额定电流的二次方成正比。

7）空载电流：在额定电压下，变压器空载时流过一次绕组的电流，称为空载电流，以一次侧额定电流的百分数来表示，其大小与变压器的容量及铁心硅钢片的质量有关，一般为4%~10%。

8）空载损耗：指变压器在空载状态下所产生的损耗，包括铁心的基本损耗，如磁滞涡流损耗，以及由于机械加工、铁心接缝处磁通密度不匀和油箱壁、结构零件中由于漏磁等引起的附加铁损等。空载损耗与施加的电压的二次方成正比，与负载电流大小无关。空载损耗虽数值小于铜损，但变压器常年运行，如能减小不变的铁损数值，将意义很大，这是节能的一个重要方面。

9）联结组标号：变压器的联结组标号决定了变压器高、低压侧线电压的相位关系。将3600分为12等分，每份300，以每300为一组，以变压器高压侧线电压相量作为分针指向12，对应的低压侧线电压相量作为时针，其所指时钟点数，即为该组别的标号。如Y，y0即为高低压侧Y联结且相位一致的联结组标号。

我国电力变压器国家标准规定采用下列三种联结组标号。

① Y，yn0（即Y/Y0-12）联结，用于低压侧电压为380~400 V的配电变压器，其低压侧中性线引出，形成三相四线制供电，可供给三相（380~400 V）动力电源和单相照明电源（22~230 V），也可为动力和照明混合负载供电。

② Y，d11（即Y/D-11）联结，用于高压侧电压为35 kV及以下、低压侧高于400 V的输配电系统中的变压器，其低压侧采用三角形联结，以改善电压波形，使三次谐波不至于传输到用户和供电线路中。

③ Yn，d11（即Y0/D-11）联结，用于高压侧需要中性点接地的输电系统中的变压器。

10）温升：变压器内部绕组或上层油面的温度与变压器周围空气的温度之差，称为绕组或上层油面的温升。在每一台变压器的铭牌上都规定了该变压器温升的限值。国家标准规定，当变压器的安装地点的海拔不超过1000 m时，绕组的温升限值是65℃，上层油面温升的限值是55℃。因此，在周围环境温度不超过40℃时，变压器上层油面的最高温度不应超过95℃。为了使变压器油及绝缘不致迅速劣化，变压器上层油面温度一般应不超过85℃。

> ※一点讨论
> 电力电子变压器可将工频50 Hz变换为高频，可以在单位时间内提高电能的转化效率，在变压器容量不变的前提下大大缩小了其体积和重量。电力电子变压器由高频变压器和电力电子变换电路组成，具备高低压交流接口和直流接口，既包括变压、电气隔离、能量传输功能，还包括无功功率补偿、谐波治理、直流接入、故障隔离、与智能设备的通信功能，可以实现功率的准确协调。

2.3.2 双绕组变压器的参数和等效模型

通过对变压器做短路实验和空载实验可测得负载损耗、阻抗电压、空载损耗和空载电流,由此可以求变压器参数。双绕组变压器等效电路如图 2-12 所示。

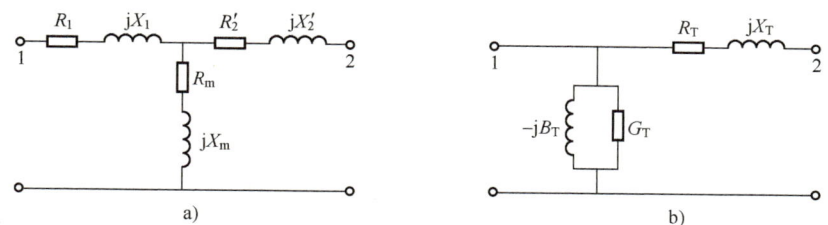

图 2-12 双绕组变压器等效电路
a) T 型等效电路 b) π 型等效电路

1. 电阻

由于短路实验时,一次侧外加的电压是很低的,铁心中的损耗可以忽略。由于变压器负载损耗 P_K 近似等于额定电流流过变压器时高低压绕组中的总铜耗,即 $P_K \approx P_{Cu}$。

而铜耗与电阻之间有如下关系:

$$P_{Cu} = 3I_N^2 R_T = 3\left(\frac{S_N}{\sqrt{3} U_N}\right)^2 R_T = \frac{S_N^2}{U_N^2} R_T \tag{2-23}$$

可得

$$P_K \approx \frac{S_N^2}{U_N^2} R_T \tag{2-24}$$

式中,U_N、S_N 以 V、V·A 为单位,P_K 以 W 为单位。如 U_N 改为以 kV 为单位,S_N 改为以 MV·A 为单位,则可得

$$R_T = \frac{P_K U_N^2}{1000 S_N^2} \tag{2-25}$$

式中,R_T 为变压器高低压绕组的总电阻(Ω);P_K 为变压器的负载损耗(kW);S_N 为变压器的额定容量(MV·A);U_N 为变压器的额定电压(kV)。

2. 电抗

由于大容量变压器的阻抗以电抗为主,亦即变压器的电抗和阻抗在数值上相等,可以近似认为,变压器的阻抗电压百分值 $U_K\%$ 与变压器的电抗有如下关系:

$$U_K\% \approx \frac{U_K}{U_N} \times 100 \approx \frac{\sqrt{3} I_N X_T}{U_N} \times 100 \tag{2-26}$$

从而

$$X_T \approx \frac{U_N}{\sqrt{3} I_N} \frac{U_K\%}{100} = \frac{U_K\% U_N^2}{100 S_N} \tag{2-27}$$

式中,X_T 为变压器高低绕组的总电抗(Ω);$U_K\%$ 为变压器的阻抗电压百分值。

3. 电导

变压器电导 G_T 反映与变压器励磁支路有功损耗相应的等效电导,通过空载实验数据求得。变压器空载实验接线图如图 2-13 所示。进行空载实验时,二次开路,一次加上额定电压,在一次测得空载损耗 P_0 和空载电流 I_0。

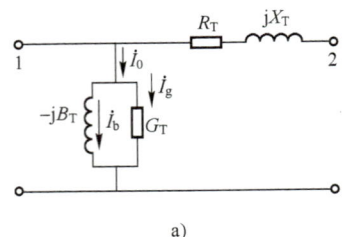
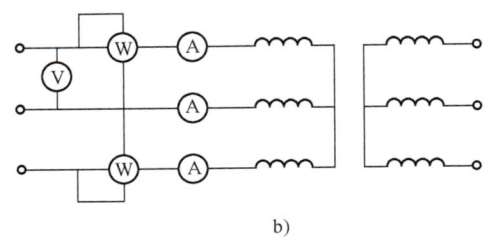

图 2-13 变压器空载实验接线图
a）单相等效电路 b）三相测试图

变压器励磁支路以导纳 Y_T 表示时，其中电导 G_T 对应的是铁心损耗 P_{Fe}，而空载损耗包括铁心损耗和空载电流引起的绕组中的铜损耗。由于空载实验的电流很小，变压器二次处于开路，所以此时的绕组铜损耗很小，可认为空载损耗主要损耗在 G_T 上，因此，铁心损耗 P_{Fe} 近似等于空载损耗 P_0。变换单位后为

$$G_T = \frac{P_0}{1000 U_N^2} \tag{2-28}$$

式中，G_T 为变压器的电导（S）；P_0 为变压器的空载损耗（kW）；U_N 为变压器的额定电压（kV）。

4. 电纳

变压器电纳 B_T 反映与变压器主磁通的等效参数（励磁电抗）相应的电纳，也是通过空载实验数据求得。

变压器空载实验时，流经励磁支路的空载电流 $\dot{I}_0$ 分解为有功电流 $\dot{I}_g$（流过 G_T）和无功电流 $\dot{I}_b$（流过 B_T），且有功分量 $\dot{I}_g$ 较无功分量 $\dot{I}_b$ 小得多，所以在数值上 $I_0 \approx I_b$，即空载电流近似等于无功电流。

$$I_b = \frac{U_N}{\sqrt{3}} B_T \tag{2-29}$$

又由 $I_0\% = \frac{I_0}{I_N} \times 100$ 得

$$I_0 = \frac{I_0\%}{100} I_N = \frac{I_0\%}{100} \frac{S_N}{\sqrt{3} U_N} \tag{2-30}$$

令 $I_b = I_0$，解得

$$B_T = \frac{I_0\% S_N}{100 U_N^2} \tag{2-31}$$

式中，B_T 为变压器的电纳（S）；$I_0\%$ 为变压器的空载电流百分值。

5. 工程计算中双绕组变压器的一般参数计算方法

1）归算到一个电压等级的等效电路，如图 2-14 所示。

$$Z_T = R_T + jX_T = \frac{P_K U_N^2}{1000 S_N^2} + j\frac{U_K\% U_N^2}{100 S_N}$$

$$Y_T = G_T + jB_T = \frac{P_0}{1000U_N^2} + j\frac{I_0\%S_N}{100U_N^2}$$

式中，各变量单位分别为 U_N（kV），S_N（MV·A），P_K、P_0（kW）。

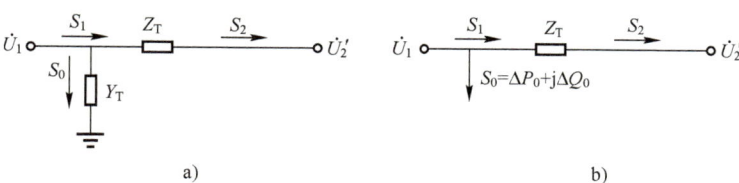

图 2-14 双绕组变压器工程计算等效电路

2）多电压等级（保留原电压等级）的等效电路，如图 2-15 所示，其中 k 为理想变压器电压比。

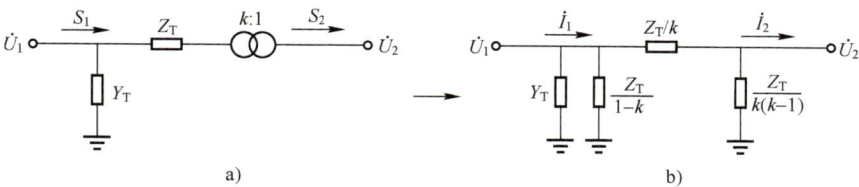

图 2-15 双绕组变压器多电压级等效电路

例 2-2 设图 1-3 所示 4 节点环网中，节点 2 接入有一台 SFL-20000/110 型向 10 kV 网络供电的降压变压器，铭牌给出的实验数据如下：$P_K = 135$ kW，$U_K\% = 10.5$，$P_0 = 22$ kW，$I_0\% = 0.8$。试计算归算到高压侧的变压器参数。

解： 由型号知，$S_N = 20000$ kV·A $= 20$ MV·A，高压侧额定电压 $U_N = 110$ kV。各参数如下：

$$R_T = \frac{P_K U_N^2}{1000 S_N^2} = \frac{135 \times 110^2}{1000 \times 20^2}\Omega = 4.08\ \Omega$$

$$X_T = \frac{U_K\% U_N^2}{100 S_N} = \frac{10.5 \times 110^2}{100 \times 20}\Omega = 63.53\ \Omega$$

$$G_T = \frac{P_0}{1000 U_N^2} = \frac{22}{1000 \times 110^2} S = 1.82 \times 10^{-6}\ S$$

$$B_T = \frac{I_0\% S_N}{100 U_N^2} = \frac{0.8}{100} \times \frac{20}{110^2} S = 13.2 \times 10^{-6}\ S$$

$$k_T = \frac{U_{1N}}{U_{2N}} = \frac{110}{11} = 10$$

2.3.3 三绕组变压器的参数和等效模型

计算三绕组变压器各绕组的阻抗及励磁支路的导纳的方法与计算双绕组变压器时没有本质的区别，也是根据厂家提供的一些短路实验数据和空载实验数据求取。但由于三绕组变压器三绕组的容量比有不同的组合，且各绕组在铁心上的排列又有不同方式，所以存在一些归算问题。三绕组变压器的容量比有三种（标准）：100/100/100、100/50/100、100/100/50，例如 90000/90000/45000 MV·A，另外还有非标准容量比：100/66.7/100、100/100/66.7 等。

1. 容量比 100/100/100

三绕组变压器出厂时，厂家提供三个绕组两两间做短路实验时测得的负载损耗 $P_{K(1-2)}$、$P_{K(2-3)}$、$P_{K(3-1)}$ 和两两间的阻抗电压百分值 $U_{K(1-2)}\%$、$U_{K(2-3)}\%$、$U_{K(3-1)}\%$；空载实验数据仍提供空载损耗 P_0、空载电流百分值 $I_0\%$。根据这些数据求得变压器各绕组的阻抗及其励磁支路的导纳。三绕组变压器等效电路如图 2-16 所示。

（1）电阻

$$P_{K1} = \frac{1}{2}\left[P_{K(1-2)} + P_{K(3-1)} - P_{K(2-3)}\right]$$

$$P_{K2} = \frac{1}{2}\left[P_{K(1-2)} + P_{K(2-3)} - P_{K(3-1)}\right]$$

$$P_{K3} = \frac{1}{2}\left[P_{K(2-3)} + P_{K(3-1)} - P_{K(1-2)}\right]$$

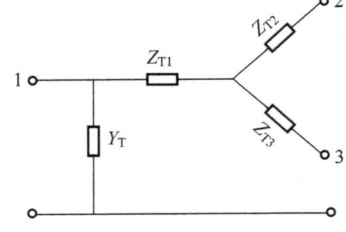

图 2-16 三绕组变压器等效电路

负载损耗 P_{K1}、P_{K2}、P_{K3} 由铭牌给出，则按与双绕组变压器相似的公式计算各绕组电阻如下：

$$R_{T1} = \frac{P_{K1} U_N^2}{1000 S_N^2}$$

$$R_{T2} = \frac{P_{K2} U_N^2}{1000 S_N^2}$$

$$R_{T3} = \frac{P_{K3} U_N^2}{1000 S_N^2}$$

（2）电抗

由各绕组两两之间的阻抗电压 $U_{K(1-2)}\%$、$U_{K(2-3)}\%$、$U_{K(3-1)}\%$ 求出各绕组的阻抗电压如下：

$$U_{K1}\% = \frac{1}{2}\left[U_{K(1-2)}\% + U_{K(3-1)}\% - U_{K(2-3)}\%\right]$$

$$U_{K2}\% = \frac{1}{2}\left[U_{K(1-2)}\% + U_{K(2-3)}\% - U_{K(3-1)}\%\right]$$

$$U_{K3}\% = \frac{1}{2}\left[U_{K(2-3)}\% + U_{K(3-1)}\% - U_{K(1-2)}\%\right]$$

再按与双绕组相似的计算公式求各绕组的电抗如下：

$$X_{T1} = \frac{U_{K1}\% U_N^2}{100 S_N^2}$$

$$X_{T2} = \frac{U_{K2}\% U_N^2}{100 S_N^2}$$

$$X_{T3} = \frac{U_{K3}\% U_N^2}{100 S_N^2}$$

导纳的计算与双绕组相同。

2. 容量比 100/100/50

负载损耗数据为容量较小的绕组达到额定电流，即 $I_N/2$ 时的值。这时，应将各绕组的负载损耗数据归算为额定电流下的值，再运用上列公式求各绕组的负载损耗和电阻。

$$P_{K(3-1)} = P'_{K(3-1)} (I_N/I_N/2)^2 = 4P'_{K(3-1)}$$
$$P_{K(2-3)} = P'_{K(2-3)} (I_N/I_N/2)^2 = 4P'_{K(2-3)}$$

有时，电压也未归算，则

$$U_{K(3-1)}\% = U'_{K(3-1)}\% (I_N/I_N/2) = 2U'_{K(3-1)}\%$$
$$U_{K(2-3)}\% = U'_{K(2-3)}\% (I_N/I_N/2) = 2U'_{K(2-3)}\%$$

3. 工程计算中三绕组变压器的一般参数计算方法

1）归算到一个电压等级的等效电路，如图 2-17 所示。

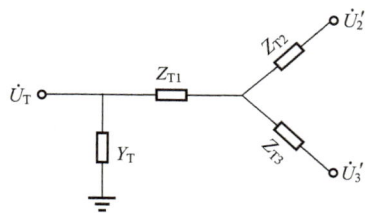

图 2-17 三绕组变压器工程计算等效电路

$$\begin{aligned} Z_{Ti} &= R_{Ti} + jX_{Ti} = \frac{\Delta P_{Ki} U_N^2}{1000 S_N^2} + j\frac{U_{Ki}\% U_N^2}{100 S_N} \quad (\Omega) \quad (i=1,2,3) \\ Y_T &= G_T + jB_T = \frac{\Delta P_0}{1000 U_N^2} + j\frac{I_0\% S_N}{100 U_N^2} \quad (S) \end{aligned} \quad (2\text{-}32)$$

其中

$$\begin{cases} P_{K1} = \frac{1}{2}[P_{K(1-2)} + P_{K(3-1)} - P_{K(2-3)}] \\ P_{K2} = \frac{1}{2}[P_{K(1-2)} + P_{K(2-3)} - P_{K(3-1)}] \\ P_{K3} = \frac{1}{2}[P_{K(3-1)} + P_{K(2-3)} - P_{K(1-2)}] \end{cases}$$

$$\begin{cases} U_{K1}\% = \frac{1}{2}[U_{K(1-2)}\% + U_{K(3-1)}\% - U_{K(2-3)}\%] \\ U_{K2}\% = \frac{1}{2}[U_{K(1-2)}\% + U_{K(2-3)}\% - U_{K(3-1)}\%] \\ U_{K3}\% = \frac{1}{2}[U_{K(3-1)}\% + U_{K(2-3)}\% - U_{K(2-1)}\%] \end{cases}$$

注意，当三绕组变压器容量比不同时，要进行容量换算，已知编号 1 为高压绕组，则

$$\begin{cases} P_{K(1-2)} = P'_{K(1-2)} \left(\dfrac{S_{1N}}{S_{2N}} \right)^2 \\ P_{K(2-3)} = P'_{K(2-3)} \left(\dfrac{S_{1N}}{\min\{S_{2N}, S_{3N}\}} \right)^2 \\ P_{K(3-1)} = P'_{K(3-1)} \left(\dfrac{S_{1N}}{S_{3N}} \right)^2 \end{cases}$$

2）多电压等级的等效电路，如图 2-18 所示，其中 k_{12}、k_{13} 为理想变压器电压比。

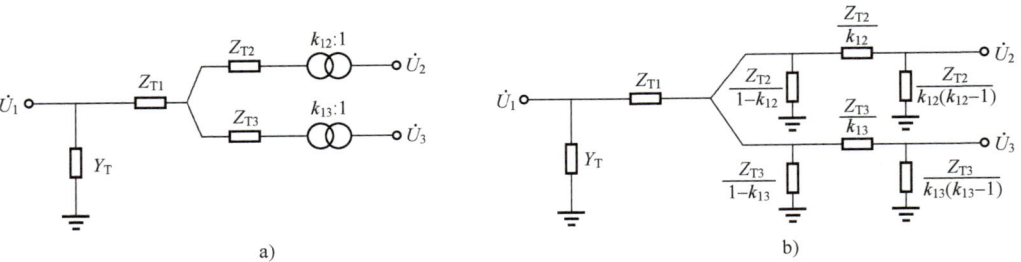

图 2-18 三绕组变压器多电压等级等效电路

在实际的工程应用中，需要注意如下问题：

1）有时厂家给出的数据是已经折算好的，不必再折算。

2）新标准中厂家仅提供一个最大负载损耗 P_{Kmax}。所谓最大负载损耗，是指做短路实验时，让两个 100% 容量的绕组中流过额定电流，另一个容量较小的绕组空载所测得的损耗。这时的损耗为最大，可由 P_{Kmax} 求得两个 100% 容量绕组的电阻，然后根据"按同一电流密度选择各绕组导线截面积"的变压器设计原则，得到另一个绕组的电阻。

$$R_{T(100\%)} = \frac{P_{Kmax} U_N^2}{2000 S_N^2}$$

$$R_{T(50\%)} = 2 R_{T(100\%)}$$

3）三绕组变压器按其三个绕组在铁心上排列方式的不同，有两种不同的结构，即升压结构和降压结构，如图 2-19 所示。

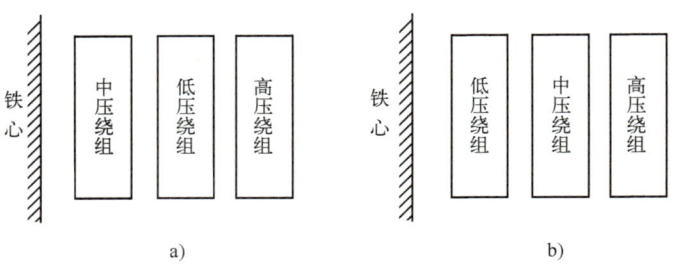

图 2-19 三绕组变压器绕组的两种排列方式

a）第一种排列方式——升压结构　b）第二种排列方式——降压结构

对于第一种排列方式，此时高压绕组与中压绕组之间间隙相对较大，即漏磁通道较大，相应的阻抗电压百分值也大。低压绕组的电抗值可能很小或为零甚至负值。此种排列方式使低压绕组与高、中压绕组的联系均紧密，有利于功率从低压侧向高、中压侧传送，因此常用于升压变压器，此种结构也称为升压结构。第二种排列方式，高、低压绕组间间隙相对较大，即漏磁通道较大，相应的阻抗电压也大，此种绕组排列使高压绕组与中压绕组联系紧密，有利于功率从高压向中压侧传送，因此常用于降压变压器，此种结构也称为降压结构。中压绕组的电抗值可能很小或为零甚至负值。

2.3.4 自耦变压器的参数和等效模型

就端点而言，自耦变压器完全等同于普通变压器，而自耦变压器的实验也和普通变压器相同，故自耦变压器的参数计算和等效电路与普通变压器相同。

特殊的情况是容量归算问题：因为自耦变压器的第三绕组的容量总小于变压器的额定容量。有时厂家提供的实验数据中不仅负载损耗 P_K 甚至阻抗电压百分值 $U_K\%$ 也是未经归算的数值，因此也需要归算。

2.4 发电机等效电路及参数

发电机的运行总受一定条件，如绕组温升、励磁绕组温升和原动机功率等的约束。这些约束条件决定了发电机组发出的有功、无功功率有一定的限额，其各类运行曲线如图 2-20 所示。

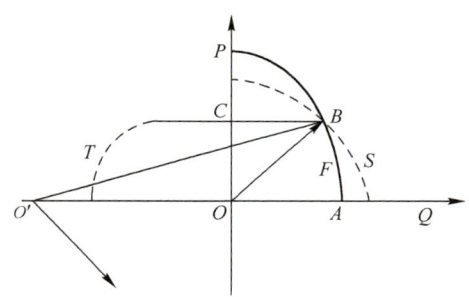

图 2-20 隐极式发电机组运行极限图

对于图 2-20，可以得到如下结论：

1) 定子绕组温升约束。定子绕组温升取决于定子绕组电流，也就是取决于发电机的视在功率。当发电机在额定电压下运行时，这一约束条件就体现为其运行点不得越出以 O 为圆心、BO 为半径所绘的圆弧 S。

2) 励磁绕组温升约束。励磁绕组温升取决于励磁绕组电流，也就是取决于发电机的空载电动势。这一约束条件体现为发电机的空载电动势不得大于其额定值 E_{Qn}，也就是其运行点不得越出以 O' 为圆心、$O'B$ 为半径所绘的圆弧 F。

3) 原动机功率约束。原动机的额定功率往往等于它所配套的发电机的额定有功功率。因此，这一约束条件就体现为经 B 点所作与横轴平行的直线 BC。

4）其他约束。其他约束出现在发电机以超前功率因数运行的场合。它们有定子端部温升、并列运行稳定性等的约束。其中，定子端部温升的约束往往最为苛刻，从而这一约束条件通常需要通过实验确定，并在发电机的运行规范中给出，图 2-20 中虚线 T 只是一种示意，它通常在发电机运行规范书中规定。

归纳以上分析可见，隐极式发电机的运行极限体现为图 2-20 中曲线 OA、AB、BC 和虚线 T 所包围的面积。

发电机是供电的电源，其原始电路及一般等效电路如图 2-21 所示。在电力系统计算中，一般不计发电机的电阻，因此发电机参数只有一个电抗 X_G，根据发电机计算需要，又可以将等效电路分为电压源等效电路和电流源等效电路，如图 2-22 所示。

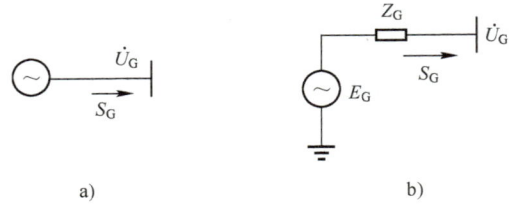

图 2-21 发电机等效电路
a）原始电路 b）等效电路

一般发电机出厂时厂家提供的参数有发电机额定容量 S_N，额定有功功率 P_N、额定功率因数 $\cos\varphi_N$、额定电压 U_N 及电抗百分值 $X_G\%$，据此可求得发电机电抗 X_G。

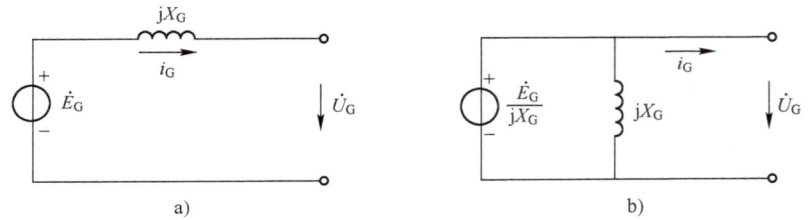

图 2-22 发电机简化等效电路
a）电压源 b）电流源

按电抗百分值定义：$X_G\% = \dfrac{X_G}{X_N} \times 100$，而 $Z_N = \dfrac{U_N}{\sqrt{3} I_N}$，不计电阻 $X_N \approx \dfrac{U_N}{\sqrt{3} I_N}$，$I_N = \dfrac{S_N}{\sqrt{3} U_N}$，则

$$X_G = \dfrac{X_G\% U_N^2}{100 S_N}。$$

其中，X_G 为发电机电抗；$X_G\%$ 为发电机电抗百分值；U_N 为发电机的额定电压（kV）；S_N 为发电机的额定功率（MV·A）。

2.5 负荷等效电路及参数

负荷模型可以从多方面进行分类。
1）从模型是否反应负荷的动态特性来看，负荷模型可以分为静态（SM）和动态（DM）

模型。

2）从模型导出的方式来看，负荷模型可以分为机理式（PBM）和输入/输出（IOM）式模型两种。

3）从模型是否线性化来看，负荷模型可分为线性的（LM）和非线性的（NLM）模型。

4）从模型是否与频率相关来看，负荷模型可以分为电压相关模型（VDM）和频率相关模型（FDM），与电压和频率均相关的模型属于后一类。

> ※一点讨论
>
> 电力负荷模型具有高度的非线性和不确定性，常用的负荷建模方法主要有两种：机理驱动建模和数据驱动建模。机理驱动建模主要通过研究物理系统的表征来建立模型，模型大多具有可解释的物理意义，但是该建模方法需要对用户设备进行逐项统计，费时费力，并且存在侵犯用户隐私的问题；数据驱动建模主要通过数据来进行数学拟合，不需要考虑复杂的物理建模过程，但是模型大多缺乏可解释性，且需要大量的历史数据或量测数据。

2.5.1 机理式负荷模型

所谓机理式负荷模型是以电学和物理学等基本定律为基础，通过列写负荷的各种平衡关系式而获得的模型。比如，电感的机理式模型为 $U=L\dfrac{\mathrm{d}i}{\mathrm{d}t}$。这种模型的最大优点就是具有明确的物理意义。

机理式模型就是从物理特性出发建立系统模型。电压稳定分析中最常用的机理式模型是等效异步电动机模型。但是在现代电力系统中，动态负荷类型越来越多，随着电力电子技术的大量应用，异步电动机类型设备在动态负荷中的主导地位也受到了挑战。从各类动态负荷的共同特性，即平衡破坏以后调整其等效导纳出发，反映导纳变化与功率平衡关系的针对电压稳定问题的模型，总结起来有以下两种。

1）采用以电导和导纳为状态变量的负荷模型，其形式分别如下：

$$\begin{cases}\dfrac{\mathrm{d}G}{\mathrm{d}t}=\dfrac{1}{T_0}(P_0-U_\mathrm{L}^2 G)\\ \dfrac{\mathrm{d}B}{\mathrm{d}t}=\dfrac{1}{T_\mathrm{B}}(Q_0-U_\mathrm{L}^2 B)\end{cases} \quad (2-33)$$

$$\begin{cases}\dfrac{\mathrm{d}G}{\mathrm{d}t}=f_{02}(G,U_\mathrm{L})(P_0-U_\mathrm{L}^2 G)\\ \dfrac{\mathrm{d}B}{\mathrm{d}t}=f_{B2}(B,U_\mathrm{L})(Q_0-U_\mathrm{L}^2 B)\end{cases} \quad (2-34)$$

式中，$f_{02}(G,U_\mathrm{L})$、$f_{B2}(B,U_\mathrm{L})$ 为一些负荷参数的函数；在式（2-34）中采用有功功率不平衡代替无功功率不平衡。

2）采用以电阻为状态变量的综合负荷模型：

$$\dfrac{\mathrm{d}R_\mathrm{R}}{\mathrm{d}t}=-\dfrac{R_\mathrm{R}^2}{T_\mathrm{K}}(P_\mathrm{T}-P_\mathrm{K}) \quad (2-35)$$

以上两种模型,一种只有描述电阻 R 动态变化的微分方程,另一种则同时有描述电导 G 和电纳 B 动态变化的微分方程。

> ※一点讨论
> 基于机理驱动的建模方法,通过研究能源网络和设备的物理表征来建立模型,这类侵入式建模方法需要已知能源内部的所有设备,这不仅侵犯了用户的隐私,而且当用户增加设备时将影响建模的准确性。非侵入式模型通过对量测数据进行拟合,结合机理模型的可解释性优势,建立输入/输出模型,相对于侵入式机理建模,该模型保护了用户隐私,降低了成本和部署难度,当用户设备增加时更能适应用户用能行为的改变。

2.5.2 输入/输出式负荷模型

输入/输出式负荷模型也称为非机理式负荷模型,或简称 I/O 模型,它将需要研究的负荷模型群看作一个"系统 L",其输入变量是负荷母线电压 U 和频率 f,输出变量是负荷群吸收的总的有功功率 P 和无功功率 Q。

1. 静态负荷模型

常见的输入/输出式静态负荷模型主要有两种,即多项式模型和指数模型。

(1) 多项式模型

$$\begin{cases} P = P_0 \left[a_P \left(\dfrac{U}{U_0}\right)^2 + b_P \left(\dfrac{U}{U_0}\right) + c_P \right] \\ Q = Q_0 \left[a_Q \left(\dfrac{U}{U_0}\right)^2 + b_Q \left(\dfrac{U}{U_0}\right) + c_Q \right] \end{cases} \tag{2-36}$$

上述多项式模型就是经典的"ZIP"模型。美国电力科学研究院(EPRI)组织的早期研究中采用了改进形式的多项式模型,如下:

$$\begin{cases} P = P_0(1+p_1\Delta U) \\ Q = 0.5P_0(1+q_1\Delta U+q_2\Delta U^2) + (Q_0-0.5P_0)(1+2\Delta U+\Delta U^2) \end{cases} \tag{2-37}$$

(2) 指数模型

指数模型的一般形式为

$$\begin{cases} P = K_P U^{u_P} F^{f_P} \\ Q = K_Q U^{u_Q} F^{f_Q} \end{cases} \tag{2-38}$$

由 EPRI 负荷建模计划所支持开发的软件包 LOADSYN 中采用了以下静态模型:

$$\begin{cases} \dfrac{P}{P_0} = P_{a1}\left(\dfrac{U}{U_0}\right)^{K_{PV1}}(1+K_{PF1}\Delta f) + (1-P_{a1})\left(\dfrac{U}{U_0}\right)^{K_{PV2}} \\ \dfrac{Q}{Q_0} = Q_{a1}\left(\dfrac{U}{U_0}\right)^{K_{QV1}}(1+K_{QF1}\Delta f) + \left(\dfrac{Q_0}{P_0}-Q_{a1}\right)\left(\dfrac{U}{U_0}\right)^{K_{QV2}}(1+K_{QF2}\Delta f) \end{cases} \tag{2-39}$$

LOADSYN 模型中,有功功率分为两部分,即一部分集中表示与频率有关的负荷元件,另一部分表示与频率无关的负荷元件。无功功率公式中的第一项表示所有负荷元件的无功需求,第二项则表示输电线路无功损耗和无功功率补偿设备所提供的无功功率等。Q_{a1} 由各种类型负荷元件的有功功率和功率因数决定。LOADSYN 把各公式分为两部分，是因为这些部分表现出完全不同的特性，分开则可以提高模拟的精度。

2. 输入/输出动态负荷模型

（1）常微分方程模型

一般形式为

$$f(P_{\mathrm{d}}^{(n)}, P_{\mathrm{d}}^{(n-1)}, \cdots, P_{\mathrm{d}}^{(1)}, P_{\mathrm{d}}, U^{(m)}, U^{(m-1)}, \cdots, U^{(1)}, U) = 0$$

式中，$P_{\mathrm{d}}^{(j)}$、$U^{(i)}$ 分别代表 P_{d}、U 的高阶微分。

从分析负荷对阶跃电压响应的特征出发，结合电压稳定研究的需要，提出了以下形式的模型：

$$T_{\mathrm{P}} \dot{P}_{\mathrm{d}} + P_{\mathrm{d}} = P_{\mathrm{s}}(U) + k_{\mathrm{P}}(U) \dot{U}$$

式中，T_{P} 为线性时间常数；$P_{\mathrm{s}}(U)$ 为静态负荷项，一般采用指数表达形式，即 $P_{\mathrm{s}}(U) = C_{\mathrm{s}} U^{\alpha_{\mathrm{P}}}$；$k_{\mathrm{P}}(U)$ 为动态负荷项，一般采用电压的一次或二次多项式的形式，即 $k_{\mathrm{P}}(U) = k_{\mathrm{P}} U$ 或 $k_{\mathrm{P}}(U) = \frac{1}{2} k_{\mathrm{P}} U^2$。

（2）传递函数模型

一般形式为

$$\frac{\Delta P(s)}{\Delta U(s)} = \frac{a_{\mathrm{p0}} + a_{\mathrm{p1}} s^2 + a_{\mathrm{p2}} s^2 + \cdots}{b_{\mathrm{p0}} + b_{\mathrm{p1}} s + b_{\mathrm{p2}} s^2 + \cdots}$$

（3）状态空间模型

一般形式为

$$\begin{cases} \dot{X} = AX + Bu \\ Y = CX + Du \end{cases}$$

（4）时域离散模型

时域离散模型的一般形式为

$$\Delta P(k) = -\sum_{i=1}^{n_{\mathrm{p}}} a_{\mathrm{p}i} P_{k-i} + \sum_{i=1}^{n_{\mathrm{v}}} b_{\mathrm{p}i} U_{k-i} + \sum_{i=1}^{n_{\mathrm{f}}} c_{\mathrm{p}i} f_{k-i}$$

以上各种输入/输出式模型，其本质是一致的，其参数也可以相互转换。输入/输出式负荷模型相比机理式负荷模型确定参数要容易些，但缺点是用数学公式掩盖了物理本质。随着计算机技术的发展，也出现了将简化的机理式负荷模型采用基于测量的建模方法确定参数的情况，它结合了模型结构的机理和参数辨识的优点，是一个非常好的思路。

2.6 电力系统的等效网络

在有变压器的电路中，当变压器采用 π 型等效电路时，必须把不同电压等级的参数和变量全部归算至同一电压等级（基本级），才能得到网络各元件之间只有电联系，没有磁联系的等效网络，从而应用电路定律进行分析计算。这就是多电压级网络中进行参数和变量归算的根本意义所在。

1. 用有名值表示的等效网络

首先将各元件的参数归算至基本级（潮流计算时，一般选最高电压级为基本级），然后把各元件的等效电路连接起来，成为电力系统的等效网络。

如设待归算级参数为 Z'、Y'、U'、I'，归算至基本级的参数为 Z、Y、U、I。两者的关系为

$$Z = k^2 Z', \qquad Y = \frac{1}{k^2} Y', \qquad U = kU', \qquad I = \frac{1}{k} I'$$

对多电压等级：$k = k_1 k_2 \cdots k_n$。

其中变压器电压比的方向是由基本级到待归算级，即有

$$k = \frac{\text{基本级侧的额定电压}}{\text{待归算级侧的额定电压}}$$

2. 用标幺值表示的等效网络

在标幺值计算中，五个电气量 U、I、Z、Y、S 的基准值分别为 U_B、I_B、Z_B、Y_B、S_B，它们之间符合电路关系式，即有

$$S_B = \sqrt{3} U_B I_B, \qquad U_B = \sqrt{3} U_B Z_B, \qquad Z_B = \frac{1}{Y_B}$$

一般先选 S_B、U_B 为基准值，其他三个的基准值（I_B、Z_B、Y_B）可由电路关系式派生出来，即

$$Z_B = \frac{U_B^2}{S_B}, \qquad Y_B = \frac{S_B}{U_B^2}, \qquad I_B = \frac{S_B}{\sqrt{3} U_B}$$

建立多电压级网络的等效网络时，首先要选好基本级，确定基本级上的基准值参数，然后把各元件的有名值参数归算为以基本级上的基准值为基准的标幺值，即可联网。

如图 2-23 所示，在基本级上取基准值 S_B、U_B。

图 2-23 简单电力网图

归算的途径有以下两个：

1) 先将网络中各待归算级元件的阻抗、导纳以及电压、电流的有名值参数归算到基本级上，然后除以基本级上与之相对应的基准值，得到标幺值参数。即先有名值归算，后取标幺值。

归算过程中用到的公式如下：

$$\text{归算（低→高）} \begin{cases} Z = k^2 Z' \\ Y = \dfrac{1}{k^2} Y' \\ U = kU' \\ I = \dfrac{1}{k} I' \end{cases} \qquad \text{取标幺值} \begin{cases} Z_* = \dfrac{Z}{Z_B} = Z \dfrac{S_B}{U_B^2} \\ Y_* = \dfrac{Y}{Y_B} = Y \dfrac{U_B^2}{S_B} \\ U_* = \dfrac{U}{U_B} \\ I_* = \dfrac{I}{I_B} = I \dfrac{\sqrt{3} U_B}{S_B} \end{cases}$$

2）先将基本级上的基准值电压、电流、阻抗、导纳归算到各待归算级，然后被待归算级上相应的电压、电流、阻抗、导纳分别去除，得到标幺值参数。即先基准值归算，后取标幺值。

归算过程中用到的公式如下：

归算（高→低）$\begin{cases} Z'_B = \dfrac{Z_B}{k^2} \\ Y'_B = k^2 Y_B \\ U'_B = \dfrac{1}{k} U_B \\ I'_B = k I_B \end{cases}$ 取标幺值 $\begin{cases} Z_* = \dfrac{Z'}{Z'_B} = Z' \dfrac{S_B}{U'^2_B} \\ Y_* = \dfrac{Y'}{Y'_B} = Y' \dfrac{U'^2_B}{S_B} \\ U_* = \dfrac{U'}{U'_B} \\ I_* = \dfrac{I'}{I'_B} = I' \dfrac{\sqrt{3}\, U'_B}{S_B} \end{cases}$

以上两种归算途径，得到的标幺值参数是相同的。

3. 基准值改变后的标幺值换算

如前所述，已知发电机的 $X_G\%$、变压器的 $U_K\%$、电抗器的 $X_R\%$，而百分值除以100为标幺值，这个标幺值是以元件本身的额定参数为基准的标幺值，则应把它换算到以选择的基本级上的基准值为基准的标幺值。

设已知 Z_{0*}（以元件本身的额定值为基准值的标幺值阻抗），求 Z_{n*}（以选定的基本级上参数为基准的标幺值阻抗），由 $Z_{0*} = Z \dfrac{S_N}{U^2_N}$ 还原 $Z = Z_{0*} \dfrac{U^2_N}{S_N}$。

然而 $Z_{n*} = Z \dfrac{S_B}{U'^2_B} = Z_{0*} \dfrac{U^2_N}{S_N} \dfrac{S_B}{U'^2_B} = Z_{0*} \left(\dfrac{U_N}{U'_B}\right)^2 \dfrac{S_B}{S_N}$

所以，发电机：$X_{G*} = \dfrac{X_G\%}{100} \dfrac{U^2_N}{U'^2_B} \dfrac{S_B}{S_N}$

变压器：$X_{T*} = \dfrac{U_K\%}{100} \dfrac{U^2_N}{U'^2_B} \dfrac{S_B}{S_N}$

电抗器：$X_{R*} = \dfrac{X_R\%}{100} \dfrac{U_{RN}}{U'_B} \dfrac{I'_B}{I_{RN}}$

这里 U'_B、I'_B 是考虑电压比后，由基本级的基准值归算至待归算级的电压、电流。

电力系统的等效网络，即是将电力系统各元件的参数归算到同一电压等级后的等效电路连接起来。

2.7 电网等效电路知识拓展

2.7.1 电网仿真分析技术发展综述

未来电力系统具有新的特点，体现在以下方面：

1）以风能、太阳能为代表的新能源发电大规模接入电网，其随机波动特性对电网调度运行带来新的挑战。

2）风电、光伏、常规直流、柔性直流、柔性交流输电（FACTS）等基于变流器控制的电力电子装备大量接入电网，电网呈现复杂的装备控制相互作用的动态特性。

3）区域间通过交直流输电技术实现大容量功率交换，使得送受端电网同时呈现功角、电压和频率稳定问题。

4）先进计算机与通信和网络控制技术的应用使得电网承受信息失效和网络攻击带来的安全风险。

以上特点给电网数字仿真理论和方法提出了新的要求。

1. 仿真分析技术现状

目前，针对仿真分析的建模技术和仿真算法主要包括：①直流输电系统建模技术；②风力发电建模技术；③太阳能发电建模技术；④负荷建模技术；⑤机电-电磁混合仿真；⑥全数字实时仿真；⑦基于快速求解模式的仿真算法。

在电网仿真技术方面，随着电网规模不断扩大和各种类型元件的接入，电网的复杂度日益提高，需要针对不同应用场景选择合适的仿真技术。单一的电力系统仿真技术已经不满足实际研究的需要，随着不同时间尺度混合仿真技术的不断发展，需要具备电磁暂态-机电暂态-中长期动态过程的连续仿真，获得微秒级-分钟级-小时级各时间尺度的系统动态特性，得到更符合实际的仿真结果。

现在针对仿真分析的研究进展主要包括：①新能源发电与储能系统建模技术；②直流输电系统建模技术；③柔性交流输电系统（FACTS设备）建模技术；④负荷建模技术；⑤电磁暂态-机电暂态混合仿真；⑥全数字实时仿真；⑦机电暂态-电磁暂态-中长期动态多时间尺度全过程仿真；⑧数模混合实时仿真。此外，相关应用平台技术也同样获得很大进展，在我国，已经研究建立了电网超级计算平台、国家电网仿真数据中心、新一代特高压交直流电网仿真平台等辅助仿真分析。

2. 未来发展趋势

在仿真的未来发展上，主要具有三个热点技术。

（1）新能源发电建模技术

新能源发电建模主要针对风力发电系统与光伏发电系统，现有仿真技术还存在较大短板，需要进一步研究并提出方法进行修正。此外，对于两者混合的模型随着以风电和光伏为代表的新能源发电装机容量不断增加而日益受到关注，对于新能源发电系统模型整体的研究，有个性化和统一化两个方向。

（2）负荷建模技术

当分布式电源在配电网中的接入规模达到一定程度时，其将成为影响配电网综合负荷特性的重要因素。分布式电源类型繁多，如风力发电、太阳能光伏发电、燃料电池发电、燃气轮机发电等，其发电机理不同，特性也各有差异，分布式电源大量接入中低压配电网，成为广义综合负荷的组成部分时，将成为决定配电网综合负荷特性的关键因素之一。

（3）大规模电网全电磁暂态仿真技术

大规模电网中大量电力电子设备的应用，对传统交流系统的结构、特性、理论基础都带来巨大影响，建立与之相适应的仿真体系和手段势在必行。需要具备对大规模交直流电网进行大规模电磁暂态仿真的能力，即全电磁暂态。

（马世聪，中国电力科学研究院）

2.7.2 电网等效电路工程应用

本章要点为电力线路、变压器、发电机和负荷等效电路的计算方法，在电网的实际工作中都是通过软件直接完成各类等效计算，无须手动计算，主要应用场景为调度中心、经济技术研究院、电力科学研究院和设计院等单位对系统稳定性的分析计算。

电力线路、变压器、发电机和负荷是电力网络构成的基础，本章介绍的几种等效电路计算方法是潮流计算、稳定和短路计算等的基础。日常工作中为了保证系统安全稳定运行，需要提前进行仿真计算。应用场景主要包含以下几类。

（1）电力科学研究院

电力科学研究院电网技术中心主要负责 500kV、220kV 变电站新建、扩建潮流稳定计算工作，计算工具主要包括 BPA 潮流计算程序、BPA 暂态稳定计算程序、地理接线图格式潮流图绘制程序和稳定计算曲线绘制程序等，本章提到的等效计算是以上计算的基础，通过准确输入电力线路、变压器、发电机和负荷的参数，程序自动完成等效计算并进行潮流计算，从而分析出变电站新建、扩建的可行性。同时在每年的电网存在问题和应对措施的编制中，也要以等效计算为基础完成对电网潮流、暂态稳态和小干扰稳定的计算，分析出全年电网整体稳定水平如何，是否存在暂态稳定和动态稳定问题，存在问题的主要原因是什么并给出相关解决措施及建议。

（2）经济技术研究院

经济技术研究院规划评审中心主网室输电网规划主要是应用 BPA 软件进行潮流和网架的计算分析工作，并定期进行网架联调。进行电网仿真计算，主要依据就是电网等效计算，包括发电机、变压器、线路阻抗等参数的选定。应用 BPA 软件对计划新投电厂（以光伏、风电、水电为主）的接网进行潮流计算分析，即分别对各接网方案进行潮流计算得出最佳接网方案，其计算原理便是等效计算，通过填写线路、变压器、发电机和负荷的卡片，计算出主变是否过载、是否满足 $N-1$ 和短路电流等。

（3）调控中心

省调控中心调度运行处稳定计算需结合实际负荷和发电出力情况进行仿真计算，给出各种电网运行的规程，调度员按照规程监控是很重要的职责。搭建出仿真模型后必须定期维护，网架结构发生改变或新投设备的增加，都需要重新计算并进行调整。

本章介绍的几种方法为日益复杂和庞大的电力系统开展潮流计算、动态和静态稳定计算、电压稳定计算、小干扰稳定计算和潮流断面稳定六大计算和电能质量评估工作奠定了坚实的理论基础，是电力系统安全、稳定、可靠运行技术保障。随着经济和社会的迅猛发展，全球对电能的需求越来越大，并且对电能质量的要求也更加苛刻，电力系统稳定问题也由原来单一化、简单化问题发展成为复杂化、多元化的问题，这使得电网的电压稳定问题变得更为突出，给系统稳定运行带来了更大的压力。实际工作中虽然各类等效计算已经由软件自动完成，但为了电网的安全稳定运行，对各类等效计算的研究依然要继续，以应对未来不断发展的网架变化。

（王义贺，国网辽宁省电力有限公司经济技术研究院）

小 结

本章主要针对电力系统在稳态分析时运用的数学模型进行两个方面讨论。

1）电力系统各元件的特性和数学模型。
2）变压器和电力线路构成的电力网络数学模型。

电力线路的数学模型中，以架空线路为重点，要求能计算线路的阻抗、导纳、电晕和临界电压等参数。

输电线路模型中，介绍了短距离、中距离和长距离线路的等效电路，其中应以长距离输电线路为重点，掌握其分布参数及等效模型。

变压器的数学模型有两种，即 T 型等效电路模型，以及 π 型等效电路模型。其中参数都由制造厂提供的技术数据确定。

稳态分析时运用的发电机组模型是以给定的有功功率和对应的端电压或无功功率表示。

电力系统的负荷模型可分为机理式和输入/输出式两种。在系统数据充分的情况下，输入/输出式负荷模型相比机理式负荷模型确定参数要容易些。

建立电力网络的数学模型时，可采用有名制或标幺制。以有名制和标幺制表示的电力网络数学模型参数数值虽有很大差别，但以此计算得出的网络运行方式比如电压、电流、功率等变量的数值总是相同的。

第 2 章部分知识点动画讲解

习 题

2-1 中等长度输电线路的集中参数等效电路有哪两种形式？电力系统分析计算中采用哪种？为什么？

2-2 为什么要采用分裂导线？分裂导线对电晕临界电压有何影响？输电线路进行全换位的目的是什么？

2-3 已知 110 kV 架空输电线路长度为 90 km，三相导线平行布置，线间距离为 5 m，导线型号为 LGJ-150，计算其参数并画出等效电路。（LGJ-150 导线计算外径为 17 mm）

2-4 长度为 700 km 的 500 kV 电力线路的结构如下：LGJ-4×400 分裂导线，导线直径为 28 mm，分裂间距为 450 mm，三相导线水平排列，相间距离为 13 m，如图 2-24 所示。画出近似考虑电力线路分布参数特性时的 π 型等效电路。（LGJ-400 导线计算外径为 28 mm）

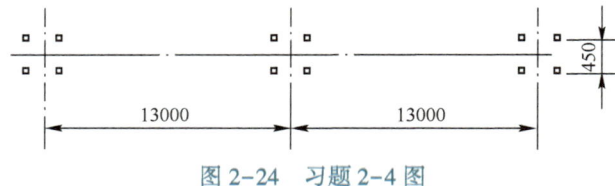

图 2-24 习题 2-4 图

2-5 已知某 110 kV 双绕组变压器铭牌数据为

$S_N = 6300 \text{ kV·A}$、$121/10.5 \text{ kV}$、$\Delta P_0 = 9.64 \text{ kW}$、$\Delta P_K = 50 \text{ kW}$、$I_0\% = 1.1$、$U_K\% = 10.5$

（1）计算变压器的参数（归算到 110 kV）。

（2）画出变压器的 π 型等效电路。

2-6　已知三绕组变压器型号为 $SFSL_1$-15000/110，容量比为 100/100/100，阻抗电压为 $U_{K31}(\%)=17$、$U_{K23}(\%)=6$、$U_{K12}(\%)=10.5$，负载损耗为 $\Delta P_{K31}=120\,kW$、$\Delta P_{K12}=120\,kW$、$\Delta P_{K23}=95\,kW$，空载损耗为 $\Delta P_0=22.4\,kW$，短路电流 $I_0(\%)=1.2$。试求归算至高压侧的变压器参数，并绘制其等效电路。

2-7　已知自耦变压器型号为 OSFPSL-120000/220，容量比为 100/100/50，额定电压为 220/121/11 kV，变压器特性数据如下：阻抗电压为 $U_{K31}(\%)=33.1$、$U_{K23}(\%)=21.6$、$U_{K12}(\%)=9.35$（阻抗电压已归算到变压器额定容量之下），$\Delta P_{K31}=366\,kW$、$\Delta P_{K12}=455\,kW$、$\Delta P_{K23}=346\,kW$，空载损耗为 $\Delta P_0=73.86\,kW$，短路电流 $I_0(\%)=0.412$。试求归算至高压侧的变压器参数，并绘制其等效电路。

2-8　某电力系统接线如图 2-25 所示，各元件的参数标示于图中，不计变压器电阻、导纳和输电线路导纳，画出其等效电路，并计算：
（1）按变压器额定电压比归算到 220 kV 侧的有名制参数。
（2）按变压器平均额定电压比归算到 220 kV 侧的有名制参数。
（3）按变压器额定电压比确定的标幺制参数。
（4）按变压器平均额定电压比确定的标幺制参数。

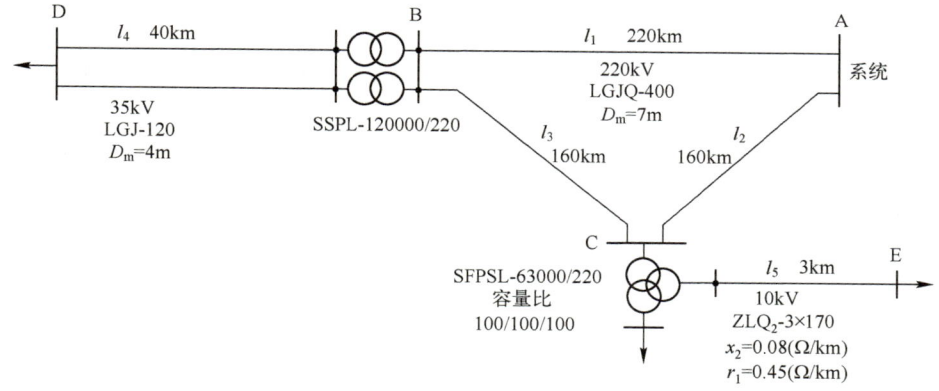

图 2-25　习题 2-8 图

第 3 章 电力系统潮流计算

> 常常是最后一把钥匙打开了门。——钱学森

本章要点：

- 了解潮流计算的目的。掌握电压降落、电压损耗、电压偏移、电压调整、输电效率的概念。掌握运算负荷功率和运算电源功率的概念。
- 熟练掌握辐射形网络中潮流分布的逐段计算方法。
- 熟练掌握简单环形网和两端供电网的潮流分布的计算。
- 理解环形网和两端供电网中循环功率产生的原因，掌握计算方法。了解纵向和横向串联加压器的作用和意义。

第 3 章导学

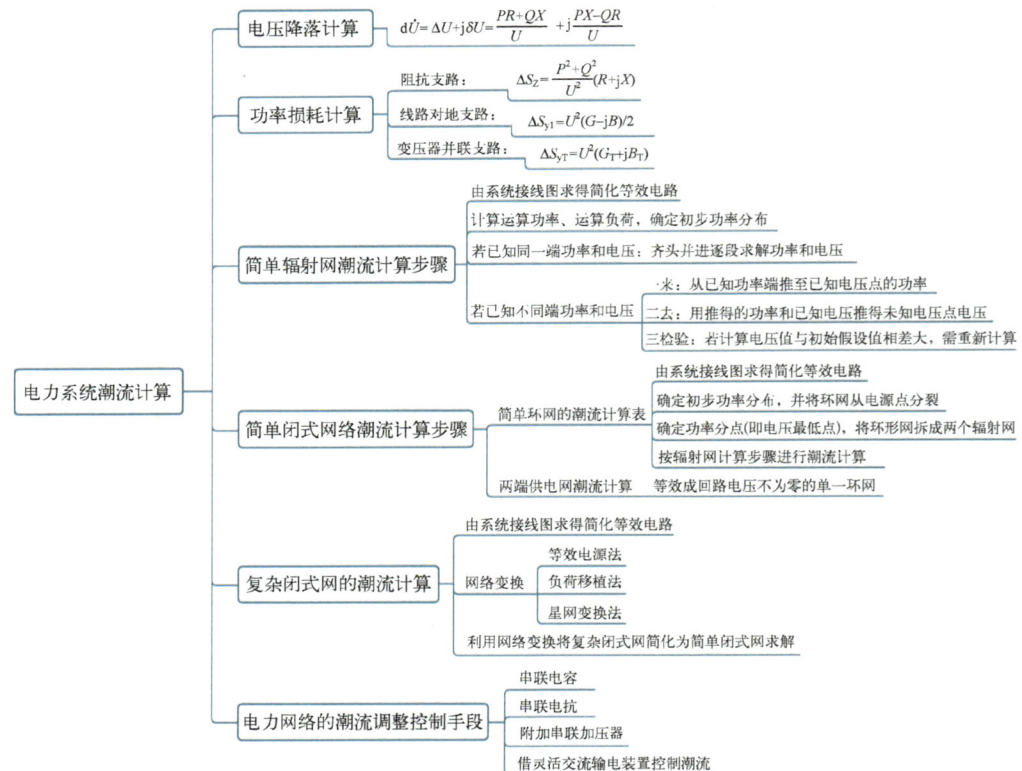

本章学科史：

19 世纪 90 年代，三相交流输电系统研制成功，并很快取代了直流输电，成为电力系统大发展的里程碑。在之后的发展中，人们普遍认识到扩大电力系统的规模可以在能源开发、工业布局、负荷调整、系统安全与经济运行等方面带来显著的社会经济效益。于是，电力系统的规模迅速增长。电力系统中千百个网络节点交织密布，有功潮流、无功潮流、高次谐波、负序电流等以光速在全系统范围传播。它既能输送大量电能，创造巨大财富，也能在瞬间造成重大的灾难性事故。为了实时监控电力系统的运行状态，保证系统的安全性、稳定性、经济性，需要进行大量而快速的潮流计算。

大约半个多世纪以前，潮流计算均采用手工方法，当时的主要计算工具是计算尺，但并不适用复杂的电力系统，随后 20 世纪 30 年代出现的交流计算台，成为求解潮流问题的主要工具。至 20 世纪 50 年代，电子计算机的出现，大大提高了潮流的计算效率，更适用于大型、复杂的电力系统。

潮流计算以欧姆定律、基尔霍夫定律为主要数学手段。由于电力系统可以用等效电路来模拟，因此潮流计算的基础是电路计算。但是在电路计算中，关心的和给定的变量是电压和电流，而在潮流计算中，给定的是电压和功率，并不是电流。因此，须以电流为桥梁建立起功率和电压之间的关系。

电力系统潮流计算的发展历程如下：

德国物理学家欧姆在法国数学家傅里叶的热传导理论的启发下进行电学研究，傅里叶用数学方法建立了热传导定律。欧姆认为电流现象与此类似，猜想导线中两点间的电流也许正比于两点间的某种推动力之差。欧姆称这种力为电张力。这实际上就是电压。1827 年，欧姆在他的《电路的数学研究》一书中发表了欧姆定律。欧姆定律既适用于线性电阻，也适用于非线性电阻；既适用于直流电路，也适用于交流电路。

1845 年，德国物理学家基尔霍夫总结出基尔霍夫电流定律和基尔霍夫电压定律，发展了欧姆定律，共同奠定了电路分析的基础，也作为潮流计算的主要数学手段。

1873 年，麦克斯韦在他的著作 *Treatise on Electricity and Magnetism* 中确立了节点分析法的原理，这也是电气科学技术史上的第一部专著。

1935 年的一篇 IEEE 会议论文 "Calculation of power flow and bus voltages" 发表在 *Transactions of the American Institute of Electrical Engineers* 上，该论文中提出了利用基尔霍夫定律进行手工潮流计算的方法。

3.1 电力线路运行状况的分析与计算

在电力系统运行和规划中，都需要研究电力系统稳态运行情况，确定电力系统的稳态运行状态。给定电力系统的网络结构、参数和决定电力系统运行状况的边界条件，确定电力系统稳态运行状态的方法之一就是进行电力系统潮流计算。

电力系统潮流计算是研究电力系统稳态运行状况的一种计算，它根据给定的运行条件及系统接线情况确定整个电力系统的运行状态：各母线的电压、各元件中流过的功率、系统的功率损耗等。从数学上讲，潮流计算是要求解一组由潮流方程描述的非线性代数方程组。电力系统潮流计算是电力系统分析中最基本的最重要的计算，是电力系统运行、规划及安全性、可靠性分析优化的基础，也是各种电磁暂态分析的基础和出发点。在电力系统运行方式和规划方案的研究中，都需要进行潮流计算以比较运行方式或规划供电方案的可行性、可靠性和经济性。同时，为了实时监控电力系统的运行状态，也需要进行大量而快速的潮流计算。因此，潮流计算是电力系统中应用最广泛、最基本和最重要的一种电气运算。在系统规划设计和安排系统的运行方式时，采用离线潮流计算；在电力系统运行状态的实时监控中，则采用在线潮流计算。

潮流计算随计算性质不同而有不同的要求，如长距离输电、区域性网络、城市配电网络等都有不尽相同的要求，但仍有其共同的基本要求。首先，不同类型的网络在各种运行方式下，网络各节点的电压水平应符合有关规定；其次，网络中各线路的潮流分布不应有线路过载现象等。

潮流计算有以下几个目的：

1）在电网规划阶段，通过潮流计算，合理规划电源容量及接入点，合理规划网架，选择无功功率补偿方案，满足规划水平年的大、小方式下潮流交换控制、调峰、调相、调压的要求。

2）在编制年运行方式时，在预计负荷增长及新设备投运基础上，选择典型方式进行潮流计算，发现电网中薄弱环节，供调度员日常调度控制参考，并对规划、基建部门提出改进网架结构、加快基建进度的建议。

3）正常检修及特殊运行方式下的潮流计算，用于日运行方式的编制，指导发电厂开机方式，有功、无功调整方案及负荷调整方案，满足线路、变压器热稳定要求及电压质量要求。

4）预想事故、设备退出运行对静态安全的影响分析及做出预想的运行方式调整方案。

> **※一点讨论**
>
> 可观性对于任何一个系统都非常重要，是系统可控可调的基础。对于电力系统而言，由于涉及的节点及支路数以百万计，而电能又具有实时性，生产、传输、消耗在同一时刻完成。因此，难以通过测量装置实现各个节点及支路的信息时空同步量测。潮流计算就成为实现电网可观性的一个有效手段，可以为后续的电力系统调度及规划等工作提供有力的数据支撑。

电流或功率从电源向负荷沿电力网流动时，在电力网元件上将产生功率损耗和电压降落。要了解整个电力系统的潮流分布，必然要进行电力网元件上的功率损耗和电压降落的计算。

3.1.1 电力线路上的功率损耗和电压降落计算

在电力线路上的功率损耗和电压降落计算中也可运用欧姆定律等，但需要复数运算，手算时要尽量避免复数运算。

1. 功率损耗计算

电力线路的 π 型功率等效电路如图 3-1 所示，假定已知线路参数和末端电压 $\dot{U}_2$、功率

$\dot{S}_2$，则线路始端的电压$\dot{U}_1$和功率$\dot{S}_1$可以通过第2章的电力线路等效电路求出。

由图3-1可知，功率传输满足如下关系：

$$\begin{cases} \dot{S}_1 = \dot{S}'_1 + \Delta\dot{S}_{y1} \\ \dot{S}'_1 = \dot{S}'_2 + \Delta\dot{S}_Z \\ \dot{S}'_2 = \dot{S}_2 + \Delta\dot{S}_{y2} \end{cases}$$

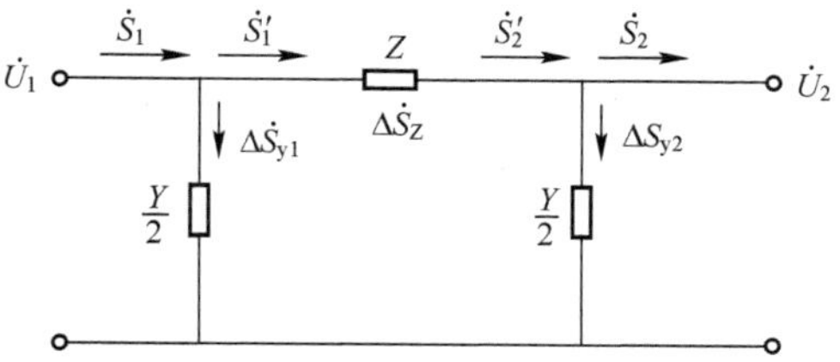

图3-1 电力线路的π型功率等效电路

因为这种电路较简单，可以运用基本的电路关系式写出有关的计算公式（以单相电路分析，结果推广到三相，采用复功率的计算式。在稳态分析中，一般假定三相平衡，因此，单相计算方法可以推广到三相计算中）。图3-1中，设末端电压（相电压）$\dot{U}_2 = U_2\angle 0°$，末端功率（单相功率）$\dot{S}_2 = P_2 + jQ_2$，则末端导纳支路的功率损耗$\Delta\dot{S}_{y2}$为

$$\Delta\dot{S}_{y2} = \dot{U}_2 \overset{*}{I}_2 = \dot{U}_2 \left(\frac{Y}{2}\overset{*}{U}_2\right) = U_2^2\left(\frac{G}{2} - j\frac{B}{2}\right) = \frac{1}{2}GU_2^2 - \frac{1}{2}jBU_2^2 = \Delta P_{y2} - j\Delta Q_{y2} \tag{3-1}$$

阻抗支路末端的功率$\dot{S}'_2$为

$$\dot{S}'_2 = \dot{S}_2 + \Delta\dot{S}_{y2} = (P_2 + jQ_2) + (\Delta P_{y2} - j\Delta Q_{y2}) = (P_2 + \Delta P_{y2}) + j(Q_2 - \Delta Q_{y2}) = P'_2 + jQ'_2$$

阻抗支路中损耗的功率$\Delta\dot{S}_Z$为

$$\Delta\dot{S}_Z = \left(\frac{S'_2}{\dot{U}_2}\right)^2 Z = \frac{P'^2_2 + Q'^2_2}{U_2^2}(R+jX) = \frac{P'^2_2 + Q'^2_2}{U_2^2}R + j\frac{P'^2_2 + Q'^2_2}{U_2^2}X = \Delta P_Z + j\Delta Q_Z \tag{3-2}$$

阻抗支路始端的功率$\dot{S}'_1$为

$$\dot{S}'_1 = \dot{S}'_2 + \Delta\dot{S}_Z = (P'_2 + jQ'_2) + (\Delta P_Z + j\Delta Q_Z) = (P'_2 + P_Z) + j(Q'_2 + \Delta Q_Z) = P'_1 + jQ'_1$$

始端导纳支路的功率$\Delta\dot{S}_{y1}$为

$$\Delta\dot{S}_{y1} = \dot{U}_1\left(\frac{\overset{*}{Y}}{2}\overset{*}{U}_1\right) = U_1^2\left(\frac{G}{2} - j\frac{B}{2}\right) = \frac{1}{2}GU_1^2 - \frac{1}{2}jBU_1^2 = \Delta P_{y1} - j\Delta Q_{y1} \tag{3-3}$$

始端功率$\dot{S}_1$为

$$\dot{S}_1 = \dot{S}'_1 + \Delta\dot{S}_{y1} = (P'_1 + jQ'_1) + (\Delta P_{y1} - j\Delta Q_{y1}) = (P'_1 + jP_{y1}) + j(Q'_1 - \Delta Q_{y1}) = P_1 + jQ_1$$

这就是电力线路功率计算的全部内容。以上ΔS_{y1}、ΔS_{y2}是导纳支路的功率损耗，ΔS_Z是阻抗支路的功率损耗。

2. 电压降落计算

由图 3-2 可知，电压关系满足 $\dot{U}_1 = \dot{U}_2 + \mathrm{d}\dot{U}$，但实际计算时，始端导纳支路功率 $\Delta\dot{S}_{y1}$ 及始端功率 $\dot{S}_1$，都是在求得始端电压 $\dot{U}_1$ 以后才能求得的。求取始端电压 $\dot{U}_1$ 的方法如下。

设末端电压 $\dot{U}_2 = U_2 \angle 0°$（参考电压），线路接感性负荷，则线路阻抗在 Z 上的电压降落为

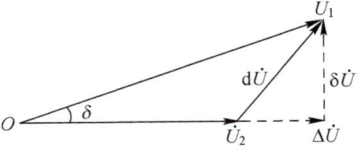

图 3-2 电力线路的电压相量图

$$\mathrm{d}\dot{U} = \frac{\overset{*}{S}'_2}{\overset{*}{U}_2} Z = \frac{P'_2 - \mathrm{j}Q'_2}{U_2}(R + \mathrm{j}X) = \frac{P'_2 R + Q'_2 X}{U_2} + \mathrm{j}\frac{P'_2 X - Q'_2 R}{U_2}$$

(3-4)

令 $\left. \begin{array}{l} \dfrac{P'_2 R + Q'_2 X}{U_2} = \Delta U \\ \dfrac{P'_2 X - Q'_2 R}{U_2} = \delta U \end{array} \right\}$，于是 $\mathrm{d}\dot{U} = \Delta U + \mathrm{j}\delta U$。

因此线路始端电压为 $\dot{U}_1 = \dot{U}_2 + \mathrm{d}\dot{U} = (U_2 + \Delta U) + \mathrm{j}\delta U$。

始端电压的模值为

$$U_1 = \sqrt{(U_2 + \Delta U)^2 + (\delta U)^2} \tag{3-5}$$

始末两端电压夹角为

$$\delta = \arctan\frac{\delta U}{U_2 + \Delta U} \tag{3-6}$$

对于 110kV 及以下的电力网，δU 对电压降落的影响不大，可忽略不计。因而始端电压可简化为 $\dot{U}_1 \approx \dot{U}_2 + \Delta U = \dot{U}_2 + \dfrac{P'_2 R + Q'_2 X}{U_2}$。

相似于这种推导，还可获得从始端电压 $\dot{U}_1$、始端功率 $\dot{S}_1$，求取末端电压 $\dot{U}_2$、末端功率 $\dot{S}_2$ 的计算公式。其中计算功率的部分与式（3-1）~式（3-3）并无原则区别，计算电压的部分则应改为如下。

设 $\dot{U}_1 = U_1 \angle 0°$（参考电压），线路阻抗 Z 上的电压降落为

$$\mathrm{d}\dot{U} = \frac{\overset{*}{S}'_1}{\overset{*}{U}_1} Z = \frac{P'_1 - \mathrm{j}Q'_1}{U_1}(R + \mathrm{j}X) = \Delta U' + \mathrm{j}\delta U' \tag{3-7}$$

其中

$$\begin{cases} \Delta U' = \dfrac{P'_1 R + Q'_1 X}{U_1} \\ \delta U' = \dfrac{P'_1 X - Q'_1 R}{U_1} \end{cases} \tag{3-8}$$

则 $\dot{U}_2 = \dot{U}_1 - \mathrm{d}\dot{U} = (U_1 - \Delta U') - \mathrm{j}\delta U'$。

电压相量图如图 3-3 所示，由图可得末端电压 U_2 的模值以及始末两端电压的夹角为

$$U_2 = \sqrt{(U_1 - \Delta U')^2 + (\delta U')^2} \tag{3-9}$$

$$\delta = \arctan \frac{-\delta U'}{U_1 - \Delta U'} \tag{3-10}$$

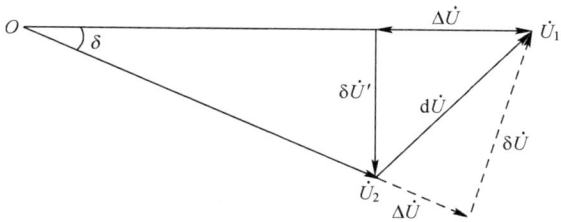

图 3-3　电力线路的电压简化相量图

比较图 3-2 和图 3-3 可知，当已知末端功率、末端电压，求始端电压时，是取 $\dot{U}_2$ 作为参考的；而当已知始端功率、始端电压，求末端电压时，是以 $\dot{U}_1$ 为参考的。所以两种情况下，$\Delta U' \neq \Delta U$、$\delta U' \neq \delta U$。

求得线路两端电压后，就可以计算标志电压质量的指标，如电压降落、电压损耗及电压偏移等。

所谓电压降落是指线路始、末两端电压的相量差，即 $d\dot{U} = \dot{U}_1 - \dot{U}_2$。

所谓电压损耗是指线路始、末两端电压的数值差，即 $U_1 - U_2$。

对于 110kV 及以下的电力网，若忽略横分量 δU 对电压损耗的影响，则电压损耗近似等于电压降落的纵分量 ΔU。电压损耗还常以百分值表示，即

$$电压损耗(\%) = \frac{U_1 - U_2}{U_N} \times 100\% \tag{3-11}$$

式中，U_N 为线路的额定电压。

所谓电压偏移是指网络中某一点的电压与该网络额定电压的数值差。如线路始端或末端电压与线路额定电压的数值差为 $(U_1 - U_N)$ 或 $(U_2 - U_N)$，其百分值表示为

$$始端电压偏移(\%) = \frac{U_1 - U_N}{U_N} \times 100\% \tag{3-12}$$

注意：1）以上公式完全适用于三相系统。

2）电压计算公式中，使用同一点的电压和功率。

3）容性负荷 Q 取负值。

讨论：

（1）电压损耗 $\Delta U = \dfrac{P_2' R + Q_2' X}{U_2}$

由上式可知降低电压损耗的方法有提高电压等级、增大导线截面积、减小线路中流过的无功功率。

（2）电压偏移 $\Delta U = \dfrac{P_2' R + Q_2' X}{U_2}$、$\delta U = \dfrac{P_2' X - Q_2' R}{U_2}$

对于高压输电网（电阻远小于电抗），设 $R=0$，则 $\Delta U=\dfrac{Q_2'X}{U_2}$、$\delta U=\dfrac{P_2'X}{U_2}$。可见电压的大小与 ΔU 相关，由 ΔU 知，Q_2' 即无功作用非常关键。

（3）经济性能指标——输电效率 $\eta\%$

$$\text{输电效率 } \eta(\%)=\dfrac{P_2}{P_1}\times 100\%=\dfrac{P_1-\Delta P}{P_2}\times 100\%$$

$$\Delta P=\dfrac{P_2'^2+Q_2'^2}{U_2^2}R \quad \text{或} \quad \Delta P=\dfrac{P_1'^2+Q_1'^2}{U_1^2}R$$

提高输电效率、减小网络损耗的方法：减小线路中流过的无功功率、提高电压等级、降低线路阻抗。虽然 P_1 总大于 P_2，但 Q_1 未必总大于 Q_2，因为线路电纳总发出无功功率。

3. 电力线路的电能损耗

电力线路的电能损耗直接影响到电力系统的经济费用，对于电力系统的设计和运行都是一个重要的指标。在求出有功功率损耗 ΔP 后，进而可计算电能损耗：

$$P_L=\dfrac{P^2+Q^2}{U^2}R,\qquad \Delta W_Z=\dfrac{P^2+Q^2}{U^2}RT$$

式中，W_Z 为电能损耗；P_L 为有功功率损耗；T 为时间。

计算方法如下。

（1）精确的计算方法

$$\Delta W_Z=\dfrac{P_{1t}^2+Q_{1t}^2}{U_{1t}^2}Rt_1+\dfrac{P_{2t}^2+Q_{2t}^2}{U_{2t}^2}Rt_2+\dfrac{P_{3t}^2+Q_{3t}^2}{U_{3t}^2}Rt_3+\cdots$$

（2）查表法

由最大负荷损耗时间 $\tau_{\max}$ 与最大负荷时的功率损耗 $\Delta P_{\max}$ 求得，即

$$\Delta W_Z=\Delta P_{\max}\tau_{\max}$$

其中，可以根据最大负荷利用小时数 $T_{\max}$ 和功率因数 $\cos\varphi$ 从表中直接查取最大负荷损耗时间 $\tau_{\max}$。

最大负荷利用小时数：$T_{\max}=\dfrac{W}{P_{\max}}$；$W$ 为负荷全年消耗的电能；$P_{\max}$ 为一年中的最大负荷。

（3）经验公式

$$\Delta W_Z=\Delta P_{\max}\times\text{年负荷损耗率}\times 8760$$

其中，年负荷损耗率 $=K(\text{年负荷率})+(1-K)\times(\text{年负荷率})^2$，$K$ 为经验数据，取 $0.1\sim 0.4$，年负荷率 $=\dfrac{T_{\max}}{8760}$。

线损率或网损率：$\text{线损率}(\%)=\dfrac{\Delta W_Z}{W_1}\times 100\%=\dfrac{\Delta W_Z}{W_2+\Delta W_Z}\times 100\%$。

3.1.2 线路运行状况的分析

1. 只有无功功率

当线路末端的无功功率负荷 Q_2 变动时，如图 3-4 所示，ΔU 与 δU 也按比例变动。并

且，负荷为纯感性无功时，始端电压总高于末端；但相位总是滞后。

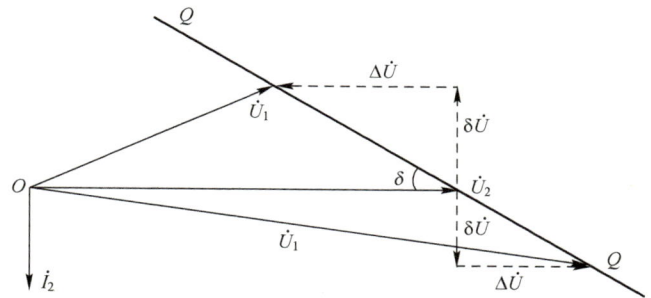

图 3-4　电力线路末端负荷仅为无功功率时的电压相量图

2. 只有有功功率

如图 3-5 所示，此时电压与电流同相，因此是只有无功功率时的向量图转 90°。

1）无论有功功率如何变化，如果只有有功功率，始端电压 U_1 沿直线 P-P 变化。

2）因为 $\delta U_P>0$，$\Delta U_P>0$，所以末端是纯有功功率时，U_1 总超前于 U_2，而且 P_2 越大，超前越多，U_1 与 U_2 之间的夹角 δ 也越大。

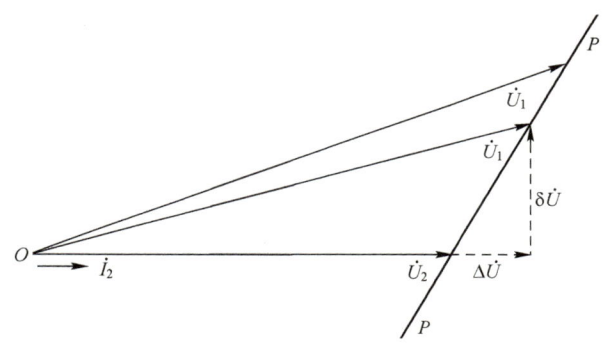

图 3-5　电力线路末端负荷仅为有功功率时的电压相量图

3. 既有有功功率，也有无功功率

电压 U_2、电流 I_2 可分解为有功分量与无功分量。

假设直线 S-S 是负荷视在功率 S 的变动轨迹，当功率因数角不变时，始端电压的运动轨迹 P-P、Q-Q 总是固定的，因为 P-P 与 Q-Q 的位置关系是由 $\alpha=\arctan\dfrac{r}{x}$ 决定的。而 S-S 与 P-P 的夹角是 φ_2。所以，当 $\varphi_2=90°-\alpha$ 时，S-S 转到与 U_2 同轴，这时 U_1 与 U_2 同相，当 S-S 转到 $\varphi_2>90°-\alpha$ 时，S-S 就转到横轴下方，这时 U_1 虽然大于 U_2，但角度已经滞后于 U_2。值得注意的是，只要 Q-Q 仍然在 S-S 下方，虽然 U_1 滞后于 U_2，但有功功率仍是从 U_1 送到 U_2。

一般而言，末端的功率因数角 φ_2 都比较小。如图 3-6 所示，临界情况 $\varphi_2=90°$ 时，只送无功功率，不送有功功率，S-S 与 Q-Q 重合。所以 $|dU|$ 长度与线路末端的视在功率 S_2 成正比，将电压三角形乘以相同的比例，电压三角形变成功率三角形。则虚线 P_2P_2 就是负荷有功功率固定、无功功率 Q_2 变动时，始端电压的运行轨迹。虚线 Q_2Q_2 是负荷无功功率固

定、有功功率 P_2 变化时，始端电压端点的运动轨迹。虚线 $\varphi_2\varphi_2$ 是负荷功率因数角固定、视在功率 S_2 变动时，电压端点轨迹。以 O 为圆心、S 为半径的圆弧 S_2 是视在功率固定、功率因数角 φ_2 变动时始端电压端点的运动轨迹。以 O' 为圆心、U_1 为半径的圆弧 U 是末端功率圆，圆周上各点坐标分别对应于始末端电压都为定值时，末端的有功、无功功率。

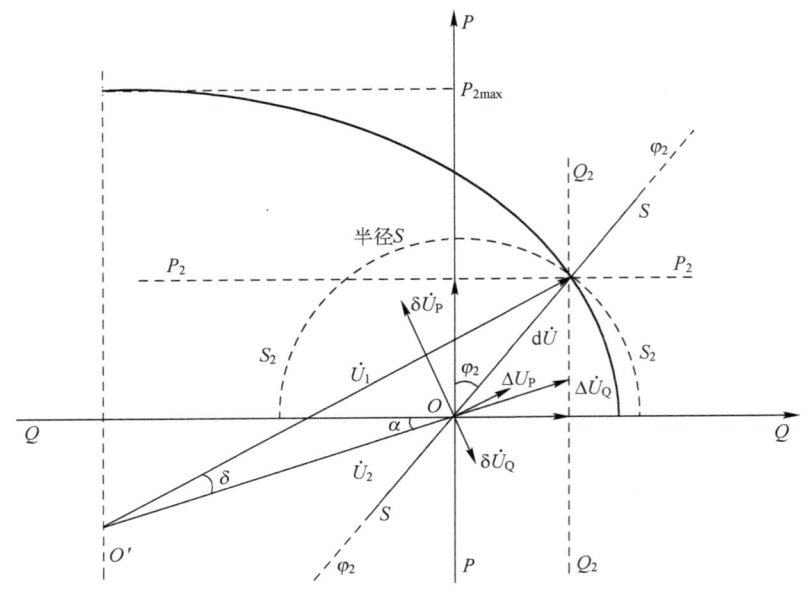

图 3-6 电力线路末端的电压相量图

注意：
1）从末端功率圆来看，在保持始末端电压恒定的情况下，随着末端有功功率负荷的增大，负荷的功率因数必然由滞后变为超前。
2）在始末端电路恒定的情况下，存在一个线路可能输送的最大有功功率，实际上不可能运行到这个功率，因为此时线路会过热。

3.1.3 变压器的电压降落、功率损耗

变压器励磁支路的无功功率与线路支路的无功功率符号相反。变压器的等效电路如图 3-7 所示。

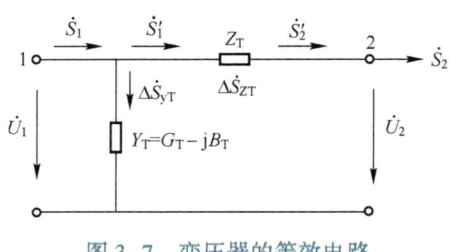

图 3-7 变压器的等效电路

1. 变压器的功率损耗

方法一：同线路计算。

阻抗支路中的功率损耗 $\Delta \dot{S}_{\mathrm{ZT}}$ 为

$$\Delta \dot{S}_{\mathrm{ZT}} = \left(\frac{S_2'}{U_2}\right)^2 Z_{\mathrm{T}} = \frac{P_2'^2 + Q_2'^2}{U_2^2}(R_{\mathrm{T}} + \mathrm{j}X_{\mathrm{T}}) = \Delta P_{\mathrm{ZT}} + \mathrm{j}\Delta Q_{\mathrm{ZT}} \tag{3-13}$$

励磁支路中的功率损耗 $\Delta \dot{S}_{\mathrm{yT}}$ 为

$$\Delta \dot{S}_{\mathrm{yT}} = U_1^2 \overset{*}{Y}_{\mathrm{T}} = U_1^2(G_{\mathrm{T}} + \mathrm{j}B_{\mathrm{T}}) = U_1^2 G_{\mathrm{T}} + \mathrm{j}U_1^2 B_{\mathrm{T}} = \Delta P_{\mathrm{yT}} + \mathrm{j}\Delta Q_{\mathrm{yT}} \tag{3-14}$$

可见，变压器励磁支路的无功功率与线路对地支路的无功功率符号相反。

方法二：直接由变压器铭牌上的数据进行计算。

通常对于变电所的变压器往往已知负荷侧的功率，而对于发电厂的变压器往往已知电源侧的功率。下面把适用于变电所和适用于发电厂的计算公式对照列出来。

变电所的变压器　　发电厂的变压器

$$\begin{cases} \Delta P_{\mathrm{ZT}} = \dfrac{P_{\mathrm{K}} U_{\mathrm{N}}^2 S_2'^2}{1000 U_2^2 S_{\mathrm{N}}^2} \\ \Delta Q_{\mathrm{ZT}} = \dfrac{U_{\mathrm{K}}\% U_{\mathrm{N}}^2 S_2'^2}{100 U_{\mathrm{N}}^2 S_{\mathrm{N}}} \\ \Delta P_{\mathrm{yT}} = \dfrac{P_0 U_1^2}{1000 U_{\mathrm{N}}^2} \\ \Delta Q_{\mathrm{yT}} = \dfrac{I_0\% S_{\mathrm{N}} U_1^2}{100 U_{\mathrm{N}}^2} \end{cases} \quad \begin{cases} \Delta P_{\mathrm{ZT}} = \dfrac{P_{\mathrm{K}} U_{\mathrm{N}}^2 S_1'^2}{1000 U_1^2 S_{\mathrm{N}}^2} \\ \Delta Q_{\mathrm{ZT}} = \dfrac{U_{\mathrm{K}}\% U_{\mathrm{N}}^2 S_1'^2}{100 U_{\mathrm{N}}^2 S_{\mathrm{N}}} \\ \Delta P_{\mathrm{yT}} = \dfrac{P_0 U_1^2}{1000 U_{\mathrm{N}}^2} \\ \Delta Q_{\mathrm{yT}} = \dfrac{I_0\% S_{\mathrm{N}} U_1^2}{100 U_{\mathrm{N}}^2} \end{cases} \tag{3-15}$$

如考虑到 $S_2 = S_2'$，并取 $S_1 = S_1'$ 且认为 $U_1 = U_2 = U_{\mathrm{N}}$，上述公式可简化为

$$\begin{cases} \Delta P_{\mathrm{ZT}} = \dfrac{P_{\mathrm{K}} S_2^2}{1000 S_{\mathrm{N}}^2} \\ \Delta Q_{\mathrm{ZT}} = \dfrac{U_{\mathrm{K}}\% S_2^2}{100 S_{\mathrm{N}}^2} \\ \Delta P_{\mathrm{yT}} = \dfrac{P_0}{1000} \\ \Delta Q_{\mathrm{yT}} = \dfrac{I_0\%}{100} S_{\mathrm{N}} \end{cases} \quad \begin{cases} \Delta P_{\mathrm{ZT}} = \dfrac{P_{\mathrm{K}} S_1^2}{1000 S_{\mathrm{N}}^2} \\ \Delta Q_{\mathrm{ZT}} = \dfrac{U_{\mathrm{K}}\% S_1^2}{100 S_{\mathrm{N}}} \\ \Delta P_{\mathrm{yT}} = \dfrac{P_0}{1000} \\ \Delta Q_{\mathrm{yT}} = \dfrac{I_0\%}{100} S_{\mathrm{N}} \end{cases} \tag{3-16}$$

假定在额定条件下运行时，还可让 $S_2 = S_{\mathrm{N}}$、$S_1 = S_{\mathrm{N}}$，于是有

$$\begin{cases} \Delta P_{\mathrm{ZT}} = \dfrac{P_{\mathrm{K}}}{1000} \\ \Delta Q_{\mathrm{ZT}} = \dfrac{U_{\mathrm{K}}\%}{100} S_{\mathrm{N}} \\ \Delta P_{\mathrm{yT}} = \dfrac{P_0}{1000} \\ \Delta Q_{\mathrm{yT}} = \dfrac{I_0\%}{100} S_{\mathrm{N}} \end{cases} \quad \begin{cases} \Delta P_{\mathrm{ZT}} = \dfrac{P_{\mathrm{K}}}{1000} \\ \Delta Q_{\mathrm{ZT}} = \dfrac{U_{\mathrm{K}}\%}{100} S_{\mathrm{N}} \\ \Delta P_{\mathrm{yT}} = \dfrac{P_0}{1000} \\ \Delta Q_{\mathrm{yT}} = \dfrac{I_0\%}{100} S_{\mathrm{N}} \end{cases} \tag{3-17}$$

可见，在额定运行条件下，无论是变电所的变压器，还是发电厂的变压器，其功率损耗的计算公式都是相同的，而且非常简单。然而，当变压器实际运行不在额定的条件下，通过变压器的功率为$\dot{S}$时，变压器的功率损耗可按下式计算：

$$\begin{aligned}\Delta \dot{S}_T &= \Delta P_{yT}+j\Delta Q_{yT}+\left[\Delta P_{ZT}\left(\frac{S}{S_N}\right)^2+j\Delta Q_{ZT}\left(\frac{S}{S_N}\right)^2\right]\\ &= \frac{P_0}{100}+j\frac{I_0\%}{100}S_N+\left[\frac{P_K}{1000}\left(\frac{S}{S_N}\right)^2+j\frac{U_K\%}{100}S_N\left(\frac{S}{S_N}\right)^2\right]\end{aligned} \quad (3-18)$$

对 n 台并列运行的变压器，其功率损耗为

$$\Delta \dot{S}_T = n(\Delta P_{yT}+j\Delta Q_{yT})+n\left[\Delta P_{ZT}\left(\frac{S}{nS_N}\right)^2+j\Delta Q_{ZT}\left(\frac{S}{nS_N}\right)^2\right]$$

由以上公式可见，阻抗支路的功率损耗通过$\left(\frac{S}{S_N}\right)^2$的换算就变成在实际通过功率 S 时的功率损耗，而励磁支路的功率损耗不用功率的换算，这是因为励磁支路中的功率损耗是固定的，与通过的功率大小无关。

2. 变压器的电压降落

类似于线路电压降落，可列出变压器阻抗支路中电压降落的纵分量和横分量为

$$\begin{cases}\Delta U_T = \dfrac{P_2'R_T+Q_2'X_T}{U_2}\\ \delta U_T = \dfrac{P_2'X_T-Q_2'R_T}{U_2}\end{cases} \quad (3-19)$$

变压器电源端的电压 U_1 为

$$U_1 = \sqrt{(U_2+\Delta U_T)^2+(\delta U_T)^2} \quad (3-20)$$

变压器两端电压的夹角 δ_T 为

$$\delta_T = \arctan\frac{\delta U_T}{U_2-\Delta U_T} \quad (3-21)$$

上述公式适用于变电所的变压器，而对于发电厂的变压器，经常是电源侧的功率为已知，于是，计算电压降落应从电源侧起始。

3. 变压器的电能损耗

电阻中的损耗即铜耗部分可套用线路计算方法，铁耗部分取变压器空载损耗 P_0 与运行小时数的乘积。

推广到 n 台变压器中的电能损耗为

$$\Delta W_n = n\frac{P_0}{1000}\times 8760+n\frac{P_K}{1000}\left(\frac{S}{nS_N}\right)^2\tau_{\max} \quad (3-22)$$

4. 节点注入功率、运算负荷和运算功率

（1）变电所的运算负荷

如图 3-8a 所示变电所两侧连接着线路，此变电器低压侧负荷使用的功率 $\dot{S}$ 称为负荷功率。$\Delta \dot{S}$ 为变压器的功率损耗，这里将变电器低压侧的负荷功率加上变压器的功率损耗，称

为变电所的等效负荷功率，用 $\dot{S}'$ 表示，即 $\dot{S}' = \dot{S} + \Delta\dot{S}$。可见等效负荷功率即是变电所从网络中吸取的功率。若再将变电所高压母线上所连线路对地电纳中无功功率的一半也并入等效负荷功率，用集中功率 $\dot{S}''$ 表示，则称 $\dot{S}''$ 为变电所的运算负荷功率，即

$$\dot{S}'' = \dot{S}' + \Delta\dot{S}_{11} + \Delta\dot{S}_{12} = \dot{S} + \Delta\dot{S} + (-j\Delta Q_{11}) + (-j\Delta Q_{12}) \tag{3-23}$$

因此，可将图 3-8a 等效成图 3-8b。

(2) 发电厂的运算电源

如图 3-9a 所示，发电厂两侧也连接着线路，此发电厂发出的功率 $\dot{S}_G$ 为电源功率，$\Delta\dot{S}_G$ 为发电厂升压变压器的功率损耗，若将发电厂发出的功率减去升压变压器的功率损耗，用 $\dot{S}'_G$ 表示，则称 $\dot{S}'_G$ 为发电厂的等效电源功率，$\dot{S}'_G = \dot{S}_G - \Delta\dot{S}_G$。可见等效电源功率即是电源向网络注入的功率。若再将发电厂高压母线上所连线路对地电纳中无功功率的一半也并入等效电源功率，用集中功率 $\dot{S}''_G$ 表示，称 $\dot{S}''_G$ 为发电厂的运算电源功率，即

$$\dot{S}''_G = \dot{S}'_G - \Delta\dot{S}_{11} - \Delta\dot{S}_{12} = \dot{S}_G - \Delta\dot{S}_G + j\Delta Q_{11} + j\Delta Q_{12} \tag{3-24}$$

于是可将图 3-9a 等效成图 3-9b。

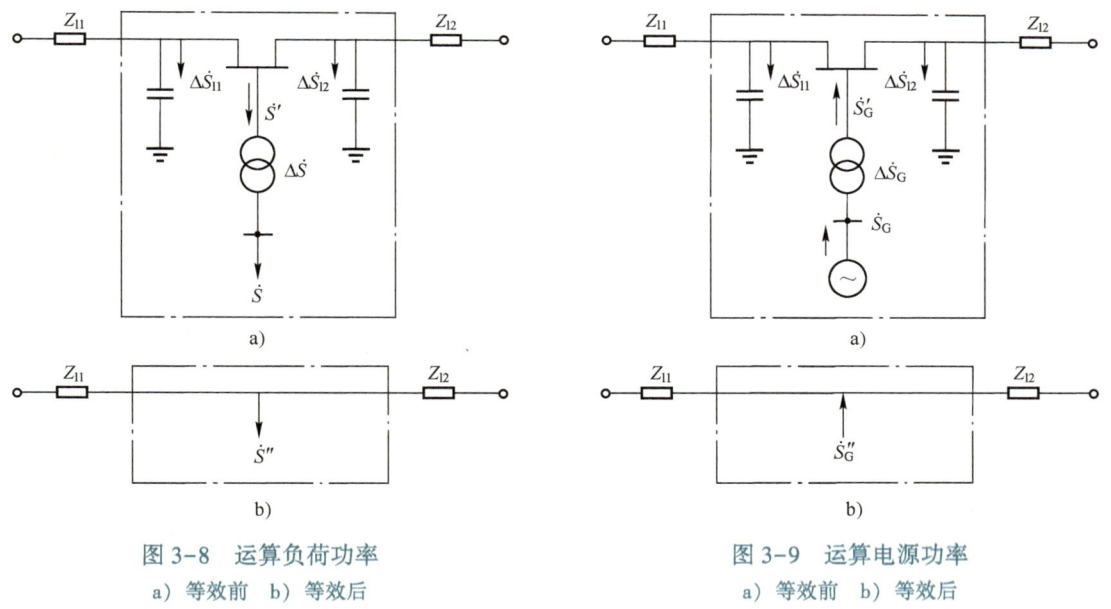

图 3-8 运算负荷功率
a) 等效前 b) 等效后

图 3-9 运算电源功率
a) 等效前 b) 等效后

3.2 简单辐射形网络的潮流分布

电力系统的参数一般分为以下两类。

1) 网络参数，是指系统中各元件的电阻 R、电抗 X、电导 G、电纳 B。它们一般不随系统运行状态的改变而变化，通常作为常数。

2) 运行参数，是指系统中的电压 U、电流 I、功率 $S(P、Q)$ 等。这些运行参数确定了系统的运行状态，它们之间的关系不是相互独立的，而是通过基尔霍夫定律等电路定律互相关

联，并且随着负荷和发电量的变化而变化。

电力系统的潮流分布计算，则是通过已知的网络参数和某些运行参数来求系统中那些未知的运行参数，如求取节点电压、节点注入功率、支路中流动的功率及电流等，以便全面地掌握系统中各元件的运行状态，从而进行电力系统的规划设计、运行计划和运行调度，以保证电力系统运行的安全、可靠、经济和优质。

下面讨论简单辐射形网络的潮流分布。

辐射形网络可理解为包括图 3-10 所示的三种无备用接线网络。最简单的辐射形网如图 3-10a 所示，它是一个只包含升、降压变压器和一段单回输电线的输电系统，其等效电路图如图 3-10b 所示，简化等效电路图如图 3-10c 所示。

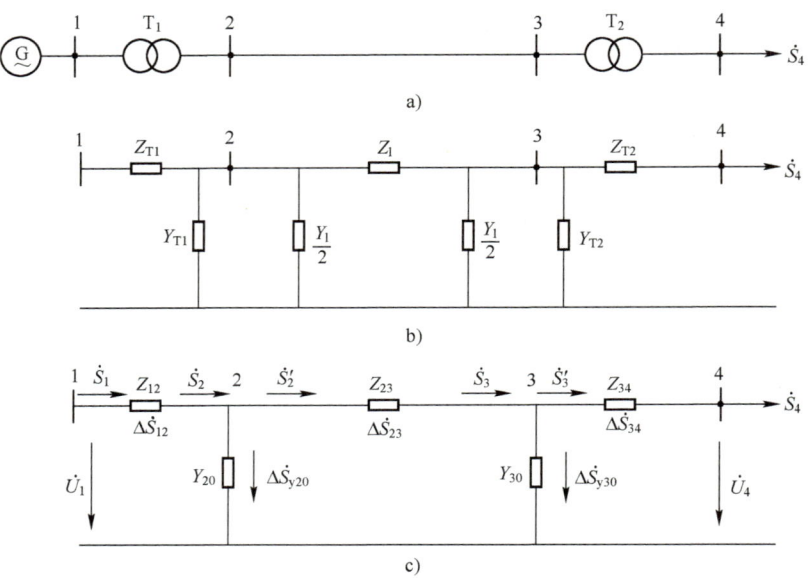

图 3-10 简单辐射形网
a) 接线图 b) 等效电路图 c) 简化等效电路图

注意，图 3-10 中 Z_{T1}、Z_1、Z_{T2}、Y_{T1}、Y_1、Y_{T2} 均是归算在同一电压等级上的参数。对于一个确定的网络，网络参数是已知的，运行参数满足节点电压方程（或回路电流方程、割集电压方程）。对于图 3-10 所示的网络，原则上可列出节点电压方程组 ($Y_B U_B = I_B$)，求解线性方程较容易。但实际上已知的不是节点电压、节点电流，而是已知节点功率，因此，只能列出非线性方程组 $Y_B \dot{U}_B = \overset{*}{\dot{S}}_B / \overset{*}{\dot{U}}_B$。求解比较烦琐，一般不能直接用解析法求解，只能用迭代法求近似解。由于图 3-10 所示的网络较为简单，因而不必列、解非线性方程组，可利用前面所讨论的计算线路及变压器的电压降落、功率损耗的公式，直接按图 3-10c 所示的简化等效电路图从一端向另一端逐个元件地推算其潮流分布，此种方法可称为逐段推算法。常用的公式总结如下。

功率损耗：阻抗支路 $\Delta \dot{S}_Z = \dfrac{P^2+Q^2}{U^2}R + \mathrm{j}\dfrac{P^2+Q^2}{U^2}X$

线路对地支路 $\Delta \dot{S}_{y1} = \dfrac{1}{2}G_1 U^2 - \mathrm{j}\dfrac{1}{2}B_1 U^2$

变压器励磁支路 $\Delta \dot{S}_{yT} = G_T U^2 + jB_T U^2$

电压降落：$d\dot{U} = \Delta U + j\delta U$

$$\Delta U = \frac{PR+QX}{U}, \quad \delta U = \frac{PX-QR}{U}$$

始端电压：$\dot{U}_1 = \dot{U}_2 + d\dot{U} = (U_2 + \Delta U) + j\delta U = U_1 \angle \delta_1$

$$U_1 = \sqrt{(U_2+\Delta U)^2 + (\delta U)^2}, \quad \delta_1 = \arctan\frac{\delta U}{U_2+\Delta U}$$

1. 计算步骤

辐射网潮流分布计算的一般步骤如下：

1）画出等效电路图。
2）等效图简化。支路并联、网络节点多时求运算负荷、运算功率。
3）用逐段推算法推算其潮流分布。

2. 方法

1）已知同一端的功率和电压，求另一端功率和电压；方法为从已知功率、电压端，齐头并进逐段求解功率和电压。

2）已知始端电压、末端功率，求始端功率、末端电压（以此居多）；或已知末端电压、始端功率，求末端功率、始端电压。求解方法总结为"一来、二去"共两步来逼近需求解的网络功率和电压分布。

（1）较准确的方法

1）设末端电压为 $\dot{U}_4^{(0)}$，以 $\dot{U}_4^{(0)}$ 和已知的 $\dot{S}_4^{(0)}$（$\dot{S}_4^{(0)} = \dot{S}_4$）为原始数据，由末端向始端逐段推算其功率和电压。

2）求得始端电压 $\dot{U}_1^{(1)}$ 和功率 $\dot{S}_1^{(1)}$ 后，再用始端已知电压 $\dot{U}_1^{(0)}$ 和求得的始端功率 $\dot{S}_1^{(1)}$ 由始端向末端逐段推算功率和电压。

依此反复推算下去，直至满足精度要求。

$$\dot{U}_4^{(0)} \ \dot{S}_4^{(0)} \rightarrow \dot{U}_1^{(1)} \ \dot{S}_1^{(1)}$$
$$\dot{U}_4^{(1)} \ \dot{S}_4^{(1)} \leftarrow \dot{U}_1^{(0)} \ \dot{S}_1^{(1)}$$
$$\dot{U}_4^{(1)} \ \dot{S}_4^{(0)} \rightarrow \dot{U}_1^{(2)} \ \dot{S}_1^{(2)}$$
$$\dot{U}_4^{(2)} \ \dot{S}_4^{(2)} \leftarrow \dot{U}_1^{(0)} \ \dot{S}_1^{(2)}$$
$$\vdots$$
$$\dot{U}_4^{(n-1)} \ \dot{S}_4^{(0)} \leftarrow \dot{U}_1^{(n)} \ \dot{S}_1^{(n)}$$

（2）简化方法

设所有未知电压节点的电压为线路额定电压，计算步骤如下：

1）从已知功率端开始逐段求功率，直到推得已知电压点的功率。

2）从已知电压点开始，用推得的功率和已知电压点的电压，往回逐段向未知电压点求电压。

在计算中，上述过程一般只需要做一次。但当一次"来、去"完毕后，此电压与初始假设电压相差较大时,可再一次假设未知电压节点的电压值为刚刚计算得到的节点 4 电压值,继续进行"来、去"计算,直到前后两次同一点的电压值相差不大。

> ※一点讨论
> 　　即使对于这样简单的辐射形电网,如果节点过多,潮流计算也将非常繁复,因此一般也采用计算机进行求解。这里面就涉及一些数据结构的相关知识。例如,从末端节点向前求取功率的过程,可以视为一个深度遍历搜索的过程,类似于计算机中的"堆栈"处理;而从始端节点向后修正电压的过程又可以用广度遍历搜索进行,类似于计算机中的"队列"操作。了解一些基本的数据结构知识,有助于更好地理解潮流计算的程序设计过程。

3.3 简单环形网络的潮流计算

1. 环网的潮流计算

如图 3-11 a 所示为一简单环形网络接线图。

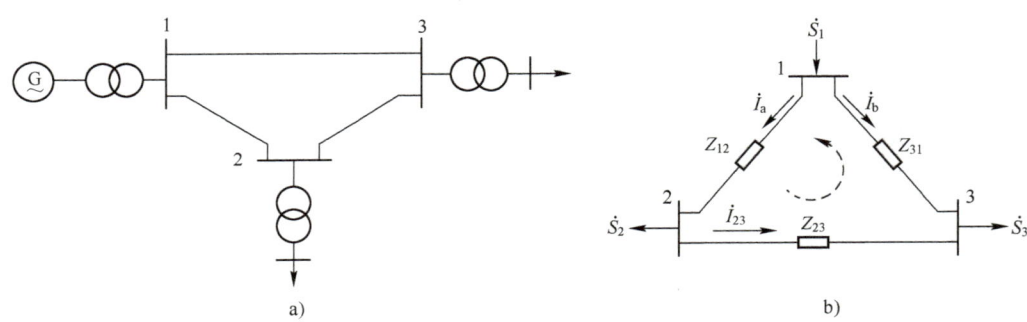

图 3-11 简单环形网络
a) 环网接线图　b) 简化等效电路

在闭环网中,功率的分布受到很多因素的影响。因为闭环网中的负荷从各个支路上吸收的功率不同,所以输送这些功率在线路上的损耗也不同。各条支路中的功率损耗与其线路两端的电压、线路的阻抗有关,因此说闭环网中的潮流分布与网络的结构、负荷、电源等均有关,较辐射形网络的潮流分布要复杂得多。一般手算潮流分布时,首先,求出各变电所的运算负荷功率和发电厂的运算电源功率,以得到简化的等效电路,如图 3-11 中,图 3-11b 是图 3-11a 的简化等效电路。在简化等效电路中就不再包含各变压器的阻抗支路和母线上并联的导纳支路,而是已经等效在运算功率之中。其次,在假设全网电压为额定电压的条件下,不考虑网络中的电压损耗和功率损耗,求出网络中的流动功率,即初步潮流分布,然后按初步潮流分布将闭环网分解成两个开式网,对这两个开式网分别按照辐射形网络潮流分布计算的方法进行潮流分布计算,从而要计及网络中的功率损耗、电压降落,最后得到最终的潮流分布计算结果。

1) 化简网络。计算出各节点的运算负荷或运算功率,从电源点将环网解开。

2）忽略功率损耗，设全网电压均为额定电压 $\dot{U}_N = U_N \angle 0°$，进行初步功率分布计算，如图 3-12 所示，可得

$$\dot{I}_{12} = \dot{I}_a, \quad \dot{I}_{23} = \dot{I}_a - \dot{I}_2, \quad \dot{I}_{31} = \dot{I}_{23} - \dot{I}_3 = \dot{I}_a - \dot{I}_2 - \dot{I}_3$$

$$0 = d\dot{U} = \dot{I}_a Z_{12} + \dot{I}_{23} Z_{23} + \dot{I}_{31} Z_{31} = \dot{I}_a Z_{12} + (\dot{I}_a - \dot{I}_2) Z_{23} + (\dot{I}_a - \dot{I}_2 - \dot{I}_3) Z_{31}$$

$$\dot{I}_a = \frac{\dot{I}_3 Z_{31} + \dot{I}_2 Z_{31} + \dot{I}_2 Z_{23}}{Z_{31} + Z_{23} + Z_{12}}$$

设 1、2、3 节点电压相等，$U_1 = U_2 = U_3 = U_N$，$\widetilde{S}_2 = \overset{*}{\dot{I}}_2 U_N$，$\widetilde{S}_3 = \overset{*}{\dot{I}}_3 U_N$，则

$$\widetilde{S}_a = U_1 \overset{*}{\dot{I}}_a = U_1 \frac{\overset{*}{\dot{I}}_3 \overset{*}{Z}_{31} + \overset{*}{\dot{I}}_2 \overset{*}{Z}_{31} + \overset{*}{\dot{I}}_2 \overset{*}{Z}_{23}}{\overset{*}{Z}_{12} + \overset{*}{Z}_{23} + \overset{*}{Z}_{31}} = \frac{\widetilde{S}_3 \overset{*}{Z}_{31} + \widetilde{S}_2 (\overset{*}{Z}_{31} + \overset{*}{Z}_{23})}{\overset{*}{Z}_{12} + \overset{*}{Z}_{23} + \overset{*}{Z}_{31}}$$

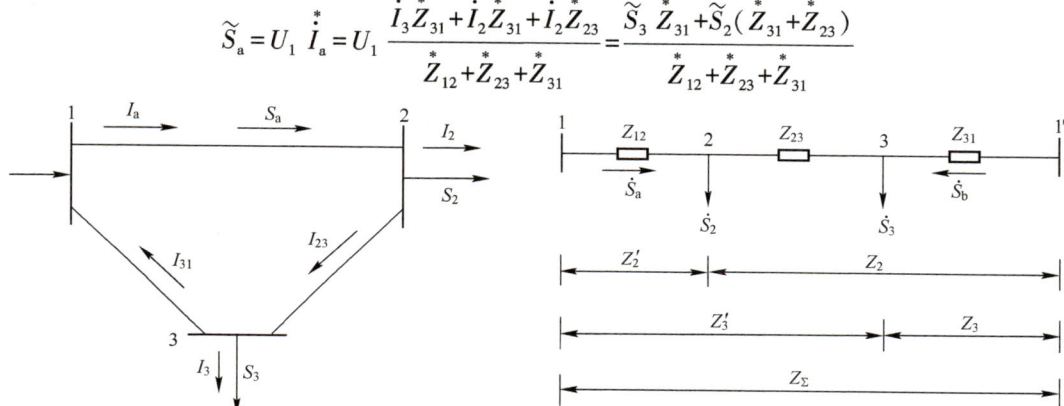

图 3-12 等效两端供电网

在潮流计算中，一般采用力矩法进行求解。所谓力矩法，就是将简化的等效电路和其上的运算负荷或运算功率比作力学中的杠杆系统，杠杆各段的长度为各对应段阻抗的共轭，杠杆各节点上的作用力为等效电路对应点上的运算负荷或运算功率。

设忽略网络中的功率损耗，可得流经阻抗 Z_{23} 和 Z_{31} 的功率分别为

$$\widetilde{S}_{23} = \widetilde{S}_a - \widetilde{S}_2 = (\dot{I}_a - \dot{I}_2) U_N = \frac{\widetilde{S}_3 \overset{*}{Z}_{31} - \widetilde{S}_2 \overset{*}{Z}_{12}}{\overset{*}{Z}_{12} + \overset{*}{Z}_{23} + \overset{*}{Z}_{31}}$$

$$\widetilde{S}_{31} = \widetilde{S}_{23} - \widetilde{S}_3 = (\dot{I}_a - \dot{I}_2 - \dot{I}_3) U_N = -\frac{\widetilde{S}_2 \overset{*}{Z}_{12} + \widetilde{S}_3 (\overset{*}{Z}_{23} + \overset{*}{Z}_{12})}{\overset{*}{Z}_{12} + \overset{*}{Z}_{23} + \overset{*}{Z}_{31}}$$

对于流经阻抗 Z_{23} 的功率 $\widetilde{S}_{23}$，因为 $\overset{*}{Z}_{12} + \overset{*}{Z}_{23} + \overset{*}{Z}_{31}$ 一定为正，所以 $\widetilde{S}_3 \overset{*}{Z}_{31} - \widetilde{S}_2 \overset{*}{Z}_{12}$ 的正负决定了 $\widetilde{S}_{23}$ 的功率流向。若 $\widetilde{S}_3 \overset{*}{Z}_{31} - \widetilde{S}_2 \overset{*}{Z}_{12} > 0$，则功率流动方向与初始设定方向一致；若 $\widetilde{S}_3 \overset{*}{Z}_{31} - \widetilde{S}_2 \overset{*}{Z}_{12} < 0$，则功率流动方向与初始设定方向相反。

同理，由力矩法，以 1′支点可求得 $\widetilde{S}_b$，即

$$\widetilde{S}_b = \frac{\widetilde{S}_2 \overset{*}{Z}_{12} + \widetilde{S}_3 (\overset{*}{Z}_{23} + \overset{*}{Z}_{12})}{\overset{*}{Z}_{12} + \overset{*}{Z}_{23} + \overset{*}{Z}_{31}}$$

可用如下关系式来校验 $\widetilde{S}_a$、$\widetilde{S}_b$ 的计算结果：$\widetilde{S}_a + \widetilde{S}_b = \widetilde{S}_2 + \widetilde{S}_3$。

3) 找出功率分点，使环形网拆成两个辐射网。初步功率计算的目的是找出功率分点，以使两端供电网得以拆成两个开式网。功率分点实际上是功率的汇聚点即功率都流向的点，分为有功功率分点和无功功率分点，也是该环路上电压最低的点。

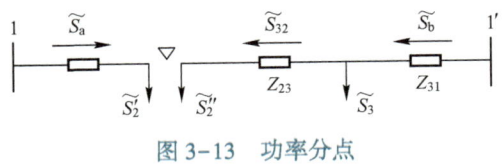

图 3-13 功率分点

有功功率分点标以▼，无功功率分点标以▽，有功功率分点和无功功率分点不一定相同。考虑到无功功率对于电压的幅值影响更大，一般从无功分点打开。以图 3-12 为例，设节点 2 为功率分点，则在 2 点将环网打开，如图 3-13 所示。可得 $\widetilde{S}'_2 = \widetilde{S}_a$；$\widetilde{S}''_2 = \widetilde{S}_{32}$。

4) 按辐射网的计算步骤（方法二简化方法）进行潮流计算。

> ※一点讨论
> 选取功率的纯注入点为功率分点，这实质上就是在选取电压最低点作为功率分点。如果有功功率分点与无功功率分点不一致，通常以无功功率作为功率分点的选取依据，这是由于一般情况下，电压的幅值与无功功率的关系更大，而有功功率对于相角的影响更大。

2. 两端供电网的功率分布计算

两端供电网络一般其两端电压不相等，可以等效成回路电压不为零的单一环网。

如图 3-14 所示，$\dot{U}_1 \neq \dot{U}_4$，可将图 3-14a 等效成图 3-14b，则有

$$\dot{U}_1 - \dot{U}_4 = \mathrm{d}\dot{U} = \dot{I}_a Z_{12} + (\dot{I}_a - \dot{I}_2) Z_{23} + (\dot{I}_a - \dot{I}_2 - \dot{I}_3) Z_{34}$$

$$\dot{I}_a = \frac{(Z_{23} + Z_{34}) \dot{I}_2 + Z_{34} \dot{I}_3 + \mathrm{d}u}{Z_{12} + Z_{23} + Z_{34}}$$

假设 $\dot{U}_1 = \dot{U}_2 = \dot{U}_3 = \dot{U}_4 = \dot{U}_N$，则

$$\dot{S}_a = \dot{U}_N \overset{*}{I}_a = \frac{\widetilde{S}_2(\overset{*}{Z}_{23} + \overset{*}{Z}_{34}) + \widetilde{S}_3 \overset{*}{Z}_{34} + \dot{U}_N \mathrm{d}\overset{*}{U}}{\overset{*}{Z}_{12} + \overset{*}{Z}_{23} + \overset{*}{Z}_{31}} = \frac{\dot{S}_2(\overset{*}{Z}_{23} + \overset{*}{Z}_{34}) + \dot{S}_3 \overset{*}{Z}_{34}}{\overset{*}{Z}_{12} + \overset{*}{Z}_{23} + \overset{*}{Z}_{34}} + \frac{\mathrm{d}\overset{*}{U} U_N}{\overset{*}{Z}_{12} + \overset{*}{Z}_{23} + \overset{*}{Z}_{34}}$$

其中，$\dfrac{\dot{S}_2(\overset{*}{Z}_{23} + \overset{*}{Z}_{34}) + \dot{S}_3 \overset{*}{Z}_{34}}{\overset{*}{Z}_{12} + \overset{*}{Z}_{23} + \overset{*}{Z}_{34}}$ 称为自然功率；$\dfrac{\mathrm{d}\overset{*}{U} U_N}{\overset{*}{Z}_{12} + \overset{*}{Z}_{23} + \overset{*}{Z}_{34}} = \dfrac{\mathrm{d}\overset{*}{U} U_N}{\overset{*}{Z}_\Sigma} = \dot{S}_C$，称为循环功率，方向与 $\mathrm{d}\dot{U}$ 的取向有关。

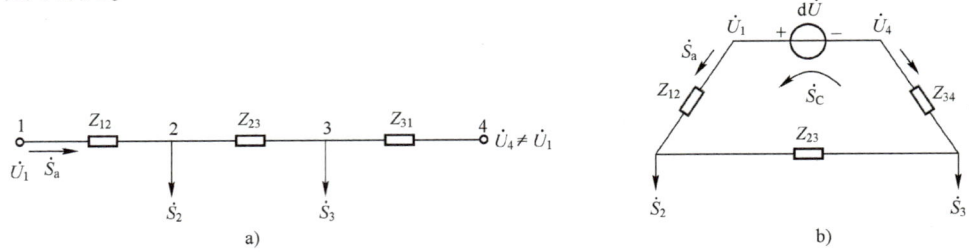

图 3-14 两端电压不等的网与环网等效
a) 两端供电网 b) 环网

在两端供电网中,当两端电压相量不等,不论是模值还是相位不等时都将产生循环功率。

在环网中,循环功率是由于环网中有多台变压器,而变压器的电压比不匹配引起的。所谓电压比不匹配则是指环网中有两台及以上变压器时,由于变压器电压比的不同使得网络空载且开环时开口两侧有电压差,即开口两侧感应电动势不同,因而闭环后,即使空载也有环路电流,从而产生循环功率。应该特别注意正确地确定环网中循环功率的方向。循环功率的正方向取决于电压降落的正方向。环网和两端供电网中的循环功率可改变网络中功率的分布。

经济功率分布是使网络中有功功率损耗最小的一种人为的强制功率分布。

计算经济功率分布的一般式为

$$\dot{S}_{a\cdot o} = \frac{\sum \dot{S}_m R_m}{R_\Sigma}$$

由上可知,网络的自然分布取决于各支路的阻抗,而网络中有功损耗最小时的分布(最优分布)则应取决于各支路的电阻,当然希望网络中的功率分布最优,为实现这一目的可通过控制循环功率来实现。对于两端供电网,可调整两端电压的大小和相位来实现。对环网则可通过纵向或横向串联加压器来实现。

例 3-1 以 1.4 节中典型电网结构的 4 节点环网为例,为简化分析,本题将节点 3 处的电源定义为负的负荷,网络结构及参数如下。

线路参数:$\overset{*}{Z}_1 = \overset{*}{Z}_{13} = (3+j100)\Omega$,$\overset{*}{Z}_2 = \overset{*}{Z}_{34} = (65+j100)\Omega$
$\overset{*}{Z}_3 = \overset{*}{Z}_{24} = (65+j100)\Omega$,$\overset{*}{Z}_4 = \overset{*}{Z}_{12} = (6.7+j54.5)\Omega$

电源参数:$\dot{U}_1 = 240\,\text{kV}$

负荷参数:$\widetilde{S}_2 = (180+j90)\text{MV}\cdot\text{A}$,$\widetilde{S}_3 = -(40+j30)\text{MV}\cdot\text{A}$,$\widetilde{S}_4 = (50+j30)\text{MV}\cdot\text{A}$

试求闭式环网上的潮流分布及各点电压值(计算时,不计线路上的功率损耗)。

解:(1)从电源点将环网解开,计算初始功率分布

$$\widetilde{S}_{12} = \frac{\sum \widetilde{S}_m \overset{*}{Z}'_m}{\sum \overset{*}{Z}} = \frac{\overset{*}{Z}_1 S_3 + (\overset{*}{Z}_1 + \overset{*}{Z}_2) S_4 + (\overset{*}{Z}_1 + \overset{*}{Z}_2 + \overset{*}{Z}_3) S_2}{\overset{*}{Z}_4 + \overset{*}{Z}_3 + \overset{*}{Z}_2 + \overset{*}{Z}_1} = (168.06 + j95.04)\text{MV}\cdot\text{A}$$

$$\widetilde{S}_{24} = \widetilde{S}_{12} - S_2 = (-11.94+j5.04)\text{MV}\cdot\text{A}$$

$$\widetilde{S}_{13} = \frac{\sum \widetilde{S}_m \overset{*}{Z}_m}{\sum \overset{*}{Z}} = \frac{\overset{*}{Z}_4 S_2 + (\overset{*}{Z}_3 + \overset{*}{Z}_4) S_4 + (\overset{*}{Z}_2 + \overset{*}{Z}_4 + \overset{*}{Z}_3) S_2}{\overset{*}{Z}_4 + \overset{*}{Z}_3 + \overset{*}{Z}_2 + \overset{*}{Z}_1} = (21.94 - j5.04)\text{MV}\cdot\text{A}$$

$$\widetilde{S}_{34} = \widetilde{S}_{13} - \widetilde{S}_3 = (61.94+j24.96)\text{MV}\cdot\text{A}$$

```
1 ○─ S̃₁₂  Z₄ ─── 2 ─── Z₃ ─── 4▽ ─── Z₂ ─── 3 ─── Z₁ ─ S̃₁₃ ─○ 1
       →                                                    ←
              (180+j90)MV·A    (50+j30)MV·A    -(40+j30)MV·A
```

所以节点 4 为功率分点,将网络从节点 4 打开变成两个辐射网。

（2）从已知功率端开始逐段求功率，推至已知电压点的功率

```
1○─ S̃'₁₂  Z₄  S̃''₁₂  2  S̃'₂₄  Z₃  S̃''₂₄  4▽  S̃''₃₄  Z₂  S̃'₃₄  3  S̃''₁₃  Z₁  S̃'₁₃ ─○1
           →                                                                    ←
                     (180+j90)MV·A  −(11.94+j5.04)MV·A  (61.94+j24.96)MV·A  −(40+j30)MV·A
```

$$\Delta \tilde{S}_2 = \frac{61.94^2+24.96^2}{220^2}\times Z_2 = (5.99+\text{j}9.21)\text{MV}\cdot\text{A}$$

$\tilde{S}'_{34} = \tilde{S}''_{34}+\Delta\tilde{S}_2 = [(61.94+\text{j}24.96)+(5.99+\text{j}9.21)]\text{MV}\cdot\text{A} = (67.93+\text{j}34.17)\text{MV}\cdot\text{A}$

$\tilde{S}''_{13} = (27.93+\text{j}4.17)\text{MV}\cdot\text{A}, \quad \tilde{S}'_{13} = \tilde{S}''_{13}+\Delta\tilde{S}_3 = [(27.93+\text{j}4.17)+(0.049+\text{j}1.65)]\text{MV}\cdot\text{A}$
$= (27.98+\text{j}5.82)\text{MV}\cdot\text{A}$

同理，可得

$\tilde{S}''_{24} = (-11.94+\text{j}5.04)\text{MV}\cdot\text{A}, \quad \tilde{S}'_{24} = \tilde{S}''_{24}+\Delta\tilde{S}_3 = [(-11.94+\text{j}5.04)+(0.23+\text{j}0.35)]\text{MV}\cdot\text{A}$
$= (-11.71+\text{j}5.39)\text{MV}\cdot\text{A}$

$\tilde{S}''_{12} = (168.29+\text{j}95.39)\text{MV}\cdot\text{A}, \tilde{S}'_{12} = \tilde{S}''_{12}+\Delta\tilde{S}_4 = [(168.29+\text{j}95.39)+(5.18+\text{j}42.14)]\text{MV}\cdot\text{A}$
$= (173.47+\text{j}137.53)\text{MV}\cdot\text{A}$

（3）从已知电压点开始，用所推得的功率求未知点电压

$$\Delta U_4 = \frac{P'_{12}R_4+Q'_{12}X_4}{\dot{U}_1} = \frac{173.47\times6.7+137.53\times54.5}{240}\text{kV} = 36.07\text{ kV}$$

$$\delta U_4 = \frac{P'_{12}X_4-Q'_{12}R_4}{\dot{U}_1} = \frac{173.47\times54.5-137.53\times6.7}{240}\text{kV} = 35.55\text{ kV}$$

$$U_2 = \sqrt{(U_1-\Delta U_4)^2+(\delta U_4)^2} = 207\text{ kV}$$

同理，可得节点 4 电压为

$$U_4 = \sqrt{(U_2-\Delta U_3)^2+(\delta U_3)^2} = 208.2\text{ kV}$$

> ※一点讨论
>
> 2015 年，为实施全国无电人口用电问题，玉树、果洛网外九县无电地区通电工程仅针对两个村新建输配电线路总长度千余千米，这才使得居住在雪域深处的青海省的玉树藏族自治州曲麻莱县约改镇长江村、果洛藏族自治州班玛县角芒村的最后 3.98 万无电人口全部用上了电，也反映了该工程极大的建设难度。相比世界上许多国家仍没有实现全部人口用电，中国的无电人口通电工程可以说是世界壮举。

3.4 网络变换

电力网络变换一般包括等效电源法、负荷移置法、星-网变换法等方法。

1. 等效电源法

（1）网络化简

如图 3-15a 化简成图 3-15b，图中综合电动势 $\dot{E}_\Sigma$ 和综合阻抗为

$$\dot{E}_\Sigma = \frac{\dot{E}_1 Y_1 + \dot{E}_2 Y_2 + \cdots + \dot{E}_m Y_m}{Y_1 + Y_2 + \cdots + Y_m}, \quad \frac{1}{Z_\Sigma} = \frac{1}{Z_1} + \frac{1}{Z_2} + \cdots + \frac{1}{Z_m}$$

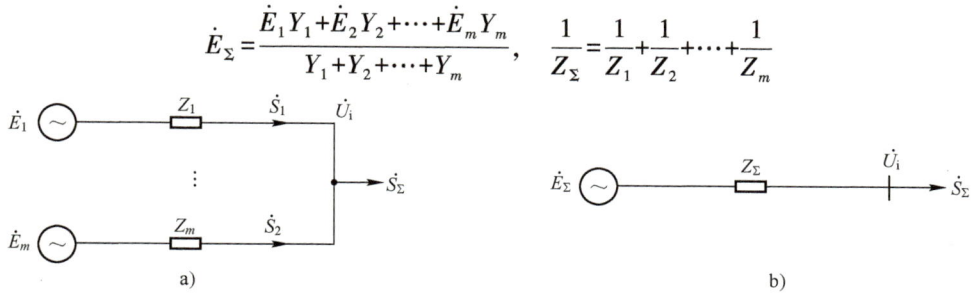

图 3-15 电源等效
a) 多电源 b) 等效电源

若两个电源支路并联，有

$$\dot{E}_\Sigma = \frac{\dot{E}_1 Y_1 + \dot{E}_2 Y_2}{Y_1 + Y_2} = \frac{\dot{E}_1 Z_2 + \dot{E}_2 Z_1}{Z_1 + Z_2}, \quad Z_\Sigma = \frac{Z_1 Z_2}{Z_1 + Z_2}$$

（2）网络还原

如图 3-15a 中：$\dot{S}_1 = \frac{\overset{*}{\dot{E}}_1 - \overset{*}{\dot{E}}_\Sigma}{\overset{*}{Z}_1} \dot{U}_i + \dot{S}_\Sigma \frac{\overset{*}{Z}_\Sigma}{\overset{*}{Z}_1}, \quad \dot{S}_m = \frac{\overset{*}{\dot{E}}_m - \overset{*}{\dot{E}}_\Sigma}{\overset{*}{Z}_m} \dot{U}_i + \dot{S}_\Sigma \frac{\overset{*}{Z}_\Sigma}{\overset{*}{Z}_m}$

2. 负荷移置法

（1）一个负荷移置两处

如图 3-16 中，k 点负荷移置到 i、j 点。

$$\dot{S}_k = \dot{S}'_i + \dot{S}'_j$$

$$\dot{S}'_i = \dot{S}_k \frac{\overset{*}{Z}_{kj}}{\overset{*}{Z}_{ik} + \overset{*}{Z}_{kj}}, \quad \dot{S}'_j = \dot{S}_k \frac{\overset{*}{Z}_{ik}}{\overset{*}{Z}_{ik} + \overset{*}{Z}_{kj}}$$

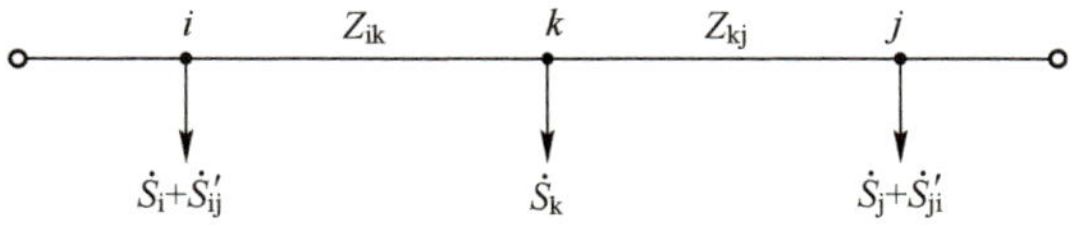

图 3-16 将一个负荷移置两处

（2）两个负荷移置一处

如图 3-17 中，i、j 两点负荷移置到 k 点。

$$\dot{S}_k = \dot{S}'_i + \dot{S}_j$$

$$Z_{ik} = Z_{ij} \frac{\overset{*}{S}_j}{\overset{*}{S}_i + \overset{*}{S}_j}, \quad Z_{kj} = Z_{ij} \frac{\overset{*}{S}_i}{\overset{*}{S}_i + \overset{*}{S}_j}$$

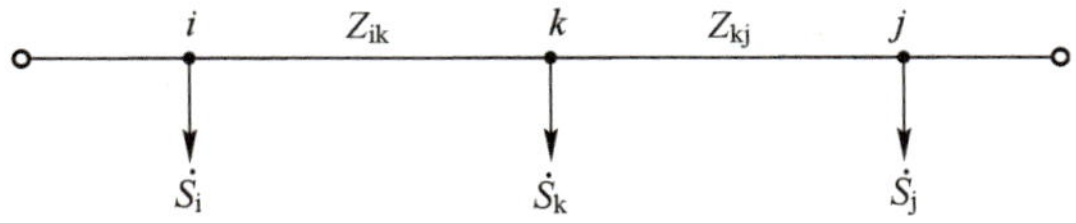

图 3-17 将两个负荷移置一处

（3）星形中性点负荷移置

如图 3-18 所示，中性点负荷移置到各射线端点。

$$\dot{S}_n = \dot{S}_{1n} + \dot{S}_{2n} + \dot{S}_{3n}, \quad \dot{S}_{1n} = \dot{S}_n \frac{\overset{*}{Y}_{1n}}{\sum \overset{*}{Y}}$$

一般情况下
$$\dot{S}_{mn} = \dot{S}_n \frac{\overset{*}{Y}_{mn}}{\sum \overset{*}{Y}} \quad m = 1,2,3$$

$$\sum Y = Y_{1n} + Y_{2n} + Y_{3n}$$

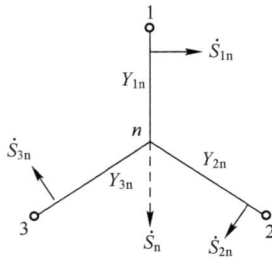

图 3-18　中点负荷移置

3. 星-网变换法

Y-△ 变换如图 3-19 所示。

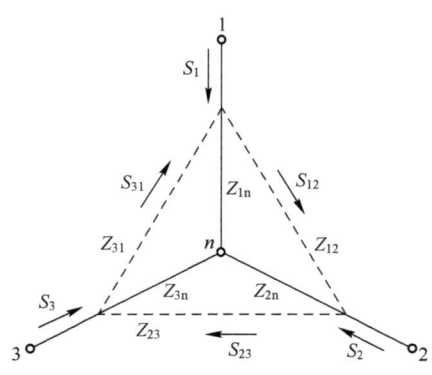

图 3-19　Y-△ 变换

$$Z_{1n} = \frac{Z_{12}Z_{31}}{Z_{12}+Z_{23}+Z_{31}}, \quad Z_{12} = Z_{1n}+Z_{2n}+\frac{Z_{1n}Z_{2n}}{Z_{3n}}$$

$$Z_{2n} = \frac{Z_{12}Z_{23}}{Z_{12}+Z_{23}+Z_{31}}, \quad Z_{23} = Z_{2n}+Z_{3n}+\frac{Z_{2n}Z_{3n}}{Z_{1n}}$$

$$Z_{3n} = \frac{Z_{23}Z_{31}}{Z_{12}+Z_{23}+Z_{31}}, \quad Z_{31} = Z_{3n}+Z_{1n}+\frac{Z_{3n}Z_{1n}}{Z_{2n}}$$

星-网变换法如图 3-20 所示。

$$Z'_{12} = Z_{1n}Z_{2n}Y_\Sigma$$

$$Z'_{23} = Z_{2n}Z_{3n}Y_\Sigma$$
$$\vdots$$
$$Z'_{1m} = Z_{1n}Z_{mn}Y_\Sigma$$
$$Y_\Sigma = Y_{1n} + Y_{2n} + \cdots + Y_{mn}$$

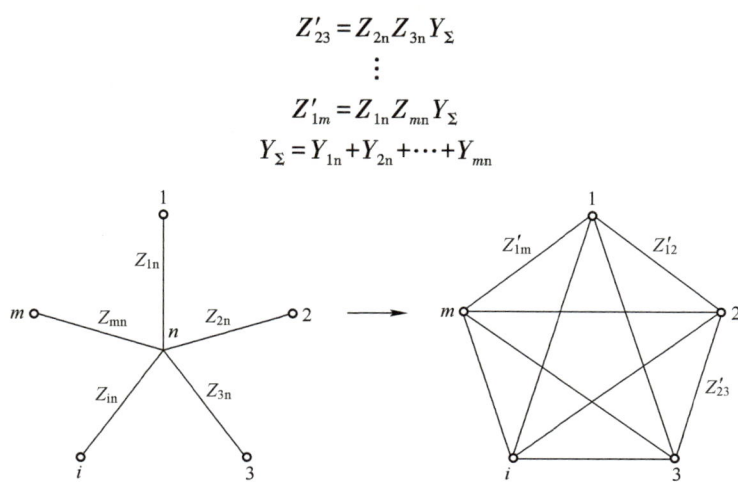

图 3-20 星-网变换法

3.5 电力网络潮流的调整控制

无论是辐射网还是环网，潮流是无法控制的，它完全取决于各负荷点的负荷，而从保证安全、优质、经济供电的角度出发，网络中的潮流需要控制，这就需要采取一定的措施。

1. 调整控制潮流的必要性

简单环网示意图如图 3-21 所示。

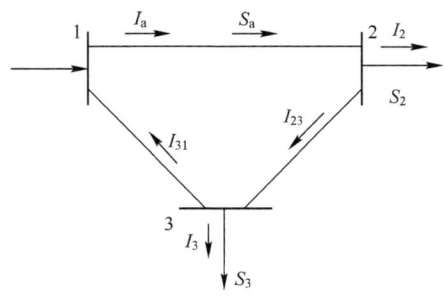

图 3-21 简单环网示意图

如果图 3-21 为均一网，则其中的功率按长度分布，即有

$$P_a = \frac{P_3 l_{31} + P_2(l_{31}+l_{23})}{l_{12}+l_{23}+l_{31}}, \quad Q_a = \frac{Q_3 l_{31} + Q_2(l_{31}+l_{23})}{l_{12}+l_{23}+l_{31}}$$

如果两点的负荷偏大，$Q_2(l_{31}+l_{23})$ 较大，线路 12 上可能会过负荷，对电网造成危害。

如果电网不是均一网，则其中的功率按阻抗分布，即有

$$\widetilde{S}_a = \frac{\widetilde{S}_3 \overset{*}{Z}_{31} + \widetilde{S}_2 (\overset{*}{Z}_{31}+\overset{*}{Z}_{23})}{\overset{*}{Z}_{12}+\overset{*}{Z}_{23}+\overset{*}{Z}_{31}}$$

这时的网络损耗为

$$\Delta P_\Sigma = \frac{P_a^2+Q_a^2}{U_N^2}r_{12}+\frac{(P_a-P_2)^2+(Q_a-Q_2)^2}{U_N^2}r_{23}+\frac{(P_a-P_2-P_3)^2+(Q_a-Q_2-Q_3)^2}{U_N^2}r_{31}$$

要使网络损耗 ΔP_Σ 最小，需对上式取偏导数，$\frac{\partial \Delta P_\Sigma}{\partial P_a}=0$ $\frac{\partial \Delta P_\Sigma}{\partial Q_a}=0$，则得

$$P_{a0}=\frac{P_3 r_{31}+P_2(r_{31}+r_{23})}{r_\Sigma}, \quad Q_{a0}=\frac{Q_3 r_{31}+Q_2(r_{31}+r_{23})}{r_\Sigma}$$

从而有

$$\widetilde{S}_{a0}=\frac{S_3 r_{31}+S_2(r_{31}+r_{23})}{r_\Sigma}$$

即有功损耗最小时的分布应按线段的电阻分布。

综上可见，功率自然分布时并不满足安全、优质、经济供电的要求，这就有必要对潮流进行调整和控制。

2. 调整控制潮流的手段

（1）串联电容

用容抗抵消线路的感抗。将其串联在环网中阻抗相对过大的线段上，可转移其他重载线段流通的功率。但这一措施没有得到广泛应用，因需频繁投切电容器组，要求开关电器经常维修，也容易引起事故。

（2）串联电抗

与串联电容相反，主要起限流作用。将其串联在重载线段上，避免过载。但由于对电压质量和系统运行的稳定性有不良影响，未曾推广。

（3）附加串联加压器

其作用在于产生一强制循环功率，使强制循环功率与自然分布功率的叠加达到理想值。这种措施比以上两种措施稍好，但有时要求变压器暂时退出运行。

（4）借柔性交流输电装置控制潮流

电力电子技术的发展为潮流控制提供了若干种可供选择的方案，包括对串联电容的重新构筑和使用、对附加串联加压器的改进，以及对综合潮流控制器的研制。这些主要用于潮流控制的措施都是"柔性交流输电"的部分。所谓柔性交流输电系统是指以晶闸管置换传统交流输电系统中各种机械式调节器和开关后所呈现的新系统。它使网络的潮流更易于控制，线路的输送能力可大幅提高，使系统的运行更灵活、稳定、可靠，这是将电力电子和微电子技术引入后的新领域。

3.6 潮流计算知识拓展

3.6.1 潮流计算发展综述

潮流计算用来确定电力系统中的节点电压和网络潮流。潮流计算针对电力系统的稳态分析并广泛应用于系统运行问题，如状态估计、短期安全分析及市场分析等；也应用在中长期规划问题中，如发电厂和输电网的检修规划、燃料采购及发输电系统扩展规划等。最优潮流的目的是在满足网络和技术约束条件下，寻找最小发电成本或最小网络损耗等目标，特别要

满足系统电压幅值及输电容量等约束条件。

(1) 潮流计算的不确定性

电力系统运行中存在很多不确定性，例如测量误差、预测误差及运行故障等。随着电力系统中可再生能源发电比例的增加，发电侧的不确定性也逐渐扩大。这些不确定性会导致电力系统电压和潮流的不稳定、电压越限和潮流不平衡等问题。因而，最优潮流计算需考虑电力系统的不确定性，例如利用概率优化、随机优化和鲁棒优化等方法来描述不确定性。概率优化方法中，不确定性用概率分布来表示；随机优化方法中，不确定性可用均值及标准差来表示。概率优化对不确定性的描述更加准确而随机优化的计算效率更高；鲁棒优化只需要不确定性的变化范围即可，但优化结果相对保守。考虑不确定性的潮流计算可以更全面地预计系统运行状态，并为系统安全及经济运行决策提供更完整的信息。

(2) 最优潮流

最优潮流通常以最大经济效益为目标，在电力输送之前进行计算，电力输送安全问题常被忽略。因而安全约束最优潮流及预防性安全约束最优潮流，成为保障电力系统安全运行的重要研究方向。该类潮流计算考虑正常及预想故障状态的约束条件，使得系统可以预先调整发电出力和节点电压以应对系统故障。然而该类潮流计算的计算规模随着预想故障状态的增多及系统规模增大而变得庞大，因而一些分解方法得以应用以提高计算效率，如交替方向乘子法、辅助问题原则算法等。该类分解协调算法可以解决传统集中式优化算法的计算速度慢、内存不足等问题。

从优化角度讲，最优潮流计算是非线性非凸问题。当系统节点数增多时，优化求解变得困难。因而一些线性化方法，如直流潮流法，通过假设电压幅值标幺值为 1，忽略网络电阻等，将原问题转化为线性优化问题以便求解。然而对于配电网来说，网络损耗及电压幅值变化较大而无法忽略，因而传统直流潮流法很难适用。除此之外，传统非线性求解方法常给出局部最优解而非全局最优解。凸松弛技术如半正定规划、二阶锥规划等可将原问题转化为凸优化问题并获得全局最优解。因此，精确的松弛方法对于保证最优潮流的求解效率及质量至关重要。

近年来，随着综合能源系统概念的提出，电力系统和热力系统互联用来促进可再生能源的消纳。电热混合潮流计算成为电热系统优化运行的基础。除了电力系统外，热力系统潮流计算也是非线性模型，因而电热混合潮流计算变得更加复杂。常用求解方法为牛顿-拉夫逊迭代法，通过顺序计算电网潮流和热网潮流并循环迭代解决；通过对热网定流或定温来线性化热网潮流；通过凸松弛技术来凸优化热网潮流解决等。

(王佳蔚，丹麦技术大学)

3.6.2 潮流计算工程应用

电力系统潮流计算是电力系统稳态分析的主要内容，目的是在给定的发电运行方式和系统接线方式下确定电网的稳态运行方式，包括电网中功率分布和各节点电压。我国电网企业多采用中国电力科学研究院开发的 BPA 和 PSASP 计算程序进行潮流计算，针对电网规划和电网运行的相关问题进行详细分析。潮流计算针对问题如下。

(1) 地区供电能力

地区供电能力指该地区主变、线路等电力设备满足 $N-1$ 校验时，地区所能带的最大负荷，主要受电源开机方式、网架结构和负荷分布情况等因素影响。地区供电能力分析目的是通过潮流计算来分析不同运行方式下制约地区供电能力的瓶颈，合理规划电网建设、调整电源开机方式和设备检修方式，以保障电网的安全稳定运行。

（2）电源送出能力

电源送出能力指电源集中送出地区在满足 $N-1$ 校验时，所能送出的最大电力，主要受电网网架约束影响。电源送出能力分析目的是通过校验不同方式下（单回线路故障跳闸、同塔双回线路倒塔等）送出能力，合理规划电源送出工程建设，制定送出断面潮流控制限额，调整设备检修方式，以保障电网的安全稳定运行。

（3）电磁环网问题分析

电磁环网指不同电压等级的运行线路通过变压器电磁回路连接构成回路，一般是高电压等级网络不完善，为提高供电能力、保证重要负荷用电采用的运行方式。由于高电压等级线路故障后原负荷由低压线路带出，容易导致低电压等级线路热稳定问题，需要通过潮流计算校验电磁环网带来的安全运行隐患，加装适合的安全自动装置。

（4）静态电压分析

通过潮流计算分析各节点电压水平及波动的原因，制定各厂站无功电压控制曲线，检验各节点无功功率补偿能力，减少无功功率跨电压等级、跨区域流动，保证电网各监测点电压运行在合理水平。

（5）理论线损计算

理论线损计算是根据电网设备参数和负荷典型日各电厂和变电站实测负荷和电压数据，通过潮流计算仿真得到的线路、主变等各类设备产生的铜损和铁损，通过高损线路和高损台区分析，为后续的设备改造降低电网损耗提供理论支撑。

（禹佳，国网辽宁省电力有限公司）

小　结

本章主要阐述两个问题：电力线路和变压器运行状况的计算和分析；简单电力系统网络的潮流分布及其控制。电力线路和变压器运行状况的计算和分析，本质上还是欧姆定律的运用。

第 3 章部分知识点动画讲解

复杂网络简化后，就有可能被视为两类简单网络——辐射形和环形网络的集合。它们的分析计算方法与一般集中参数交流网络的分析计算方法基本相同。辐射形网络中潮流分布的计算，本质上源于节点电压法——各节点电流（功率）与各节点电压的关系，具体则体现为由各节点的功率平衡决定网络中的潮流分布。环形网络中潮流分布的计算，直接运用了回路电流法——各回路电压和各回路电流（功率）的关系。在运用类似力学中力矩平衡关系式求得环形网络中的功率分点和流向分点的功率后，在功率分点将环网解开，就可运用计算辐射形网络的方法计算其潮流分布。两端供电网络可等效为单一环网，只是其中的回路电压不等于零，以致有循环电流（功率）流通。循环电流（功率）还可能源于环网中变压器电压比的不匹配。至于这两种网络中的电压降落和功率损耗计算，则与电力线路或变压器中的相应计算并无差别。

鉴于高压输电线路的电阻往往远小于电抗，改变电力网络中节点电压的大小，所能改变的主要是网络中无功功率的分布；改变它们的相位，所能改变的主要是网络中有功功率的分布。

习 题

3-1 证明高压电力系统中，无功功率总是从电压高的节点向电压低的节点传输；而有功功率总是从电压相位超前的节点向电压相位滞后的节点传输。

3-2 运算功率指的是什么？运算负荷指的是什么？如何计算升压变电所的运算功率和降压变电所的运算负荷？

3-3 电力网络如图3-22所示。已知末端负荷$\tilde{S}=(15+j11.25)$ MV·A，末端电压36 kV，计算电网始端功率和始端电压。

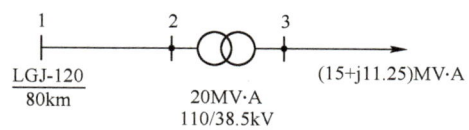

图3-22 习题3-3图

3-4 电力网络如图3-23所示。已知始端电压117 kV，c点负荷$\tilde{S}_c=(0.7+j0.5)$ MV·A，b点负荷$\tilde{S}_b=(11+j4.8)$ MV·A，计算电网始端功率和末端电压。

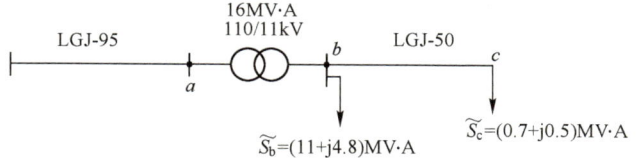

图3-23 习题3-4图

3-5 两端供电网络如图3-24所示。已知电源A点电压117 kV，电源端B点电压112 kV，计算网络功率分布和电压分布。

SF-15/110（额定电压比110/11 kV，$p_K=128$ kW，$p_0=40.5$ kW，$U_K\%=10.5$，$I_0\%=3.5$）

SF-20/110（额定电压比110/11 kV，$p_K=157$ kW，$p_0=48.6$ kW，$U_K\%=105$，$I_0\%=2.3$）

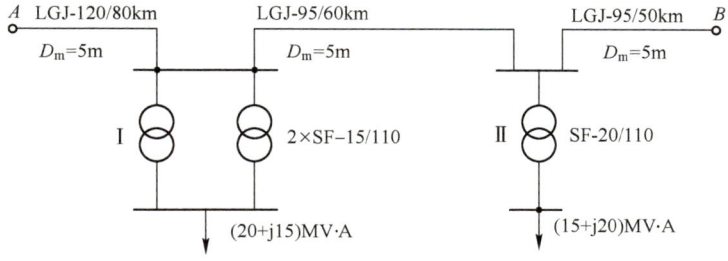

图3-24 习题3-5图

3-6 由钢芯铝绞线架设的35 kV网络，其线路长度、导线型号以及负荷兆伏安数和功率因数均已示于图 3-25 中。线路参数如下。

LGJ-35：$r_1 = 0.91\,\Omega/\text{km}$，$x_1 = 0.442\,\Omega/\text{km}$

LGJ-95：$r_1 = 0.33\,\Omega/\text{km}$，$x_1 = 0.40\,\Omega/\text{km}$

求网络的最大电压损耗。

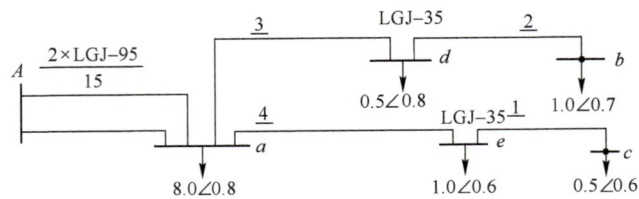

图 3-25　习题 3-6 图

3-7　如图 3-26a 所示一简单系统，额定电压为 110 kV 的双回输电线路，长度为 80 km，采用 LGJ-150 导线，其单位长度的参数如下：$r = 0.21\,\Omega/\text{km}$，$x = 0.416\,\Omega/\text{km}$，$b = 2.74 \times 10^{-6}\,\text{S/km}$。变电所中装有两台三相 110/11 kV 的变压器，每台的容量为 15 MV·A，其参数如下：$\Delta P_0 = 40.5\,\text{kW}$，$\Delta P_s = 128\,\text{kW}$，$U_s\% = 10.5$，$I_0\% = 3.5$。母线 A 的实际运行电压为 117 kV，负荷功率：$S_{\text{LDb}} = (30+\text{j}12)$ MV·A，$S_{\text{LDc}} = (20+\text{j}15)$ MV·A。当变压器取主抽头时，求母线 c 的电压。

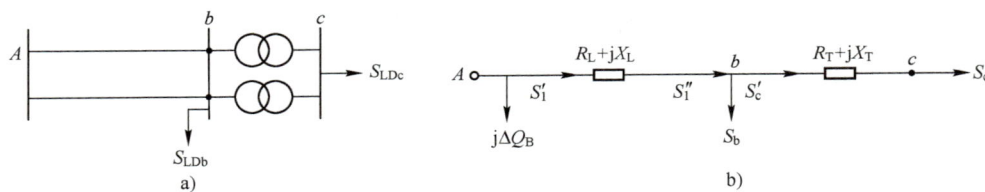

图 3-26　习题 3-7 图

第 4 章 电力系统计算机潮流计算

> 科学成就是由一点一滴积累起来的，惟有长期的积聚才能由点滴汇成大海。——华罗庚

本章要点：

第4章导学

- 掌握潮流计算的节点功率方程。
- 掌握高斯-赛德尔迭代的原理及计算方法。
- 熟练掌握牛顿-拉夫逊潮流计算方法。
- 理解 PQ 分解法的潮流计算方法。

```
电力系统计算机潮流计算
├── 潮流计算方程
│   ├── 支路潮流 ── 潮流计算就是计算电力系统的功率在各个支路的分布、各个支路的功率损耗以及各个节点的电压和各个支路的电压损耗
│   ├── 节点功率方程
│   │   ├── $YU=I_S$
│   │   ├── 直角坐标表示
│   │   └── 极坐标表示
│   ├── 节点复功率方程
│   │   ├── 将节点电压方程转化为节点功率方程
│   │   ├── $\sum_{l=1}^{N} Y_{kl}\dot{U}_l = Y_{k1}\dot{U}_1 + Y_{k2}\dot{U}_2 + \cdots + Y_{kk}\dot{U}_k + \cdots + Y_{kN}\dot{U}_N = \dot{I}_{Sk}$
│   │   └── $\overline{U}_k \sum_{l=1}^{N} Y_{kl}\dot{U}_l = \overline{U}_k \dot{I}_{Sk} = \overline{S}_{Sk} = P_{Sk} - jQ_{Sk}$
│   └── 节点分类
│       ├── PQ 节点 ── 该节点的注入复功率 S 是已知的，这样的节点一般为中间节点或者负荷节点
│       ├── PV 节点 ── 该节点已知的条件是注入节点的有功功率 P 和该节点的电压幅值 U，这样的节点通常是发电机节点
│       ├── Vδ 节点 ── 该节点的电压幅值和相角是已知的，这样的节点通常是平衡节点，在每个局部电网中只有一个这样的节点
│       └── 注：PQ 节点和 PV 节点在一定条件下可以互相转化
├── 高斯-赛德尔迭代法 ── ① 设定初始值；② 求解下一次迭代的电压相量值；③ 判断误差精度
├── 牛顿-拉夫逊法
│   ├── 基于直角坐标
│   │   ├── ① 设定初值；② 求节点有功、无功功率、电压幅值增量
│   │   └── ③ 求雅可比矩阵、求解修正方程；④ 判断误差精度
│   └── 基于极坐标
│       ├── ① 设定初值；② 求节点有功、无功功率增量
│       └── ③ 求雅可比矩阵、求解修正方程；④ 判断误差精度
└── PQ 分解法
    ├── ① 形成除平衡节点的节点电纳矩阵及其子矩阵，利用高斯消去法形成三角矩阵
    └── ② 设定初值；③ 根据节点导纳矩阵求解修正方程；④ 判断误差精度
```

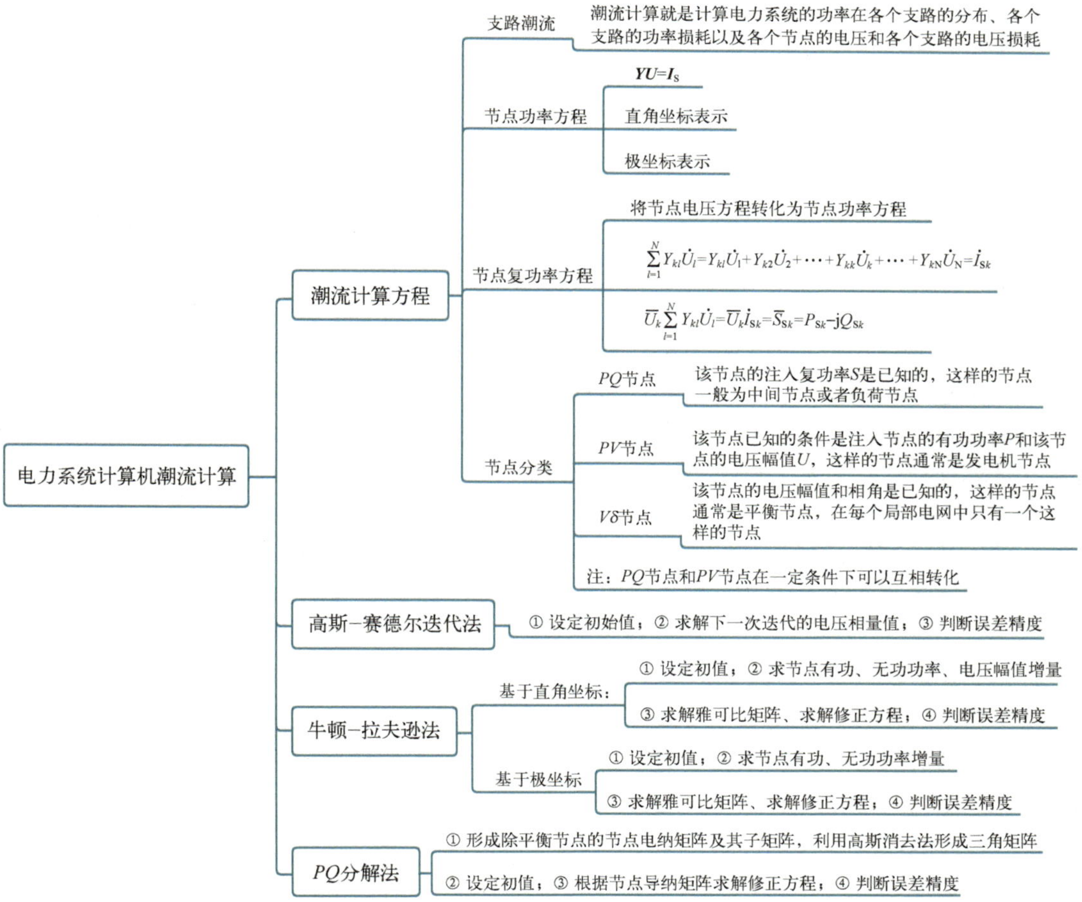

本章学科史：

电力系统计算机潮流计算的发展历程如下。

20 世纪 50 年代中期，利用电子计算机进行潮流计算就已经开始。此后，潮流计算曾采用了各种不同的方法，这些方法的发展主要是围绕着对潮流计算的一些基本要求进行的。对潮流计算的要求可以归纳为下面几点：①算法的可靠性或收敛性；②计算速度和内存占用量；③计算的方便性和灵活性。

在当时，人们普遍采用以节点导纳矩阵为基础的高斯-赛德尔迭代法（以下简称导纳法）。这种方法的原理比较简单，要求的数字计算机的内存量也比较小，适应当时的电子数字计算机制作水平和电力系统理论水平。

20 世纪 60 年代初，数字计算机已经发展到第二代，计算机的内存和计算速度发生了很大的飞跃，从而为阻抗法的采用创造了条件。阻抗矩阵是满矩阵，阻抗法要求计算机存储表征系统接线和参数的阻抗矩阵，这就需要较大的内存量；而且阻抗法每迭代一次都要求顺次取阻抗矩阵中的每一个元素进行计算，因此，每次迭代的计算量很大。阻抗法改善了电力系统潮流计算问题的收敛性，解决了导纳法无法解决的一些系统潮流计算，在当时获得了广泛的应用，曾为我国电力系统设计、运行和研究做出了很大的贡献。但是，阻抗法的主要缺点是占用计算机的内存很大，每次迭代的计算量很大。当系统不断扩大时，这些缺点就更加突出。

为了克服阻抗法在内存和速度方面的缺点，后来发展了以阻抗矩阵为基础的分块阻抗法。这种方法把一个大系统分割为几个小的地区系统，在计算机内只需存储各个地区系统的阻抗矩阵及它们之间的联络线的阻抗，这样不仅大幅度地节省了内存容量，同时也提高了计算速度。克服阻抗法缺点的另一途径是采用牛顿-拉夫逊法（以下简称牛顿法）。牛顿法是数学中求解非线性方程式的典型方法，有较快的收敛性。解决电力系统潮流计算问题是以导纳矩阵为基础的，因此，只要在迭代过程中尽可能保持方程式系数矩阵的稀疏性，就可以大大提高牛顿潮流程序的计算效率。

20 世纪 60 年代中期，采用了最佳顺序消去法以后，牛顿法在收敛性、内存要求、计算速度方面都超过了阻抗法，成为直到目前仍被广泛采用的方法。在牛顿法的基础上，根据电力系统的特点，抓住主要矛盾，对纯数学的牛顿法进行了改造，得到了 PQ 分解法。PQ 分解法在计算速度方面有显著的提高，故迅速得到了推广。

20 世纪 70 年代后期，有人提出采用更精确的模型，即将泰勒级数的高阶项也包括进来，希望以此提高算法的性能，这便产生了保留非线性的潮流算法。另外，为了解决病态潮流计算，出现了将潮流计算表示为一个无约束非线性规划问题的模型，即非线性规划潮流算法。

近些年来，潮流算法的研究仍然非常活跃，但是大多数研究都是围绕改进牛顿法和 PQ 分解法进行的。此外，随着人工智能理论的发展，遗传算法、人工神经网络、模糊算法也逐渐被引入潮流计算。但是，到目前为止这些新的模型和算法还不能取代牛顿法和 PQ 分解法的地位。

4.1 潮流计算方程

4.1.1 支路潮流

所谓潮流计算就是计算电力系统的功率在各个支路的分布、各个支路的功率损耗以及各个节点的电压和各个支路的电压损耗。由于电力系统可以用等效电路来模拟，从本质上说，电力系统的潮流计算首先是根据各个节点的注入功率求解电力系统各个节点的电压，当各个节点的电压相量已知时，就很容易计算出各个支路的功率损耗和功率分布。

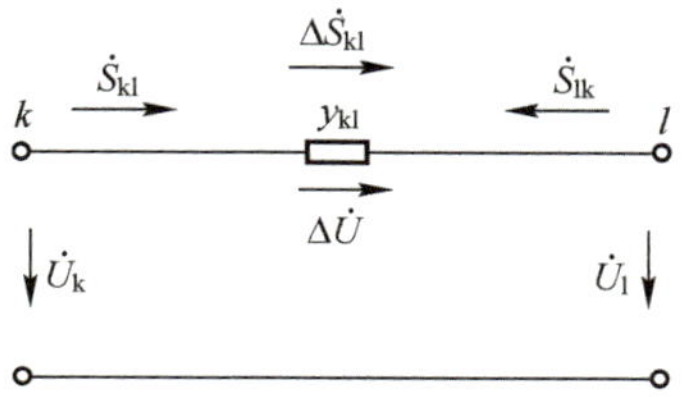

假设支路的两个节点分别为 k 和 l，支路导纳为 y_{kl}，两个节点的电压已知，分别为 $\dot{U}_k$ 和 $\dot{U}_l$，如图 4-1 所示。

那么从节点 k 流向节点 l 的复功率为（变量上面的"-"表示复共轭）

图 4-1 支路功率及其分布

$$\dot{S}_{kl} = \dot{U}_k \bar{I}_{kl} = \dot{U}_k [\bar{y}_{kl}(\bar{U}_k - \bar{U}_l)] \tag{4-1}$$

从节点 l 流向节点 k 的复功率为

$$\dot{S}_{lk} = \dot{U}_l \bar{I}_{lk} = \dot{U}_l [\bar{y}_{kl}(\bar{U}_l - \bar{U}_k)] \tag{4-2}$$

功率损耗为

$$\Delta \dot{S}_{kl} = \dot{S}_{kl} + \dot{S}_{lk} = (\dot{U}_k - \dot{U}_l)\bar{y}_{kl}(\bar{U}_k - \bar{U}_l) = \bar{y}_{kl}\Delta U_{kl}^2 \tag{4-3}$$

因此，潮流计算的第一步是求解节点的电压和相位，根据电路理论，可以采用节点导纳方程求解各个节点的电压。

4.1.2 节点功率方程

根据电路理论，要想求系统各个节点的电压，需要利用系统的节点导纳方程。

如图 4-2 所示的电网络，有 N 个节点，假如已知各个节点注入电流源的电流，以及各个支路的支路导纳，那么可以根据节点导纳方程求出电网各个节点的电压：

$$\boldsymbol{Y}\boldsymbol{U} = \boldsymbol{I}_S \tag{4-4}$$

式中

$$\boldsymbol{Y} = \begin{bmatrix} Y_{11} & Y_{12} & \cdots & Y_{1N} \\ Y_{21} & Y_{22} & \cdots & Y_{2N} \\ \vdots & \vdots & & \vdots \\ Y_{N1} & Y_{N2} & \cdots & Y_{NN} \end{bmatrix}$$

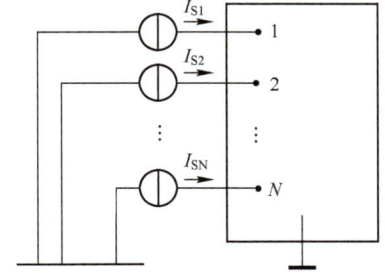

图 4-2 电网络示意图

为电网络的节点导纳矩阵，Y_{kk}（$k=1,2,\cdots,N$）为自导纳，是与 k 节点相连的所有支路导纳之和，Y_{kl}（$k \neq l$）为互导纳，等于负的连接 k 和 l 节点的所有支路导纳之和；$\boldsymbol{U} = [U_1, U_2, \cdots, U_N]^T$ 为各个节点的电压相量；$\boldsymbol{I}_S = [I_{S1}, I_{S2}, \cdots, I_{SN}]^T$ 为注入各个节点的总电流。

4.1.3 节点复功率方程

要想计算各个节点电压，除了需要知道系统参数及节点导纳矩阵以外，还需要知道节点注入电流源的电流。然而电力系统中，节点的注入电流是不知道的，已知的是各个节点的注入功率。这就需要将节点电压方程转化为节点功率方程。

式（4-4）中第 k（$k=1,2,\cdots,N$）个节点的方程可以写作

$$\sum_{l=1}^{N} Y_{kl} \dot{U}_l = Y_{k1} \dot{U}_1 + Y_{k2} \dot{U}_2 + \cdots + Y_{kk} \dot{U}_k + \cdots + Y_{kN} \dot{U}_N = \dot{I}_{Sk} \tag{4-5}$$

在式（4-5）两端乘以 $\overset{*}{\dot{U}}_k$，得到

$$\overset{*}{U}_k \sum_{l=1}^{N} Y_{kl} \dot{U}_l = \overset{*}{U}_k \dot{I}_{Sk} = \overset{*}{S}_{Sk} = P_{Sk} - jQ_{Sk} \tag{4-6}$$

假如在电力系统中，各个节点的注入复功率都已知，那么就可以用式（4-6）组成的方程组求解各个节点的电压。然而实际情况并非如此，已知的条件如下：有的节点的注入复功率 S 是已知的，有的节点的电压幅值和注入有功功率是已知的，有的节点的电压和相角是已知的。根据这三种不同的情况，电力系统中各个节点分为三种类型：PQ 节点、PV 节点和 $V\delta$ 节点。

所谓 PQ 节点，就是该节点的注入复功率 S 是已知的，这样的节点一般为中间节点或者负荷节点。

PV 节点，指该节点已知的条件是注入节点的有功功率 P 和该节点的电压幅值 V，这样的节点通常是发电机节点。

$V\delta$ 节点指的是该节点的电压幅值和相角是已知的，这样的节点通常是平衡节点，在每个局部电网中只有一个这样的节点。

> ※一点讨论
>
> 潮流计算中需要有平衡节点，表面上看似是因为全网功率损耗无法事先知道，因而不可能事先规定所有电源的功率，所以系统需要一个具有输出能力的平衡节点，来平衡不能预先知道的网络损耗，即平衡功率。但实质上，如周荣光教授在《电力系统理论精析》一书中提到的，平衡节点的作用有两点：一是保证系统电压，有可能收敛到合理解；二是提供基准相位角 $\delta=0$。

当然，PQ 节点和 PV 节点在一定条件下还可以互相转化，例如，当发电机节点无法维持该节点电压，发电机运行于功率极限时，发电机节点的有功和无功变成了已知量，而电压幅值则未知，此时，该节点由 PV 节点转化为 PQ 节点。再比如某个负荷节点，运行要求电压不能越限，当该节点的电压幅值处于极限位置，或者电力系统调压要求该节点的电压恒定时，该负荷节点就由 PQ 节点转化为 PV 节点。

假如全系统有 N 个节点，其中有 M 个 PQ 节点，$N-M-1$ 个 PV 节点，1 个平衡节点，每个节点有四个参数：电压幅值 U、相位角 δ（用极坐标表示电压，如果用直角坐标表示电压相量则是 e 和 f）、注入有功功率 P_S 和无功功率 Q_S，任何一个节点的四个参数中总有两个是已知的，因此 N 个节点，有 $2N$ 个未知变量，N 个复数方程（即 $2N$ 个实数方程，实部和虚

部各一个），通过解这个复数方程就可得到另外 $2N$ 个参数。这就是潮流计算的本质。

但在实际求解过程中，由于求解的对象是电压，因此，实际上不需要 $2N$ 个功率方程，对于 M 个 PQ 节点，有 $2M$ 个功率方程（M 个实部有功功率方程，M 个虚部无功功率方程）；对于 $N-M-1$ 个 PV 节点，由于电压有效值 V 已知，因此只有 $N-M-1$ 个有功功率方程；对于平衡节点，由于电压和相角已知，不需要功率方程。因此总计有 $2M+N-M-1=N+M-1$ 个功率方程。如果电压相量用极坐标表示，即 $\dot{U}_k = U_k \angle \delta_k$，则 M 个 PQ 节点有 $2M$ 个未知数（M 个电压有效值，M 个电压相角），$N-M-1$ 个 PV 节点有 $N-M-1$ 个未知数（电压有效值已知，未知数为电压相角），平衡节点没有未知数，因此未知数的个数也是 $N+M-1$ 个，与方程数一致。如果复电压用直角坐标表示，$\dot{U}_k = e_k + \mathrm{j} f_k$，则有 $2(N-1)$ 个未知数，还需要增加 $N-M-1$ 个电压方程，即 $U_k^2 = e_k^2 + f_k^2$。

4.1.4 直角坐标表示的电力系统节点功率方程

对于 PQ 节点，已知的是注入节点的功率 P 和 Q，将 $\dot{Y}_{km} = G_{km} + \mathrm{j} B_{km}$ 和 $\dot{U}_k = e_k + \mathrm{j} f_k$ 代入节点功率方程的复数表示式中，可以得到有功功率和无功功率两个方程：

$$\begin{cases} P_{Sk} = P_{Gk} - P_{Lk} = e_k \sum_{m=1}^{N-1}(G_{km}e_m - B_{km}f_m) + f_k \sum_{m=1}^{N-1}(G_{km}f_m + B_{km}e_m) \\ Q_{Sk} = Q_{Gk} - Q_{Lk} = f_k \sum_{m=1}^{N-1}(G_{km}e_m - B_{km}f_m) - e_k \sum_{m=1}^{N-1}(G_{km}f_m + B_{km}e_m) \end{cases} \tag{4-7}$$

式中，P_{Sk} 和 Q_{Sk} 为注入节点 k 的净功率，即注入和消耗的代数和，P_{Gk}、Q_{Gk} 表示注入的功率；P_{Lk} 和 Q_{Lk} 为消耗的功率。

对于 PV 节点，除了有功功率方程外，因为已知该节点的电压幅值，还有一个电压方程：

$$U_k^2 = e_k^2 + f_k^2 \tag{4-8}$$

式（4-7）可以抽象地表示为

$$\begin{cases} \Delta P_k(e_1, f_1, \cdots, e_{N-1}, f_{N-1}) = 0 \\ \Delta Q_k(e_1, f_1, \cdots, e_{N-1}, f_{N-1}) = 0 \end{cases} \tag{4-9}$$

式（4-8）可以抽象地表示为

$$\Delta U_k(e_1, f_1, \cdots, e_{N-1}, f_{N-1}) = 0 \tag{4-10}$$

因此，对于一个具有 N 个节点的电力系统，其中 M 个 PQ 节点，$N-M-1$ 个 PV 节点，1 个平衡节点，有方程如下：

$$\left.\begin{array}{l} \Delta P_1(e_1, f_1, \cdots, e_{N-1}, f_{N-1}) = 0 \\ \Delta Q_1(e_1, f_1, \cdots, e_{N-1}, f_{N-1}) = 0 \\ \quad\vdots \\ \Delta P_M(e_1, f_1, \cdots, e_{N-1}, f_{N-1}) = 0 \\ \Delta Q_M(e_1, f_1, \cdots, e_{N-1}, f_{N-1}) = 0 \end{array}\right\} 2M \text{ 个 } PQ \text{ 节点的方程} \tag{4-11}$$

$$\left.\begin{aligned}\Delta P_{M+1}(e_1,f_1,\cdots,e_{N-1},f_{N-1})&=0\\ \Delta U_{M+1}(e_1,f_1,\cdots,e_{N-1},f_{N-1})&=0\\ &\vdots\\ \Delta P_{N-1}(e_1,f_1,\cdots,e_{N-1},f_{N-1})&=0\\ \Delta U_{N-1}(e_1,f_1,\cdots,e_{N-1},f_{N-1})&=0\end{aligned}\right\}2(N-M-1)\text{个}PV\text{节点方程}$$

N 个节点中，平衡节点的电压幅值和相角已知，即其横分量和纵分量已知，因此平衡节点不参与计算。$N-1$ 个节点的电压的横分量和纵分量为未知数，共 $2N-2$ 个未知数。$2M$ 个 PQ 节点方程，$2(N-M-1)$ 个 PV 节点方程，共计 $2N-2$ 个方程。

解这个方程组，就可以得到电力系统 N 个节点的电压相量，根据各个节点的电压相量和已知的注入功率，就可以计算出各个支路的潮流分布，及各个支路的功率损耗。

4.1.5 极坐标表示的节点功率方程

对于 PQ 节点，已知的是注入节点的功率 P 和 Q，将 $\dot{Y}_{km}=G_{km}+\mathrm{j}B_{km}$ 和 $\dot{U}_k=U_k\angle\delta_k$ 代入节点功率方程的复数表示式中，可以得到实部和虚部两个方程：

$$\begin{cases}P_{Sk}=P_{Gk}-P_{Lk}=U_k\sum_{m=1}^{N}U_m(G_{km}\cos\delta_{km}+B_{km}\sin\delta_{km})\\ Q_{Sk}=Q_{Gk}-Q_{Lk}=U_k\sum_{m=1}^{N}U_m(G_{km}\sin\delta_{km}-B_{km}\cos\delta_{km})\end{cases} \tag{4-12}$$

式中，U_m 代表电压幅值，$\delta_{km}=\delta_k-\delta_m$。

对于 PV 节点，由于节点的电压幅值已知，因此只有有功功率方程而没有无功功率方程。

同样，式 (4-12) 可以抽象地表示为

$$\Delta P_k(U_1,\cdots,U_M,\delta_1,\cdots,\delta_{N-1})=0 \tag{4-13a}$$
$$\Delta Q_k(U_1,\cdots,U_M,\delta_1,\cdots,\delta_{N-1})=0 \tag{4-13b}$$

因此，对于一个具有 N 个节点的电力系统，其中 M 个 PQ 节点，$N-M-1$ 个 PV 节点，1 个平衡节点，有方程如下：

$$\left.\begin{aligned}\Delta P_1(U_1,\cdots,U_M,\delta_1,\cdots,\delta_{N-1})&=0\\ \Delta Q_1(U_1,\cdots,U_M,\delta_1,\cdots,\delta_{N-1})&=0\\ &\vdots\\ \Delta P_M(U_1,\cdots,U_M,\delta_1,\cdots,\delta_{N-1})&=0\\ \Delta Q_M(U_1,\cdots,U_M,\delta_1,\cdots,\delta_{N-1})&=0\end{aligned}\right\}2M\text{个}PQ\text{节点方程}$$

$$\left.\begin{aligned}\Delta P_{M+1}(U_1,\cdots,U_M,\delta_1,\cdots,\delta_{N-1})&=0\\ &\vdots\\ \Delta P_{N-1}(U_1,\cdots,U_M,\delta_1,\cdots,\delta_{N-1})&=0\end{aligned}\right\}N-M-1\text{个}PV\text{节点方程} \tag{4-14}$$

除了平衡节点外，$N-1$ 个节点中，有 M 个 PQ 节点的电压幅值和相角都是未知数，$N-M-1$ 个 PV 节点的相角为未知数，因此共有 $2M+N-M-1=N+M-1$ 个未知数，$2M+N-M-1=N+M-1$ 个方程。

在式（4-14）中，可以把 $N-1$ 个有功功率方程放在一起，M 个无功功率方程放在一起，得

$$\left.\begin{aligned}\Delta P_1(U_1,\cdots,U_M,\delta_1,\cdots,\delta_{N-1})&=0\\ \vdots&\\ \Delta P_{N-1}(U_1,\cdots,U_M,\delta_1,\cdots,\delta_{N-1})&=0\end{aligned}\right\}N\text{-}1\text{ 个有功功率方程}$$

$$\left.\begin{aligned}\Delta Q_1(U_1,\cdots,U_M,\delta_1,\cdots,\delta_{N-1})&=0\\ \vdots&\\ \Delta Q_M(U_1,\cdots,U_M,\delta_1,\cdots,\delta_{N-1})&=0\end{aligned}\right\}M\text{ 个无功功率方程} \quad (4\text{-}15)$$

解上述方程组，就可以得到电力系统中各个节点的电压幅值和相角，进而可以计算出各个支路的潮流分布和损耗。

潮流计算是计算电力网各个支路的功率潮流分布和功率损耗，同时也计算各个支路的电压损耗。首先要求电力网各个节点的电压相量。根据电网络理论，节点电压通常采用节点导纳方程来求解，即已知电网络的节点导纳矩阵和各个节点注入电流源的电流，求解节点导纳方程。然而通常电力系统各个节点的注入电流是未知的，已知的是各个节点的注入功率，因此需要将节点电压方程转化为节点功率方程。

实际电力系统的每一个节点均含有四个参量 P、Q、V、δ（或 e、f），已知的是其中的两个，故而可以利用节点功率式（4-6）求解出另外两个参量。假设系统有 N 个节点，则必然有 $2N$ 个未知数，同样有 $2N$ 个节点功率方程［式（4-7）中的实部和虚部各一个］。

实际求解过程中，求解的目标是电压，对于 PV 节点和 $V\delta$ 节点来说，前者电压有效值已知，后者电压相量已知，因此不存在 $2N$ 个未知数，当然也不需要 $2N$ 个方程。假设系统有 N 个节点，M 个 PQ 节点，1 个平衡节点，对于直角坐标表示的节点电压来说，有 $2(N-1)$ 个未知数，$2M+N-M-1$ 个功率方程，只需要再补充 $N-M-1$ 个电压方程就可以了；对于极坐标表示的电压来说，只有 $N-1$ 个 δ 未知数，M 个 U 的未知数，因此只需要 $N+M-1$ 个功率方程就足够了。

无论怎样，潮流计算是解决这样的一组非线性代数方程组：

$$F(X,C,U)=0 \quad (4\text{-}16)$$

式中，X 代表系统状态，包括电压 U 和相角；C 代表参数，包括电导 G 和电纳 B；U 表示系统激励，即注入的功率。

求解这样的多维非线性代数方程组，需要利用计算机进行辅助迭代计算，即先给定一个初值，然后不断迭代，逼近真实解。方法有高斯-赛德尔迭代法、牛顿-拉夫逊法和 PQ 分解法。

4.2 高斯-赛德尔迭代法

4.2.1 高斯-赛德尔迭代法基本原理

为了方便理解这个 n 维方程组的迭代求解方法，先从一元非线性方程的求解开始。假设有一维方程 $f(x)=0$，高斯迭代法的基本原理是，先将方程转化为

$$x = g(x) \tag{4-17}$$

那么给定一个初值 $x^{[0]}$，代入就可以得到一个新值 $x^{[1]} = g(x^{[0]})$，第 k 次迭代的值为

$$x^{[k+1]} = g(x^{[k]}) \tag{4-18}$$

一直迭代到误差满足要求为止，即

$$|x^{[N]} - x^{[N-1]}| < \varepsilon \tag{4-19}$$

其中 ε 为事先设定的允许误差。其计算流程如图 4-3 所示。

这种解方程的方法称为高斯迭代法。这个迭代求解的过程可以这样来理解：$x = g(x)$ 的解可以认为是两个曲线 $y = x$ 和 $y = g(x)$ 的交点的横坐标 x^*，首先给定一个初值 $x^{[0]}$，$g(x^{[0]})$ 与斜线 $y = x$ 的交点的横坐标即为迭代后的新解 $x^{[1]}$，$g(x^{[1]})$ 与斜线 $y = x$ 的交点的横坐标即为迭代后的新解 $x^{[2]}$，如此围绕交点往复循环，不断地逼近方程的解，如图 4-4 所示。

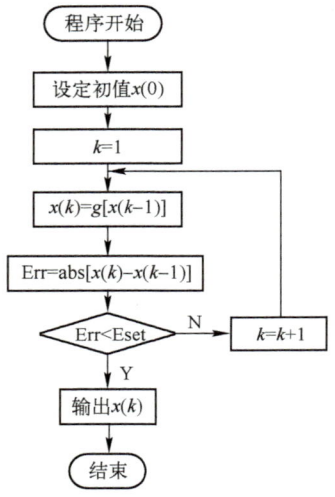

图 4-3 高斯迭代法的计算流程

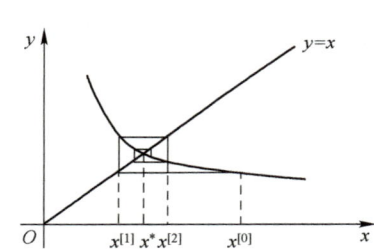

图 4-4 高斯迭代法的几何解释

高斯迭代法可以推广到 n 维非线性代数方程组，假设 n 维方程组为

$$\begin{cases} f_1(x_1, x_2, \cdots, x_n) = 0 \\ f_2(x_1, x_2, \cdots, x_n) = 0 \\ \vdots \\ f_n(x_1, x_2, \cdots, x_n) = 0 \end{cases} \tag{4-20}$$

首先将方程组（4-20）转化为

$$\begin{cases} x_1 = g(x_1, x_2, \cdots, x_n) \\ x_2 = g(x_1, x_2, \cdots, x_n) \\ \vdots \\ x_n = g(x_1, x_2, \cdots, x_n) \end{cases} \tag{4-21}$$

给定一组初始值 $\boldsymbol{X}^{[0]} = [x_1^{[0]}, x_2^{[0]}, \cdots, x_n^{[0]}]^{\mathrm{T}}$，代入式（4-21），得到一组新值 $\boldsymbol{X}^{[1]} = \boldsymbol{g}(\boldsymbol{X}^{[0]})$，不断迭代，循环往复，第 k 次迭代为

$$\boldsymbol{X}^{[k+1]} = \boldsymbol{g}(\boldsymbol{X}^{[k]}) \tag{4-22}$$

其中第 j 个方程为

$$x_j^{[k+1]} = g_j(x_1^{[k]}, x_2^{[k]}, \cdots, x_n^{[k]}) \tag{4-23}$$

直到迭代前后的解的最大误差不超过允许的误差为止，即

$$\max_j \{|x_j^{[N+1]} - x_j^{[N]}|\} < \varepsilon \tag{4-24}$$

为了提高高斯迭代法的收敛速度，赛德尔提出将已经迭代出的新值代替旧值参与迭代计算，如在第 k 次迭代中，第 j 个方程为

$$x_j^{[k+1]} = g_j(x_1^{[k+1]}, \cdots, x_{j-1}^{[k+1]}, x_j^{[k]}, \cdots, x_n^{[k]}) \tag{4-25}$$

由第 $1 \sim j-1$ 个元素已经迭代出 $k+1$ 次的值，因此代替第 k 次的值参与第 j 个元素的迭代，就可以提高收敛速度。

4.2.2 电力系统潮流计算的高斯-赛德尔迭代法

电力系统潮流计算需要求解节点功率方程，其中第 m（$m=1,2,\cdots,N$）个节点功率方程为

$$\overline{U}_m \sum_{l=1}^{N} Y_{ml} \dot{U}_l = Y_{mm} U_m^2 + \overline{U}_m \sum_{\substack{l=1 \\ l \neq m}}^{N} Y_{ml} \dot{U}_l = P_{Sm} - jQ_{Sm} \tag{4-26}$$

将式（4-26）变换为 $x = g(x)$ 的形式，则可以得到如下的方程：

$$\dot{U}_m = \frac{1}{Y_{mm}} \left(\frac{P_{Sm} - jQ_{Sm}}{\overline{U}_m} - \sum_{\substack{l=1 \\ l \neq m}}^{N} Y_{ml} \dot{U}_l \right) \tag{4-27}$$

根据高斯-赛德尔迭代法，首先给定电压相量的初值，对于 PQ 节点，不仅需要给定电压幅值的初值，还要给出相角的初值（设为零）。

假如第 m 号节点为 PQ 节点，第 k 次迭代公式为（第 m 个节点以前的节点第 k 次迭代已经完毕，因此用第 $k+1$ 次的值取代第 k 次的值，而在第 m 个节点以后的节点尚未进行第 k 次迭代）

$$\dot{U}_m^{[k+1]} = \frac{1}{Y_{mm}} \left(\frac{P_{Sm} - jQ_{Sm}}{\overline{U}_m^{[k]}} - \sum_{l=1}^{m-1} Y_{ml} \dot{U}_l^{[k+1]} - \sum_{l=m+1}^{N} Y_{ml} U_l^{[k]} \right) \tag{4-28}$$

对于 PV 节点，电压幅值为给定的电压，相角初值设为零。可是对于 PV 节点来说，注入该节点的无功功率未知，因此第 k 次迭代时，首先按照下式计算注入 PV 节点（假设第 m 个节点是 PV 节点）的无功功率：

$$Q_{Sm}^{[k]} = \text{Im}[\dot{U}_m^{[k]} \overline{I}_{Sm}^{[k]}] = \text{Im}\left[\dot{U}_m^{[k]} \left(\sum_{l=1}^{m-1} \overline{Y}_{ml} \overline{U}_l^{[k+1]} + \sum_{l=m}^{N} \overline{Y}_{ml} \overline{U}_l^{[k]} \right) \right] \tag{4-29}$$

在迭代计算过程中，任意节点的电压和无功功率必须满足不等约束条件：

$$U_{m\min} \leq U_m^{[k]} \leq U_{m\max}$$
$$Q_{m\min} \leq Q_m^{[k]} \leq Q_{m\max}$$

如果在迭代过程中，PQ 节点的电压幅值超出允许的范围，则该节点的电压幅值就固定为允许电压的上限（如果超出上限）或下限（如果越过下限），PQ 节点就变为 PV 节点继续进行迭代。同样，对于 PV 节点来说，如果在迭代过程中，无功功率 Q 超出了允许的范围，则 PV 节点就变为 PQ 节点继续参与迭代。高斯-赛德尔迭代法的计算过程如下：

1)设置初始值。对于 PQ 节点,由于其电压相量的幅值和相角都未知,因此初始的电压相量的幅值可以设定为各个点的额定电压,相角选择为零;对于 PV 节点,由于其电压相量的幅值已知,因此幅值用已知的设定电压,初始相角设定为零。

2)对于 PQ 节点,直接将设定的初始值代入,用式(4-28)求得下一次迭代的电压值,然后判断是否电压越限,如果越限,则用其限值(越过上限用上限值,越过下限则用下限值),该节点在下一次迭代过程中转化为 PV 节点;对于 PV 节点,则首先利用式(4-29)求出注入的无功功率,然后校验无功功率是否越限,如果越限则采用上限值或者下限值,下一次迭代时该节点转化为 PQ 节点,将求得的注入无功功率和已知的有功功率代入式(4-28)求解下一次迭代的电压相量值。

3)判断误差是否满足要求。用第 k 次迭代的结果和 $k-1$ 次迭代的结果进行比较,如果其最大的误差满足事先设定的误差要求,则输出计算结果;如果不满足要求,则返回第2)步继续迭代。其计算流程图如图4-5所示。

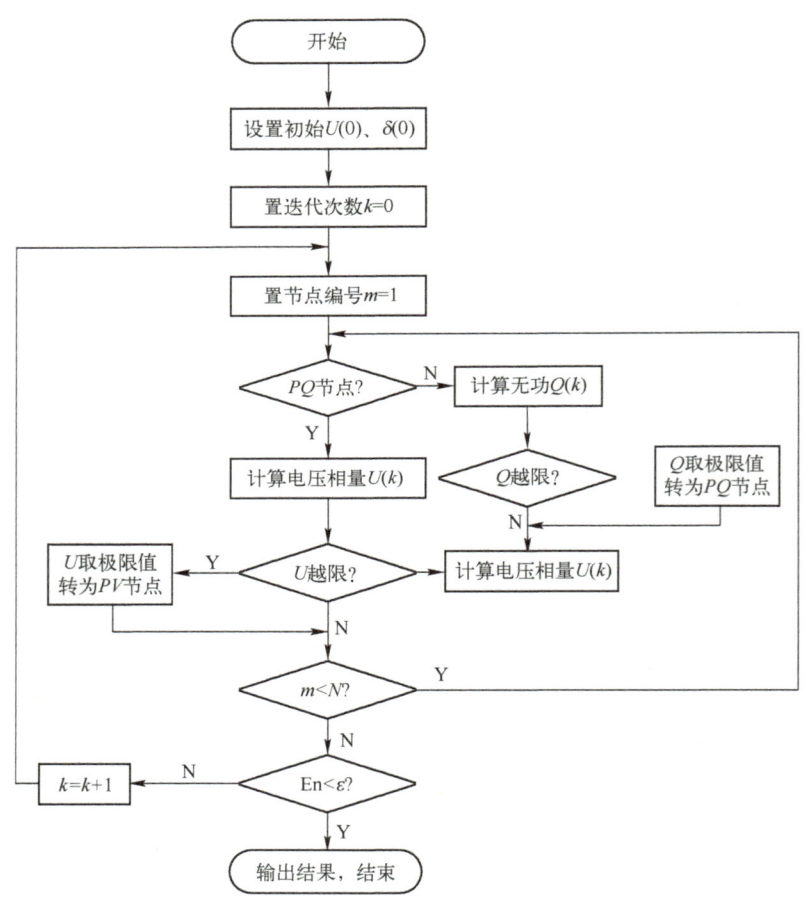

图 4-5 高斯-赛德尔迭代法求解电力系统潮流的计算流程图

> ※一点讨论
>
> 高斯-赛德尔迭代法是计算机求解电力系统潮流中最早采用的方法。方法优点如下：原理简单，对电压初值选取的要求不是很严格，编程易实现，占用计算机内存小。缺点如下：该法只具有一阶线性收敛速度，收敛性较差，当电网的规模增大时，会导致算法的迭代次数急剧增加。这也是该方法在实际工程应用中受限的主要原因。

4.3 牛顿-拉夫逊法

4.3.1 牛顿-拉夫逊法基本原理

先考虑一个一元非线性方程 $f(x)=0$ 的求解问题，假设 x_0 是该方程的近似解，与真实解之间的误差为 Δx，那么有

$$f(x_0+\Delta x)=0 \tag{4-30}$$

将其展开成一阶泰勒级数：

$$f(x_0+\Delta x) \approx f(x_0)+f'(x_0)\Delta x=0 \tag{4-31}$$

可以计算出近似解 x_0 与真实解之间的误差近似为

$$\Delta x=-\frac{f(x_0)}{f'(x_0)} \tag{4-32}$$

因此，可以得到这个一元非线性方程的求解步骤如下：首先给定解的初值 $x^{[0]}$，然后根据式（4-32）求出初始值的修正值 $\Delta x^{[0]}$，由此可以得到该方程的新解 $x^{[1]}=x^{[0]}+\Delta x^{[0]}$，如此反复迭代，直到误差满足要求 $|\Delta x^{[N]}|<\varepsilon$。迭代计算流程如图4-6所示。

其迭代求解过程的几何意义如图4-7所示。

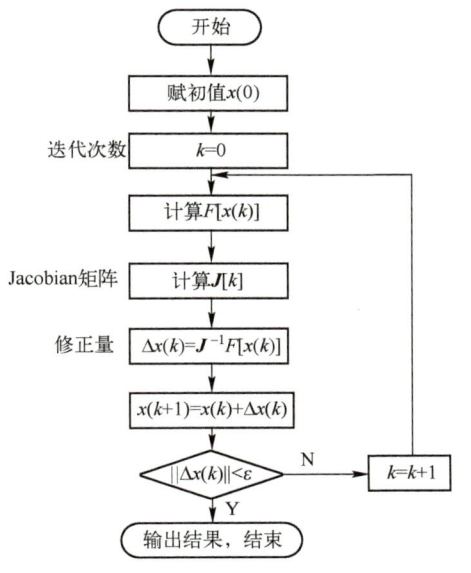

图4-6 牛顿-拉夫逊法计算流程

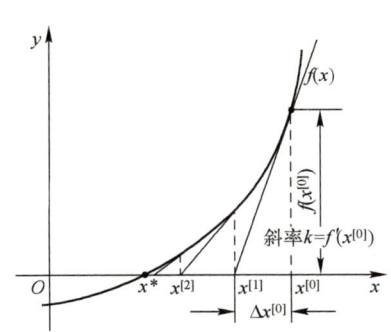

图4-7 牛顿-拉夫逊法的几何解释

可以把上述求解一元非线性代数方程的方法推广到 n 维非线性代数方程[如式（4-20）]的求解。非线性代数方程组可以表示为矩阵形式：

$$F(X) = 0 \tag{4-33}$$

同样假定 X_0 是该方程组的近似解，与真实解之间的误差为 ΔX，在 X_0 处展开一阶泰勒级数为

$$F(X_0 + \Delta X) \approx F(X_0) + J\Delta X = 0 \tag{4-34}$$

式中

$$J = \frac{\mathrm{d}F(X)}{\mathrm{d}X}\bigg|_{X=X_0} = \begin{bmatrix} \dfrac{\partial f_1}{\partial x_1} & \dfrac{\partial f_1}{\partial x_2} & \cdots & \dfrac{\partial f_1}{\partial x_n} \\ \dfrac{\partial f_2}{\partial x_1} & \dfrac{\partial f_2}{\partial x_2} & \cdots & \dfrac{\partial f_2}{\partial x_n} \\ \vdots & \vdots & & \vdots \\ \dfrac{\partial f_n}{\partial x_1} & \dfrac{\partial f_n}{\partial x_2} & \cdots & \dfrac{\partial f_n}{\partial x_n} \end{bmatrix}_{X=X_0} \tag{4-35}$$

被称为雅可比（Jacobian）矩阵。式（4-34）称为修正方程，修正方程可得到修正值 ΔX 为

$$\Delta X = -J^{-1}F(X_0) \tag{4-36}$$

计算过程与一维方程的牛顿法求解类似，首先给定初值 $X^{[0]} = [x_1^{[0]}, x_2^{[0]}, \cdots, x_n^{[0]}]^\mathrm{T}$，并计算出在初始值处的雅可比矩阵 J_0，利用式（4-36）计算初始值的修正值 $\Delta X^{[0]} = -J_0^{-1}F(X^{[0]})$，根据这个差值可以得到修正后的解 $X^{[1]} = X^{[0]} + \Delta X^{[0]}$。如此循环往复，在第 k 次迭代时，计算雅可比矩阵 J_k，根据式（4-34）计算修正值 $\Delta X^{[k]} = -J_k^{-1}F(X^{[k]})$，得到第 $k+1$ 次修正后的解：$X^{[k+1]} = X^{[k]} + \Delta X^{[k]}$，重复上述过程，直到误差满足要求为止。

可见，牛顿-拉夫逊法的关键在于求解雅可比矩阵 J，由于直角坐标表示和极坐标表示电压相量的节点功率方程有所不同，因此其雅可比矩阵也有很大的差异。

> **※一点讨论**
>
> 文中提到了高斯、赛德尔、牛顿和拉夫逊，他们与其他工程师一样，是通过学习、经历和实践获得自然科学的知识，并将其应用于判断，进而驾驭源于自然界的力量以供人类使用并造福人类，对全人类的生活质量有着至关重要的影响，因此要求工程师们遵守伦理行为的最高准则，必须诚实、公正、公平和公道，并且致力于保护公众健康、安全和福祉。

4.3.2 直角坐标节点功率方程的牛顿-拉夫逊法

仍然假设系统有 N 个节点，其中 M 个 PQ 节点，$N-M-1$ 个 PV 节点，1 个平衡节点。则 M 个 PQ 节点方程为（假设 1 号节点至 M 号节点为 PQ 节点）

$$\begin{cases} \Delta P_k = P_{Sk} - e_k \sum\limits_{l=1}^{N}(G_{kl}e_l - B_{kl}f_l) - f_k \sum\limits_{l=1}^{N}(G_{kl}f_l + B_{kl}e_l) = 0 \\ \Delta Q_k = Q_{Sk} - f_k \sum\limits_{l=1}^{N}(G_{kl}e_l - B_{kl}f_l) + e_k \sum\limits_{l=1}^{N}(G_{kl}f_l + B_{kl}e_l) = 0 \end{cases} \quad (k=1,2,\cdots,M) \tag{4-37}$$

$N-M-1$ 个 PV 节点的方程为（假设第 $M+1$ 号节点至第 $N-1$ 号节点为 PV 节点）

$$\begin{cases} \Delta P_k = P_{Sk} - e_k \sum_{l=1}^{N}(G_{kl}e_l - B_{kl}f_l) - f_k \sum_{l=1}^{N}(G_{kl}f_l + B_{kl}e_l) = 0 \\ \Delta U_k = U_k^2 - e_k^2 - f_k^2 = 0 \end{cases} \quad (k = M+1, M+2, \cdots, N-1)$$

(4-38)

式中，ΔU_k 只代表一个函数，并非代表电压差；P_{Sk} 和 Q_{Sk} 为注入节点 k 的净功率，即注入该节点的发电功率减去该节点的负荷功率。

PQ 节点的方程是有功功率和无功功率方程，PV 节点方程是有功功率方程和电压方程，平衡节点为参考节点，电压已知，没有方程，但其电压参与节点功率方程中计算。未知变量是除了平衡节点外的各个节点电压相量的横分量和纵分量，共有 $2(N-1)$ 个未知数，$2(N-1)$ 个方程。

其修正方程为

$$\begin{bmatrix} \Delta P_1 \\ \Delta Q_1 \\ \vdots \\ \Delta P_m \\ \Delta Q_m \\ --- \\ \Delta P_{m+1} \\ \Delta U_{m+1} \\ \vdots \\ \Delta P_{n-1} \\ \Delta U_{n-1} \end{bmatrix} = - \begin{bmatrix} N_{11} & H_{11} & \cdots & N_{1m} & H_{1m} & | & N_{1,m+1} & H_{1,m+1} & \cdots & N_{1,n-1} & H_{1,n-1} \\ M_{11} & L_{11} & \cdots & M_{1m} & L_{1m} & | & M_{1,m+1} & L_{1,m+1} & \cdots & M_{1,n-1} & L_{1,n-1} \\ \vdots & \vdots & & \vdots & \vdots & | & \vdots & \vdots & & \vdots & \vdots \\ N_{m,1} & H_{m,1} & \cdots & N_{m,m} & H_{m,m} & | & N_{m,m+1} & H_{m,m+1} & \cdots & N_{m,n-1} & H_{m,n-1} \\ M_{m,1} & L_{m,1} & \cdots & M_{m,m} & L_{m,m} & | & M_{m,m+1} & L_{m,m+1} & \cdots & M_{m,n-1} & L_{m,n-1} \\ --- & --- & -- & --- & --- & | & --- & --- & -- & --- & --- \\ N_{m+1,1} & H_{m+1,1} & \cdots & N_{m+1,m} & H_{m+1,m} & | & N_{m+1,m+1} & H_{m+1,m+1} & \cdots & N_{m+1,n-1} & H_{m+1,n-1} \\ R_{m+1,1} & S_{m+1,1} & \cdots & R_{m+1,m} & S_{m+1,m} & | & R_{m+1,m+1} & S_{m+1,m+1} & \cdots & R_{m+1,n-1} & S_{m+1,n-1} \\ \vdots & \vdots & & \vdots & \vdots & | & \vdots & \vdots & & \vdots & \vdots \\ N_{n-1,1} & H_{n-1,1} & \cdots & N_{n-1,m} & H_{n-1,m} & | & N_{n-1,m+1} & H_{n-1,m+1} & \cdots & N_{n-1,n-1} & H_{n-1,n-1} \\ R_{n-1,1} & S_{n-1,1} & \cdots & R_{n-1,m} & S_{n-1,m} & | & R_{n-1,m+1} & S_{n-1,m+1} & \cdots & R_{n-1,n-1} & S_{n-1,n-1} \end{bmatrix} \begin{bmatrix} \Delta e_1 \\ \Delta f_1 \\ \vdots \\ \Delta e_m \\ \Delta f_m \\ -- \\ \Delta e_{m+1} \\ \Delta f_{m+1} \\ \vdots \\ \Delta e_{n-1} \\ \Delta f_{n-1} \end{bmatrix}$$

(4-39)

式中

$$N_{kj} = \frac{\partial \Delta P_k}{\partial e_j} = -G_{kj}e_k - B_{kj}f_k \quad (j \neq k)$$

$$N_{kk} = \frac{\partial \Delta P_k}{\partial e_k} = -G_{kk}e_k - B_{kk}f_k - \sum_{l=1}^{n-1}(G_{kl}e_l - B_{kl}f_l)$$

$$H_{kj} = \frac{\partial \Delta P_k}{\partial f_j} = -G_{kj}f_k + B_{kj}e_k \quad (j \neq k)$$

$$H_{kk} = \frac{\partial \Delta P_k}{\partial f_k} = B_{kk}e_k - G_{kk}f_k - \sum_{l=1}^{n-1}(G_{kl}f_l + B_{kl}e_l)$$

$$M_{kj} = \frac{\partial \Delta Q_k}{\partial e_j} = -G_{kj}f_k + B_{kj}e_k \quad (j \neq k)$$

$$M_{kk} = \frac{\partial \Delta Q_k}{\partial e_k} = B_{kk}e_k - G_{kk}f_k + \sum_{l=1}^{n-1}(G_{kl}f_l + B_{kl}e_l)$$

$$L_{kj} = \frac{\partial \Delta Q_k}{\partial f_j} = B_{kj}f_k + G_{kj}e_k \quad (j \neq k)$$

$$L_{kk} = \frac{\partial \Delta Q_k}{\partial f_k} = G_{kk}e_k + B_{kk}f_k - \sum_{l=1}^{n-1}(G_{kl}e_l - B_{kl}f_l)$$

$$R_{kj} = \frac{\partial \Delta U_k}{\partial e_j} = 0 \quad (j \neq k)$$

$$R_{kk} = \frac{\partial \Delta U_k}{\partial e_k} = -2e_k$$

$$S_{kj} = \frac{\partial \Delta U_k}{\partial f_j} = 0 \quad (j \neq k)$$

$$S_{kk} = \frac{\partial \Delta U_k}{\partial f_k} = -2f_k$$

基于直角坐标的牛顿-拉夫逊法的潮流计算步骤如下：

1）设定初值。对于 PQ 节点，其电压幅值的初值设定为该点的额定电压，而相角设定为零。因此，电压实部设定为额定电压，而虚部设定为零。对于 PV 节点，电压幅值已知，因此该节点的电压相量实部设定为已知的电压幅值，虚部也设定为零。

2）求出 PQ 节点有功功率和无功功率增量 $\Delta P^{(k)}$、$\Delta Q^{(k)}$［式（4-37）］，以及 PV 节点的有功功率和电压幅值的增量 $\Delta P^{(k)}$ 和 $\Delta U^{(k)}$［式（4-38）］，同时求出雅可比矩阵 $\boldsymbol{J}^{(k)}$。

3）求解修正方程（4-39），得到电压的实部和虚部的修正值 $\Delta e^{(k)}$ 和 $\Delta f^{(k)}$。并根据修正值修正设定的电压初始值。

4）判断误差是否满足要求，如果满足要求，则输出计算结果，否则令 $k=k+1$，转入第 2 步继续迭代。

4.3.3 极坐标节点功率方程的牛顿-拉夫逊法

仍然假设系统有 N 个节点，其中 M 个 PQ 节点，$N-M-1$ 个 PV 节点，1 个平衡节点。则 M 个 PQ 节点方程为（假设第 1 号节点至第 M 号节点为 PQ 节点）

$$\begin{cases} \Delta P_k = P_{Sk} - U_k \sum_{l=1}^{N} U_l(G_{kl}\cos\delta_{kl} + B_{kl}\sin\delta_{kl}) = 0 \\ \Delta Q_k = Q_{Sk} - U_k \sum_{l=1}^{n} U_l(G_{kl}\sin\delta_{kl} - B_{kl}\cos\delta_{kl}) = 0 \end{cases} \quad (k=1,2,\cdots,M) \quad (4\text{-}40)$$

$N-M-1$ 个 PV 节点只包含有功功率方程（假设第 $M+1$ 号节点至 $N-1$ 号节点为 PV 节点）：

$$\Delta P_k = P_{Sk} - U_k \sum_{l=1}^{N} U_l(G_{kl}\cos\delta_{kl} + B_{kl}\sin\delta_{kl}) = 0 \quad (4\text{-}41)$$

式中，P_{Sk} 和 Q_{Sk} 为注入节点 k 的净功率，即注入该节点的发电功率减去该节点负荷功率。PQ 节点既有有功功率方程，也有无功功率方程，未知数为电压幅值和相角；而 PV 节点则只有有功功率方程，未知数只有电压的相角。因此，极坐标下的节点功率方程共有 $2M+(N-1-M)=N+M-1$ 个未知数和方程。

把上述方程调整一下顺序：把 $N-1$ 个有功功率方程放在一起，M 个无功功率方程放在一起，方程可以写成

$$\begin{cases} \Delta \boldsymbol{P}(\boldsymbol{\delta},\boldsymbol{U})=0 \\ \Delta \boldsymbol{Q}(\boldsymbol{\delta},\boldsymbol{U})=0 \end{cases} \quad (4-42)$$

式中，$\Delta \boldsymbol{P}=[\Delta P_1,\Delta P_2,\cdots,\Delta P_{N-1}]^\mathrm{T}$；$\Delta \boldsymbol{Q}=[\Delta Q_1,\Delta Q_2,\cdots,\Delta Q_M]^\mathrm{T}$；$\boldsymbol{\delta}=[\delta_1,\delta_2,\cdots,\delta_{N-1}]^\mathrm{T}$；$\boldsymbol{U}=[U_1,U_2,\cdots,U_M]^\mathrm{T}$。

其修正方程为

$$\begin{bmatrix} \Delta P_1 \\ \vdots \\ \Delta P_{n-1} \\ -- \\ \Delta Q_1 \\ \vdots \\ \Delta Q_m \end{bmatrix} = - \begin{bmatrix} \dfrac{\partial \Delta P_1}{\partial \delta_1} & \cdots & \dfrac{\partial \Delta P_1}{\partial \delta_{n-1}} & | & U_1\dfrac{\partial \Delta P_1}{\partial U_1} & \cdots & U_m\dfrac{\partial \Delta P_1}{\partial U_m} \\ \vdots & & \vdots & | & \vdots & & \vdots \\ \dfrac{\partial \Delta P_{n-1}}{\partial \delta_1} & \cdots & \dfrac{\partial \Delta P_{n-1}}{\partial \delta_{n-1}} & | & U_1\dfrac{\partial \Delta P_{n-1}}{\partial U_1} & \cdots & U_m\dfrac{\partial \Delta P_{n-1}}{\partial U_m} \\ -- & -- & -- & | & -- & -- & -- \\ \dfrac{\partial \Delta Q_1}{\partial \delta_1} & \cdots & \dfrac{\partial \Delta Q_1}{\partial \delta_{n-1}} & | & U_1\dfrac{\partial \Delta Q_1}{\partial U_1} & \cdots & U_m\dfrac{\partial \Delta Q_1}{\partial U_m} \\ \vdots & & \vdots & | & \vdots & & \vdots \\ \dfrac{\partial \Delta Q_m}{\partial \delta_1} & \cdots & \dfrac{\partial \Delta Q_m}{\partial \delta_{n-1}} & | & U_1\dfrac{\partial \Delta Q_m}{\partial U_1} & \cdots & U_m\dfrac{\partial \Delta Q_m}{\partial U_m} \end{bmatrix} \begin{bmatrix} \Delta \delta_1 \\ \vdots \\ \Delta \delta_{n-1} \\ -- \\ \Delta U_1/U_1 \\ \vdots \\ \Delta U_m/U_m \end{bmatrix}$$

(4-43)

为了使得雅可比矩阵的各个元素具相似性，并为 PQ 分解法做铺垫，将雅可比矩阵中对电压的偏导元素乘上电压值，后面电压增量上除上电压值，根据矩阵的知识不难发现，经过上述处理后修正方程没有发生什么变化。将上面修正方程中的矩阵分为两部分：

$$\begin{bmatrix} \Delta \boldsymbol{P} \\ \Delta \boldsymbol{Q} \end{bmatrix} = - \begin{bmatrix} \boldsymbol{N} & \boldsymbol{H} \\ \boldsymbol{M} & \boldsymbol{L} \end{bmatrix} \begin{bmatrix} \Delta \boldsymbol{\delta} \\ \Delta \boldsymbol{U}/\boldsymbol{U} \end{bmatrix} \quad (4-44)$$

式中，$\Delta \boldsymbol{U}/\boldsymbol{U}=[\Delta U_1/U_1,\cdots,\Delta U_m/U_m]^\mathrm{T}$，这并非是矩阵相除；分块矩阵 $\boldsymbol{N}$ 为 $(N-1)\times(N-1)$ 阶矩阵，$\boldsymbol{H}$ 为 $(N-1)\times M$ 阶矩阵，$\boldsymbol{M}$ 为 $M\times(N-1)$ 阶矩阵，$\boldsymbol{L}$ 为 $M\times M$ 阶矩阵。上述分块矩阵的元素分别表示如下：

$$N_{kk}=\frac{\partial \Delta P_k}{\partial \delta_k}=U_k\sum_{l\neq k}U_l(G_{kl}\sin\delta_{kl}-B_{kl}\cos\delta_{kl})=Q_{Sk}+U_k^2 B_{kk}$$

$$N_{kj}=\frac{\partial \Delta P_k}{\partial \delta_j}=U_k U_j(B_{kj}\cos\delta_{kj}-G_{kj}\sin\delta_{kj}) \quad (j\neq k)$$

$$H_{kk}=U_k\frac{\partial \Delta P_k}{\partial U_k}=-U_k\sum_{l\neq k}U_l(G_{kl}\cos\delta_{kl}+B_{kl}\sin\delta_{kl})-2U_k^2 G_{kk}=-U_k^2 G_{kk}-P_{Sk}$$

$$H_{kj}=U_j\frac{\partial \Delta P_k}{\partial U_j}=-U_k U_j(G_{kj}\cos\delta_{kj}+B_{kj}\sin\delta_{kj}) \quad (j\neq k)$$

$$M_{kk}=\frac{\partial \Delta Q_k}{\partial \delta_k}=-U_k\sum_{l\neq k}U_l(G_{kl}\cos\delta_{kl}-B_{kl}\sin\delta_{kl})=U_k^2 G_{kk}-P_{Sk}$$

$$M_{kj}=\frac{\partial \Delta Q_k}{\partial \delta_j}=U_k U_j(G_{kj}\cos\delta_{kj}+B_{kj}\sin\delta_{kj}) \quad (j\neq k)$$

$$L_{kk} = U_k \frac{\partial \Delta Q_k}{\partial U_k}=- U_k \sum_{l\neq k}U_l(G_{kl}\sin\delta_{kl} - B_{kl}\cos\delta_{kl}) + 2U_k^2 B_{kk} = U_k^2 B_{kk} - Q_{Sk}$$

$$L_{kj} = U_j \frac{\partial \Delta Q_k}{\partial U_j}=U_k U_j(B_{kj}\cos\delta_{kj}-G_{kj}\sin\delta_{kj}) \quad (j\neq k)$$

基于极坐标下的牛顿-拉夫逊法的潮流计算过程如下：

1）设定初值。对于 PQ 节点，其电压幅值的初值设定为该点的额定电压，而相角设定为零；对于 PV 节点，电压幅值已知，因此只设定相角的初值，设定为零。

2）求出 PQ 节点有功功率和无功功率增量 $\Delta P^{(k)}$、$\Delta Q^{(k)}$ ［参见式（4-40）］，以及 PV 节点的有功功率和电压幅值的增量 $\Delta P^{(k)}$ ［参见式（4-41）］、$\Delta U^{(k)}$，同时求出雅可比矩阵 $\mathbf{J}^{(k)}$。

3）求解修正方程（4-43），得到电压幅值和相角的修正量 $\Delta \mathbf{U}^{(k)}$ 和 $\Delta \boldsymbol{\delta}^{(k)}$。并根据修正值修正设定的电压初始值。

4）判断误差是否满足要求，即 $\|\Delta \boldsymbol{\delta}^{(k)}\|<\varepsilon_1$、$\|\Delta \mathbf{U}^{(k)}\|<\varepsilon_2$。如果满足要求，则输出计算结果，否则令 $k=k+1$，转入第 2）步继续迭代。

> ※一点讨论
>
> 相比高斯-赛德尔法，牛顿-拉夫逊法在单根附近具有二次方收敛速度，故而具有很好的收敛性。但该法对初值十分敏感，如果初值选取不当或在病态系统中，往往会使结果不收敛。近年来，大多数潮流计算的相关研究，都是围绕着改进牛顿-拉夫逊法进行的，使其既保留牛顿-拉夫逊法计算效率高的优点，又可以提高算法的鲁棒性，即使在病态电力系统和初值选取不当的情况下，也能求得系统解。

4.4 PQ 分解法

通过上面的分析和论述可以发现，牛顿-拉夫逊法的收敛速度很快，但计算量很大，因为每一次迭代都必须重新计算雅可比矩阵，并求解修正方程。因此，为了减少计算量，根据基于极坐标的牛顿-拉夫逊法的特点，建立了 PQ 分解法的潮流计算方法。

首先来观察一下基于极坐标下的牛顿-拉夫逊法潮流计算过程中的电压修正方程的雅可比矩阵的情况。根据电力系统在稳态运行时的实际情况，可知，$G_{kj}\ll B_{kj}$，$\delta_{kj}\approx 0$，$P_{Sk}\ll U_k^2 B_{kk}$，$Q_{Sk}\ll U_k^2 B_{kk}$，因此，可以近似地认为

$$N_{kk}=L_{kk}\approx U_k^2 B_{kk}; \quad N_{kj}=L_{kj}\approx U_k U_j B_{kj}; \quad H_{kk}=M_{kk}\approx 0; \quad H_{kj}=M_{kj}\approx 0$$

这就是说，各个节点电压相角的变化主要与注入净有功功率的变化有关，各个节点电压幅值的变化主要与注入净无功功率的变化有关：$\Delta \mathbf{P} = -\mathbf{N}\Delta \boldsymbol{\delta}$；$\Delta \mathbf{Q} = -\mathbf{L}\Delta \mathbf{U}/\mathbf{U}$，这两个修正方程可以表示为

$$\begin{bmatrix} \Delta P_1 \\ \Delta P_2 \\ \vdots \\ \Delta P_{N-1} \end{bmatrix} = -\begin{bmatrix} U_1 B_{11} U_1 & U_1 B_{12} U_2 & \cdots & U_1 B_{1,N-1} U_{N-1} \\ U_2 B_{21} U_1 & U_2 B_{22} U_2 & \cdots & U_2 B_{2,N-1} U_{N-1} \\ \vdots & \vdots & & \vdots \\ U_{N-1} B_{N-1,1} U_1 & U_{N-1} B_{N-1,2} U_2 & \cdots & U_{N-1} B_{N-,N-1} U_{N-1} \end{bmatrix} \begin{bmatrix} \Delta \delta_1 \\ \Delta \delta_2 \\ \vdots \\ \Delta \delta_{N-1} \end{bmatrix}$$

$$= -\begin{bmatrix} U_1 & 0 & \cdots & 0 \\ 0 & U_2 & \cdots & 0 \\ \vdots & \vdots & & \vdots \\ 0 & 0 & \cdots & U_{N-1} \end{bmatrix} \begin{bmatrix} B_{11} & B_{12} & \cdots & B_{1,n-1} \\ B_{21} & B_{22} & \cdots & B_{2,n-1} \\ \vdots & \vdots & & \vdots \\ B_{N-1,1} & B_{N-1,2} & \cdots & B_{N-1,N-1} \end{bmatrix} \begin{bmatrix} U_1 & 0 & \cdots & 0 \\ 0 & U_2 & \cdots & 0 \\ \vdots & \vdots & & \vdots \\ 0 & 0 & \cdots & U_{N-1} \end{bmatrix} \begin{bmatrix} \Delta \delta_1 \\ \Delta \delta_2 \\ \vdots \\ \Delta \delta_{N-1} \end{bmatrix}$$

(4-45)

上面的方程可以进一步表示为

$$\begin{bmatrix} \Delta P_1 / U_1 \\ \Delta P_2 / U_2 \\ \vdots \\ \Delta P_{N-1} / U_{N-1} \end{bmatrix} = -\begin{bmatrix} B_{11} & B_{12} & \cdots & B_{1,N-1} \\ B_{21} & B_{22} & \cdots & B_{2,N-1} \\ \vdots & \vdots & & \vdots \\ B_{N-1,1} & B_{N-1,2} & \cdots & B_{N-1,N-1} \end{bmatrix} \begin{bmatrix} U_1 \Delta \delta_1 \\ U_2 \Delta \delta_2 \\ \vdots \\ U_{N-1} \Delta \delta_{N-1} \end{bmatrix}$$

(4-46)

可以简单地表示为

$$\Delta P/V = -B(U\Delta\delta) \tag{4-47}$$

式中，矩阵 B 为全系统除了平衡节点以外的节点电纳矩阵。注：$\Delta P/U$ 和 $U\Delta\delta$ 表示不是很严谨，它们仅代表由 $\Delta P_k/U_k$ 和 $U_k\Delta\delta_k$ 组成的列向量。

同理可得

$$\Delta Q/U = -B(\Delta U) \tag{4-48}$$

式中，矩阵 B' 为所有 PQ 节点以外的节点电纳矩阵。注：$\Delta Q/U$ 仅代表由 $\Delta Q_k/U_k$ 组成的列向量。

这样，在求解修正方程（4-49）和（4-50）的时候，只需要提前将节点电纳矩阵 B 和 B' 利用高斯消去法变换成上（或下）三角矩阵，并记录变换过程就可以了。与牛顿-拉夫逊法相比，每一步的迭代过程都大大减少了工作量。

PQ 分解法的潮流计算步骤如下：

1）准备工作。形成全系统（平衡节点除外）的节点电纳矩阵 B，以及其子矩阵——全部 PQ 节点的节点电纳矩阵 B'，然后利用高斯消去法形成上（或者下）三角矩阵并记录变换过程。

2）赋初值 $U^{(0)}$ 和 $\delta^{(0)}$。将全系统的 PQ 节点的电压 U 设置为额定电压，全系统的节点的相角（平衡节点除外）设置为 0。令迭代次数 $k=0$。

3）根据设置的电压和相角值计算 $[\Delta P/U]^{(k)}$ 以及 $[\Delta Q/U]^{(k)}$，并根据节点导纳矩阵的上/下三角矩阵求解修正方程（4-47）和（4-48），得到 $\Delta\delta^{(k)}$ 和 $\Delta U^{(k)}$。并根据修正值修正设定的电压初始值。

4）判断误差是否满足要求，即 $\|\Delta\delta^{(k)}\| < \varepsilon_1$、$\|\Delta U^{(k)}\| < \varepsilon_2$。如果满足要求，则输出计算结果，否则令 $k=k+1$，转入第 2）步继续迭代。

PQ 分解法简化了每一步的迭代的计算量，每一步的迭代出的修正值与牛顿-拉夫逊法的修正值相比误差要大，因此，PQ 分解法虽然每一步的迭代计算量减少了，但换来的代价是增加了迭代次数。但其最终的计算精确度是不受影响的,因为计算的精度取决于最终的误差要求 ε_1 和 ε_2,如果误差要求和牛顿-拉夫逊法是一样的,那么 PQ 分解法最终的计算结果和牛顿-拉夫逊法的计算结果的精度就是一样的。

4.5 计算机潮流计算知识拓展

4.5.1 电力市场环境下的最优潮流发展综述

最优潮流问题由经典的经济负荷调度问题演变而来。20 世纪 60 年代,法国学者 Carpentier 将其作为一种涵盖网络约束的电力经济调度方法提出。最优潮流作为现代电力系统经济调度的重要手段,它以数学优化理论和潮流方程为基础,并在模型中充分考虑了经济性指标和安全稳定运行约束,把电力系统经济调度和潮流计算有机地融合在一起,进行经济与安全的全面优化。利用最优潮流能将电力系统的可靠性与电能质量量化成相应的经济指标,最终达到优化资源配置,降低发电、输电成本,提高对用户的服务质量的目的。因此最优潮流具有的技术经济意义是传统潮流计算所无法比拟的。

随着电力市场化改革的推进,传统的计划调度方法已不能满足电力市场进行电力资源优化配置的要求。通过将最优潮流模型和具体的电力市场模式有机地结合起来,将最优潮流模型作为进行市场优化的基本方法,产生符合市场进行资源优化配置的调度方案并提供有效反映电力真实价值的价格信息,能有效促进电力网络长期健康地发展,提高经济效益和网络安全性,提高对用户的服务质量。但同时,在电力市场环境下,各种物理约束和经济约束交织在一起,使得最优潮流的模型种类繁多,用来求解的算法也日趋复杂,因此国内外对电力市场环境下最优潮流的研究主要集中在模型建立和算法开发上。

(1) 最优潮流的建模

在最优潮流的模型建立方面,Carpentier 首先提出了建立在严格数学基础之上的以非线性规划法表示的电力系统最优潮流模型。该模型以有功网损最小、发电燃料费用最小、电压水平最高等为目标函数,等式约束是基本潮流方程,不等式约束包括系统允许的安全性和电能质量,另外可调控制变量本身也有一定的容许调节范围,如有功、无功出力上下限约束,可调无功电源出力上下限约束,可调变压器电压比调节范围约束,节点电压幅值上下限约束,输电线路中通过最大功率约束等。此外还有考虑电力市场的实时电价计算、电力市场的阻塞管理、电压稳定、预想事故状态、新能源出力、负荷功率、发电厂商报价的不确定性等多方面的最优潮流模型。

(2) 最优潮流的算法

在最优潮流的算法开发方面,由于最优潮流问题作为一个多变量、多约束的混合非线性规划问题,它不仅要求算法具有良好的收敛性,而且要求算法具有快速的计算速度,以达到在线计算的要求。求解最优潮流的方法归纳起来主要有线性规划法、二次规划法、非线性规划法和人工智能法。人工智能法是近几年随着计算机和人工智能等技术的发展而兴起的。相比非线性规划、线性规划等方法,人工智能法能对离散变量进行妥善的处理。禁忌搜索算法、混沌优化算法、遗传算法、模糊集理论、人工免疫算法、粒子群算法、蚁群算法和鱼群算法等人工智能法先后用于电力系统最优潮流问题。

上述求解最优潮流方法在电力系统规划和运行方面都得到广泛的应用，但每一种类型的算法都有各自的优缺点：经典算法的不足主要是对目标函数与约束条件有一定的限制，离散变量不好处理，并且编程复杂，难以收敛。而人工智能法的缺点是按概率进行操作，结果表现不稳定，易产生早熟现象，陷入局部最优解。

（丁一，浙江大学）

4.5.2 计算机潮流计算工程应用

潮流计算是电力系统分析最基本的计算，电力系统运行方式安排则是潮流计算的输入条件，从时间维度上电力系统运行方式安排可划分为规划和运行两个阶段：①规划阶段时长为3~15年，主要根据国民经济发展预测电力负荷，确定电源发展规划和电网发展规划，形成较为粗略的运行方式安排；②运行阶段时长为0~3年，从运行方式安排上又可细分为2~3年运行方式安排、年度运行方式安排、短期运行方式安排和实时运行方式安排。

具备了电力系统运行方式安排，则可确定潮流计算、短路计算、稳态分析、暂态分析和动态分析的数据，通过初始潮流计算结果可判断运行方式安排是否合理，初始潮流计算结果的合理性将直接影响后续的电力系统稳定性分析。

（1）除需要研究的特定潮流方式外，正常潮流计算结果应符合的要求

1）系统母线电压在 0.95~1.05p.u. 范围内，并且机组的有功、无功在正常范围内，本标准中选取平均额定电压为电压基准值。

2）线路及变压器均不过载，并满足 $N-1$ 静态安全的要求。

3）无功功率分布符合分层、分区平衡的原则。

如果不能满足上述要求，则应通过调节机组出力、投退无功功率补偿装置、调整负荷大小及调整变压器分接头等方法使之满足要求，并将所进行的调整作为该方式运行的必要条件提出。其中，$N-1$ 静态安全的要求是指按照 $N-1$ 原则的电力系统静态安全分析，逐个无故障断开线路、变压器、发电机、直流单极等单一元件，再进行潮流计算，获得 $N-1$ 开断后的潮流分布，$N-1$ 开断后其他设备不过载，电网中所有母线电压不越限，用以检验电网结构强度和运行方式是否满足电网运行的要求。

（2）潮流计算的收敛

某些设备 $N-1$ 开断后可能导致潮流计算不收敛，可能是元件开断导致局部孤立子系统或者开断导致局部系统有功功率或无功功率不平衡，前者是网络结构导致潮流计算不收敛；后者对系统的稳定性影响较大。无论如何都应该采用措施使潮流收敛，按照前面提及的原则认真检查潮流计算结果，通过调整运行方式安排使潮流分布满足电力系统运行要求，才能保证基于该潮流的后续稳定分析顺利开展。

从数学角度看，潮流计算就是采用各种数学方法求解一组非线性代数方程组；从电力系统角度看，则是通过一些已知电气量和电网参数，求解未知电气量。如在潮流计算中，一个节点有四个电气量，分别是有功注入功率、无功注入功率、节点电压幅值和节点电压相角。根据已知量和待求未知量的不同，潮流计算可划分为三种基本节点类型：PQ 节点、PV 节点和平衡节点。在实际潮流计算中节点类型应该随设备特性进行转化，最常见的如 PV 转 PQ 节点。当承担调压的发电机作为 PV 节点，无功达到上界或者下界时，应转换为 PQ 节点，此时无功出力固定在上界或者下界，电压待求，不再承担系统调压功能。工程计算中根据系

统中设备的特性，节点类型的设置原则如下：

1）负荷节点、T 节点、无功功率补偿节点、小水电及新能源等不承担调压作用的发电节点通常被设置成 PQ 节点。

2）常规水电和火电等承担调压作用的发电机节点通常被设置成 PV 转 PQ 节点。

3）一般情况下，一个同步电网只设置一个平衡节点，通常选择负荷中心的接入电压等级较高的发电机，平衡机的有功和无功不能超出正常范围。

实际上，可根据工程需要来调整节点类型，以利于得到需要的潮流结果。如果遇到潮流不收敛的情况，可以临时多设置平衡节点（适用于 PSASP）或者设置 BE 节点（适用于 BPA），先保证潮流收敛，然后再找出潮流不收敛的真正原因。

（鲁广明，中国电力科学研究院）

小　　结

早期使用的潮流计算方法是以导纳矩阵为基础的简单迭代法，称为高斯迭代法。这种迭代方法是以导纳矩阵方程为基础的，它的特点是原理简单，占用计算机存储量比较小，但一般来说，算法的收敛性差。当系统规模增大时，迭代次数急剧上升，往往出现不收敛的情况。

第 4 章部分知识点动画讲解

为了克服导纳矩阵迭代法收敛性差和阻抗矩阵迭代法占用存储量大的缺点，20 世纪 60 年代中期发展了求解潮流问题的牛顿-拉夫逊方法。牛顿-拉夫逊法是解非线性方程组的一种基本方法，在潮流计算中也得到了十分广泛的应用，该方法收敛性好。

近些年来，潮流算法的研究仍然非常活跃，大多数研究都是围绕改进牛顿法和 PQ 分解法进行的。由于电力系统规模的不断扩大，对计算速度的要求不断提高，计算机的并行计算技术也将在潮流计算中得到广泛的应用，成为重要的研究领域。

习　　题

4-1　节点导纳矩阵是如何形成的？它有何特点？其各元素的物理意义是什么？

4-2　试将 PQ 分解法与完整的牛顿-拉夫逊法潮流计算的主要特点做比较。

4-3　电网结构如图 4-8 所示，其额定电压为 10kV，已知各节点的负荷功率及线路参数为 $\tilde{S}_2$ = (0.3+j0.2) MV·A，$\tilde{S}_3$ = (0.5+j0.3) MV·A，$\tilde{S}_4$ = (0.2+j0.15) MV·A，Z_{12} = (1.2+j2.4) Ω，Z_{23} = (1.0+j2.0) Ω，Z_{24} = (1.5+j3.0) Ω，试计算功率和电压。

4-4　由 A、B 两端供电的电力网，其线路阻抗和负荷功率等如图 4-9 所示。试求当 A、B 两端供电电压相等（即 $U_A = U_B$）时，各段线路的输送功率是多少？（不计线路的功率损耗）

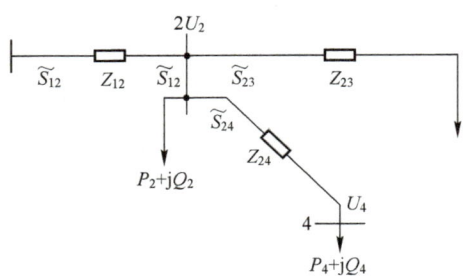

图 4-8　习题 4-3 图

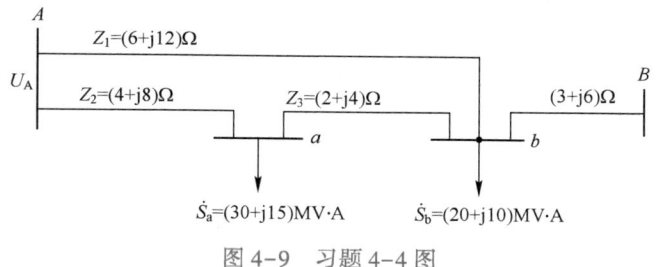

图 4-9 习题 4-4 图

4-5 电力网络等效电路参数如图 4-10 所示。
(1) 求其节点导纳矩阵。
(2) 若 2、4 节点间没有理想变压器,修改由(1)形成的节点导纳矩阵。

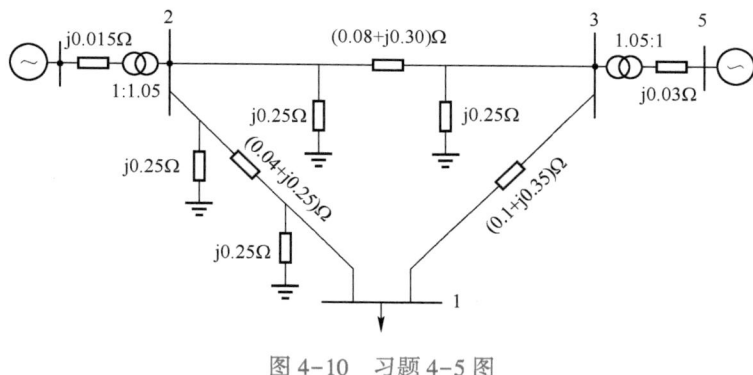

图 4-10 习题 4-5 图

4-6 试用牛顿-拉夫逊法求解 $\begin{cases} f_1(x) = x_1^2 + x_2^2 - 1 = 0 \\ f_2(x) = x_1 + x_2 = 0 \end{cases}$,起始猜测为 $x_1^0 = 1$、$x_2^0 = 0$,进行两次迭代$\left(\text{注:真解为 } x_1 = -x_2 = \dfrac{1}{\sqrt{2}}\right)$。

第 5 章 电力系统有功功率和频率

> 科学的方法，公正的态度，果断的决心，都应该在求学时代养成和学习。——竺可桢

本章要点：

第 5 章导学

- 熟悉电力系统的静态频率特性、频率调整的原理、有功功率平衡以及系统负荷在各类电厂的合理分配等问题。
- 掌握电力系统的静态频率特性和频率调整的基本概念。
- 掌握联合电力系统的频率调整。
- 掌握负荷的频率调节效应、发电机组的单位调节功率和系统的单位调节功率以及电力系统频率的一次调整和二次调整方法。

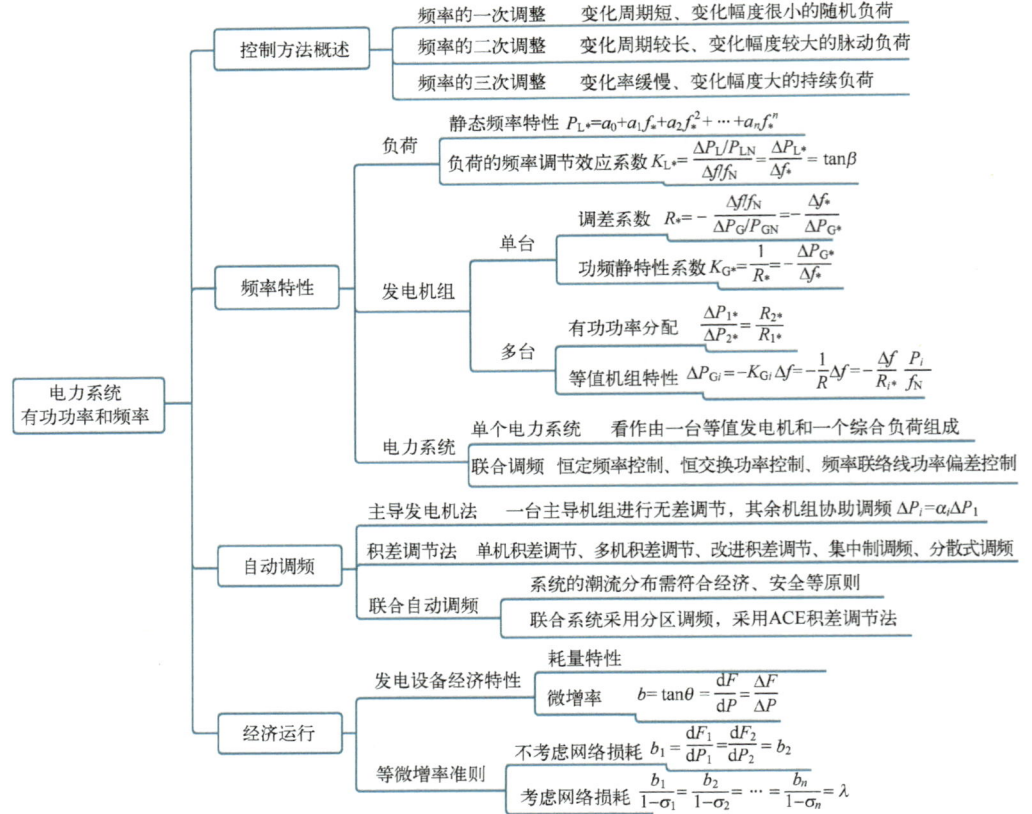

本章学科史：

（1）直流电机的发展史

电机发展的理论基础来自电磁相互作用现象的发现。

由于直流电机的工作原理简单，因此，在电机的早期发展中首先发展的是直流电机。最初的直流电机以天然永磁体作为磁场，获得的功率较低，动力很小。很快，科学家们开始以电磁铁作为电机的磁极，大大改善了直流电机的性能。在之后的发展中，励磁方式改变也是直流发电机发展的一个关键性变化，最初发电机要发出电流必须先有励磁，而且必须先有电流才能产生磁场励磁。在励磁技术改变后，科学家们又发明了串励式自激发电机和自并励发电机，大大改变了直流发电机的性能，从而开创了直流电机发展的新阶段。在之后的发展中，直流电机的发展主要体现在对电枢转子的改进上。

英国科学家法拉第在1831年发现了电磁感应现象，在此不久后他利用电磁感应原理制造出了世界上第一台真正意义上的电机——法拉第圆盘发电机。同年夏天，法国人皮克希对法拉第的电机模型进行了改进，制作了第一台振荡电动机。

在后续的发展中，金斯捷于1851年首先运用电磁铁代替永久磁体励磁，1854年丹麦的赫尔特·维尔纳兄弟申请了自激式发电机的专利。

虽然早在1832年俄籍德国人海因里希·楞次提出楞次定律，已经证明发电机和电动机是可逆的，但在19世纪70年代之前，直流发电机与电动机一直独立发展着。1866年，西门子的创始人维尔纳·冯·西门子制成直流自励、并励式直流发电机，首次完成把机械能转换成电能的发明。

（2）交流电机的发展史

随着直流发电技术的发展，直流发电机的发电和输电技术很快达到了上限，由于那时直流换流技术还未出现，人们把目光投向交流电机。

1886年，南斯拉夫出生的美国发明家特斯拉制成了两相绕线式交流异步电动机模型。两年后，特斯拉发明了交流电机，它是根据电磁感应原理制成的，这种电机结构简单，使用交流电无须整流，因此被广泛应用于家庭电机中。

1889年，俄国工程师杜列夫-杜波洛沃尔斯基发明了笼型三相电动机，这是第一台能够实用的三相交流电动机，至此电动机发展到了可以进入工业应用的阶段。

三相交流发电机与笼型三相交流电动机的发明给各个工厂、企业和公司提供了操控方便、快捷、安全、经济、源源不断、动力蓬勃的新动力，从而引发了第二次动力革命。这次革命促进了资本主义社会生产力的极大发展，使资本主义大生产开始向自动化、电机化方向发展，出现了比以蒸汽机技术为代表的第一次动力革命更为深刻的第二次工业技术革命。

1894年，在斯泰因梅茨的指导下，尼亚加拉大瀑布建成了世界上第一座交流发电站，自此交流发电成为全球发展趋势。

1902年，瑞典工程师丹尼尔森首先提出同步电机的构想，同步电机是目前最常用的交流发电机，广泛应用于电力系统中。当它的磁极对数为 p、转子转速为 n（单位为 r/min）时，输出电流频率（单位为 Hz）为 $f=np/60$，这也是电力系统中功频特性的由来。

5.1 电力系统有功功率的平衡

频率是衡量电能质量的重要指标，电力系统的频率与有功功率密切相关。实现电力系统在额定频率下的有功功率平衡，并留有必要的备用容量，是保证频率质量的前提。

电力系统中各发电机组额定容量的总和，称为电力系统的装机容量。由于各发电设备并不都是按额定容量运行，所以系统调度部门必须随时准确掌握可投入的各发电设备的可发功率——系统电源容量。为保证电力系统运行的可靠和具有良好的电能质量，系统电源容量应大于发电负荷，大于的部分称为备用容量。

备用容量按发电设备的运行状态可分为热备用和冷备用。热备用是运行中的备用，冷备用是未运转的备用。

备用容量按发电设备的用途分为负荷备用、事故备用、检修备用和国民经济备用。负荷备用是调整系统中短时负荷波动并担负计划外的负荷增加而设置的备用；事故备用是使电力用户在发电设备发生偶然性事故时不受严重影响、维持系统正常供电所需的备用；检修备用是为使系统中的发电设备能定期检修而设置的备用；国民经济备用是计及负荷的超计划增长而设置的备用。

上述四种备用是以热备用和冷备用的形式存在的，其中负荷备用和一部分事故备用需为热备用，其余备用视需要确定为热备用或冷备用。

> ※一点讨论
>
> 有功功率是交流电路中一个周期内发出或负载消耗的瞬时功率的积分的平均值（或负载电阻所消耗的功率），常称为平均功率。电力系统中，负荷的波动经常会导致有功功率的不平衡，主要变化过程如下：有功功率负荷增加（电力系统负荷的频率特性）→频率降低（根据电力系统负荷的频率特性和发电机组的频率特性可知）→电力系统的调节效应（电力系统一次调频、二次调频、电力系统的自动调频方法）→频率恢复正常→有功功率达到平衡，这也是本章内容的主线。
>
> 根据发电机转速与频率的关系可知，频率变化会导致发电机的转速产生波动，从而影响电力系统的稳态运行，所以需要维持全网频率的一致性。

5.1.1 频率及有功功率调节的意义

电力系统频率是电力系统中同步发电机产生的交流正弦电压的频率，它是电力系统运行参数中重要的参数之一。在稳态运行条件下，所有发电机同步运行，整个电力系统的频率是相等的。并列运行的每一台发电机的转速与系统频率的关系为

$$f=\frac{pn}{60} \tag{5-1}$$

式中，p 为发电机组转子极对数；n 为发电机组的转数（r/min）；f 为电力系统频率（Hz）。显然，电力系统的频率控制实际上就是调节发电机组的转速。

频率与发电机的转速有着严格的关系。发电机的转速是由作用在发电机转轴上的转矩

（或功率）平衡所确定的。原动机输出的功率再加上各种机械损耗后，如果能同发电机输出的电磁功率保持平衡，即 $\sum_{i=1}^{m} P_{Ti} = \sum_{i=1}^{m} P_{Gi}$，发电机的转速就可以保持恒定。但是发电机输出的电磁功率是由电力系统的负荷运行状态所决定的，而电力系统的负荷是时刻在变化的，任何一个负荷的变化，都要引起全系统功率的不平衡，导致系统频率发生变化。当系统负荷增加 ΔP_L 时，由于机械惯性，原动机输入的功率还来不及做出反应，则机组的输入功率小于负荷要求的电功率，为了保持功率平衡，机组只有把转子的一部分动能转换成电功率，致使机组转速降低，系统频率下降。其间的关系如下：

$$\sum_{i=1}^{m} P_{Ti} = \sum_{i=1}^{m} P_{Gi} + \Delta P_L + \frac{d}{dt}\left(\sum_{i=1}^{m} W_{Ki}\right) \tag{5-2}$$

式中，W_{Ki} 为机组的动能。

电力系统频率变化会对发电机和系统的安全运行带来严重影响。主要表现在：频率下降时，发电厂的重要厂用电设备（如风机、水泵、磨煤机等）的出力会降低，导致发电机出力下降，使电力系统的频率进一步下降。特别是当系统的频率下降到 48 Hz 以下时，将在非常短的时间内使发电厂的正常运行受到破坏，这样使系统频率下降更快，从而发生频率崩溃现象。系统频率的变化对用户也会造成不利影响。频率变化将引起异步电动机转速的变化，由这些电动机驱动的机械产品质量将受到影响；国防和工业使用的测量、控制等电子设备也会因频率的波动而影响准确性和工作性能。

因此，电力系统发电机组最重要的任务就是，根据负荷变化及时控制和调节原动机的输入功率，以保持系统频率的偏移在允许的范围之内。《电力工业技术管理法规》中规定的频率偏差范围为 ±0.2~±0.5 Hz。

5.1.2 电力系统频率及有功功率的分层控制

在实际电力系统中，有功负荷随时都在变化，是随机的、不可控的。按照其变化的幅度和周期特点，有功负荷可以分为以下几种：

1）变化周期短、变化幅度很小的随机负荷。这类负荷的变化周期一般在 10 s 以下，如图 5-1 所示的曲线 P_1。

2）变化周期较长、变化幅度较大的脉动负荷。这类负荷的变化周期一般在 10 s~3 min，如图 5-1 所示的曲线 P_2。

3）变化率缓慢、变化幅度大的持续负荷，如图 5-1 所示的曲线 P_3。

根据有功功率平衡关系，负荷功率变化时，发电机发出的电磁功率将随之变化，以达到有功功率平衡。又根据发电机的转子运动方程 $\frac{d\omega_*}{dt} = \frac{1}{T}(P_{T*} - P_{E*})$ 可知，发电机电磁功率 P_E 变化，而机械功率 P_T 由于机组惯性不能马上变化，功率平衡被破坏，发电机转速 ω 发生变化（偏离额定转速 ω_N），即系统频率发生变化。

由第一种负荷变化引起的频率偏移将由发电机组调速系统的调速器进行调整，称为频率的一次调整；第二种负荷变化引起的频率偏移将由发电机组调速系统的调频器进行调整，称为频率的二次调整；第三种负荷变化引起的频率偏移将在有功功率平衡的基础上，各发电机组按最优（经济）分配原则进行有功功率的分配，称为频率的三次调整。电力系统调频示意图如图 5-2 所示。

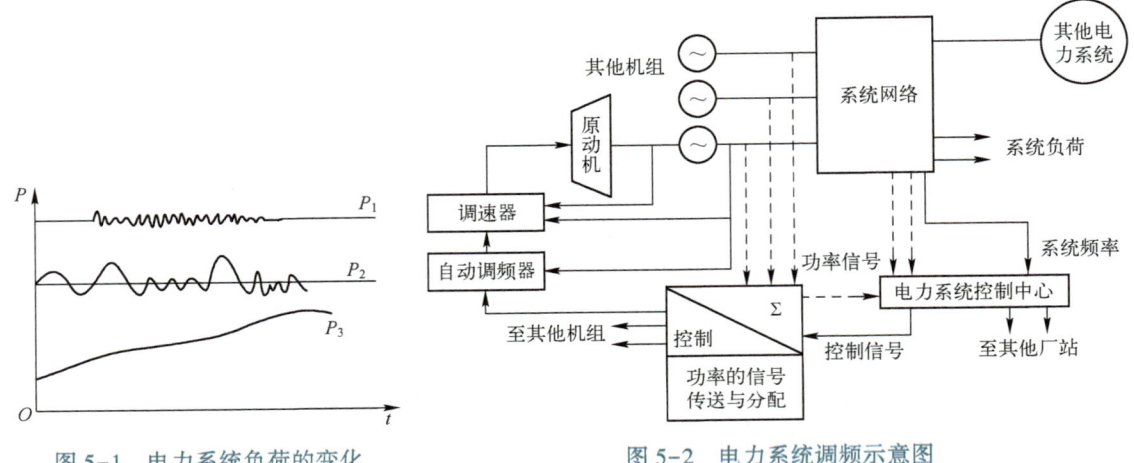

图 5-1 电力系统负荷的变化

图 5-2 电力系统调频示意图

负荷调节效应系数是调度部门应该掌握的一个数据。在实际系统中需通过实测求得，或由负荷统计资料估算。不同电力系统或同一电力系统不同季节的 K_{L*} 都是不同的，一般 $K_{L*} = 1 \sim 3$。

5.2 电力系统的频率特性

电力系统频率特性指的是有功功率-频率静态特性，它反映了在稳态运行情况下有功功率和频率变化的关系。为了分析电力系统的频率调节特性，先要讨论调节系统基本组成单元——发电机组和负荷的功率与频率的关系。

5.2.1 电力系统负荷的频率特性

电力系统频率变化时，系统负荷取用的有功功率将随之改变，即 $P_L = F(f)$，这种有功负荷随频率而变化的特性称为负荷的静态频率特性。由于负荷的种类不同，负荷与频率的关系也不同，根据有功负荷与频率的关系，可以将负荷分成以下几类：

1) 与频率变化无关的负荷，如照明、电弧炉、电阻炉、整流负荷等。
2) 与频率成正比的负荷，如切削机床、球磨机、往复式水泵、压缩机、卷扬机等。
3) 与频率的二次方成比例的负荷，如变压器中的涡流损耗，但这类负荷在系统中所占比重较小。
4) 与频率的三次方成比例的负荷，如通风机、静水头阻力不大的循环水泵等。
5) 与频率的更高次方成比例的负荷，如静水头阻力很大的给水泵等。

系统实际负荷是上述各类负荷的组合，即综合负荷，其取用的有功功率与频率的关系可表示为

$$P_L = a_0 P_{LN} + a_1 P_{LN}\left(\frac{f}{f_N}\right) + a_2 P_{LN}\left(\frac{f}{f_N}\right)^2 + a_3 P_{LN}\left(\frac{f}{f_N}\right)^3 + \cdots + a_n P_{LN}\left(\frac{f}{f_N}\right)^n \qquad (5-3)$$

式中，P_L 为系统频率为 f 时，整个系统的有功负荷；P_{LN} 为系统频率为额定值 f_N 时，整个系

统的有功负荷;a_i 为上述各类负荷占 P_{LN} 的比例系数,显然 $a_0+a_1+a_2+\cdots+a_n=1$。

一般式(5-3)取到频率的三次方就可以了,因为与频率高次方成正比的负荷所占比重很小,可以忽略不计。

以 P_{LN} 和 f_N 分别作为功率和频率的基准值,则得式(5-3)的标幺值形式,即

$$P_{L*}=a_0+a_1f_*+a_2f_*^2+\cdots+a_nf_*^n \tag{5-4}$$

系统负荷的静态频率特性可以用图 5-3 所示的曲线来表示。在额定频率 f_N 时,系统负荷功率为 P_{LN}(图中 a 点),当频率下降到 f_b 时,系统负荷功率由 P_{LN} 下降到 P_{Lb}(图中 b 点)。如果系统的频率升高,负荷功率将增大。这就是说,当电力系统有功功率失去平衡引起系统频率变化时,系统负荷参与对频率的调节,其特性有利于系统中有功功率在新的频率值下重新获得平衡。这种现象称为负荷的频率调节效应。为衡量负荷调节效应的大小,定义负荷的频率调节效应系数为

$$K_L=\frac{\Delta P_L}{\Delta f} \quad (\text{MW/Hz}) \tag{5-5}$$

用标幺值表示为

$$K_{L*}=\frac{\Delta P_L/P_{LN}}{\Delta f/f_N}=\frac{\Delta P_{L*}}{\Delta f_*}=\tan\beta \tag{5-6}$$

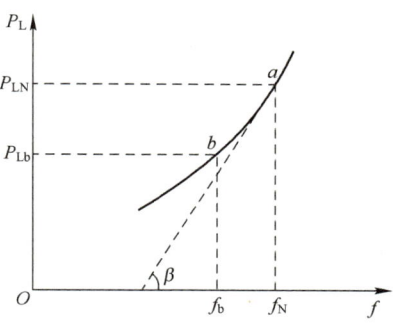

图 5-3 系统负荷的静态频率特性

在额定频率附近,负荷的静态频率特性可近似看作直线,用标幺值表示的负荷调节效应系数 K_{L*},就是负荷静态频率特性曲线上对应额定频率点的切线的斜率。

例 5-1 以图 1-3 所示的 4 节点环网结构的负荷数据为例,与频率无关的负荷占 30%,与频率一次方成比例的负荷占 40%,与频率二次方成比例的负荷占 10%,与频率三次方成比例的负荷占 20%。求系统频率由 50 Hz 下降到 47 Hz 时,负荷功率变化的百分数及其相应的 K_{L*}。

解: 由式(5-4)可以求出当频率下降到 47 Hz 时系统的负荷为

$$\begin{aligned}P_{L*}&=a_0+a_1f_*+a_2f_*^2+a_3f_*^3\\&=0.3+0.4\times0.94+0.1\times0.94^2+0.2\times0.94^3\\&=0.930\end{aligned}$$

则

$$\Delta P_L\%=(1-0.930)\times100=7$$

于是

$$K_{L*}=\frac{\Delta P_L\%}{\Delta f\%}=\frac{7}{6}=1.17$$

例 5-2 设图 1-3 所示 4 节点环网的总负荷为 4000 MW,$K_{L*}=1.7$,正常运行时频率为 50 Hz,所有发电机均满载运行,如果电力系统在发生事故后失去 350 MW 的电源功率。求负荷频率调节效应系数 K_L 及系统频率在事故后将下降多少?

解:

$$K_L=K_{L*}\frac{P_{LN}}{f_N}=1.7\times\frac{4000}{50} \text{ MW/Hz}=136 \text{ MW/Hz}$$

$$\Delta f=\frac{\Delta P_L}{K_L}=\frac{350}{136} \text{ Hz}=2.57 \text{ Hz}$$

事故后系统的运行频率下降为
$$f=f_N-\Delta f=(50-2.57)\text{ Hz}=47.43\text{ Hz}$$

5.2.2 发电机组的频率特性

1. 发电机的频率特性

系统正常运行时，发电机组在频率变化时的有功功率随之变化的特性称为发电机组的频率调节特性。发电机的频率调整由原动机的调速系统来控制，其有功功率-频率调节特性取决于发电机组的调速系统，当系统的负荷变化引起频率改变时，发电机组的调速系统工作，改变原动机的动力因素（进气量或进水量），调节发电机的输入功率以适应负荷的需要。配有调速系统的发电机组频率特性如图5-4所示。如发电机以额定频率 f_N 运行时（图5-4中 a 点），其输出功率为 P_{Ga}，当系统负荷增加而使频率下降到 f_1 时，相应发电机调速器作用后，发电机的输出功率增加到 P_{Gb}（图5-4中 b 点）。对应于频率下降 Δf，发电机组的输出功率增加 ΔP_G。很显然，这是一种有差调节。为了描述发电机组的有差调节特性，定义调差系数 R 为

$$R=-\frac{\Delta f}{\Delta P_G} \quad (5-7)$$

用标幺值表示为

$$R_*=-\frac{\Delta f/f_N}{\Delta P_G/P_{GN}}=-\frac{\Delta f_*}{\Delta P_{G*}} \quad (5-8)$$

或写成
$$\Delta f_*+R_*\Delta P_{G*}=0 \quad (5-9)$$

式（5-9）称为发电机组的静态调节方程。

调差系数的倒数称为发电机组的单位调节功率，或功率-频率静特性系数，即

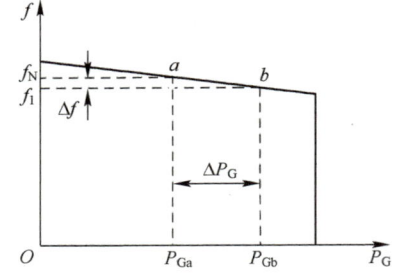

图5-4 发电机组的频率特性

$$K_G=\frac{1}{R}=-\frac{\Delta P_G}{\Delta f} \quad (5-10)$$

用标幺值表示为
$$K_{G*}=\frac{1}{R_*}=-\frac{\Delta P_{G*}}{\Delta f_*} \quad (5-11)$$

调差系数或相应的单位调节功率的大小是可以整定的。调差系数越小（或发电机组的单位调节功率越大），则在同一频率变化时的发电机组的输出功率变化越大。但是，因受发电机组调速机构的限制，机组的调差系数（或发电机组单位调节功率）有一定的限制范围，一般为

汽轮发电机　　　　　　$R_*=0.04\sim0.06$，　　$K_{G*}=25\sim16.7$
水轮发电机　　　　　　$R_*=0.02\sim0.04$，　　$K_{G*}=50\sim25$

调差系数的大小对维持系统的稳定运行关系较大，为了减小系统的频率波动，通常希望机组的调差系数小一些。

发电机组的自动调速系统的种类很多，根据其测量元件的不同，可以分为两大类：机械液压式和电气液压式。两者的主要区别在于测量频率的方法不同，前者采用离心飞摆等机械装置将转速信号转化为位置信号；后者将发电机的转速测量信号转化为电信号，通过电气-液压转换器转变为液压信号，从而控制发电机组原动机汽门的大小。由于离心飞摆等机械装

置结构复杂，且测量失真区较大，因此在大型汽轮发电机中，目前广泛采用的是电气液压式调速系统。机械液压式系统的原理较为直观，在这里简单介绍机械液压式自动调速系统的结构、工作原理和特性。

机械液压式调速系统的结构示意图如图 5-5 所示，离心飞摆被同步发电机的原动机主轴带动，当原动机转速发生变化时，离心飞摆的离心力发生变化。比如，当原动机转速降低时，离心飞摆的离心力降低，集电环使得 A 点的位置下降。正常工作时，B 点处于平衡位置，恰好堵住油口 a 和 b，而当转速降低时，A 点下降，带动 B 点也下降。B 点位置下降后，压力油在压力作用下，进入油动机，从而导致油动机的活塞上移。汽轮机的汽门随之增大，在油动机活塞点 C 点的带动下，活塞回到平衡位置，汽门打开的大小就不再变化。反之，亦然。

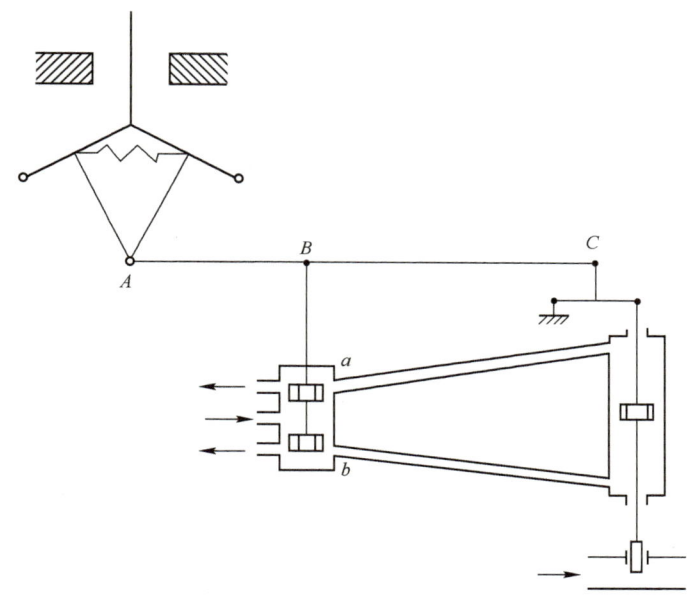

图 5-5 机械液压式调速系统结构示意图

很明显，在这种调速系统结构下，汽门开放越大，集电环 A 点的位置就越低，也就是说，这种调节方法不可能将转速恢复到额定状态，稳定后的转速要比原来的转速略低。因此，这种方法也称为"有差调节"。实际上，机械液压式的调速系统只是一个比例反馈校正控制系统，不可能实现输出转速的"无差调节"。

2. 多机并联运行特性

(1) 有功功率分配

以两台发电机组并联运行讨论，在图 5-6 中示出了两台机组均具有正有差特性，曲线①和②分别代表机组 1 和 2 的调节特性，调差系数分别为 R_{1*} 和 R_{2*}。假设系统原来以额定频率 f_N 运行，负荷总功率为 $\sum P_L$，在稳定状态下，两台机组分别承担的有功功率为 P_1、P_2，于是有

$$P_1 + P_2 = \sum P_L \tag{5-12}$$

当系统负荷功率增加 ΔP_L，两机组调速器工作，经一次调整后，系统频率稳定在 f_1，这

时两机组有功功率变为 P'_1 和 P'_2，功率增量为 ΔP_1 和 ΔP_2。$\Delta P_1+\Delta P_2$ 等于 f_1 时的负荷总增量。

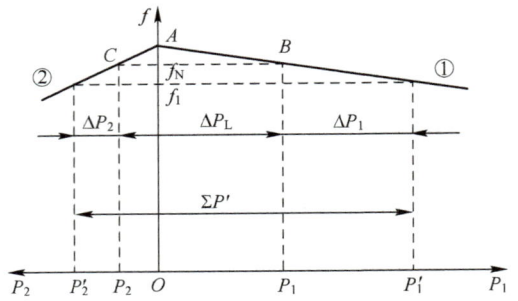

图 5-6 两台发电机组并联运行特性

根据式（5-8）可得

$$\frac{\Delta P_{1*}}{\Delta P_{2*}}=\frac{R_{2*}}{R_{1*}} \tag{5-13}$$

式（5-13）表明，发电机组的功率增量用各自的标幺值表示时，在发电机组间的功率分配与机组的调差系数成反比。这一结论适用于多台机组均以有差特性并联运行的情况。

（2）等效机组特性

系统中所有机组的静态频率特性可用一等效机组的等效静态频率特性来表示。设系统在频率变化 Δf 时的负荷总变化量为 ΔP_Σ，第 i 台机组的功率增量为

$$\Delta P_{Gi}=-K_{Gi}\Delta f \tag{5-14}$$

n 台机组的总输出功率增量为

$$\Delta P_G = \sum_{i=1}^{n}\Delta P_{Gi} = -\sum_{i=1}^{n}K_{Gi}\Delta f = -K_G\Delta f \tag{5-15}$$

故 n 台机组的等效单位调节功率为

$$K_G = \sum_{i=1}^{n}K_{Gi} = \sum_{i=1}^{n}K_{Gi*}\frac{P_{GiN}}{f_N} \tag{5-16}$$

等效单位调节功率的标幺值为

$$K_{G*}=\frac{\sum_{i=1}^{n}K_{Gi}P_{GiN}}{P_{GN}} \tag{5-17}$$

对式（5-17）求倒数，可以得到等效调差系数：

$$R_*=\frac{1}{K_{G*}}=\frac{P_{GN}}{\sum_{i=1}^{n}\frac{P_{GiN}}{R_{i*}}} \tag{5-18}$$

当负载发生变化时，各机组承担的功率增量为

$$\Delta P_{Gi}=-K_{Gi}\Delta f=-\frac{1}{R}\Delta f=-\frac{\Delta f}{R_{i*}}\frac{P_{iN}}{f_N} \tag{5-19}$$

在求取等效调差系数 R_* 时，对于没有调节容量的机组，其 K_{Gi} 用零代入。因为这些机组

的出力在正常频率时已达到铭牌出力，当系统频率下降时，即使调速器动作，输出功率已不再增加，即调节功率 ΔP_{Gi} 为零，相当于其调差系数趋于无穷大。当这种无调节容量的机组在系统中较多时，等效调差系数 R_* 值将变大；若系统中每一机组均有旋转备用容量，则可减小 R_* 值。在 ΔP_{Gi} 相同的情况下，若 R_* 变小，则 Δf 变小。

例 5-3 某电力系统有 4 台额定出力为 125 MW 的发电机并联运行，各机组的调差系数均为 4%，系统总负荷为 400 MW，求当负荷增加 60 MW 时，在（1）机组按平均分配负荷方式，（2）3 台机组满负荷，1 台机组为 25 MW 的情况下频率下降的数值是多少？（假设不考虑负荷的频率调节效应，即频率变化时，负荷不变）

解：（1）机组按平均分配负荷方式
等效调差系数为

$$R_* = \frac{\sum P_{GiN}}{\sum \dfrac{P_{GiN}}{R_{i*}}} = \frac{125 \times 4}{\dfrac{125}{0.04} \times 4} = 0.04$$

$$\Delta f = -\frac{\Delta P_G}{P_{GN}} R_* f_N = -\frac{60}{125 \times 4} \times 0.04 \times 50 \text{ Hz} = -0.24 \text{ Hz}$$

（2）3 台机组为满负荷，1 台机组可调

$$R_* = \frac{125 \times 4}{\dfrac{125}{0.04}} = 0.16$$

$$\Delta f = -\frac{60}{125 \times 4} \times 0.16 \times 50 \text{ Hz} = -0.96 \text{ Hz}$$

通过本例说明，在系统负荷及发电机容量均不变时，由于负荷分配方式不同，在系统增加负荷后频率下降值是不相同的。

3. 调节特性的失灵区

以上讨论的机组调节特性是一条理想的直线。但是实际上，由于测量元件的不灵敏性，对微小的转速变化不能反映，特别是机械式调速器尤为明显。这就是说，调速器具有一定的失灵区，因而调节特性实际上是一条具有一定宽度的带子，如图 5-7 所示。只有在频率偏差超过 $\pm \Delta f_W$ 后，调速器才开始动作。

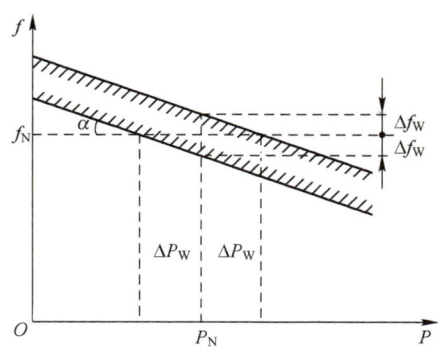

图 5-7 调速器的失灵区

失灵区的宽度可以用失灵度 ε 来描述，即

$$\varepsilon = \frac{\Delta f_W}{f_N} \tag{5-20}$$

式中，Δf_W 为调速器的最大频率呆滞。

由于失灵区的存在，导致并联运行的发电机组间有功功率分配将产生误差，最大功率误差 ΔP_W 与调差系数存在如下关系：

$$\frac{\Delta f_W}{\Delta P_W} = R \tag{5-21}$$

以标幺值表示为

$$\frac{\Delta f_{W*}}{\Delta P_{W*}} = R_* \qquad (5-22)$$

或

$$\frac{\varepsilon}{\Delta P_{W*}} = R_* \qquad (5-23)$$

由式（5-23）可知，ΔP_{W*} 与失灵度 ε 成正比，而与调差系数 R_* 成反比。过小的调差系数将产生较大的功率分配误差，所以 R_* 不能太小。但若加大 R_*，则会使调频过程结束时，频率偏差过大，因而 R_* 又不宜过大。

失灵区的存在虽然会引起一定的功率分配误差和频率误差，但若失灵区太小或完全没有，则又会使得频率出现微小波动时，调速器也要调节机组出力，使原动机阀门调节过分频繁。因此对有些非常灵敏的电液调速器，由于固有失灵区过小，还要采用附加措施，形成适当大小的失灵区。

> ※一点讨论
>
> 电力系统中设备的运行工况大多同频率密切相关，比如频率变化时会影响异步电动机的转速和输出功率，降低电力电子设备使用的精准性等。由此可见，频率变化对电力系统的正常运行是十分有害的，汽轮发电机在额定频率下，运行效率最高，频率偏高或偏低均会降低其叶片的使用寿命；风电机组在频率降低时会减少出力，从而使整个发电厂的有功出力减少，加剧了系统频率的下降。值得注意的是，如果想保持系统的额定频率一直不变，是不可能的，所以需要把频率偏移限制在相当小的范围内。我国电力系统的额定频率为 50 Hz，频率偏差范围为 $\pm 0.2 \sim \pm 0.5 \, \text{Hz}$。

5.2.3 电力系统的频率特性及其控制

电力系统的功率平衡是一个供需功率随时平衡的动态过程。当电力系统负荷变动时，电力系统频率会发生变化，发电机的调速器会自动控制和调整汽轮机的进气量或水轮机的进水量，从而控制和调整发电机的输出功率，使电力系统频率趋于稳定。另一方面，根据电力系统负荷频率特性的特点，负荷本身在电力系统频率变动下，也会相应改变其吸收的功率，所以电力系统的频率调节特性取决于负荷与发电机组的静态频率特性。经过折合和等效，电力系统可看作由一台等效发电机和一个综合负荷组成，在讨论它们的频率特性曲线时，就可以看成为由两个环节构成的一个闭环系统。

系统原在额定工况下稳定运行，$f=f_N$。发电机组的频率调节特性 $P_G(f)$ 与负荷静态频率特性 $P_L(f)$ 曲线的交点就是电力系统频率的稳定运行点，如图 5-8 中的 a 点，机组出力和负荷功率达到平衡，其值为 P_L。若负荷增加了 ΔP_L，则总负荷频率特性变为 P_{L1}，假设这时系统内的所有机组均无调速器，机组的输入功率恒定为 P_L，则系统频率将逐渐下降，负荷所取用的有功功率也逐渐减小。依靠负荷调节效应系统达到新的平衡，运行点移到图 5-8 中 b 点，频率稳定值下降到 f_3，系统负荷所取用的有功功率仍然为原来的 P_L 值。在这种情况下，频率偏差值 Δf 决定于 ΔP_L 值的大小，一般是相当大的。这就是说，系统有功功率的重新平衡是以牺牲频率质量为代价的。但是，实际上发电机组装有调速器，当负荷增加，频率下降后，调速器即起作用，经调整后，新的运行稳定点将是 $P_G(f)$ 与 $P_{L1}(f)$ 的交点 c，此时发电机有功功率输出增大到 P_{L2}，小于额定频率下所需的功率 P_{L1}，系统频率为 f_2。调速器的这种调节作用就是频率的一次调节。一次调节结束后，频率偏差 $\Delta f = f_2 - f_N < 0$。

等效发电机组出力的增量为

$$\Delta P_G = -K_G \Delta f > 0 \quad (5-24)$$

负荷的频率调节效应所产生的负荷功率变化量为

$$\Delta P_{L1} = K_L \Delta f < 0 \quad (5-25)$$

负荷功率的实际增量 $(\Delta P_L + \Delta P_{L1})$ 应等于发电机组输出功率的增量 ΔP_G，即 $\Delta P_L + \Delta P_{L1} = \Delta P_G$，所以

$$\Delta P_L = \Delta P_G - \Delta P_{L1} = -(K_G + K_L) \Delta f \quad (5-26)$$

令

$$\beta = K_G + K_L = \frac{1}{R} + K_L$$

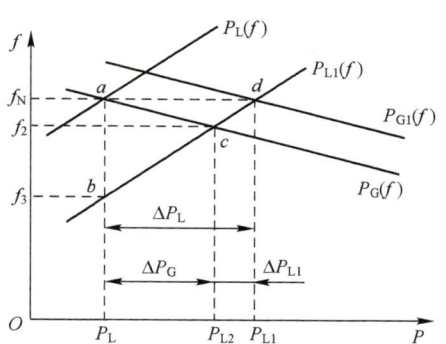

图 5-8 电力系统的静态频率特性

β 称为系统的功率-频率特性系数，或称为系统的单位调节功率。则

$$\Delta P_L = -\beta \Delta f \quad (5-27)$$

可见，系统频率的一次调节是有差调节，而且是在机组调节作用和负荷调节效应共同作用下，使有功功率达到平衡的。然而，这种有差调节特性却无法使电力系统频率恢复到原来的数值状态。如果系统频率变动较大，采取频率的一次调节后，系统频率偏差仍然不能限制在允许的范围内，就必须控制自动调频器，改变调速器的定值，使机组特性由 $P_G(f)$ 平移至 $P_{G1}(f)$，与负荷曲线 $P_{L1}(f)$ 交于 d 点，对应频率恢复到 f_N，且机组功率增量 $\Delta P_G = \Delta P_L$，满足负荷在 f_N 时的增量，系统重新在 f_N 下稳定运行。这一调整过程就是频率的二次调节。显然，利用二次调频，机组的调速器虽是有差调节，但却可得到频率的无差调节效果。

5.2.4 联合电力系统的频率控制

大型复杂电力系统一般都是互联的联合电力系统。一个联合电力系统经常包含若干个电力控制区域，各控制区域间通过联络线连接起来，用以功率交换。当各控制区域进行频率控制调整时，就会出现联络线交换功率或输送功率的控制问题。为简便起见，以两个地区系统 A、B 通过一条联络线组成的联合电力系统为例进行分析，如图 5-9 所示。

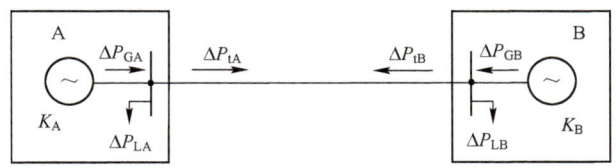

图 5-9 联合电力系统的频率控制

假设 ΔP_{LA}、ΔP_{LB} 分别表示 A、B 两个控制区域的负荷变化，ΔP_{GA}、ΔP_{GB} 分别表示 A、B 控制区域发电机组所发功率的增量，ΔP_{tA} 表示联络线交换功率的增量。具有二次调频的控制区域所发功率增量 ΔP_G 由两部分组成，即系统一次调节功率 $-K_G \Delta f$ 和二次调节功率 $\Delta P_G''$ 之

和。由于联合电力系统频率是唯一的,所以 A、B 两系统有下列关系:

$$\Delta P_{GA} = \Delta P''_{GA} - K_{GA}\Delta f \tag{5-28}$$

$$\Delta P_{GB} = \Delta P''_{GB} - K_{GB}\Delta f \tag{5-29}$$

$$\Delta P_{LA} + \Delta P_{tA} = \Delta P_{GA} - K_{LA}\Delta f \tag{5-30}$$

$$\Delta P_{LB} - \Delta P_{tA} = \Delta P_{GB} - K_{LB}\Delta f \tag{5-31}$$

整理得

$$\Delta f = -\frac{(\Delta P_{LA} + \Delta P_{LB}) - (\Delta P''_{GA} + \Delta P''_{GB})}{\beta_A + \beta_B} \tag{5-32}$$

$$\Delta P_{tA} = \frac{\beta_A(\Delta P_{LB} - \Delta P''_{GB}) - \beta_B(\Delta P_{LA} - \Delta P''_{GA})}{\beta_A + \beta_B} \tag{5-33}$$

式中

$$\beta_A = K_{LA} + K_{GA} = K_{LA} + \frac{1}{R_A}$$

$$\beta_B = K_{LB} + K_{GB} = K_{LB} + \frac{1}{R_B}$$

讨论:

1)当 $\Delta P_{LA} + \Delta P_{LB} = \Delta P''_{GA} + \Delta P''_{GB}$ 时,联合电力系统发电机组二次调频控制增发的功率同全系统负荷增量平衡,则可实现电力系统频率的无差调节,即 $\Delta f = 0$。这种按频率偏差 Δf 进行调节的联合电力系统调频方式,称为恒定频率控制 FFC(Flat Frequency Control)。只有在 $\Delta f = 0$ 时,该调节才结束。

2)当 A、B 两个控制区域都进行二次频率控制,而且两控制区域的功率缺额又恰好同其功率频率特征系数成比例,即满足

$$\frac{\Delta P_{LB} - \Delta P''_{GB}}{\beta_B} = \frac{\Delta P_{LA} - \Delta P''_{GA}}{\beta_A}$$

时,联络线上的交换功率增量 $\Delta P_{AB} = 0$。这种按保持交换功率恒定进行调节的联合电力系统调频方式,称为恒交换功率控制(Flat Tie-line Control,FTC)。它对系统的频率并不控制。

3)上述两种联合电力系统调频方式,不能兼顾系统频率和联络线的功率交换协议。若既要消除频差,还要消除联络线中的交换功率偏差,可采取联合电力系统的另一种调频方式,联络线功率-频率偏差控制(Tie line load frequency Bias Control,TBC)。每个控制区负责本区域的功率调整,就地实现功率平衡控制,这将既可保证联合电力系统的频率质量,又可减轻联络线路的功率负担。通常把本区域调节作用的信号称为区域控制误差(Area Control Error,ACE),有

$$\begin{cases} ACE_A = \Delta P_{tA} + B_A\Delta f_A \\ ACE_B = \Delta P_{tB} + B_B\Delta f_B \end{cases} \tag{5-34}$$

式中,B_A、B_B 分别为 A、B 系统的频率修正系数。

任一控制区域的负荷变动,调整结果在稳态情况下,必须使 ACE_A 和 ACE_B 信号为零,即

$$\begin{cases} ACE_A = \Delta P_{tA} + B_A\Delta f = 0 \\ ACE_B = \Delta P_{tB} + B_B\Delta f = 0 \end{cases} \tag{5-35}$$

符合上述条件时，只有使 $\Delta f = 0$、$\Delta P_{tA} = \Delta P_{tB} = 0$，这正是所需要的控制要求。将式（5-35）代入式（5-30）和式（5-31）得

$$\begin{cases} \Delta P''_{GA} = \Delta P_{LA} \\ \Delta P''_{GB} = \Delta P_{LB} \end{cases} \tag{5-36}$$

可见，联合电力系统的频率控制调整稳定后，A、B 区域自动调频的二次调节功率等于各自系统的负荷增量，保持了功率的就地平衡。

5.3 电力系统的自动调频方法

调频问题实质上是电力系统正常运行时，发电机送入系统的功率与负荷需要的功率之间的平衡问题，是通过调整机组的输入功率来实现的。调频是全系统范围内的运行问题，所以都由电力调度员按照计划的日负荷曲线来安排调频任务。一般将运行电厂分为调频厂、调峰厂和带基本负荷的发电厂三类。经济性能好的火电机组、热电厂、核电厂和丰水期的水电机组都带全天不变的基本负荷；调峰电厂带计划的日负荷曲线中的负荷变动部分，即峰值负荷部分，一般由经济性能较差的火电机组或枯水期的水电机组担任；由于实际负荷总是与计划负荷有差别，其差值称为计划外负荷，这部分负荷由调频电厂担任。为了保证调频任务的完成，要求调频机组不仅有足够的容量，还应有适应负荷变动的调整速度。

> ※一点讨论
>
> 中国电力工业名片（世界之最）：
> 1) 世界最大的水力发电工程——三峡水电站，水电站大坝高 185 m，蓄水高 175 m，水库长 600 余 km，2019 年全年发电量 968.8 亿 kW·h。
> 2) 世界容量最大的特高压多端直流输电工程——昆柳龙直流工程，也是世界首个具备架空线路直流故障自清除能力的柔性直流输电工程。
> 3) 世界首个柔性直流电网工程——张北柔直工程，2020 年 6 月 29 日投运，创造了包括首次突破柔性直流组网技术在内共计 12 项世界第一。
> 4) 世界电压等级、输送容量和技术水平之最的工程——苏通 GIL 综合管廊工程，2019 年 9 月 26 日投运，为实现清洁能源大范围开发利用提供支撑。
> 5) 世界光伏行业"百科全书"——百兆瓦太阳能发电实证基地，其规模全球最大，总装机容量达 143 MW。

电力系统总是要求频率维持为额定，即从负荷变动开始到频率重新稳定时，频率 Δf 为零。这一要求是通过对调频机组的二次调整，即自动改变功率给定值 ΔP_c，移动调速器的调节特性来实现的。电力系统中，控制调频器的基本方法（也称为调频准则）有如下几种。

5.3.1 主导发电机法

主导发电机法是在规定的调频电厂中，设定一台主导机组的调频器的二次调节准则为

$$\Delta f = 0 \tag{5-37}$$

即为无差调节。与计划外负荷相比，一台主导发电机的容量显然是不足的，调频电厂中其他

机组将协助调频，这些机组上装设有功功率调整器，它们的功率随主导机组的功率按比例地变化，调节准则为

$$\Delta P_i = \alpha_i \Delta P_1 \quad (i=1,2,3,\cdots,n) \tag{5-38}$$

式中，ΔP_1 为主导发电机的调节功率；α_i 为第 i 台协助调频机组的比例系数；ΔP_i 为第 i 台协助调频机组的调节功率。

调频系统的结构图如图 5-10 所示。

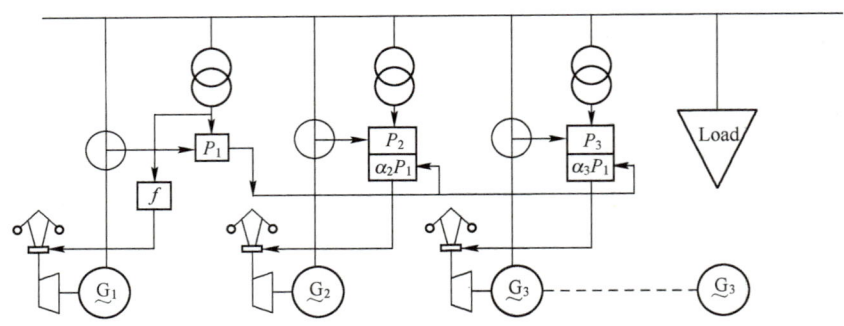

图 5-10　主导发电机法调频系统结构图

调频过程如下：
1）主导机组 G_1 的调节系统首先按频率偏差工作，改变 ΔP_1。
2）其他协助调频机组按式（5-38）规定做功率调整。
3）当满足 $\Delta f = 0$ 和 $\Delta P_1 + \sum_{i=2}^{n} \alpha_i \Delta P_1 = \Delta P_L$ 时，调节过程结束。否则，重复 1）、2）过程。

主导发电机法调频的特点如下：
1）调节过程缓慢。尽管有多台机组参与调频，但开始时只有一台主导机组先行调节，所以调节过程缓慢。
2）适用于只有一个调频电厂的情况。因为协助调频机组与主导机组若在同一电厂则较容易实施，所以只在中小型电力系统中应用。

5.3.2　积差调节法（同步时间法）

积差调节法是指调频系统按频率偏差的时间积分值进行调节。由于频率偏差的积分反映了在一段时间内同步时间对标准时间的偏差，而保持电钟的准确性也是调频任务之一，因而积分调节法又称为同步时间法。

（1）单机积差调节

假设系统中由一台发电机组进行频率偏差调节，调节准则为

$$K\Delta P_e + \int \Delta f \, dt = 0 \quad \text{或} \quad \Delta P_e = -K_i \int \Delta f \, dt \tag{5-39}$$

式中，$\Delta f = f - f_N$；ΔP_e 为发电机组的出力增量；K_i 为积分控制增益。

积差调频过程可用图 5-11 说明。

在 $0\sim t_1$ 时段内，$f=f_N$，$\Delta f=0$，$\int_0^{t_1}\Delta f\mathrm{d}t=0$，则有 $\Delta P_c=-K_i\int_0^{t_1}\Delta f\mathrm{d}t=0$，发电机组按原有出力运行。

在 t_1 时刻，出现计划外负荷增量，在 $t_1\sim t_2$ 时段内，$f<f_N$，$\Delta f<0$，$\int_{t_1}^{t}\Delta f\mathrm{d}t<0$，且不断往负方向增大，$\Delta P_c=-K_i\int_0^{t}\Delta f\mathrm{d}t=-K_i\int_{t_1}^{t}\Delta f\mathrm{d}t>0$，即调频机组增大出力，向满足式（5-39）的方向调整，频率由开始下降达到最低值后，逐渐回升。只要 Δf 不等于零，而不论其多小，积分项将继续累加新值，调节直至 t_2 时刻时，$\Delta f=0$，调节才结束，此时 $\Delta P_c=-K_i\int_{t_1}^{t_2}\Delta f\mathrm{d}t=\Delta P_1$，为常数。

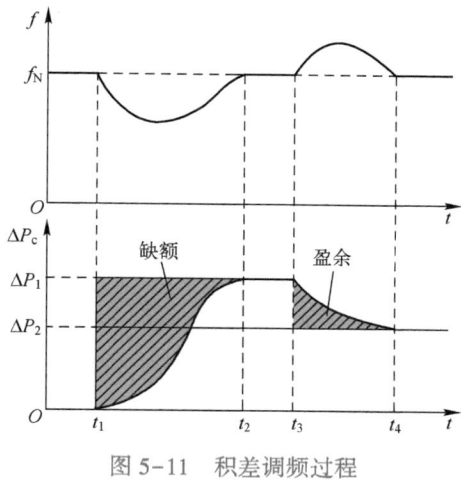

图 5-11 积差调频过程

在 $t_2\sim t_3$ 时段内，调频机组的出力已与计划外负荷增量相等，系统以额定频率 f_N 稳定运行，$\Delta f=0$，所以 $\int_{t_2}^{t_3}\Delta f\mathrm{d}t=0$，此时 ΔP_c 维持 ΔP_1 值，即调频机组保持 t_2 时刻的出力不再增大。

在 t_3 时刻出现了计划外负荷减少，在 $t_3\sim t_4$ 时段内，$f>f_N$，$\Delta f>0$，$\int_{t_3}^{t}\Delta f\mathrm{d}t>0$，且不断向正方向累积，$\Delta P_c=-K_i\int_{t_1}^{t}\Delta f\mathrm{d}t=-K_i\left(\int_{t_1}^{t_2}\Delta f\mathrm{d}t+\int_{t_3}^{t}\Delta f\mathrm{d}t\right)=\Delta P_1-K_i\int_{t_3}^{t}\Delta f\mathrm{d}t$，即调频机组出力开始减小，频率由额定值上升到最高值后逐渐回落，直至 t_4 时刻时，$\Delta f=0$，调节过程又一次结束。此时 $\Delta P_c=\Delta P_1-K_i\int_{t_3}^{t_4}\Delta f\mathrm{d}t=\Delta P_2$，为常数。图 5-11 中阴影部分表示系统有功功率余缺的情况。

（2）多台机组的积差调频

在电力系统中，用多台机组进行积差调频时，调节准则为

$$\begin{cases} K_1\Delta P_{c1}+\int\Delta f\mathrm{d}t=0 \\ K_2\Delta P_{c2}+\int\Delta f\mathrm{d}t=0 \\ \vdots \\ K_n\Delta P_{cn}+\int\Delta f\mathrm{d}t=0 \end{cases} \quad (5-40)$$

当出现计划外负荷 ΔP_L 时，各机组同时进行调频，将式（5-40）各分式相加后得

$$\sum_{i=1}^{n}\Delta P_{ci}+\int\Delta f\mathrm{d}t\times\sum_{i=1}^{n}\frac{1}{K_i}=0$$

$$\int \Delta f \mathrm{d}t = - \frac{\sum_{i=1}^{n} \Delta P_{ci}}{\sum_{i=1}^{n} \frac{1}{K_i}}$$

每台调频机组承担的计划外负荷为

$$\Delta P_{ci} = \frac{\sum_{i=1}^{n} \Delta P_{ci}}{K_i \sum_{i=1}^{n} \frac{1}{K_i}} = \frac{\Delta P_L}{K_i \sum_{i=1}^{n} \frac{1}{K_i}} = \alpha_i \Delta P_L \quad (i=1,2,\cdots,n) \tag{5-41}$$

积差调节法的特点如下：
1) 积差调节法最终可维持系统频率为额定大小，实现了无差调节。
2) 调节结束后，调频机组的功率变化量 ΔP_c 等于计划外负荷的数值，且各调频机组按一定比例分担。
3) 因积分项 $\int \Delta f \mathrm{d}t$ 滞后于频率瞬时值的变化，所以调节速度较慢。

为此，为加快调节速度，在频率积差调节的基础上增加频率瞬时偏差调节信号，得到了改进的积差调节法。

(3) 改进的积差调节法

在积差调节法的调节准则中引入频率偏差项，得到改进的积差调节准则为

$$\Delta f + K_i'(\Delta P_{ci} + \alpha_i \int K' \Delta f \mathrm{d}t) = 0 \tag{5-42}$$

式中，α_i 为第 i 台调频机的功率分配系数，$\sum_{i=1}^{n} \alpha_i = 1$；$K_i'$ 为第 i 台调频机的比例系数；K' 为功率频率换算系数。

当出现负荷变动时，由于有 Δf 项，调节速度加快。当调节过程结束时，必有 $\Delta f = 0$，否则积差项 $\int K' \Delta f \mathrm{d}t$ 就会不断变化，调节过程不会结束。因此，调节过程终止时有

$$\Delta P_{ci} = - \alpha_i \int K' \Delta f \mathrm{d}t \tag{5-43}$$

负号表示功率变化量方向与频率差的方向相反。

若整个系统的计划外负荷为 ΔP_L，显然有

$$\Delta P_L = \Delta P_c = \sum_{i=1}^{n} \Delta P_{ci} = - \sum_{i=1}^{n} \alpha_i \int K' \Delta f \mathrm{d}t = - \int K' \Delta f \mathrm{d}t \tag{5-44}$$

将式 (5-44) 代入式 (5-43)，则得到

$$\Delta P_{ci} = \alpha_i \Delta P_L \tag{5-45}$$

可见，调节结束后，计划外负荷按一定比例在调频机组间分配。

(4) 集中制与分散制调频

积差调节法对维持系统频率的精度取决于各调频机组的频差积分信号数值的一致性。按照 $\int K' \Delta f \mathrm{d}t$ 信号取得方式的不同，可分为集中制与分散制积差调频。

集中制积差调频是在系统调度中心设置一套高精度标准频率发生器，再取系统频率，以

构成频差积分信号 $\int K'\Delta f \mathrm{d}t$，然后通过远动通道将信号送至各调频厂，各调频机组再按式（5-42）调节它们的功率给定值。这种调频方式的优点是各调频电厂的频差积分信号是一致的。集中制积差调频方式的示意图如图 5-12 所示。

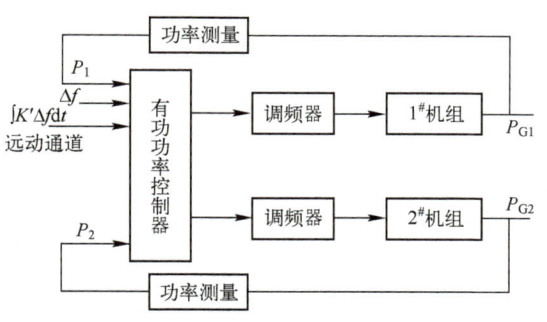

图 5-12 集中制积差调频

分散制积差调频是在调频厂各设置一套频差积分信号发生器，就地产生频差积分信号 $\int K'\Delta f \mathrm{d}t$ 进行调频。为了使各调频机组所在地测得的 Δf 尽可能一致，避免频率偏差积分值的差异而造成功率分配上的误差，需设置高稳定性晶体振荡标准频率发生器。

5.3.3 联合自动调频

电力系统自动调频除了维持系统频率为额定值外，还必须使系统的潮流分布符合经济、安全等原则。在稳定运行方式下，机组的调节特性一般是按经济调度的要求来确定；在安全控制情况下，也可能是由安全分析和事故控制的要求来确定的。自动调频是通过改变各机组调速器的调节特性，按一定的准则将出力自动分配于各调节机组，使出力满足负荷有功功率需求，实现调频目的的。

在集中联合调频的电力系统中，调度中心根据遥测得到的发电机组实际功率值和频率偏差信号，通过负荷分配程序，计算得到发电机负荷设定值 P_c，并通过信息传输系统，将这信息传递到相应机组的控制器，如图 5-13 所示。控制器根据控制信号的极性，使调速器的控制电机按指定方向旋转，改变调速器的调节特性。

负荷分配是根据测得的发电机功率 P_G 和频率偏差信号，按一定的关系将负荷分配给各发电机组，求得各机组的设定功率。决定各机组设定功率 ΔP_{ci} 最简单的关系式为

$$\Delta P_{ci} = \alpha_i \Big(\sum_j \Delta P_{Gj} - B_f \Delta f \Big) \tag{5-46}$$

式中，B_f 为频率偏差系数。

所以系统调频机组总的设定功率为

$$\sum_i \Delta P_{ci} = \sum_i \alpha_i \Big(\sum_j \Delta P_{Gj} - B_f \Delta f \Big) = \sum_j \Delta P_{Gj} - B_f \Delta f \tag{5-47}$$

由图 5-13 知，当调节过程结束时，系统调频机组总的设定功率与它们实发调节功率相等，即 $\sum_i \Delta P_{ci} = \sum_j \Delta P_{Gj}$，于是 $\Delta f = 0$，即频率偏差趋近于零。因此，联合自动调频的调节准则可由式（5-46）得到

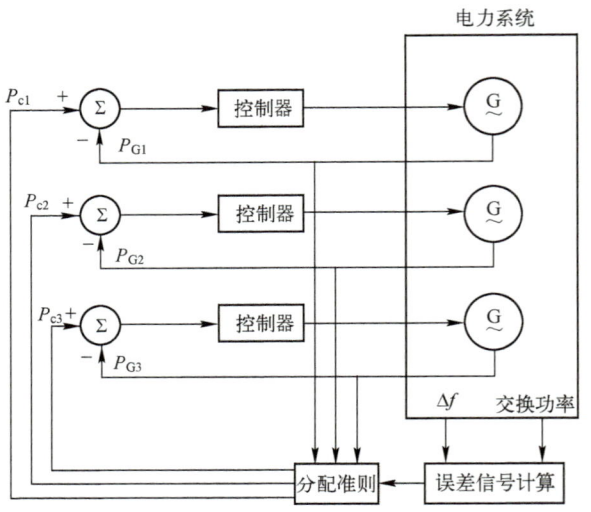

图 5-13 自动调频系统示意图

$$\Delta f + K_i \left(\Delta P_{ci} - \alpha_i \sum_j \Delta P_{Gj} \right) = 0 \tag{5-48}$$

5.3.4 联合电力系统的调频

前已述及,联合电力系统多采用的是分区调频方式,其目标是在调节过程中联合电力系统中的所有发电机组都响应。但调节过程结束后,频率恢复到额定值,负荷的变化由本区域内的调频机组来承担,本区域和其他区域的联络线交换功率应保持为计划值。这种调频方式必须能够判断出系统负荷变化量是否发生在本区域范围之内,所以各区域的调频装置是按系统频差信号和与其他区域联络线上的交换功率偏差信号进行调节的。通常把区域控制误差信号 $ACE=B\Delta f+\Delta P_t$ 作为调节信号,并采用 ACE 积差调节法。因此,联合电力系统的调频方程式为

或

$$\begin{cases} \int (\Delta P_t + B\Delta f) dt + K\Delta P_c = 0 \\ \Delta P_c = - K_i \int (\Delta P_t + B\Delta f) dt \end{cases} \tag{5-49}$$

式中,K_i 为积分增益;ΔP_c 为本区域所有调频机组的设定功率;ΔP_t 为本区域与其他区域联络线上的交换功率偏差;B 为频率修正系数。

这种调频过程就是调节本区域内调频机组的出力,使本区域的 ACE 不断减小直至为零的过程。由于式(5-49)中包含了积分项,在调频过程结束时,必有 ACE 信号为零,即

$$ACE = B\Delta f + \Delta P_t = 0$$

仍以两个区域的联合系统为例来说明,两区域的调频方程式为

$$\begin{cases} \Delta P_{c1} = - K_{i1} \int ACE_1 dt = - K_{i1} \int (\Delta P_{t1} + B_1 \Delta f_1) dt \\ \Delta P_{c2} = - K_{i2} \int ACE_2 dt = - K_{i2} \int (\Delta P_{t2} + B_2 \Delta f_2) dt \end{cases} \tag{5-50}$$

任一控制区域内的负荷变动使系统频率偏离额定值,调频机组的调速器动作,改变机组

出力，联络线交换功率 P_t 发生变化，ACE 就不等于零。各区的调频系统却向满足式（5-50）的方向进行调整，调整结果在稳态情况下，应当满足

$$\begin{cases} \mathrm{ACE}_1 = \Delta P_{t1} + B_1 \Delta f = 0 \\ \mathrm{ACE}_2 = \Delta P_{t2} + B_2 \Delta f = 0 \end{cases} \tag{5-51}$$

则调频结束时，$\Delta f = 0$，$\Delta P_{t1} = \Delta P_{t2} = 0$。在维持系统频率的同时，联络线功率也维持在计划值。

例 5-4 两区域互联的联合电力系统，系统 1 的容量为 3000 MW，$K_{G1*} = 25$，$K_{L1*} = 1.6$；系统 2 的容量为 2000 MW，$K_{G2*} = 20$，$K_{L2*} = 1.4$，当系统 1 内突然增加 200 MW 负荷时，求：

(1) 系统 1 和 2 的机组都参加一次频率调整后的结果。
(2) 系统 1 和 2 的调频机组都按区域控制误差进行二次调频的结果。

解：首先将以标幺值表示的单位调节功率折算成有名值。

$$K_{G1} = K_{G1*} \frac{P_{G1N}}{f_N} = 25 \times \frac{3000}{50} \mathrm{MW/Hz} = 1500 \mathrm{MW/Hz}$$

$$K_{G2} = K_{G2*} \frac{P_{G2N}}{f_N} = 20 \times \frac{2000}{50} \mathrm{MW/Hz} = 800 \mathrm{MW/Hz}$$

$$K_{L1} = K_{L1*} \frac{P_{G1N}}{f_N} = 1.6 \times \frac{3000}{50} \mathrm{MW/Hz} = 96 \mathrm{MW/Hz}$$

$$K_{L2} = K_{L2*} \frac{P_{G2N}}{f_N} = 1.4 \times \frac{2000}{50} \mathrm{MW/Hz} = 56 \mathrm{MW/Hz}$$

$$\beta_1 = K_{G1} + K_{L1} = (1500+96) \mathrm{MW/Hz} = 1596 \mathrm{MW/Hz}$$

$$\beta_2 = K_{G2} + K_{L2} = (800+56) \mathrm{MW/Hz} = 856 \mathrm{MW/Hz}$$

(1) 两系统全部机组都参加一次频率调整时

1) 频率偏差为

$$\Delta f = -\frac{\Delta P_L}{\beta_1 + \beta_2} = -\frac{200}{1596+856} \mathrm{Hz} = -0.0816 \mathrm{Hz}$$

表明频率下降 0.0816 Hz。

2) 功率缺额 200 MW 由以下四部分抵消。

系统 1 机组增加出力　　　　　$\Delta P'_{G1} = -K_{G1} \Delta f = -1500 \times (-0.0816) \mathrm{MW} = 122.4 \mathrm{MW}$

因频率下降使系统 1 负荷减少　$\Delta P'_{L1} = K_{L1} |\Delta f| = 96 \times 0.0816 \mathrm{MW} = 7.8336 \mathrm{MW}$

系统 2 机组增加出力　　　　　$\Delta P'_{G2} = -K_{G2} \Delta f = -800 \times (-0.0816) \mathrm{MW} = 65.28 \mathrm{MW}$

因频率下降使系统 2 负荷减少　$\Delta P'_{L2} = K_{L2} |\Delta f| = 56 \times 0.0816 \mathrm{MW} = 4.5696 \mathrm{MW}$

3) 系统 2 通过联络线支援，如取 $B_1 = \beta_1$，$B_2 = \beta_2$ 则有

$$\Delta P_{t2} = B_2 |\Delta f| = 856 \times 0.0816 \mathrm{MW} = 69.82 \mathrm{MW}$$

(2) 两系统都按区域控制误差进行二次频率调整时

$$\mathrm{ACE}_1 = B_1 \Delta f + \Delta P_{t1} = [1596 \times (-0.0816) + (-69.82)] \mathrm{MW} = -200 \mathrm{MW}$$

$$\mathrm{ACE}_2 = B_2 \Delta f + \Delta P_{t2} = [856 \times (-0.0816) + 69.82] \mathrm{MW} = 0$$

计算表明在一次调整结束时，ACE_1 为一个数值很大的负数，使得系统 1 调频机组迅速

增大出力；而 ACE_2 接近于零，即系统 2 调频机组几乎不参与二次频率调整。这符合联合电力系统调频的原则。

5.4 电力系统有功功率经济分配控制

电力系统的有功功率平衡表明，系统中各发电机组发出的总有功功率应该在任意时刻都与系统中随机变化的有功负荷相等。电力系统有功负荷的经济分配是指，在一定的约束条件下，将系统的有功负荷在各发电厂及各机组间进行合理分配，使系统燃料消耗最小。负荷经济分配要考虑的约束条件包括有功功率的平衡关系（等式约束条件）、发电机组输出功率的上下限制、水电站耗水量限制和网络中各节点电压变化范围限制（不等式约束条件）等。

5.4.1 发电设备的经济特性

负荷的经济分配与发电设备的经济特性密切相关。与负荷经济分配有关的经济特性指的是耗量特性和耗量微增率特性。

发电设备单位时间内消耗的燃料能源与发出的有功功率之间的关系称为耗量特性。典型的耗量特性如图 5-14 所示。纵坐标表示单位时间内消耗的燃料 $F(\text{t/h})$ 或水量 $W(\text{m}^3/\text{h})$，横坐标为发电机输出的功率 $P_G(\text{MW})$。

耗量特性曲线上对应于某一输出功率点上切线的斜率称为这一输出功率时的耗量微增率（简称微增率）b，它也可近似表示为输入耗量微增量与输出功率微增量的比值，即

$$b = \tan\theta = \frac{\mathrm{d}F}{\mathrm{d}P} = \frac{\Delta F}{\Delta P} \tag{5-52}$$

相应图 5-14 的耗量微增率特性曲线如图 5-15 所示。

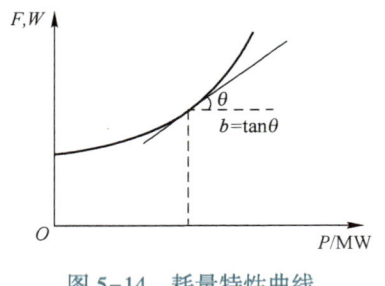

图 5-14 耗量特性曲线

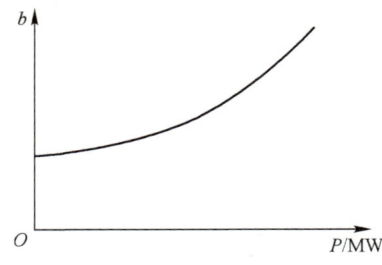

图 5-15 耗量微增率特性曲线

从上述特性可以看出，随着输出增加，其耗量增量大于输出功率的增量，因此，微增率随输出功率的增加而增大。

5.4.2 等微增率准则

等微增率准则就是运行的发电机组按微增率相等的原则来分配负荷，这样就可使系统总的燃料消耗为最小，从而是最经济的发电方式。

现以并联运行的两台发电机组间的负荷分配控制为例，说明等微增率准则的基本概念。已知两台机组的耗量特性 $F_1(P_1)$、$F_2(P_2)$ 和总的负荷功率 P_L，所要研究的问题是，在满足

负荷所需功率的前提下,如何分配控制两台发电机组的输出功率 P_1 和 P_2,使总的燃料消耗最小。对此可用图解法求解,如图 5-16 所示。

线段 OO' 的长度代表总的负荷功率 P_L,在它的上、下方分别以 O 和 O' 为原点画出机组 1 和 2 的耗量特性曲线 $F_1(P_1)$ 和 $F_2(P_2)$,前者的横坐标 P_1 自左向右,后者的横坐标 P_2 自右向左。显然,在横坐标上任取一点 A,都有 $OA+AO'=OO'$,即 $P_1+P_2=P_L$,均可表示一种可能的功率分配方案。如过 A 点作垂线分别交于两台机组耗量特性曲线于 B_1 和 B_2 点,则 $B_1B_2=B_1A+AB_2=F_1(P_1)+F_2(P_2)=F$ 就代表总的燃料消耗量。因此,需要在 OO' 上确定一点,通过它所作的垂线与两条耗量特性曲线的交点距离最短。由于过 B_1' 和 B_2' 点所作的两条切线是平行的,这两条平行切线所夹的垂直线最短。所以,可以得出结论:负荷在两台发电机组间分配,当它们的耗量微增率相等时,即

$$b_1 = \frac{dF_1}{dP_1} = \frac{dF_2}{dP_2} = b_2 \tag{5-53}$$

则总的燃料消耗量最少。这就是著名的等微增率准则。

等微增率准则的物理意义在于:如果将两台发电机组在微增率不相等的状态下运行,且 $b_1>b_2$,在总的输出功率不变的条件下控制负荷分配,让微增率大的机组 1 功率减小 ΔP,其功率变为 P_1',相应的微增率减小至 b_1',而让微增率小的机组 2 增加相同功率 ΔP,其功率变为 P_2',微增率增至 b_2'。由图 5-17 可知,机组 1 将减小燃料消耗(图 5-17 中 P_1、b_1、b_1'、P_1' 所围的面积),机组 2 将增加燃料消耗(图 5-17 中 P_2、b_2、b_2'、P_2' 所围的面积),面积之差即为总燃料耗量的节约量。这样的出力调整一直继续,总的燃料耗量将继续减小,直至两台机组的微增率相等时,总的燃料消耗为最小,达到经济运行的目的。

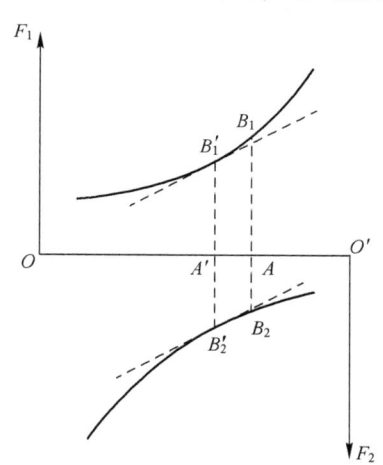

图 5-16 等微增率负荷分配控制

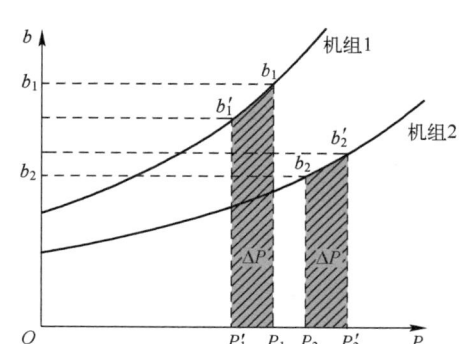

图 5-17 机组负荷改变时耗量的变化示意图

下面给出等微增率准则严格的数学证明。

设有 n 台机组,它们的耗量特性分别为 $F_1(P_1)$、$F_2(P_2)$、$\cdots$、$F_n(P_n)$,全厂承担的总负荷为 P_L,假定各机组出力分配不受限制,则负荷在各机组之间的经济分配问题是,在满足等式约束

$$\sum_{i=1}^{n} P_i - P_L = 0 \tag{5-54}$$

的条件下,使目标函数(总燃料耗量)

$$F = \sum_{i=1}^{n} F_i(P_i) \tag{5-55}$$

为最小。

这是多元函数求条件极值的问题,可以应用拉格朗日乘子法求解。先构造拉格朗日函数

$$L = F - \lambda \left(\sum_{i=1}^{n} P_i - P_L \right) \tag{5-56}$$

其中 λ 称为拉格朗日乘子,为一常数。于是,使燃料耗量最小的条件是式(5-94)对功率 $P_i(i=1,2,\cdots,n)$ 的偏导数为零,即

$$\frac{\partial L}{\partial P_i} = \frac{\partial F}{\partial P_i} - \lambda \frac{\partial}{\partial P_i} \left(\sum_{i=1}^{n} P_i - P_L \right) = 0 \quad (i=1,2,\cdots,n) \tag{5-57}$$

或

$$\frac{\partial F}{\partial P_i} = \lambda \tag{5-58}$$

由于每台机组的燃料耗量只与它本身的输出功率有关,因此式(5-58)可写成

$$\frac{dF_i}{dP_i} = \lambda \tag{5-59}$$

由此可得

$$\frac{dF_1}{dP_1} = \frac{dF_2}{dP_2} = \cdots = \frac{dF_n}{dP_n} = \lambda \tag{5-60}$$

或

$$b_1 = b_2 = \cdots b_n = \lambda \tag{5-61}$$

因此,发电厂内并联运行机组间负荷经济分配的准则为每台机组的微增率相等,并等于全厂的微增率 λ。图 5-18 为发电厂内 n 台机组按等微增率分配负荷时的示意图。

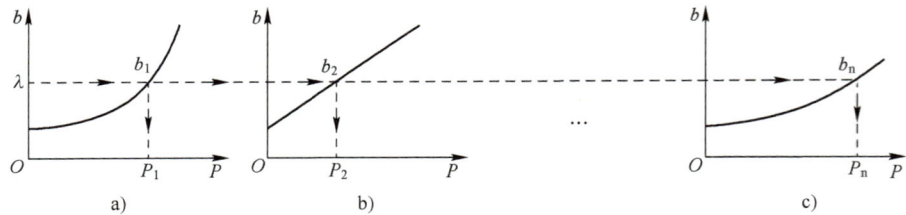

图 5-18 多台机组间按等微增率分配负荷示意图

例 5-5 三个火电厂并列运行,各发电厂的耗量特性及功率约束条件如下:

$F_1 = 4.0 + 0.30P_1 + 0.00070P_1^2$ (t/h), $100\,\text{MW} \le P_1 \le 200\,\text{MW}$

$F_2 = 3.5 + 0.32P_2 + 0.00040P_2^2$ (t/h), $120\,\text{MW} \le P_2 \le 250\,\text{MW}$

$F_3 = 3.5 + 0.30P_3 + 0.00045P_3^2$ (t/h), $150\,\text{MW} \le P_3 \le 300\,\text{MW}$

当总负荷为 700 MW 时,试确定发电厂间功率的经济分配(不计网络损耗的影响)。

解: 1) 按所给耗量特性可得各厂的耗量微增率特性为

$$b_1 = \frac{dF_1}{dP_1} = 0.3 + 0.0014P_1$$

$$b_2 = \frac{dF_2}{dP_2} = 0.32 + 0.0008P_2$$

$$b_3 = \frac{dF_3}{dP_3} = 0.3+0.0009P_3$$

令 $b_1 = b_2 = b_3$，可解出

$$P_1 = 14.29+0.572P_2 = 0.643P_3$$
$$P_3 = 22.22+0.889P_2$$

2）总负荷为 700 MW，即 $P_1+P_2+P_3 = 700$ MW。可将 P_1 和 P_3 都用 P_2 表示，便得

$$14.29+0.572P_2+P_2+22.22+0.889P_2 = 700 \text{ MW}$$

由此可算出 $P_2 = 270$ MW，已越出上限制，故应取 $P_2 = 250$ MW。剩余的负荷功率 450 MW 再由电厂 1 和 3 进行经济分配，则

$$P_1+P_3 = 450 \text{ MW}$$

P_1 用 P_3 表示，便得

$$0.634P_3+P_3 = 450 \text{ MW}$$

由此解出：$P_3 = 274$ MW 和 $P_1 = 450-274 = 176$ MW，都在限制值以内。

5.4.3　考虑网络损耗的负荷经济分配

各发电厂在电力系统中的地理位置相距较远，它们之间是通过输电线路相连。在进行负荷的经济分配控制时，必须考虑输电线功率损耗因素。设系统中有 n 个电厂，它们的耗量特性分别为 $F_1(P_1), F_2(P_2), \cdots, F_n(P_n)$，网络损耗为 P_e，则有功功率负荷在各电厂间的经济分配问题是，在满足等式约束

$$\sum_{i=1}^{n} P_i - P_L - P_e = 0 \tag{5-62}$$

的条件下，使目标函数

$$F = \sum_{i=1}^{n} F_i(P_i) \tag{5-63}$$

为最小。

同理应用拉格朗日乘子法，构造拉格朗日函数为

$$L = F - \lambda \left(\sum_{i=1}^{n} P_i - P_L - P_e \right) \tag{5-64}$$

求函数 L 对变量 P_i 的极值：

$$\frac{\partial L}{\partial P_i} = \frac{dF_i}{dP_i} - \lambda \left(1 - \frac{\partial P_e}{\partial P_i}\right) = 0 \quad (i=1,2,\cdots,n) \tag{5-65}$$

或

$$\lambda = \frac{dF_i}{dP_i} \bigg/ \left(1 - \frac{\partial P_e}{\partial P_i}\right) = \frac{dF_i}{dP_i} L_i \quad (i=1,2,\cdots,n) \tag{5-66}$$

式中，L_i 为网络损耗修正系数，$L_i = \dfrac{1}{1-\dfrac{\partial P_e}{\partial P_i}} = \dfrac{1}{1-\sigma_i}$；$\lambda$ 为系统微增率；$\sigma_i = \dfrac{\partial P_e}{\partial P_i}$，为第 i 个电厂的网络损耗微增率。

式（5-66）还可写成

$$\frac{b_1}{1-\sigma_1} = \frac{b_2}{1-\sigma_2} = \cdots = \frac{b_n}{1-\sigma_n} = \lambda \tag{5-67}$$

式（5-66）或式（5-67）是考虑网络损耗后的等微增率准则，也称为负荷经济分配的协调方程式。所以在考虑网络损耗情况下，负荷经济分配的准则是每个电厂的微增率与相应的网络修正系数的乘积相等。

网络损耗微增率 σ_i 表示网络有功损耗对第 i 发电厂出力的微增率，各发电厂的网络损耗微增率是不同的。σ_i 值越大，说明增加第 i 发电厂出力时引起网络损耗的增量越大，则该厂的耗量微增率宜取较小的数值，即适当减小该厂的出力；反之，如 σ_i 值越小，则该厂的耗量微增率宜取较大的数值，即适当增加该厂的出力。按照等微增率准则控制各电厂，可以求得整个电力系统总的燃料耗量为最少。

例 5-6 如图 5-19 所示简单的由两个发电厂组成的系统，各发电厂的耗量特性及功率约束条件为

$$F_1 = F_2 = 400 + 7.0P + 0.0002P^2 \text{ (t/h)}, 70 \text{ MW} \leq P \leq 400 \text{ MW}$$

线路的有功功率损耗为 $P_e = 0.0002P_1^2$，在计及网络损耗及负荷为 500 MW 时，试确定发电厂间有功功率的经济分配。

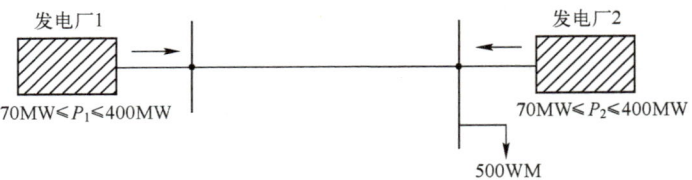

图 5-19 简单的电力系统

解： 如果不考虑网络损耗的作用，显然在两发电厂间平均分配负荷是最经济的，即每一发电厂的出力 $P_1 = P_2 = 250$ MW。在计及网络损耗时，可从式（5-67）得到

$$\frac{7 + 0.0004P_1}{1 - 0.0004P_1} = \frac{7 + 0.004P_2}{1} = \lambda$$

以及

$$P_1 + P_2 - 0.0002P_1^2 = 500 \text{ MW}$$

求解上两式，可得

$$P_1 = 178.882 \text{ MW}$$
$$P_2 = 327.496 \text{ MW}$$
$$P_e = 6.378 \text{ MW}$$

总的燃料消耗量 $= F_1(P_1) + F_2(P_2) = 4623.15$ t/h

如果在两发电厂平均分配负荷，同时假定将网络损耗全部由发电厂 1 负担，此时：

$$P_1 = 263.932 \text{ MW}$$
$$P_2 = 250.000 \text{ MW}$$
$$P_3 = 13.932 \text{ MW}$$

总的燃料消耗量 $= 4661.84$ t/h

从上述结果可以看到，经济功率分配使邻近负荷的发电厂多承担负荷，可使网络损耗减小。同时要注意到网络损耗最少并不是最经济的，在本例中使发电厂 2 承担尽可能多的出力将会减少网络损耗，如

$$P_1 = 102.084 \text{ MW}$$

$$P_2 = 400.00 \text{ MW}$$
$$\text{最少网络损耗} = 2.084 \text{MW}$$
但是
$$\text{总的燃料消耗量} = 4655.43 \text{ t/h}$$

这是因为发电厂 2 承担过多的出力所增加的燃料消耗费用超过了网络损耗的减小，所以这时总的燃料消耗量较经济分配时要大。

5.5 有功功率和频率知识拓展

5.5.1 有功功率和频率发展综述

频率稳定是电力系统安全稳定运行的重要因素，它反映了电力系统中有功功率供需平衡的基本状态。随着可再生能源机组容量占比的不断提升，火电等化石燃料机组容量占比将逐渐降低，风、光、水、核等清洁能源将成为电能量的主要来源，而随着直流输电、电力电子和通信等技术的不断发展，电力体制改革不断纵深发展，主动负荷控制、储能（包括电动汽车）等技术将日渐成熟，常规和新型种类发电（如燃气、风光等）机组、主动负荷响应（如虚拟发电厂、精准切负荷等）、储能设备和直流输电线路功率调制等手段，将成为频率响应控制的主要手段。新问题与技术方案如下：

1) 基于机器学习的新型频率稳定性分析技术。各类发电机组的频率响应速度不同，在电网中亦属于分散式本地控制，具有时间和空间方面的特性差异，使得系统的频率响应表现出较强的非线性动态特性，难以准确捕捉和分析。采用静态观点所确定的电网应具有的频率响应能力，在运行中并非最优，频率响应的效果可能会大打折扣，同时，静态观点分析，需要对大系统数据进行时域分析，耗费计算时间。因此，有必要着力开展动态视角下的频率响应运行调度理论研究，通过准确地确定系统所具有的频率响应能力，以充分利用已有常规频率响应资源。近年来，基于数据驱动的机器学习技术取得了突破性进展，可设计基于机器学习或神经网络的频率安全在线评估方法，采用线下分析线上应用的方式，可快速输出海量预想事故下的频率指标、极值频率、最大频率变化率和准稳态频率等信息，实现电力系统频率安全性的快速评估。

2) 计及多时间尺度调频响应的优化管理和调度。不同发电类型的频率响应的速度、精度和幅度也不同，例如储能、风光的响应速度在毫秒级，水电、燃气机组在秒级。针对大电网频率较为显著的空间分布特征，利用已趋成熟的先进通信技术，将种类众多的快速频率响应控制手段由传统的依据本地参量的分散比例反馈控制，转变为依据故障处参量的集中事件（或参量）前馈主动控制，通过优化协调控制以充分发挥已有设备控制效能，从而提高系统频率稳定水平。通过频率响应的精细化管理、不同种类频率响应调节资源的精细化统一，实现对各类不同频率响应资源的最优规划、计划与运行配置，以最有效地方式加以利用，提高系统运行效益。

3) 新型风、光频率响应。随着风光的高度发展，其对电力系统频率响应的要求越来越突出。风电参与电力系统调频技术主要包括提供虚拟惯量的同步发电机技术、基于转速控制的频率响应和基于桨距角控制的频率响应。虚拟同步机技术使用十分有限的风电机组转子动能，仅利用转子动能进行一次调频，易导致功率二次跌落对系统频率动态特性的影响尚不明确；基于转速控制的频率响应和基于桨距角控制的频率响应，分别使风电机组的转速和桨距角运行在非最优点来实现卸载状态，以实现用于频率响应的功率储备，然而功率储备造成了风电机组运行的较差经济性。光伏阵列的频率响应，是通过将实际工作电压运行在稍高于最大功率跟踪点处电压，使其减载运行，从而预留一定的功率备用使得光伏发电系统具备随时参与系统调频的能力。

4）虚拟发电厂频率响应。随着电网通信技术的发展，基于同步相量测量单元 PMU 的广域测量系统（Wide Area Measurement System，WAMS），不仅能提供高密度精准频率采样数据，还能实现频差信号的远距离实时传播，这些为发电机组频率响应实现由分散控制到集中控制的转变提供技术基础。虚拟发电厂，即通过现代通信技术，集成分布式电源成为一个"虚拟"电厂，用于系统的调频响应，成为电力系统频率响应研究的热点之一。

（朱介北，天津大学）

5.5.2 有功功率和频率工程应用

通过上面的学习知道，电力系统产生的电能必须与消费的电能实时平衡，一旦平衡被打破，电力系统的频率将出现偏差，如果处理不得当使频差扩大，引起发电机（发电厂）解列，促使频率崩溃，将会发生非常严重的后果。我国台湾 1999 年 7 月 29 日大停电事故（729 大停电）就是调频措施不得力导致频率崩溃的典型例子，其造成 668 万户居民停电，直接及间接经济损失不可估量。电力系统中频率调整属于"天下武功，唯快不破"的典型例子，快速、有效地进行频率调整一直是电力调度所追求的目标。

（1）电力系统 AGC-EDC 的发展

电力系统自动发电控制（Automatic Generation Control，AGC）原先称为"电力系统频率与有功功率的自动控制"，对这项技术的研究可以追溯到几十年前，尤其是 20 世纪 50 年代以来，随着战后经济的发展，电力系统的容量不断增长，各工业发达国家的电力系统通过研究和试验，相继实现了频率与有功功率的自动控制。如果说 AGC 系统是二次调频的必要工具，那么 EDC（经济调度控制）系统就是三次调频所不可或缺的，其主要用于负荷、发电量预测及电力系统经济运行自动控制，一般与 AGC 系统组合成分支模块，加载在 SCADA 或 EMS 系统中。

苏联于 1937 年研制出第一个频率调整器。20 世纪 50 年代，苏联在频率和有功功率控制方面广泛采用虚有差率调整准则，随着其欧洲部分统一电力系统的形成，又逐步过渡到采用"联络线功率-频率偏差控制（TBC）"准则。

在 1965 年美国东北部大停电后，多数电力公司开始把计算机系统的应用从以考虑经济为主转移至以安全为主，出现了电网 SCADA 系统。这是电网调度自动化形成系统的一个台阶。从 20 世纪 70 年代起，电网自动调频和有功功率经济分配的装置和自动调节系统不再独立存在，而是以 AGC/EDC 软件包的形式和 SCADA 系统结合，成为 SCADA/AGC-EDC 系统。

（2）电力系统 AGC-EDC 在我国的应用

我国电力系统对频率和有功功率的自动控制工作开始于 1957 年，当时确定以东北和京津唐两大电力系统进行试点。东北电力系统采用"集中控制下的分区控制"方案，京津唐电力系统采用分散式控制方案。

1963年，华东电管局审查通过了"华东电力系统频率与有功功率自动控制方案"，确定近期采用"主系统集中控制下的地区分散制"控制方式，远期逐步过渡到"联络线功率-频率偏差控制（TBC）"方式，并开始制定规划、组织实施。20世纪60~70年代，用晶体管和晶闸管实现的第二代自动调频装置试制成功，华东电力系统频率与有功功率的自动控制得到完全实现。

1992年，华东电网共有两个水力发电厂（新安江、富春江）和三个火力发电厂（望亭、闵行、石洞口）的18台发电机组具备参与AGC的条件。1994年，华东电网在深入研究联合电网条件下AGC技术应用的问题，从工作规划抓起，全面推进AGC技术应用。确定了FFC-TBC的AGC控制策略，即华东电网总调度所实行"定频率控制（FFC）"，三省一市调度所实行"联络线功率-频率偏差控制（TBC）"。

（3）AGC系统

自动发电控制（AGC）是电力系统能量管理系统（EMS）中最重要的控制功能。EMS包含自动稳定控制（ASC）、自动发电控制（AGC）及自动电压控制（AVC）三大控制系统。

（于洋，深圳市恒力电源设备有限公司）

小　　结

第5章部分知识点动画讲解

频率是衡量电能质量的重要指标。电力系统的频率与有功功率密切相关。电力系统频率特性指的是有功功率-频率静态特性，它反映了在稳态运行情况下有功功率和频率变化的关系，主要包括电力系统负荷的频率特性和发电机组的频率特性。

调频问题实质上是电力系统正常运行时，发电机送入系统的功率与负荷需要的功率之间的平衡问题，是通过调整机组的输入功率来实现的。电力系统中，控制调频器的基本方法（也称为调频准则）有如下几种：主导发电机法、积差调节法、联合自动调频以及联合电力系统的调频。

电力系统有功负荷的经济分配是指，在一定的约束条件下，将系统的有功负荷在各发电厂及各机组间进行合理分配，使系统燃料消耗最小。负荷的经济分配与发电设备的经济特性密切相关，与负荷经济分配有关的经济特性指的是耗量特性和耗量微增率特性。

等微增率准则就是运行的发电机组按微增率相等的原则来分配负荷，这样就可使系统总的燃料消耗为最小，从而是最经济的。各发电厂在电力系统中的地理位置相距较远，它们之间是通过输电线路相连。在进行负荷的经济分配控制时，必须考虑输电线功率损耗因素。

习　　题

5-1　电力系统有功功率的平衡对频率有什么影响？系统为什么要设置有功功率备用容量？

5-2　何为发电机组的有功功率-频率静态特性？发电机的单位调节功率是什么？

5-3　电力系统频率的二次调整指的是什么？如何才能做到频率的无差调节？

5-4　某发电厂有三台机组并列运行，其耗量特性分别为
$$F_1 = 2.8+0.26P_{G1}+0.0015P_{G1}^2 (t/h)$$
$$F_2 = 3.5+0.29P_{G2}+0.0015P_{G2}^2 (t/h)$$
$$F_3 = 4.0+0.17P_{G3}+0.0015P_{G3}^2 (t/h)$$

机组功率约束条件为
$$20\,MW \leqslant P_{G1} \leqslant 50\,MW$$
$$20\,MW \leqslant P_{G2} \leqslant 100\,MW$$
$$20\,MW \leqslant P_{G3} \leqslant 100\,MW$$

求负荷功率为 200 MW 时机组间负荷的最优分配。

5-5　联合电力系统的接线图及参数如图 5-20 所示，联络线的功率传输限制为 300 MW，频率偏移超出 ±0.5 Hz 才进行二次调频，当子系统 A 出现功率缺额 200 MW 时，如系统 A 不参加一次调频，联络线的功率是否越限？

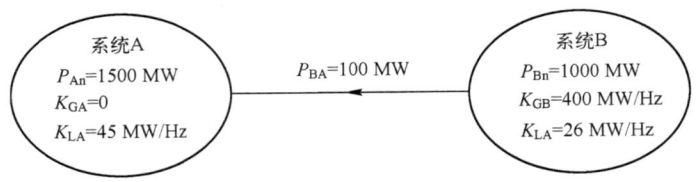

图 5-20　习题 5-5 图

5-6　A、B 两系统并联运行，A 系统负荷增大 500 MW 时，B 系统向 A 系统输送的交换功率为 300 MW，如这时将联络线切除，则切除后，A 系统的频率为 49 Hz，B 系统的频率为 50 Hz，试求：

（1）A、B 两系统的单位调节功率 K_A、K_B。
（2）A 系统负荷增大 750 MW 时，联合系统的频率变化量。

第 6 章 电力系统无功功率和电压

> 为学应须毕生力，攀高贵在少年时。——苏步青

本章要点：

- 熟悉电力系统电压偏移的原因及影响；无功功率电源和无功功率负荷的特性；电力系统无功功率平衡和电压水平的关系。
- 掌握电力系统的电压管理；顺调压、逆调压、常调压的基本概念。
- 熟练掌握电力系统电压调整的措施，各种调压措施的基本原理；变压器分接头选择（普通双绕组变压器）和补偿容量的计算（补偿设备为电容器）。

第 6 章导学

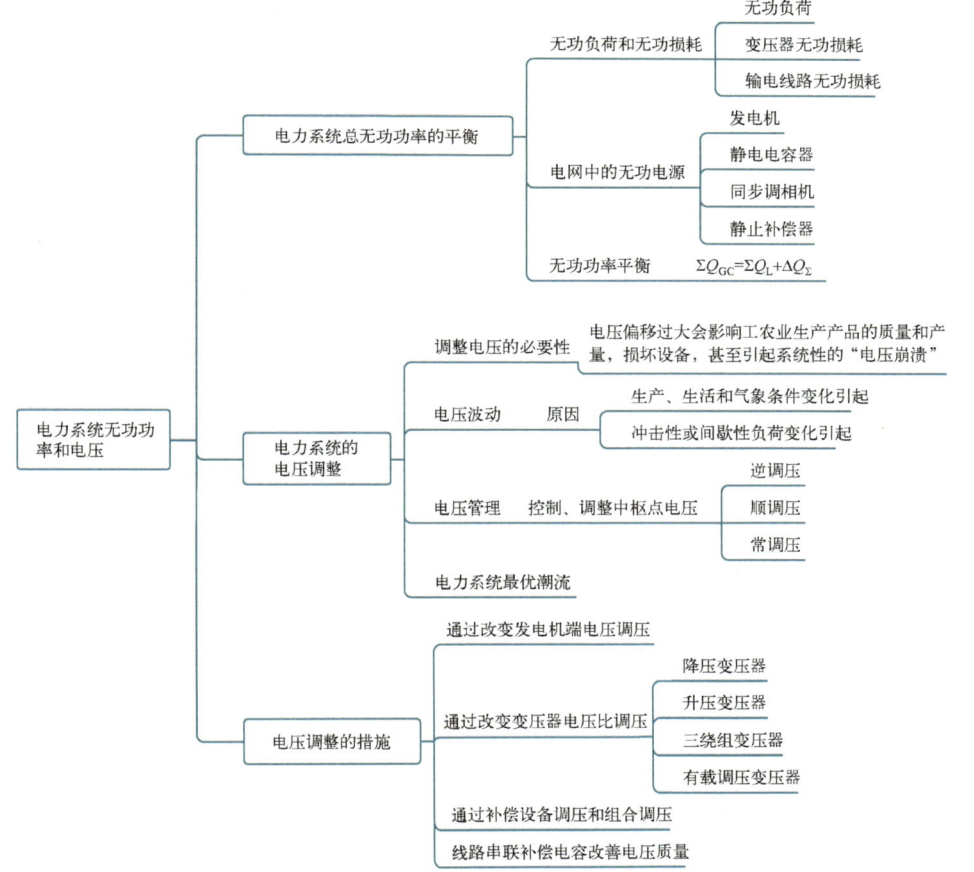

本章学科史：

电压稳定的研究可以追溯到 20 世纪 40 年代，H. M. 马尔柯维奇研究负荷稳定时，提出了第一个电压稳定判据。但是直到 20 世纪 70 年代，对电压稳定性的研究一直处于初级阶段，没有多大进展。直到 1978 年法国电网的灾难性电压崩溃事故使法国电网 70% 以上的用户停电，电压稳定问题才受到关注。在随后的十余年，人们将电压稳定作为一个静态问题进行研究，重点集中在静态机理探讨和求取潮流方程的极限运行状态。20 世纪 80 年代中期后，人们渐渐认识到电压稳定问题的复杂性和动态研究的必要性，研究人员开始对电压崩溃现象的物理本质进行探讨，并进行动态机理分析和建模等方面的研究。

为保障电力安全，提高电网电能质量，有源滤波、无功功率补偿等方法广泛应用在现代电力系统中。

（1）有源滤波器的发展历程

凡是有能力进行信号处理的装置都可以称为滤波器，在近代电信设备和各类控制系统中，滤波器应用极为广泛。历史上，1918 年巴尔的摩提出了电气滤波器概念，1920 年瓦格纳发明了实际的滤波器。在随后的发展中，滤波器传统的影像参数设计理论已显现出不足，于是一种根据规定的插入衰减来设计滤波器的新方法在达林顿等人的理论工作基础上建立了起来。第二次世界大战时期，滤波器技术向更高频率的方向发展。

1969 年，B M Bird 和 J F Marsh 发表的论文中，描述了通过向交流电网注入三次谐波电流来减少电源电流中的谐波成分，从而改善电源电流波形的新方法，其描述的方法是有源电力滤波器基本思想的萌芽。

1983 年，日本学者 H Akagi 提出"三相电路瞬时无功功率理论"，以该理论为基础的谐波和无功电流检测方法在有源电力滤波器中得到了成功的应用，极大地促进了有源电力滤波器的发展，使得 20 世纪 70 年代提出的有源电力滤波器走出了实验室。

20 世纪 80 年代后，电力电子器件以及 PWM 控制技术的日趋成熟，有源电力滤波器取得了长足的进展。20 世纪 90 年代后，计算机技术、智能控制技术和现代信号处理技术的发展，使得有源电力滤波器研究不断深入。进入 21 世纪，APF 技术已日趋成熟，并开始用于解决三相电力系统中提高电能质量的问题。

（2）动态无功功率补偿技术的发展历程

时至今日，由电压稳定和电压崩溃引发的大面积停电事故仍有发生。为了电网运行的安全，要求电网需要有足够的无功备用容量。因此，从 20 世纪 70 年代起，静止型无功功率补偿（SVC）技术开始发展起来，并在全世界的输配电系统中得到了广泛应用。

无功功率补偿技术从传统的带旋转机械的方式到现代的电力电子元件的应用，经历了近一个世纪的发展历程，使用的元件由同步调相机、开关投切电容器发展到晶闸管控制电抗器（TCR）型和晶闸管投切电容器（TSC）型 SVC 装置，以及静止无功发生器（STATCOM）。

从 20 世纪 70 年代中期开始，美国的 GE 公司、BBC 公司（现为 ABB 公司）和 Siemens 公司先后开发出了 TCR 型 SVC 装置，并开始应用于工业用户和输配电领域。进入 20 世纪 90 年代，随着电力电子技术的不断发展和控制技术的不断提高，ABB、Siemens、日本东芝、三菱等大公司的全数字化大容量 TCR 型 SVC 装置进入了实用化阶段。

我国在 20 世纪 80 年代初期引进了 BBC 公司的 TCR 型 SVC 动态无功功率补偿技术，20

世纪 90 年代中期，引进了乌克兰的 TCR 型 SVC 动态无功功率补偿技术。进入 21 世纪后，中国电力科学研究院推出了 TCR 型 SVC 新平台，技术上已经同国外各大公司处于同等水平。

6.1 电力系统总无功功率的平衡

电力系统中的电压是衡量电能质量的一个重要指标。保证供给用户的电压与其额定值的偏移不超过规定的数值是电力系统运行调整的基本任务之一。从前面分析可知，电力系统中的电压与系统中的无功功率密切相关，为保证系统的电压水平，系统中应有充足的无功电源。本节就是分析无功功率与电压的关系，以及对电压的调整问题。

类似于频率调整，只要系统是电压稳定的，负荷的无功功率和发出的无功功率随电压变化曲线（曲面）的交点，就是当前电压的运行点。不同于频率的控制与调整，全系统只有一个频率，而全系统的各个节点的电压有一定差别，因此无功功率的平衡方程包含全系统的各个节点的无功功率方程。如果各个节点的电压都运行在额定电压，那么这时称作"电力系统无功功率平衡"。无功功率是电压的函数，无功功率与电压的关系称为"无功功率-电压曲线"。

> ※一点讨论
>
> 无功功率常用于电磁场中的能量交换，在具有电感和电容等储能元件的电路中，储能元件在半个周期的时间里把电源能量变成磁场（或电场）的能量储存起来，在另外半个周期的时间里将已存的磁场（或电场）能量返回给电源。值得注意的是，无功功率并不等于无用功率。无功功率负荷的变动会导致电力系统无功功率的不平衡，主要变化过程如下：无功功率负荷增加（无功功率负荷和无功功率损耗）→电压降低（根据无功功率负荷和无功功率损耗、电网中的无功电源可知）→电力系统调压（电力系统的电压调整、电压调整的措施）→电压恢复正常→系统无功功率达到平衡，这也是本章内容的主线。

6.1.1 无功功率负荷和无功功率损耗

1. 无功功率负荷

异步电动机在电力系统负荷中占有很大的比重，因此无功功率负荷的电压特性主要由异步电动机决定。异步电动机的等效电路如图 6-1 所示，R_1 为定子绕组的铜损，X_1 为定子绕组的漏抗，R_2 为转子绕组的铜损，X_2 为转子绕组的漏抗，假设异步电动机的有功功率负载（P_m）恒定，即

$$I^2 \frac{1-s}{s} R_2 = P_m \tag{6-1}$$

则电动机消耗的无功功率和电压的关系可以表示为

$$Q_m = B_m U^2 + \frac{sP_m}{(1-s)R_2}(X_1 + X_2) \tag{6-2}$$

式中，B_m 为励磁电纳；s 为异步电动机的转差率。异步电动机的无功功率-电压特性曲线是

一个向上开口的抛物线。

根据电动机负荷的无功功率-电压特性，再考虑到一些恒定无功功率负荷，以及与电压成一次比例关系的无功功率负荷（恒定电流），综合负荷的静态电压-无功功率特性可以用二次多项式即式（6-3）来拟合：

$$Q_N = Q_{LN}\left[\alpha_Q\left(\frac{U}{U_N}\right)^2 + \beta_Q\left(\frac{U}{U_N}\right) + \gamma_Q\right] \tag{6-3}$$

式中，U_N 为负荷节点的额定电压；Q_N 为负荷吸收的额定无功功率。标幺值表示为

$$Q_{L*} = \alpha_Q U_*^2 + \beta_Q U_* + \gamma_Q \tag{6-4}$$

电力系统综合无功功率负荷的静态电压特性如图 6-2 所示。它的特点是，当电压略低于额定值时，无功功率随电压下降较为明显；当电压下降幅度较大时，无功功率减小的程度逐渐变小。

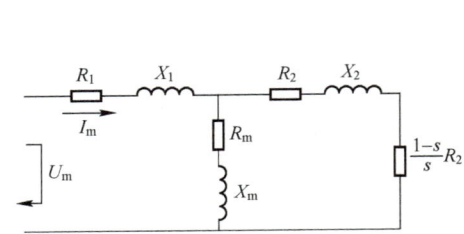

图 6-1 异步电动机的等效电路

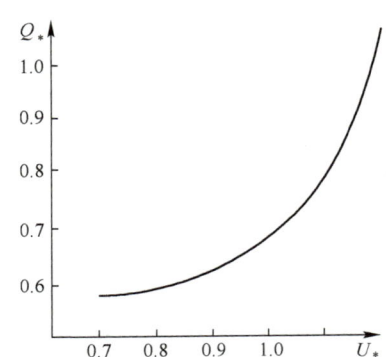

图 6-2 综合无功功率负荷的静态电压特性

2. 变压器无功功率损耗

变压器中的无功功率损耗分为两部分，即励磁支路损耗和绕组漏抗中损耗。其中，励磁支路损耗的百分值基本上等于空载电流 I_0 的百分值，为 1%~2%；绕组漏抗中损耗，在变压器满载时，基本上等于阻抗电压 U_K 的百分值，约为 10%。因此，对一台变压器或一级变压器的网络而言，变压器中的无功功率损耗并不大，满载时约为它额定容量的百分之十几。但是对于需要多级变压器变压的线路来说，变压器中的无功功率损耗就变得相当大。

3. 电力线路无功功率损耗

电力线路上的无功功率损耗也分为两部分，即并联导纳和串联电抗中的无功功率损耗。并联导纳中的无功功率损耗 ΔQ_b 可表示为

$$\Delta Q_b = -U^2 \frac{B}{2}$$

可见，并联导纳中的无功功率与线路电压的二次方成正比，呈容性，又称为线路的充电功率，当其作为无功功率损耗时会取负号。

而串联电抗中的无功功率损耗 ΔQ_x 可表示为

$$\Delta Q_x = I^2 X = \frac{P^2 + Q^2}{U^2} X$$

可见，串联电抗中的无功功率与负荷电流的二次方成正比，呈感性。

以上两部分无功功率的总和反映线路上的无功功率损耗。如果容性大于感性，则向系统输送无功功率；如果感性大于容性，则向系统吸收无功功率。因此，电力线路究竟是损耗无功功率还是发出无功功率，则需要按具体情况进行具体的分析、计算。

6.1.2 电网中的无功电源

1. 发电机

同步发电机既是有功功率电源，又是最基本的无功功率电源。在正常运行时，其定子电流和转子电流都不应超过额定值。

同步发电机是电力系统中的主要无功功率电源之一，它不仅可以发出无功功率而且还可以吸收无功功率，通过励磁调节器可以平滑地控制无功功率的输出。除了不发出有功功率以外，同步调相机和同步发电机的原理相似。同步发电机"消耗"的无功功率与电压的关系为（参考方向以消耗为正）

$$\begin{aligned} Q_G &= \mathrm{Im}[(u_d+ju_q)(i_d-ji_q)] = u_q i_d - u_d i_q \\ &= U\cos\delta \frac{E_q - U\cos\delta}{X_d} - U\sin\delta \frac{U\sin\delta}{X_q} \\ &= -\frac{1}{2}\left[\left(\frac{1}{X_d}+\frac{1}{X_q}\right)+\left(\frac{1}{X_d}-\frac{1}{X_q}\right)\cos 2\delta\right]U^2 + \frac{E_q\cos\delta}{X_d}U \end{aligned} \tag{6-5}$$

式中，X_d 和 X_q 分别代表同步发电机的直轴和交轴同步电抗；E_q 为空载电动势；δ 为发电机的功角。当同步发电机的原动机有功功率的输出不变时，功角可以近似认为恒定不变，认为发电机输出的无功功率仅是机端电压的函数。

对于隐极机有 $X_d = X_q$，无功功率和电压关系为

$$\begin{aligned} Q_G &= -\frac{1}{X_d}U^2 + \frac{E_q\cos\delta}{X_d}U \\ &= -\frac{1}{X_d}\left[\left(U-\frac{E_q\cos\delta}{2}\right)^2 - \left(\frac{E_q\cos\delta}{2}\right)^2\right] \end{aligned} \tag{6-6}$$

由此可见，同步发电机的无功功率-电压特性是一个反过来的二次曲线，其电压特性曲线如图6-3所示。

事实上，由于同步发电机额定容量、原动机的最大输出功率、机端电压、绕组发热、励磁电流、功角稳定等因素的限制，同步发电机的输出功率存在一个有功功率和无功功率的极限，输出功率极限如图6-4所示。

发电机输出的功率为

$$P = \left|\dot{U}_N \frac{\overline{E}_q - \overline{U}_N}{\overline{X}_d}\right|\cos\varphi \tag{6-7}$$

$$Q = \left|\dot{U}_N \frac{\overline{E}_q - \overline{U}_N}{\overline{X}_d}\right|\sin\varphi \tag{6-8}$$

如果将有功功率和无功功率都除以一个常数 X_d/U_N，那么线段 Oa 就可以代表视在功率 S，该线段在纵坐标上的投影就是其输出的有功功率 P，在横坐标的投影就是无功功率 Q。当功率因数角 $\varphi>0$ 时，即发电机定子电流滞后机端电压，此时发电机不仅输出有功功

率，而且还发出无功功率，此时为发电机的常规运行状态即滞相运行。反之，当 $\varphi<0$ 时，此时发电机的定子电流超前电压，发电机发出有功功率但吸收无功功率，此时称为进相运行。

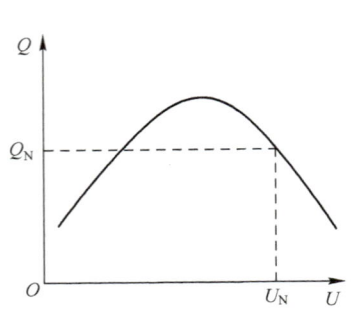

图 6-3 同步发电机的无功功率-电压特性曲线

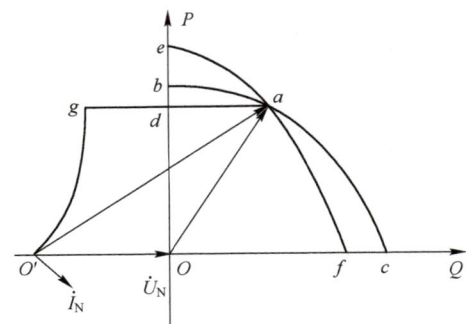

图 6-4 同步发电机的功率运行极限图

在发电机常规运行状态即滞相运行时，发电机输出的功率受额定视在功率 S_N 的限制，所以其功率输出应该在圆弧 bc 内，这段圆弧是以 O 为圆心，以 Oa 为半径的圆弧。同时，输出的功率还受到有功功率的限制，因此其输出功率应该在直线 ad 以下。另外，励磁电流的限制，使得空载电动势 E_q 具有极限，因此输出功率还必须在以 O' 为圆心，以 $O'a$ 为半径的圆弧 ef 内。因此在滞相运行状态下，有功功率和无功功率的输出应该在区域 Odaf 中。

在同步发电机进相运行时，由于静态稳定性的限制，δ 不能超过 $90°$，且要有一定的稳定裕度，因此在额定有功功率输出下，其吸收的无功功率不能超过 g 点。且由于定子端部发热的影响（当进相运行时，由于励磁电流减小，励磁绕组端部漏磁场减弱，于是护环的饱和程度下降，减小了定子端部漏磁场所经过磁路的磁阻，从而使定子端部漏磁场增大，铁损加大，致使定子端部铁心严重受热），进相运行时的励磁电流受到发热的限制，其吸收无功功率的极限被限制在曲线 $O'g$ 中。进相运行时吸收的无功功率极限边界曲线 $O'g$ 需要试验测定。

同步调相机的无功功率-电压特性与同步发电机相同，不仅可以发出无功功率，而且可以吸收无功功率，一般吸收无功功率的数值是其额定补偿容量的 60% 左右。其优点是调节灵活，且可以平滑地吸收或输出无功功率，但成本较高。

由以上分析可知，发电机供给的无功功率不是无限可调的，当发电厂距用户较远时，无功功率所引起的线损较大，这种情况下，则应在用户中心设置补偿装置。

2. 电容器

电容器只能向系统供给无功功率，它可以根据需要由许多电容器连接成组。因此，静电电容器组的容量可大可小，既可集中使用，又可分散使用，使用起来比较灵活；同时由于静电电容器没有旋转部件，所以它在运行时的功率损耗较小，为额定容量的 0.3%~0.5%。

电容器所供出的无功功率 Q_C 与其端电压 U 的二次方成正比，即

$$Q_C = \frac{U^2}{X_C}$$

式中，X_C 为电容器的容抗。

电容器所供应的感性无功与其端电压的二次方成正比,电容器分组投切,非连续可调。但当节点电压下降时,它供给系统的无功功率也将减小,导致系统电压水平进一步下降,这是其不足的地方。

3. 静止补偿器

静止无功功率补偿器（SVC）和静止调相机是分别与电容器和调相机相对应而又同属"柔性交流输电系统"范畴的两种无功功率电源。

静止补偿器由电力电容器与电抗器并联组成。电容器可发出无功功率,也可吸收无功功率,两者结合起来,再配以适当的调节装置,就成为能够平滑地改变输出（或吸收）无功功率的静止补偿器。

静止补偿器有很多类型,目前较为完善的有直流助磁饱和电抗器型、晶闸管控制电抗器型和自饱和电抗器型三种,如图 6-5 所示。这三种补偿器都有两个支路,左侧支路为电抗器支路,右侧支路为电容器支路。它们的共同点是其中的电容器支路,既为同步频率下感性无功功率的电源,又因电容 C 与电感 L_f 串联构成谐振回路,作为高次谐波的滤波器,滤去补偿器中各电磁元件产生的 5、7、11、13、…奇次谐波电流,这类支路是不可控的。它们的不同点集中在电抗器支路,直流助磁饱和电抗器和晶闸管控制电抗器都是可控电抗器,而自饱和电抗器则不可控;晶闸管控制电抗器是不饱和电抗器,其他两种则都是饱和电抗器。显然,静止补偿器向系统供应感性无功功率的容量取决于它的电容器支路,从系统吸取感性无功功率的容量则取决于它的电抗器支路。

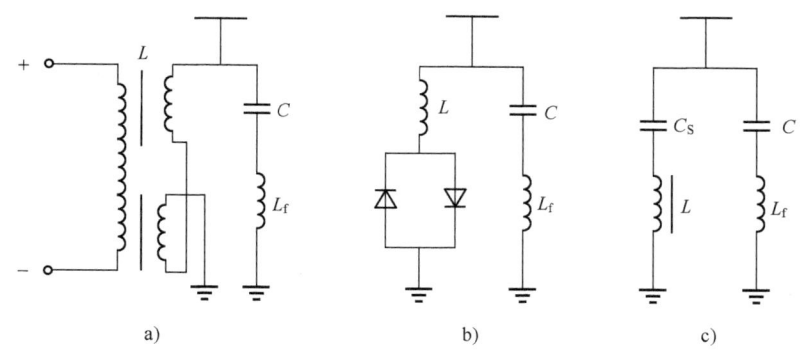

图 6-5 静止补偿器
a）直流助磁饱和电抗器型 b）晶闸管控制电抗器型 c）自饱和电抗器型

晶闸管控制电抗器 TCR 经常与晶闸管投切电容器 TSC 并联组成静止补偿器,TSC 和 TCR 的控制原理都是由两个互相反向的可控开关器件 VT_1 和 VT_2 并联构成,通过改变触发延迟角,控制该回路中基频等效电流的大小,从而实现输出无功功率的调节。以 TCR 为例,流过电感 L 的电流和电压之间的关系为

$$L\frac{\mathrm{d}i(t)}{\mathrm{d}t}=u(t)=\sqrt{2}\,U_N\cos\omega_0 t \tag{6-9}$$

其边界条件:在正半周期内,当相位角 $\omega_0 t=\alpha$,$\pi-\alpha$ 时,触发控制晶闸管,此时 $i(t)=0$,因此微分方程（6-9）的解为

$$i(i)=\frac{\sqrt{2}\,U_N}{\omega_0 L}(\sin\omega_0 t-\sin\alpha) \quad (\alpha\leqslant\omega_0 t\leqslant\pi-\alpha) \tag{6-10}$$

在负半周，其波形刚好相反。如果将其解利用傅里叶级数展开，并得到其基波的值为

$$i_1(t)=\frac{\sqrt{2}U_N}{\omega_0 L}\frac{\pi-2\alpha-\sin2\alpha}{\pi}\sin\omega_0 t \tag{6-11}$$

可见，其基波电流的有效值与触发延迟角有关系，相位与没有晶闸管控制时的电流同相。通过对触发延迟角的控制可以改变这个回路中的电流，达到控制无功功率输出的目的。TCR 与 TSC 两者进行合理的配合，既可以平滑地控制无功功率的输出，又可以吸收系统多余的无功功率。

静止无功功率补偿器的最大缺陷是会给系统带来大量的谐波，而且有可能引发系统的非线性谐振。其优点：能够快速平滑地调节无功功率，以满足无功功率的要求，这样就克服了电容器作为无功功率补偿装置只能作电源不能作负荷、调节不连续的缺点；与同步调相机相比较，静止补偿器运行维护简单、功率损耗小，能做到分相补偿以适应不平衡的负荷变化，对于冲击性负荷也有较强的适应性，因此在电力系统中得到越来越广泛的应用。

缺点：费用高。

> ※一点讨论
>
> 电力系统中用电设备基本是按照额定电压的标准来进行设计制造的，在额定电压下运行能达到最佳的效果，电压偏离额定值将对用户产生不良影响。比如常见的用电设备异步电动机，电压降低会造成电磁转矩变小，假设机械负载的阻力矩不变，电动机转差变大，定子电流变大，绕组温度也随之增高，加速绝缘老化，降低电动机的使用寿命；电锅炉等电热设备在电压降低时会延长冶金时间，从而降低工厂的生产率等。目前，我国电力系统中供电电压允许的偏移如下：35 kV 及以上供电电压，正负偏移的绝对值之和不超过额定电压的 10%，若上下偏移同号时，按较大的偏移绝对值作为衡量标准；10 kV 及以下三相供电电压允许偏移为额定电压的 ±7%；220 V 单相供电电压允许偏移为额定电压的 −10% ~ +7%。

6.1.3 无功功率平衡

综合以上所述的无功功率负荷、无功功率损耗及无功功率电源，就可以作出系统的无功功率平衡。如果发电机所发无功功率为 Q_G，调相机所发无功功率为 Q_{C1}，电容器所供无功功率为 Q_{C2}，静止补偿器所供无功功率为 Q_{C3}，而负荷消耗的无功功率为 Q_L，变压器的无功损耗为 ΔQ_T，线路电抗无功损耗为 ΔQ_X，线路电纳无功损耗为 ΔQ_b，因此，相似于有功功率的平衡，无功功率的平衡式为

$$\sum Q_G + \sum Q_{C1} + \sum Q_{C2} + \sum Q_{C3} = \sum Q_L + \Delta Q_T + \Delta Q_X - \Delta Q_b \tag{6-12}$$

式（6-12）还可简写为

$$\sum Q_{GC} = \sum Q_L + \Delta Q_\Sigma \tag{6-13}$$

式中，$\sum Q_{GC}$ 为无功功率电源容量之和；$\sum Q_L$ 为无功功率负荷之和；ΔQ_Σ 为电力网中的无功功率损耗。

电力系统的无功功率平衡是各个节点在额定电压下系统中无功功率的平衡。电力系统的

电压运行点是，在满足无功功率平衡的基础上，各个节点无功负荷和无功电源的电压特性的交点。电力系统中的每一个节点都具有不同电压变量，因此，电力系统的电压运行状态是所有节点的无功电源和无功负荷的曲面的交汇。简单电力系统的无功功率-电压曲线如图 6-6 所示，发电机发出无功功率-电压曲线与负荷消耗的无功功率-电压曲线的交点就是该系统电压的运行点。当无功功率负荷增加时，无功功率-电压特性曲线如曲线 2′所示。如果系统的无功电源没有相应增加，则电源的无功功率-电压特性仍然是曲线 1。因此曲线 1 和 2′的交点 b 代表了新的无功平衡点，同时决定了负荷点的电压为 U'。显然 $U' < U_N$。这说明系统的无功电源不能满足在电压 U_N 下无功平衡的需要。如果发电机具有充足的无功备用，通过调节发电机使无功功率-电压特性曲线上移到 1′的位置，从而使曲线 1′和 2′的交点所确定的负荷节点电压达到原来的数值 U_N。所以当系统的无功电源比较充足的时候，能够满足较高电压下的无功平衡的需要；反之，无功电源不足就反映为运行电压水平偏低。因此，应该力求实现在额定电压下的系统无功功率平衡，并根据这个要求装设必要的无功功率补偿装置。

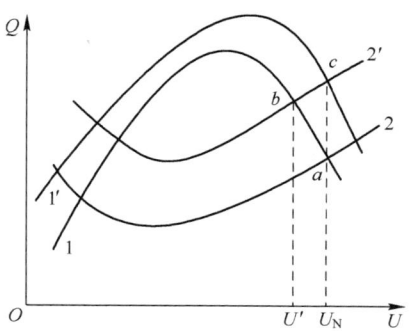

图 6-6 简单电力系统的无功功率-电压曲线

在工程中，为了简化计算，在进行无功功率平衡和电压调整的近似计算中，通常假设有功功率恒定，因此可以用功率发电设备和负荷的功率因数来近似估算无功功率的平衡：

$$\lambda = \cos\varphi = \cos\left(\arctan\frac{Q}{P}\right) \tag{6-14}$$

在假设全系统有功功率恒定的情况下，输出或消耗的无功功率越大，功率因数越低。为了防止系统的无功功率不足，《全国供用电规则》中对负荷和用户的功率因数做出了相应的规定。对于负荷，其功率因数为 0.8~0.9；对于发电厂，其功率因数为 0.85~0.9。

在无功平衡的基础上，应有一定的无功备用。无功备用容量一般为无功负荷的 7%~8%，以防止负荷增大时电压质量下降。通常将无功备用容量放在发电厂内。发电机一般在额定功率因数以下运行，若发电机有一定的有功备用容量，也就保持了一定的无功备用容量。

应该指出，进行无功功率平衡计算的前提应是系统的电压水平正常。若不能在正常电压水平下保证无功功率的平衡，则系统的电压质量就不能保证。从系统综合负荷无功功率-电压静态特性曲线可清楚地看到这一点。

当系统中某些负荷节点电压低落的原因是系统中无功电源不足时，那么调压问题就与无功功率的合理供应和合理使用是分不开的。如果不从解决无功电源不足的问题着手，而是调节电源，使发电机多发无功功率，这是很不合理的。因为电源与负荷间距离较远，发电机多发的功率在网络中的无功损耗也大，不易调高末端电压。而且，为了防止发电机因输出过多的功率而严重过负荷，往往不得不降低整个系统的电压水平，以减小无功功率的消耗量，所以这就不免形成电压水平低落和无功出力不足的恶性循环。因此，在个别负荷节点电压较低的情况下，就应增加无功功率补偿装置，补充系统的无功功率，从而抬高电压水平。

> ※一点讨论
> 有功功率是能源传输的主角,能够被直观地感受到,而无功功率不是无用功率,虽隐身幕后"默默无闻",却扮演着支撑系统电压水平、保证系统安全稳定的关键角色。

6.2 电力系统的电压调整

6.2.1 调整电压的必要性

电力系统的电压和频率一样也需要经常调整。由于电压偏移过大时,会影响工农业生产产品的质量和产量,损坏设备,甚至引起系统性的"电压崩溃",造成大面积停电。

1) 当系统电压降低时,发电机的定子电流将因其功率角的增大而增大。如这时电流源已达额定值,则电压降低后,将使其超过额定值。

2) 当系统电压降低时,各类负荷中占比重最大的异步电动机的转差率增大,从而电动机各绕组中的电流增大,温升增加,效率降低,寿命缩短。

3) 照明负荷,尤其是白炽灯,对电压变化的反应最灵敏。电压过高,白炽灯的寿命将大为缩短;电压过低,亮度和发光效率又要大幅下降。

4) 系统电压过高将使所有电气设备绝缘受损,而且变压器、电动机铁心会饱和,铁心损耗增大,温升增加,寿命缩短。

6.2.2 电压波动和电压管理

1. 电压波动

电压波动分为以下两类:

1) 周期长,波动面大,主要由生产、生活和气象条件变化引起的负荷变动所导致的电压变动。

2) 冲击性和间歇性负荷引起的电压波动。如往复式泵、电弧炉、卷扬机、通风设备等导致的电压闪变、电压跌落等。

习惯上所谓的电压调整是针对第一类的,对第二类可采取专门措施。

2. 电压管理

(1) 电压中枢点的选择

电力系统调整电压的目的,是要在各种运行方式下,能维持各用电设备的端电压在规定的波动范围内,从而保证电力系统运行的电能质量和经济性。

由于电力系统结构复杂,用电设备数量极大,因此电力系统运行部门对网络所有母线电压及所有用电设备的端电压进行监视和调整是不可能的,而且这样的做法也没有必要。在电力系统中常常选择一些有代表性的点作为电压中枢点,运行人员监视中枢点电压,将中枢点电压控制调整在允许的电压偏移范围内。只要这些中枢点的电压质量满足要求,其他各点的电压质量基本上也满足要求。所谓电压中枢点是指那些能反映和控制整个系统电压水平的点。一般选择下列母线作为中枢点:

1) 大型发电厂的高压母线（高压母线上有多回出线时）。
2) 枢纽变电所的二次母线。
3) 有大量地方性负荷的发电厂母线。

图 6-7 所示发电厂的低压母线 I 和末端变电所二次母线 II 可作为中枢点。

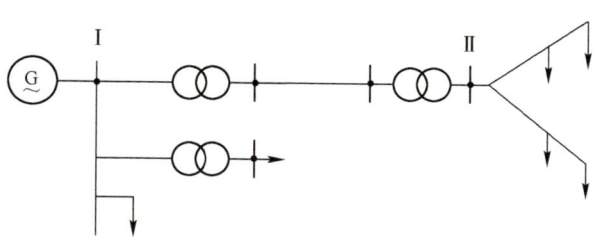

图 6-7 电力系统中枢点的选择

（2）中枢点电压和负荷电压的关系

为对中枢点电压进行控制和调整，必须首先确定中枢点电压的允许波动范围。一般各负荷点都允许有一定的电压偏移，例如，负荷点允许电压偏移为±5%，再计及由负荷点到中枢点的线路上的电压损耗，便可确定中枢点电压的波动范围。这就是常说的电压不等约束条件。

对于一个实际运行的系统，网络参数和负荷曲线已知后，要确定中枢点的电压波动范围。如图 6-8a 所示为由一个中枢点 i 向两个负荷 j、k 供电的简单网络。设 j、k 两负荷允许电压偏移都为±5%，如图 6-8b 所示；负荷 j、k 的简化日负荷曲线如图 6-8c、d 所示；设由于这两个负荷功率的流通，线路 i-j、i-k 上的电压损耗分别如图 6-8e、f 所示。求中枢点电压 U_i 的波动范围，即编制中枢点电压变化曲线。

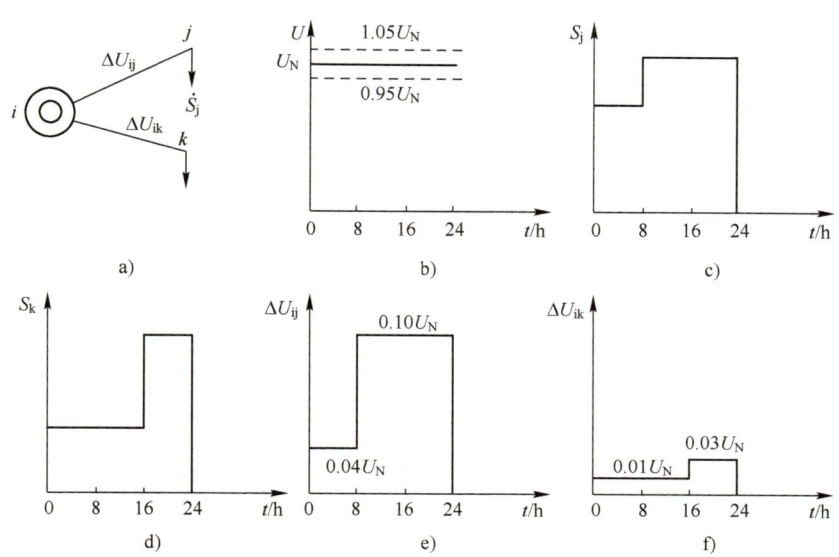

图 6-8 简单网络的电压损耗

a) 简单网络　b) 负荷 j、k 允许的电压偏移　c) 负荷 j 日负荷曲线
d) 负荷 k 日负荷曲线　e) ΔU_{ij} 的变化　f) ΔU_{ik} 的变化

根据负荷对电压的要求,可求出中枢点电压的波动范围。只满足 j 负荷时,中枢点 i 应维持的电压为

$0 \sim 8\,\text{h}$, $U_i = U_j + \Delta U_{ij} = (0.95 \sim 1.05)U_N + 0.04U_N = (0.99 \sim 1.09)U_N$

$8 \sim 24\,\text{h}$, $U_i = U_j + \Delta U_{ij} = (0.95 \sim 1.05)U_N + 0.10U_N = (1.05 \sim 1.15)U_N$

只满足 k 负荷时,中枢点 i 应维持的电压为

$0 \sim 16\,\text{h}$, $U_i = U_k + \Delta U_{ik} = (0.95 \sim 1.05)U_N + 0.01U_N = (0.96 \sim 1.06)U_N$

$16 \sim 24\,\text{h}$, $U_i = U_k + \Delta U_{ik} = (0.95 \sim 1.05)U_N + 0.03U_N = (0.98 \sim 1.08)U_N$

根据这些要求可绘出中枢点 i 电压的变动范围,如图 6-9 所示。

将图 6-9a、b 合并,就可得同时满足负荷 j、k 要求的中枢点 i 的电压允许变动范围,如图 6-10a 中的阴影部分。

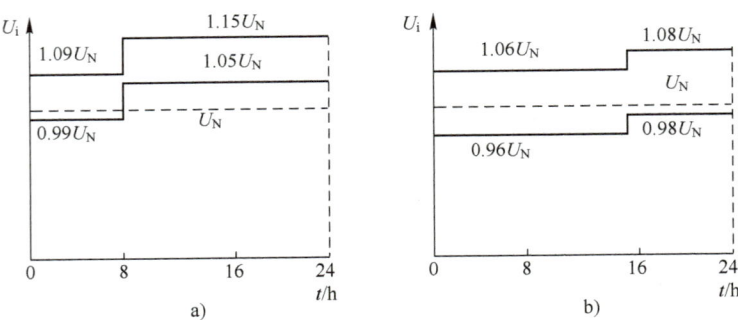

图 6-9 中枢点 i 电压的允许变动范围(1)
a)根据负荷 j 的要求 b)根据负荷 k 的要求

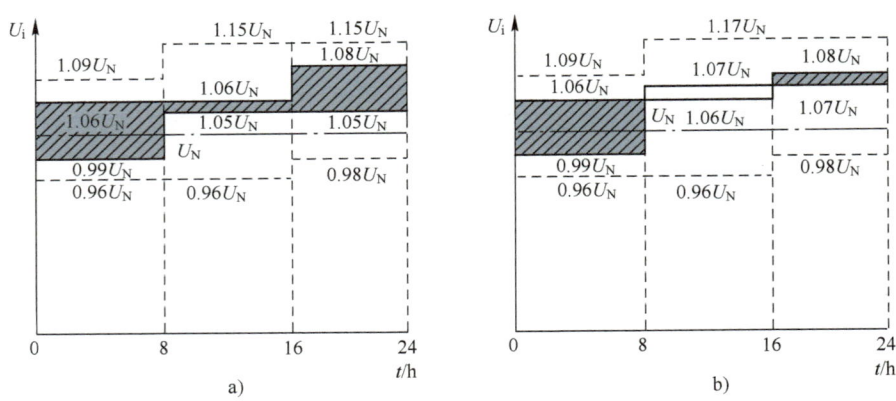

图 6-10 中枢点 i 电压的允许变动范围(2)
a)能同时满足负荷 j、k 的要求 b)不能同时满足负荷 j、k 的要求

可见,同时满足 j、k 两点电压要求时,中枢点电压 U_i 的变动范围为

$0 \sim 8\,\text{h}$, $U_i = (0.99 \sim 1.06)U_N$

$8 \sim 16\,\text{h}$, $U_i = (1.05 \sim 1.06)U_N$

$16 \sim 24\,\text{h}$, $U_i = (1.05 \sim 1.08)U_N$

由以上可知,虽然负荷 j、k 允许的电压偏移都是 ±5%,即都有 10% 的允许变化范围,但由于中枢点 i 以及这些负荷之间线路上电压损耗 ΔU_{ij}、ΔU_{ik} 的大小和变化规律都不相同,

要同时满足这两个负荷对电压质量的要求，中枢点电压的允许变化范围大大缩小了，最小时仅有1%。

若同时考虑两个负荷，两个负荷对中枢点电压的允许波动范围没有相交的阴影部分，则中枢点不能同时满足两个负荷对电压的要求。例如，设 8~24 h 时，ΔU_{ij} 增大为 $0.12U_N$，则 8~16 h 时，从曲线上找不到公共的阴影部分，中枢点 i 的电压就难以同时满足负荷 j、k 对电压质量的要求，如图 6-14b 所示。一旦出现这种情况，仅靠控制中枢点电压已不足以控制所有负荷点的电压，则应考虑采取其他措施。

（3）中枢点的调压方式

当在实际运行的电力系统中，由于缺乏必要的数据而无法确定中枢点的电压控制范围时，可根据中枢点所管辖的电力系统中负荷分布的远近及负荷波动的程度，对中枢点的电压调整方式提出原则性要求，以确定一个大致的电压波动范围。这种电压调整方式一般分为逆调压、顺调压和常调压三类。

1）逆调压。对于大型网络，如中枢点至负荷点的供电线路较长，且负荷变动较大，则在最大负荷时要提高中枢点的电压，以抵偿线路上因最大负荷而增大的电压损耗；在最小负荷时则要将中枢点电压降低一些，以防止负荷点的电压过高，一般对这种情况的中枢点实行"逆调压"。采用逆调压方式的中枢点电压，在最大负荷时较线路的额定电压高5%，即 $1.05U_N$；在最小负荷时等于线路的额定电压，即 $1.0U_N$。

2）顺调压。对于小型网络，如中枢点至负荷点的供电线路不长，负荷大小变动不大，线路上的电压损耗也很小，在这种情况下，可对中枢点采用"顺调压"。采用顺调压方式的中枢点电压，在最大负荷时允许中枢点电压低一些，但不低于线路额定电压的+2.5%，即 $1.025U_N$；在最小负荷时允许中枢点电压高一些，但不高于线路额定电压的+7.5%，即 $1.075U_N$。

3）常调压。对于中型网络，如负荷变动较小，线路上电压损耗也较小，这种情况只要把中枢点电压保持在较线路电压高2%~5%的数值，即 $1.02~1.05U_N$，不必随负荷变化来调整中枢点的电压，仍可保证负荷点的电压质量，这种方式称为"常调压"。

以上都是指系统正常运行时的调压方式，当系统发生事故时，因电压损耗比正常时大，故电压质量允许降低一些。如前所述，事故时负荷点的电压偏移允许较正常时再增大5%。

6.2.3 电力系统最优潮流

对于多电压等级的电网，由于网络结构比较复杂，电压的调整要比上述简单系统的调整复杂得多。在进行电压调整的同时，还需要考虑电力系统运行的经济性。比如，如果系统的无功功率不足，在哪里安装无功功率补偿设备最经济？电力系统运行时，在负荷不断变化的情况下，发电机节点注入的功率或者具有无功功率补偿的节点注入的无功功率分别是多少的时候才能保证电力系统运行经济性？具有有载调压的多抽头变压器运行在哪个抽头最好？这些问题都需要实时的最优潮流（Optimal Power Flow，OPF）计算来解决。现代电力系统调度自动化的 SCADA（Supervisory Control and Data Acquisition，监控和数据采集）系统为电力系统最优潮流计算提供了数据基础。

最优潮流的概念是 20 世纪 60 年代法国学者 Carpentien 提出，把电力系统的经济调度和潮流计算有机地融合在一起，以潮流方程为基础，进行经济与安全、有功功率、无功功率的

全面优化。电力系统的潮流方程可以表示为

$$F(X,C,U)=0 \tag{6-15}$$

式中，X 表示系统的状态，例如电压和相角；C 表示系统的参数，例如节点导纳、变压器电压比等；U 表示控制变量，例如各个节点的净注入功率等。

电力系统最优潮流的数学模型可以描述为确定一组最优的控制变量，使得系统在满足等约束条件（系统潮流方程）和不等约束条件（系统状态的允许范围）下，目标函数达到极值：

  目标函数 $\min f(X)$

  等约束条件 $F(X,C,U)=0$

  不等约束条件 $g(X) \leqslant 0$

对于复杂系统的最优潮流的求解方法有简化梯度法、牛顿法、PQ 分解法、内点法等。简化梯度法以牛顿-拉夫逊的潮流计算方法为基础，对于等约束条件采用拉格朗日乘子法处理，对于不等约束条件采用 Kuhn-Tucker 罚函数处理，这种方法比较简单，但计算量很大，另外罚因子数值的选取对算法的收敛性影响很大。牛顿法最优潮流是一种具有二阶收敛特性的算法，将状态变量和控制变量同时进行迭代，除了利用目标函数的一阶导数外，还利用目标的二阶导数，考虑了梯度的变化趋势，具有收敛速度快的特点。PQ 分解法是将整体的潮流优化问题分解为有功功率和无功功率优化两个子优化问题，交替迭代求解，最终达到有功功率和无功功率的综合优化。

6.3 电压调整的措施

随着运行方式的改变，电网中电压损耗的作用有可能导致无论怎样调节中枢点电压，都不能满足所有负荷对电压的要求的情况发生。当发生这种情况时，只靠控制中枢点电压就不能保证所有负荷点的电压。因此必须采取其他调压措施来保证电压质量。

各种调压措施所依据的基本原理说明如下。

图 6-11 示出一简单电力系统以及略去元件导纳支路和功率损耗后归算至基本级的等效电路。

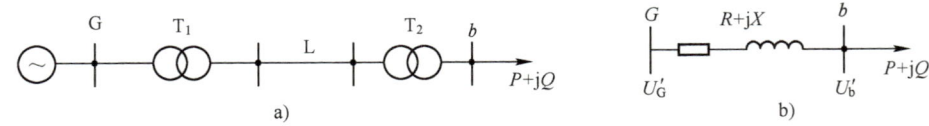

图 6-11 简单电力系统及其等效电路
a）简单电力系统接线 b）电力系统等效电路

要求调整的负荷节点 b 的电压为

$$U_b = U_b'/k_2 = (U_G' - \Delta U)/k_2 = \left(U_G k_1 - \frac{PR+QX}{U_G k_1}\right)/k_2 \tag{6-16}$$

式中，U_b、U_G 分别为 b 点、G 点的实际电压；U_b'、U_G' 分别为 b 点、G 点的归算电压；k_1、k_2 分别为变压器 T_1、T_2 的电压比；R、X 分别为电力网的等效电阻、等效电抗。

由式（6-16）可见，调整负荷节点 b 的电压可以采取以下措施：

1) 调节发电机励磁电流以改变发电机端电压 U_G。
2) 选择适当变压器电压比。
3) 改变线路的电抗参数。
4) 改变无功功率分布。

需要说明的是，为了调压改变有功功率的分配以及增大导线截面以减小电阻是不恰当的。

6.3.1 通过改变发电机端电压调压

现代大中型同步发电机大都装有自动励磁调节装置，发电机端电压调整就是借助于发电机的自动励磁调节器，改变励磁机电压而实现的。改变发电机转子电流，就可以改变发电机定子的端电压。

同步发电机的机端电压与转子绕组中励磁电流的大小有关，励磁电流在转子中产生的磁场在定子中感应为空载电动势，因此可以通过调节发电机转子励磁电流的大小来控制发电机的机端电压，产生和控制发电机转子绕组励磁电流的系统称为"励磁系统"。励磁系统由主励磁系统和自动励磁调节系统两部分组成，前者用来提供发电机的励磁电流，后者用于对励磁电流的调节与控制。

根据主励磁系统产生励磁电流的方式不同，励磁系统分为直流励磁机励磁系统（即同步发电机转子绕组中的励磁电流由直流发电机来提供）、交流励磁机励磁系统（励磁电流由一个中频交流发电机经过整流后提供）、静止励磁系统（励磁电流由发电机定子输出的电流经过整流后提供，不需要励磁机，又称为无励磁机的自并励系统）。励磁机的励磁又分为自励和他励两种类型，所谓自励就是利用自身电源反馈作为励磁电源，他励则是利用下一级励磁机电源作为励磁电源。发电机励磁系统的原理如图 6-12 所示（以自并励系统为例），变压器 TU 为转子绕组提供电源，电压互感器 TV 实时测量机端电压并对励磁电流进行控制。

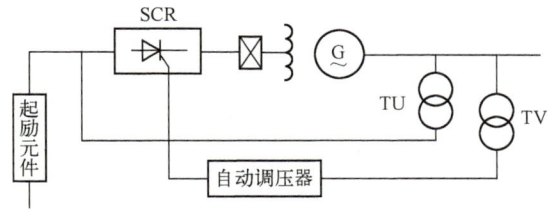

图 6-12　自并励系统框图

现在用于同步发电机的励磁调节装置种类很多，但原理是相同的。发电机的自动励磁调节器由量测滤波、综合放大、移相触发、晶闸管输出及转子电压软负反馈等环节组成。

当发电机端电压变化时，测量单元测得的信号与给定电压 U_{G0} 相比较，得到的电压偏差信号经放大后，又作用于移相触发单元，产生不同相位的触发脉冲，进而改变晶闸管元件的触发延迟角，使调节器输出发生变化，励磁机电压随之变化，从而达到调节发电机端电压的目的。

这种调压方法不需增加额外的设备，因此是最经济合理的调压措施，应优先考虑。

但对线路较长且是多电压级网络，并有地方负荷的情况，单靠发电机调压就不能满足负荷点的电压要求。图 6-13 所示为一多电压级网络，各级网络的额定电压及最大、最小负荷时的电压损耗均标于图中。最大负荷时，从发电机至线路末端的总电压损耗为 35%，最小负荷时，总电压损耗为 15%，两者相差 20%，而对发电机来说，考虑机端负荷的要求及供电至地方负荷线路上的电压损耗，其电压调整范围为 0~5%，因此，仅靠发电机机端调压不能满足远方负荷的电压要求，还应采用其他调压方法。

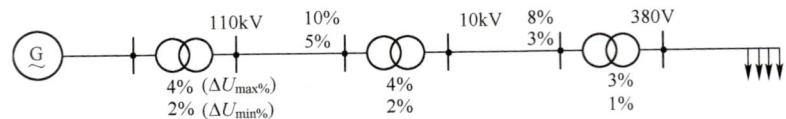

图 6-13　多电压级网络及其电压损耗

6.3.2　通过改变变压器电压比调压

1. 降压变压器

普通双绕组变压器的高压绕组和三绕组变压器的高、中压绕组都留有几个抽头供调压选择使用。一般容量为 6300 kV·A 及以下的变压器有三个抽头，分别从 $1.05U_{TN}$、U_{TN}、$0.95U_{TN}$ 处引出，调压范围为 ±5%，其 U_{TN} 为高压侧额定电压，在 U_{TN} 处引出的抽头被称为主抽头。容量为 8000 kV·A 及以上的变压器有五个抽头，分别从 $1.05U_{TN}$、$1.025U_{TN}$、U_{TN}、$0.975U_{TN}$、$0.95U_{TN}$ 处引出，调压范围为 ±2×2.5%。

如图 6-14 所示为一降压变压器最大负荷时情况。U_{Imax} 为高压侧母线电压；ΔU_{Imax} 为归算到高压侧的变压器中的电压损耗；U_{TNi} 为低压侧的额定电压；U'_{imax} 为低压侧要求的实际电压；U_{tImax} 为应选择的高压侧分接头电压；U_{imax} 为归算到高压侧的低压母线电压。

$$k = \frac{U_{imax}}{U'_{imax}} = \frac{U_{Imax}-\Delta U_{Imax}}{U'_{imax}} = \frac{U_{tImax}}{U_{TNi}}$$

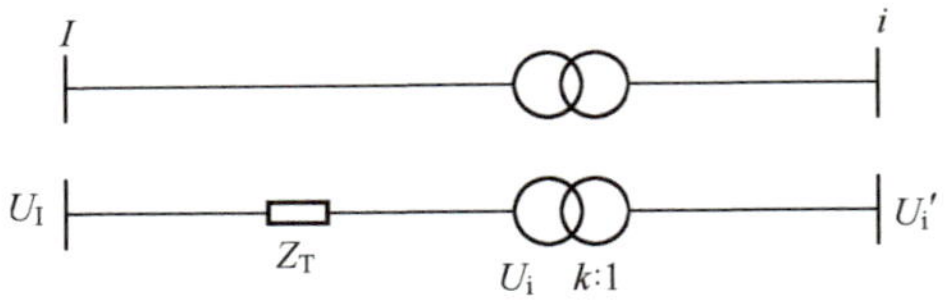

图 6-14　降压变压器最大负荷情况

最大负荷下：$U_{tImax} = \dfrac{U_{Imax}-\Delta U_{Imax}}{U'_{imax}} U_{TNi}$

最小负荷下：$U_{tImin} = \dfrac{U_{Imin}-\Delta U_{Imin}}{U'_{imin}} U_{TNi}$

如果变压器为无载调压变压器（分接头不能在线调节），则

$$U_{tI} = \frac{U_{tImax}+U_{tImin}}{2}$$

根据 U_{tI} 选定一个最接近的分接头后，再按选定的分接头校验母线实际电压是否满足要求。

其返回校验过程如下。

1)求低压母线电压。

最大负荷时：$U'_{imax} = U_{imax} \dfrac{U_{TNi}}{U_{tI}}$；最小负荷时：$U'_{imin} = U_{imin} \dfrac{U_{TNi}}{U_{tI}}$。

2)求电压偏移百分数。

最大负荷时：$\Delta U'_{imax} = \dfrac{U'_{imax} - U_N}{U_N} \times 100\%$

最小负荷时：$\Delta U'_{imin} = \dfrac{U'_{imin} - U_N}{U_N} \times 100\%$

将上述结果与调压要求相比较，如果电压偏移均在要求范围内，即说明所选分接头合适。

例 6-1 设图 1-3 所示 4 节点环网中的节点 2 接入某降压变电所，变电所中部分电力网接线如图 6-15 所示，此处装设了一台容量 S_N 为 20 MV·A、电压为 110/11 kV 的变压器。要求变压器低压侧的电压偏移在最大、最小负荷时分别不超过额定值的 2.5% 和 7.5%，最大负荷为 18 MV·A，最小负荷为 7 MV·A，$\cos\varphi = 0.8$，变压器高压侧的电压在任何运行情况下均维持 107.5 kV，变压器参数为 $U_K\% = 10.5$，$P_K = 163$ kW，励磁影响不计，试选择变压器的分接头。

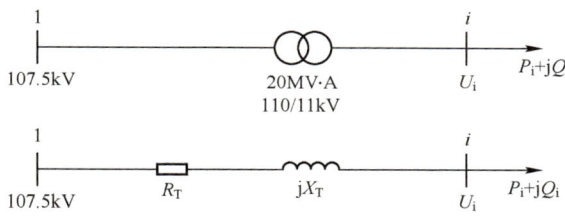

图 6-15 降压变压器及其等效电路

解： 变压器的电阻和电抗分别为

$$R_T = \dfrac{P_K U_N^2}{1000 S_N^2} = \dfrac{163 \times 110^2}{1000 \times 20^2}\ \Omega = 4.93\ \Omega$$

$$X_T = \dfrac{U_K\% U_N^2}{100 S_N} = \dfrac{10.5 \times 110^2}{100 \times 20}\ \Omega = 63.5\ \Omega$$

末端最大、最小负荷为

$$\begin{cases} \dot{S}_{max} = 18\cos\varphi + j18\sin\varphi = (18 \times 0.8 + j18 \times 0.6)\ \text{MV·A} = (14.4 + j10.8)\ \text{MV·A} \\ \dot{S}_{min} = 7\cos\varphi + j7\sin\varphi = (7 \times 0.8 + j7 \times 0.6)\ \text{MV·A} = (5.6 + j4.2)\ \text{MV·A} \end{cases}$$

最大、最小负荷时低压侧实际调压要求的电压为

$$\begin{cases} U'_{imax} = 10 \times (1 + 2.5\%)\ \text{kV} = 10.25\ \text{kV} \\ U'_{imin} = 10 \times (1 + 7.5\%)\ \text{kV} = 10.75\ \text{kV} \end{cases}$$

在最大、最小负荷时，低压侧的电压由下式求得（忽略变压器的功率损耗）

$$\begin{cases} U_{i\max} = U_{I\max} - \Delta U_{\max} = 107.5 - \dfrac{14.4\times4.93+10.8\times63.5}{U_{i\max}} \\ U_{i\min} = U_{I\min} - \Delta U_{\min} = 107.5 - \dfrac{5.6\times4.93+4.2\times63.5}{U_{i\min}} \end{cases}$$

解得

$$\begin{cases} U_{i\max} = 99.9\,\text{kV} \\ U_{i\min} = 104.6\,\text{kV} \end{cases}$$

于是，可求最大、最小负荷时分接头电压为

$$\begin{cases} U_{TI\max} = U_{i\max}\dfrac{U_{iN}}{U'_{i\max}} = 99.9\times\dfrac{11}{10.25}\,\text{kV} = 107.2\,\text{kV} \\ U_{TI\min} = U_{i\min}\dfrac{U_{iN}}{U'_{i\min}} = 104.6\times\dfrac{11}{10.75}\,\text{kV} = 107\,\text{kV} \end{cases}$$

所以得

$$U_{TI} = \dfrac{U_{TI\max}+U_{TI\min}}{2} = \dfrac{107.2+107}{2}\,\text{kV} = 107.1\,\text{kV}$$

故选择电压为 110×(1-2.5%):107.25 kV 的分接头。
校验如下。

1）求低压母线电压。

最大负荷时： $U'_{i\max} = U_{i\max}\dfrac{U_{iN}}{U_{TI}} = 99.9\times\dfrac{11}{107.25}\,\text{kV} = 10.25\,\text{kV}$

最小负荷时： $U'_{i\min} = U_{i\min}\dfrac{U_{iN}}{U_{TI}} = 104.6\times\dfrac{11}{107.25}\,\text{kV} = 10.73\,\text{kV}$

2）求电压偏移。

最大负荷时： $\Delta U'_{i\max} = \dfrac{U'_{i\max}-U_N}{U_N}\times100\% = \dfrac{10.25-10}{10}\times100\% = 2.5\%$

最小负荷时： $\Delta U'_{i\min} = \dfrac{U'_{i\min}-U_N}{U_N}\times100\% = \dfrac{10.73-10}{10}\times100\% = 7.3\%$

可比较知，所选择的分接头满足调压要求。
注意：只有当系统无功功率电源容量充足时，用改变变压器电压比调压才能奏效。因此，当系统无功功率不足时，首先应装设无功功率补偿设备。

2. 升压变压器

升压变压器与降压变压器的区别只是功率流向是从低压侧到高压侧，故高压母线电压应与变压器损耗相加，其余步骤相同。

最大负荷下： $U_{tI\max} = \dfrac{(U_{Ii\max}+\Delta U_{I\max})}{U'_{i\max}}U_{Ni}$

最小负荷下： $U_{tI\min} = \dfrac{(U_{Ii\min}+\Delta U_{I\min})}{U'_{i\min}}U_{Ni}$

$$U_{tI} = \dfrac{U_{tI\max}+U_{tI\min}}{2}$$

3. 三绕组变压器

三绕组变压器在高中压绕组有分接头，可两次套用双绕组变压器分接头的选择方法。一般先按低压侧调压要求确定高压侧分接头，然后再用选定的高压侧分接头考虑中压侧调压要求，确定中压侧分接头，最后再校验。

4. 有载调压变压器

有载调压变压器可以在带负载情况下调整分接头，可以在最大和最小负荷时分别选用合适的分接头，而且调节范围比较大，一般在15%以上。

图6-16是内部具有调压绕组的有载调压变压器的原理接线图。它的主绕组同一个具有若干个分接头的调压绕组串联，依靠特殊的切换装置可以在负荷电流下改换分接头。切换装置有两个可动触头Ka和Kb，改换分接头时，先将一个可动触头移到另一个分接头上，然后再把另一个可动触头也移到该分接头上。这样在不断开电路的情况下完成了分接头的切换。为了防止可动触头在切换过程中产生电弧，造成变压器绝缘油劣化，在可动触头Ka、Kb上串联两个接触器KMa、KMb，将它们放在单独的油箱里。当变压器切换分接头时，首先断开KMa，将Ka切换到另一个分接头上，然后将KMa接通。另一个触头也采用同样的切换步骤，使两个触头都接到另一个分接头上。切换装置中的电抗器L是为了在切换过程中限流用的，当两个可动触头在不同的分接头上时，限制两个分接头之间的短路电流。

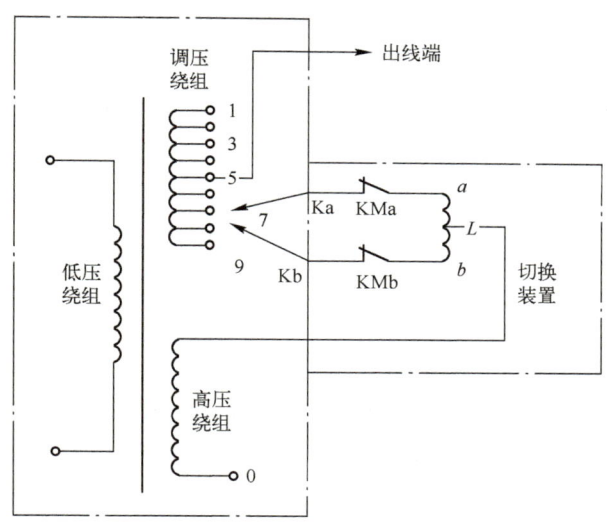

图6-16 有载调压变压器的原理接线

对110kV及更高电压级的变压器，一般将调压绕组放在变压器中性点侧，因变压器中性点接地后，中性点侧电压很低，可以降低调整装置的绝缘要求。

三绕组变压器一般在高压侧有有载分接头，中压侧选平均值。

6.3.3 通过补偿设备调压和组合调压

当系统中某些负荷节点电压低落的原因是系统中无功电源不足时，那么调压问题就与无功功率的合理供应和合理使用是分不开的。如果不从解决无功电源不足的问题着手，而是调节电源，使发电机多发无功功率，这是很不合理的。因为电源与负荷间距离较远，发电机多发的功率在网络中的无功损耗也大，不易调高末端电压。而且，为了防止发电机因输出过多的功率而严重过负荷，往往不得不降低整个系统的电压水平，以减小无功功率的消耗量，所以这就不免形成电压水平低落和无功出力不足的恶性循环。因此，在个别负荷节点电压较低的情况下，就应想办法增加无功功率补偿装置，补充系统的无功功率，从而抬高电压水平。

当发电机调压和调整变压器分抽头调压无法满足系统的电压要求时，通常采用并联无功功率补偿的方式进行调压。采用无功功率补偿的方式调压不仅可以使得电力系统的各个节点的电压满足要求，而且还能降低全系统的网络损耗，达到电力系统经济运行的效果。无功功率的补偿通常有并联电容器补偿、并联同步调相机补偿、并联静止无功功率补偿器和静止无功功率发生器等。并联电容器补偿最大的优点是经济、方便，它可以分散安装在用户负荷节点或者降压变电所的母线上，缺点是不能对无功功率进行平滑地调节，特别是不能吸收系统多余的无功功率。同步调相机实际上就是一个没有原动机（没有有功功率输出）的同步发电机，不仅可以平滑地控制输出的无功功率，而且还可以在系统无功功率过剩时吸收无功功率，但其缺点是成本太高，不方便安装和维护。静止无功功率补偿器通常是用电力电子元件控制的具有平滑控制发出和吸收无功功率的补偿装置，其优点是不仅可以平滑地控制吸收或发出的无功功率，而且成本较低，但由于电力电子器件都是非线性的器件，它将向系统中注入大量的谐波。

由于电力系统的负荷在实时地变化，因此在进行并联补偿时要确定并联补偿的容量，以图 6-17 所示的简单系统为例，来说明简单系统的并联补偿容量的计算方法。假设在负荷点 B 处安装电容器补偿，补偿的无功功率用 Q_C 表示，其参考方向为流入节点，即 $Q_C>0$ 时，无功功率补偿设备向节点注入无功功率，反之为吸收无功功率。

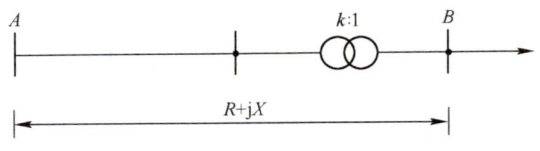

图 6-17　简单电力系统

假设补偿设备的无功功率调整范围为 $-\alpha Q_C \sim Q_C$，即在最小负荷时，补偿设备吸收的无功功率为 αQ_C，其中 $0<\alpha<1$，在最大负荷时注入的无功功率为 Q_C。已知负荷点电压在最大和最小负荷下电压允许的范围为 U_{Smax} 和 U_{Smin}。那么在最大负荷下：

$$U_A = kU_{Smax} + \frac{RP_{max}+X(Q_{max}-Q_C)}{kU_{Smax}} \tag{6-17}$$

在最小负荷下：

$$U_A = kU_{Smin} + \frac{RP_{min}+X(Q_{min}+\alpha Q_C)}{kU_{Smin}} \tag{6-18}$$

根据上述两个方程可以解出电压比 k 以及补偿装置最小的补偿容量 Q_C：

$$k = \frac{(U_{Smin}+\alpha U_{Smin})U_A}{U_{Smin}^2+\alpha U_{Smax}^2} \tag{6-19}$$

$$Q_C = \frac{kU_{Smax}}{X}(kU_{Smax}-U_A) \tag{6-20}$$

如果为并联电容器补偿，则不能吸收无功功率，式（6-19）中的 α=0。对于复杂大系统的并联补偿和变压器电压比的求取，则需要利用节点功率方程组，同时以系统最小网络损耗为目标，分别在最大和最小运行方式下进行最优潮流的计算。

例 6-2 设图 1-3 所示 4 节点环网中的节点 2 接入某变电所，变电所中部分电力网接线如图 6-18 所示，已知 $X_{ij}=70\,\Omega$，变压器额定电压为 $(110\pm2\times2.5\%)/11\,\text{kV}$，变电所低压母线要求逆调压（最小负荷时电压为额定电压，最大负荷时电压为 $105\%U_N$），低压母线额定电压为 10 kV。最大负荷时，归算到高压侧的实际电压为 $U_{j.\,\text{max}}=101.1\,\text{kV}$；最小负荷时为 $U_{j.\,\text{min}}=110.2\,\text{kV}$。若 $U_i=115\,\text{kV}$ 不变，求应选择的变压器分接头和静止无功功率补偿装置容量（假定补偿装置的无功功率调节范围为 $-\frac{1}{3}Q_{NC}\leq Q_C\leq Q_{NC}$）。

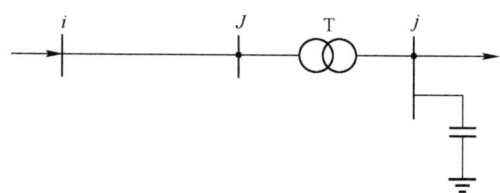

图 6-18　例 6-2 图

解：（1）根据最小负荷时的调压要求选择变压器的电压比

$$U_{tj}=\frac{U'_{j.\,\text{min}}}{U_{j.\,\text{min}}}U_{iN}=\frac{110.2}{10}\times11\,\text{kV}=121.22\,\text{kV}$$

取

$$U_{tj}=(110+110\times0.05)\,\text{kV}=115.5\,\text{kV}$$

变压器电压比为 $k=\frac{115.5}{11}=10.5$。

（2）根据最大负荷时的调压要求选择补偿电容器的容量

$$Q_{NC}=\frac{U_{jc\text{max}}}{X_{ij}}\left(U_{jc\text{max}}-\frac{U'_{jc\text{max}}}{k}\right)k^2=\frac{10\times10.5}{70}\times\left(10\times10.5-\frac{101.1}{10.5}\right)\times10.5\,\text{kvar}=15.77\,\text{Mvar}$$

6.3.4　线路串联补偿电容改善电压质量

在 35~110 kV 架空线路上，当线路负荷变化范围较大且线路较长或向冲击负荷供电时，通常在线路上串联电容器，以抵消一部分线路的电抗，降低线路的电压损耗。在 220 kV 以上电压等级的架空输电线路上安装串联补偿电容的主要目的是缩短电气距离，提高电力系统的稳定性。

如图 6-19 所示的输电线路，末端的负荷为 $S=P+jQ$，线路的等效阻抗为 $Z=R+jX$。

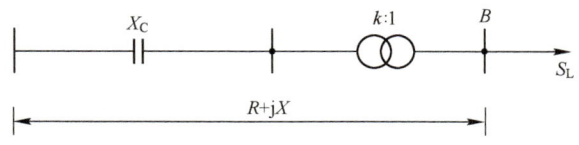

图 6-19　具有串联补偿电容的输电系统

没有安装串联补偿电容时

$$U_2 = U_1 - \frac{PR+QX}{U_2} - j\frac{PX-QR}{U_2} \tag{6-21}$$

当安装串联补偿电容后

$$U_2' = U_1 - \frac{PR+Q(X-X_C)}{U_2'} - j\frac{P(X-X_C)-QR}{U_2'} \tag{6-22}$$

接入串联补偿电容后,线路电压损耗的减少量可以表示为(省略掉电压降落虚轴分量)

$$\Delta U\% = \frac{\Delta U - \Delta U'}{\Delta U} \times 100 \approx \frac{X_C/X}{1+(R/X)\cot\varphi} \times 100 \tag{6-23}$$

式中,φ 为负荷的功率因数角。可见,补偿度 $K_C = X_C/X$ 越大,线路电压损耗的减少量越大,补偿的效果越好;当 $K_C<1$ 时,称为欠补偿,$K_C=1$ 时称为完全补偿,$K_C>1$ 时为过补偿。同样地,线路末端负荷的功率因数越小,补偿效果也越好,当负荷功率因数为1时,$\cot\varphi = \infty$,电压降落的减少为0,加装串联补偿电容毫无意义。线路参数 R/X 越小,补偿效果越好,因此10kV 以下的线路,由于 R/X 较大,一般不安装串联补偿电容。

如果已知末端电压的要求值 U_2' 和未加装串联补偿电容的电压值 U_2,联立式(6-21)和式(6-22)可以求出串联补偿电容的容抗值:

$$X_C \approx \frac{U_2'}{Q}(U_2'-U_2) \tag{6-24}$$

当在线路上串联电容器后,电容器两端的电压是流过电容器电流的积分:

$$u_C(t) = \frac{1}{C}\int_{-\infty}^{t} i(\tau)d\tau \tag{6-25}$$

当线路上发生短路时,由于短路电流很大,会在电容器两侧出现较大的过电压,特别是在短路电流的暂态过程中,如果暂态电流的变化率很大,在大约10 ms 后,将会产生很大的暂态过电压。因此串联补偿电力电容器不仅在电容器的耐压规格上有特殊要求,而且必须在串联补偿电容两端并联保护间隙或非线性的电阻,在电容器两端暂态电压过高时放电,保护电容器不被击穿。通常,串联补偿电容是由若干电容器串联和并联的电容器组构成的。

串联补偿电容安装地点的选择与负荷的分布有关系,当负荷大量集中在线路末端时,串联补偿电容器安装在线路的送电端、中间和末端的补偿效果是一样的,但安装在送电端时,在线路上发生短路时,由于从首端到故障点间的电抗被电容器大大补偿,因此会引起很大的短路电流,而且短路电流流经串联补偿电容时也将引起电容器两侧较大的过电压,同时从经济上考虑,在这种情况下安装在末端变电所是合理的。如果线路沿线接有若干负荷,串联补偿电容的安装位置则要考虑各个负荷点的电压尽量均匀分布。串联补偿电容尽管减少了电压损耗,改善了电压质量,但同时也带来了很多的问题,诸如继电保护难于配置和整定,会引起系统的次同步谐振等。

几种调压措施的比较如下:

1) 首先考虑发电机调压,因其不需附加投资。

2）无功功率充足的系统可采用变压器分接头调压。
3）无功功率不足的系统，首要问题是增加无功电源。
4）为合理选择调压措施应进行技术经济比较。

> ※一点讨论
> 1）在高压电力网中，电抗远大于电阻，电压损耗中无功功率引起的 QX/U 分量就占很大的比重。在这种情况下，减少输送无功功率可以产生比较显著的调压效果。反之，对截面不大的架空线路和所有电缆线路，用这种方法调压就不合适。
> 2）如按调压要求确定的补偿容量大于经济上最优的补偿设备容量，则应按调压要求设置补偿设备，因电压质量必须首先保证。

6.4 无功功率和电压知识拓展

6.4.1 大规模风电并网发展综述

随着风电技术的不断发展，发电成本不断降低，风电并网的规模也越来越大。大规模风电并网有两种情况：第一种是多个小型风电场接入电力系统某一地方的配电网，国外大部分是这种情况。小规模风电场并网对电力系统的影响主要有稳态电压值的上升、过电流、保护装置的动作误差、电压闪变、谐波、浪涌电流造成的电压降落。第二种是大型风电场接入输电网。我国风电资源非常集中，陆上风电集中在"三北"地区，远离负荷中心，需要经过远距离输电，并网点的电网偏弱；海上风电主要集中在东部和南部沿海地区，传输技术目前正由交流向大容量直流转变。大规模风电场并网对电力系统的影响除了以上方面外，还会有电力系统的振荡和电压稳定性问题。因此只有对大规模风电场并网才有必要考虑电压稳定性问题。大规模风电并网对电力系统产生的影响将逐渐突出，由此带来相关系统问题将成为我国风电发展的主要制约因素之一。

（1）风电机组类型和无功特性

由于风力发电机组常采用不同于传统同步发电机组的发电技术，其稳态和暂态特性都与传统同步发电机组不同，大规模风电并网后，电网的电压稳定性会发生变化。不同类型的风电机组，结构不同，对电网的影响也不一样。目前大型风力发电机组一般有两种类型，一种是采用异步发电机的固定转速风电机组，另一种是采用双馈电机或通过变频器并网的变速风电机组。固定转速风电机组发出有功功率的同时吸收无功功率，不具备调压能力，其电压通过无功功率补偿和调节系统电压水平来调整；通过变频器并网的变速风电机组不具备发出无功功率的能力，但通过调节变频器，可以使并网时功率因数达到很高水平；变速恒频风电机组具备调压能力，在发出有功功率的同时可以发出无功功率，并可根据系统需要在一定范围内调节无功功率输出，但从目前国内安装的变速恒频风电机组情况来看，大部分没有应用调压功能。

（2）大规模风电场并网的主要问题

由于风电具有随机性和间歇性特点，并网风电也将对电网产生一定影响。风电发展初期装机规模较小，与配电网直接相连，对电网的影响主要表现为电能质量；随着大规模风电接入输电网，系统调峰压力加大，系统稳定和运行问题突显。风电机组对电能质量的影响主要表现在高次谐波、电压闪变和电压波动上。并网风电机组在连续运行和机组切换操作过程中都会产生电压波动和闪变。

风力发电机组大多采用软并网方式，但是在启动时仍会产生较大的冲击电流。当风速超过切出风速时，风电机组会从额定出力状态自动退出运行。如果整个风电场所有风电机组几乎同时动作，这种冲击对配电网的影响十分明显。不但如此，风速的变化和风电机组的塔影效应都会导致风电机组出力的波动，而其波动正好处在能够产生电压闪变的频率范围之内（低于25 Hz），因此，风电机组在正常运行时也会给电网带来闪变问题，影响电能质量。风资源的不确定性和风电机组本身的运行特性使风电机组的输出功率是波动的，会影响电网的电能质量，如电压偏差、电压波动和闪变、谐波以及周期性电压脉动等。

风电给系统带来谐波的途径主要有两种：一种是风力发电机本身配备的电力电子装置，可能带来谐波问题。对于变速风力发电机而言，变速风力发电机通过整流和逆变装置接入系统，如果电力电子装置的切换频率恰好在产生谐波的范围内，则会产生很严重的谐波问题，随着电力电子器件的不断改进，这一问题也在逐步得到解决。另一种是风力发电机的并联补偿电容器可能和线路电抗发生谐振，在实际运行中，曾经观测到在风电场出口变压器的低压侧产生大量谐波的现象。

（赵浩然，山东大学）

6.4.2 无功功率补偿工程应用

在常规能源日益枯竭的大背景之下，发展以风能和太阳能为代表的清洁能源是大势所趋。对于风电来说，其具有较大的随机性，并不是持续的发电，可以说是时有时无；同时，光伏不仅具有一定的周期性，而且还会受到天气情况的影响。这两种形式都会产生对于电网的冲击。新能源在并网的过程中会影响到各个网点的电压，并且可能导致实际电压大幅度的、长时间的降低，并且导致严重的新能源电站脱网问题。

（1）无功功率补偿的应用——在风电场和光伏电站

在风电场和光伏电站进行无功功率补偿可以为系统电压提供无功功率支撑，消除电压闪变和跌落，保证发电站的稳定运行，减少经济损失。

山西某风电场变电站35 kV母线电压受风力大小、风电机组投切等因素影响，电压波动较大，严重威胁风电场风电机组的正常运行。在投入了SVC后，能够快速响应系统电压变化，消除电压闪变，减少系统电压波动，稳定母线电压，并滤除风电场风力发电机等设备运行产生的谐波，通过测试，各次谐波电流、电压总谐波畸变率、电压波动和闪变均满足相关标准，满足接入电网的规定。

内蒙古某风电场在系统网架改造之后，经常出现电压波动，三相电压不平衡度达到1.5%或220 kV母线电压差值达到2 kV时，风场一期的54台定桨距风电机组全部出现三相电流不平衡故障，造成脱网停机，在投入SVC的电压平衡控制功能后，在220 kV母线电压差值4 kV以上时，仍然能够将风电机组全部投入，正常发电，为风电场的安全稳定运行提供了可靠保障，避免了因脱网停机造成的巨大经济损失。

（2）无功功率补偿的应用——在工业园区

随着工业和制造业的发展，工厂和企业对电能的需求越来越大，对电能质量的要求也越来越高，因此配电网系统对于无功功率的需求也越来越多。

以苏州某工业园区为例，园区供电范围内负荷类型多样，且包含三星电子、三星压缩机、三星液晶、光大、光电、和舰科技等众多对电能质量需求高的企业。电压波动、暂降等问题，会影响企业设备的运行，严重的会造成产品报废、设备损毁等生产事故。常规电网对无功电压控制，主要通过调节站内变压器档位，投切固定电容器组，存在响应速度较慢、无功调节不连续等缺点，无法满足高电能质量需求用户的要求。

工业园区变电站为建设示范点，利用无功功率补偿设备（SVG）对示范区的电能质量进行补偿和治理，满足示范区内大工业用户，尤其是有高电能质量需求用户的电力供应，构建苏州工业园区高电能质量配电网示范工程。SVG 投运后，完成了对示范区高效稳定的无功电压控制，实现了区域内电能质量整体解决，20 kV 侧母线功率因数从之前的 0.95 提升至 0.99，抑制了电压波动，保证了对敏感负荷的可靠供电；变电站内固定电容器的投切次数、主变档位调节次数减少 90%；降低了区域内线路损耗，保障了负荷电力供应，减少了由于电能质量问题带来的设备停运、故障引起的经济损失。

（巴超，国网南瑞科技股份有限公司南瑞研究院）

小　结

第 6 章部分知识点动画讲解

电力系统的运行电压水平同无功功率平衡密切相关。为了确保系统的运行电压具有正常水平，系统拥有的无功功率电源必须满足正常电压水平下的无功功率需求，并留有必要的备用容量。现代电力系统在不同的运行方式下可能分别出现无功功率不足和无功功率过剩的情况，都应有相应的解决措施。

从改善电压质量和减少网络损耗考虑，尽量做到无功功率的就地平衡，从而减少无功功率长距离的跨电压级传送。这是实现有效的电压调整的基本条件。

电压质量问题可以分地区解决。将中枢点电压控制在合理的范围内，再辅以各种分散安排的调压措施，就可以将各用户处的电压保持在容许的偏移范围内。

现代电力系统中的电压和无功功率控制应以实现电力系统的安全、优质和经济运行为目标。本章主要是从保证电压质量方面讨论了无功功率平衡和电压调整问题。

在电力系统稳态状况下，不仅要做好供求关系紧张条件下的无功功率平衡，也要妥善解决无功功率供过于求时的平衡问题。随着超高压输电线路的发展和城市电网中电缆线路增多，无功功率过剩的问题将会日益突出。

在电力系统的暂态过程中，充分利用无功功率动态补偿提供电压支持，是改善电力系统稳定性的重要手段。在改善电压质量方面，无功功率补偿不能只限于减小系统的电压偏移，还要能更全面地提高电压质量。

近年来，一些性能优良的新型无功功率补偿装置，如 SVC 和 SVG 等相继研制成功并投入运行。这些新型设备连同传统的静电电容器和同步调相机将为电力系统的无功功率补偿设备的配置提供更多的选择，以实现无功功率补偿的多种功能。

习 题

6-1 电力系统中无功功率平衡与电压水平有什么关系?无功负荷和无功损耗主要是什么?

6-2 何谓电力系统的中枢点?系统中枢点有哪些调压方式,其要求如何?

6-3 简要说明电力系统的电压调整可采用哪些措施?各种调压措施的适用情况如何?

6-4 当电力系统无功功率不足时,是否可以通过改变变压器的电压比来调压?为什么?

6-5 一台降压变压器如图 6-20 所示,其电压比为 $(110±2×2.5\%\text{kV})/6.3\text{kV}$,变压器阻抗归算到高压侧为 $R=2.44\ \Omega$,$X=40\ \Omega$。当变压器末端负荷最大 $\widetilde{S}_{\max}=(28+j14)\ \text{MV}\cdot\text{A}$ 时,变压器首端电压为 110 kV;当变压器末端负荷最小 $\widetilde{S}_{\min}=(10+j6)\ \text{MV}\cdot\text{A}$ 时,变压器首端电压为 113 kV。为了保证变压器低压侧电压在 6~6.6 kV 范围内,请选择变压器分接头。

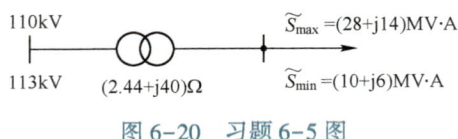

图 6-20 习题 6-5 图

6-6 降压变压器及其等效电路如图 6-21 所示。归算至高压侧的阻抗为 $R_T+jX_T=(2.44+j40)\ \Omega$。在最大和最小负荷时通过变压器的功率分别为 $S_{\max}=(28+j14)\ \text{MV}\cdot\text{A}$ 和 $S_{\min}=(10+j6)\ \text{MV}\cdot\text{A}$ 高压侧的电压分别为 $U_{1\max}=110\ \text{kV}$ 和 $U_{1\min}=113\ \text{kV}$。要求低压母线的电压变化不超出 6.0~6.6 kV 的范围,试选择分接头。

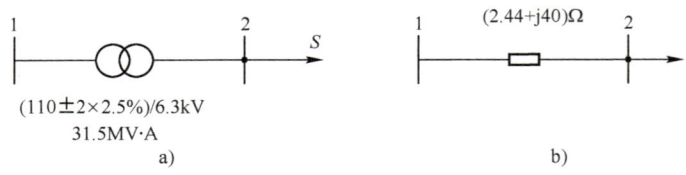

图 6-21 习题 6-6 图

6-7 简单电力系统如图 6-22 所示,保持线路首端电压为 113 kV 不变,归算到高压侧的网络参数和变压器的额定电压标于图中,变压器二次电压要求保持常调压 10.5 kV,试确定并联电容器的补偿容量。

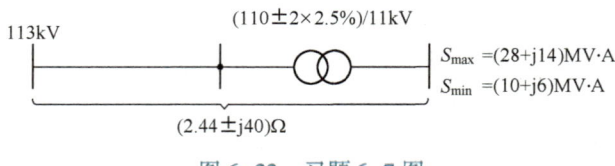

图 6-22 习题 6-7 图

6-8 电力网接线如图 6-23 所示,已知 $X_{ij}=70\,\Omega$,变电所低压母线要求逆调压(最小负荷时电压为额定电压,最大负荷时电压为 $105\%U_N$),低压母线额定电压为 10 kV,变压器额定电压为 $(110\pm2\times2.5\%)/11\,\text{kV}$。最大负荷及最小负荷时,归算到高压侧的实际电压分别为 $U_{j.\max}=101.1\,\text{kV}$,$U_{j.\min}=110.2\,\text{kV}$。若 $U_i=115\,\text{kV}$ 不变,求应选择的变压器分接头和静止无功功率补偿装置容量(假定静止无功功率补偿装置的无功调节范围为 $-\frac{1}{3}Q_{NC}\leqslant Q_C\leqslant Q_{NC}$)。

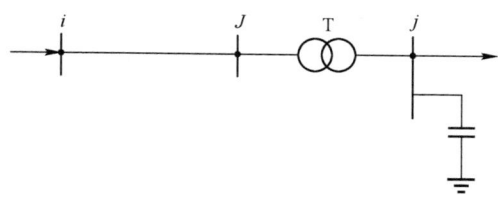

图 6-23 习题 6-8 图

第 7 章 电力系统对称故障分析与计算

> 科学并不神秘，科学的高峰是一切不畏艰险、敢于攀登的勇士们都可能达到的。——茅以升

本章要点：

- 掌握无限大功率电源系统三相电路分析，包括无限大电源系统的条件、三相短路电流全电流表达式、冲击电流和冲击系数的概念。
- 掌握同步发电机负载及空载情况下的三相短路分析。
- 掌握标幺值的特点及其计算。
- 掌握三相短路的实用计算。

第 7 章导学

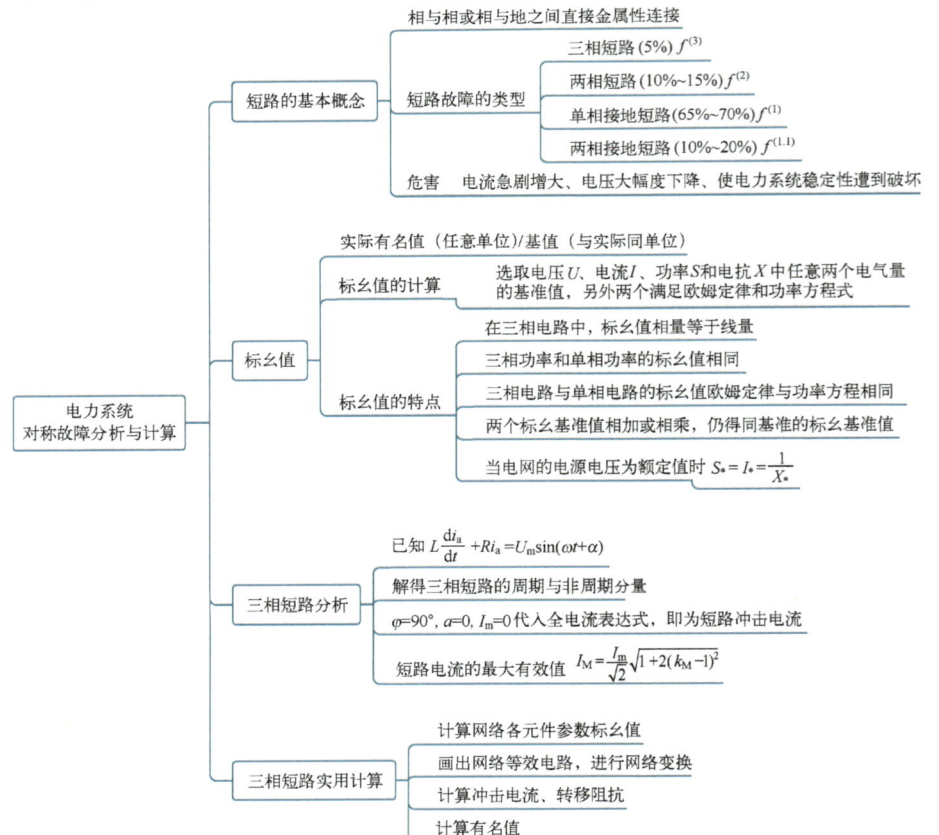

本章学科史：

相量法的提出与发展如下。

1885 年，英国电气工程师亥维赛德首次定义了交流传输线的阻抗，从此人们就可以用它来综合考虑线路中电阻、电感和电容这三个参数的效应，从而有助于建立交流电路的欧姆定律，对分析和计算交流电路起到重要的推动作用，为相量法的提出做好了准备。他还在 1911 年提出了求解电路暂态过程的"运算法"。运算法的要点是将描述动态电路的微分方程变换成为相应的代数方程，然后求解代数方程，最后由代数方程的解对应找出原微分方程的解。这一方法也称为积分变换法。

1893 年 4 月，肯涅利在论文"Impedance"中指出，如果交流电采用正弦波，就可以引入"阻抗"概念，结合使用复数，交流电路就可以和直流电路一样利用欧姆定律计算。该论文将阻抗概念从传输线推广到一般交流电路，首次基于阻抗三角形使用复数分析交流电路，为使用复数方法计算交流电路奠定了基础，推动了交流电路理论的发展。

1893 年，施泰因梅茨注意到分析交流电路的图形法和肯涅利提出的复阻抗几何表示法之间具有相似性，于是将这两种方法结合起来，提出了一个完整的复数方法——相量法来求解交流电路。他利用数学中的第莫威定理用复数的模和辐角来代表有正弦量的有效值（或最大值）和初相位，在相同频率下的三角函数运算就可以转化为复数的代数运算，这是正弦交流电路计算方法的一个重大进展。向量法将微分（积分）方程运算转化为代数运算，大大简化了交流电路的计算。

1899 年，肯内利解决了 Y-△ 变换。

应用该方法，电气工程师可以事先估计系统的运行情况，而无须耗资建造无把握的系统，从而降低了电力系统的建造成本。正是由于相量法的提出，电气工程学科最终从物理学中分离出来，成为一门单独的学科。

7.1 短路的基本概念

所谓短路是指相与相或相与地之间直接金属性连接。

短路种类主要有三相短路、两相短路、单相接地短路和两相接地短路四种。其中三相短路属于对称短路，其他都属于不对称短路。

系统中短路种类、代表符号及事故概率见表 7-1。

表 7-1 短路种类、代表符号及事故概率

短路种类	示意图	代表符号	事故概率（%）
三相短路	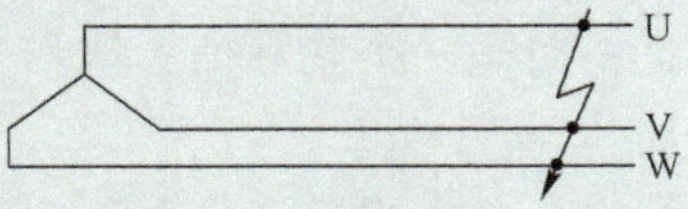	$f^{(3)}$	5
两相短路	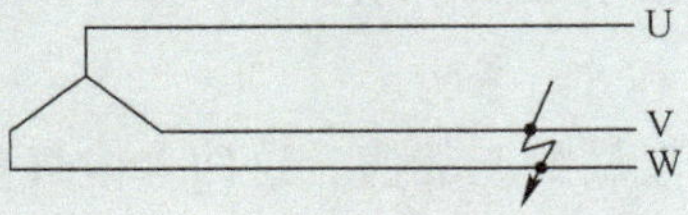	$f^{(2)}$	10~15

(续)

短路种类	示意图	代表符号	事故概率（%）
单相接地短路	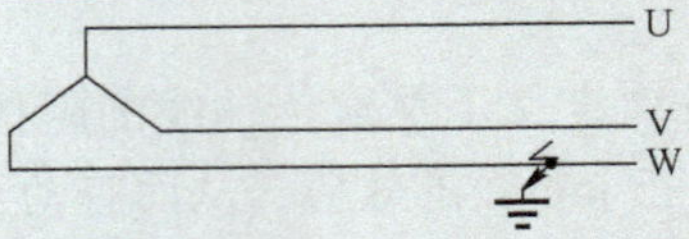 U V W	$f^{(1)}$	65~70
两相接地短路	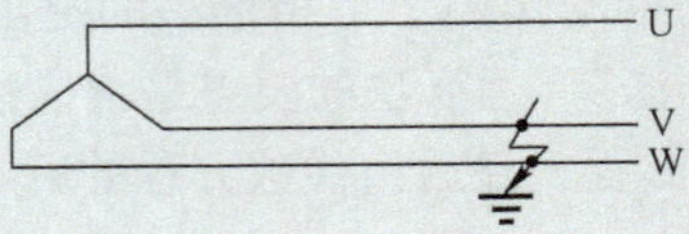 U V W	$f^{(1.1)}$	10~20

造成短路的原因有很多，主要包括：

1) 设备或装置存在隐患。如绝缘材料陈旧老化、绝缘机械损伤、设备缺陷未发现消除、设计安装有误等。

2) 运行、维护不当。如运行人员不遵守操作规程，出现误操作；技术水平低，管理不善，存在机械损伤等。

3) 自然灾害。如雷击过电压，特大的洪水、大风、冰雪、塌方等引起的线路倒杆、断线，飞禽走兽跨接裸导体等。

一般来说，短路故障是可以防范的，绝大多数短路故障的发生都与工作人员未能很好地履行岗位职责有关。

※一点讨论

在所有故障类型中，短路对设备及系统的危害较为严重。短路时电流急剧增大，产生较大电动力和较高的温度，会使设备受到损坏，甚至可能引发火灾、爆炸等严重事故。短路所带来的电压骤降，会影响设备的正常运行，甚至会影响系统的稳定性，使并列运行的发动机组失去同步，造成系统解列。在实际中，很多短路故障所带来的危害是难以挽回的，有时需要更换一些设备才能恢复系统的正常运行，这样会给工程带来一定的经济损失。

7.2 标幺值

标幺值是某些电气量的实际有名值与所选定的同单位基准值之比，即

$$标幺值 = \frac{实际有名值(任意单位)}{基准值(与实际值同单位)}$$

可见标幺值是一个无单位的比值，而且，对同一个实际值，当所选定的基准值不同时其标幺值也不同。标幺值的符号为各量符号加"*"。

计算短路电流时常涉及四个电气量，即电压 U、电流 I、功率 S 和电抗 X。它们之间由欧姆定律和功率方程相联系，即 $U = \sqrt{3}IX$ 和 $S = \sqrt{3}UI$。

用标幺值计算时，首先要选取四个电气量的基准值。这四个电气量的基准值可以任意选取，但应满足欧姆定律和功率方程式，即

$$U_B = \sqrt{3} I_B X_B \tag{7-1}$$

$$S_B = \sqrt{3} I_B U_B \tag{7-2}$$

因此，四个基准值只可以任意选取其中的两个，另外两个必须按式（7-1）和式（7-2）确定。一般是选取基准功率和基准电压，基准电流和基准阻抗可由基准功率和基准电压求得，即

$$I_B = \frac{S_B}{\sqrt{3} U_B} \tag{7-3}$$

$$X_B = \frac{U_B^2}{S_B} \tag{7-4}$$

故四个电气量对于选取的四个基准量的标幺值为

$$U_{*B} = \frac{U}{U_B} \tag{7-5}$$

$$S_{*B} = \frac{S}{S_B} \tag{7-6}$$

$$I_{*B} = I \frac{\sqrt{3} U_B}{S_B} \tag{7-7}$$

$$X_{*B} = X \frac{S_B}{U_B^2} \tag{7-8}$$

在工程实际中，通常电力系统中的发电机、电动机、变压器及电抗器等电气设备其参数的标幺值都是根据它们各自的额定值规定的，即以各自的额定值为基准值。而各设备的额定值又往往不相同，基准值不同的标幺值是不能直接进行计算的（即不能直接进行相加、相减或乘除等运算），因此，在计算时要把这些不同基准值的标幺值转换为统一选定的基准值下的标幺值。以电抗的标幺值为例，转换公式为

$$X_{*B} = X_{*N} \frac{S_B U_N^2}{S_N U_B^2} \tag{7-9}$$

式中，X_{*N} 为电气元件以额定值为基准值时的标幺值；U_N 为电气元件的额定电压；S_N 为电气元件的额定容量。

当选基准电压等于额定电压时，式（7-9）变成

$$X_{*B} = X_{*N} \frac{S_B}{S_N} \tag{7-10}$$

在实用计算中，通常选取某一段电路的平均标称电压作为基准电压，也就是说各段电路的基准电压均等于该段电路的平均电压。我国电力系统中常用到的各电压级的平均标称电压见表7-2。

表7-2 常用到的各电压级的平均标称电压

电网额定电压/kV	3	6	10	35	110	220	330	500
电网平均标称电压/kV	3.15	6.3	10.5	37	115	230	345	525

标幺值具有如下特点：

1) 在三相电路中，标幺值相量等于线量，即

$$U_{*x}=U_*, I_{*x}=I_*$$

式中，U_{*x}、I_{*x} 为电压和电流的标幺值相量；U_*、I_* 为电压和电流的标幺值线量。

2）三相功率和单相功率的标幺值相同。三相电路的标幺值欧姆定律为 $U_*=I_*X_*$，功率方程为 $S_*=U_*I_*$，与单相电路的相同。

3）当电网的电源电压为额定值（即 $U_*=1$）时，功率标幺值与电流标幺值相等，且等于电抗标幺值的倒数，即

$$S_*=I_*=\frac{1}{X_*} \tag{7-11}$$

4）两个标幺基准值相加或相乘，仍得同基准的标幺基准值。

由于上述特点，用标幺值计算短路电流可使计算简便，且结果明显，便于迅速及时地判断计算结果的正确性。

> ※一点讨论
>
> 著名电机学家高景德，在没有电灯仅靠蜡烛和煤油灯的年代，从半夜学习到清晨。大学毕业后又带着增加实际生产知识和锻炼实际能力的迫切心情主动选择去发电厂任技术人员，后被国家选派为首批留苏学生并破格获取博士学位，学成归国后致力于从事电机和电力系统分析及其控制的研究，建成了我国第一个电力系统动态模拟实验室，在相关理论上的创见，极大地推动了中国电工学科的发展。

7.3 无限大容量系统的三相短路分析

电力系统的容量即为其各发电厂运转发电机的容量之总和。实际电力系统的容量和阻抗都有一定的数值。系统中的发电机越多，容量越大，则系统内阻抗就越小。

在进行短路电流计算时，若系统内阻抗不超过短路回路总阻抗（含系统内阻抗）的 5%~10%，便可视为无限大容量系统。

正常运行情况下，电路中的负荷电流决定于系统母线电压 U_P、网络阻抗 Z_Σ 和负载阻抗 Z_{fl}。当发生三相短路时，整个电路的总阻抗突然减小到 Z_Σ（短路点后面没有电源，通过短路点构成回路，此电路中电流将逐渐衰减到零）。此时，无穷大系统的出口母线电压不变，所以电路中的电流突然增加。但高压短路回路基本上是感性电路，短路回路中的电流不能发生突变，因此在短路回路中将出现一暂态过程，即由正常运行时的工作电流，逐步过渡到短路电流的稳态值。图 7-1 所示为无穷大容量电力系统供电的三相短路电流曲线。

从曲线中可以看出，发生短路后，整个短路过程包括两部分，即暂态过程和稳态过程。在暂态过程中，短路电流包含两个分量：一个是稳态分量，又称为周期分量；另一个是暂态分量，也称为非周期分量。非周期分量是一个按指数规律衰减的分量，当其衰减完后，短路即进入稳定状态。故短路 a 相全电流为

$$i_a^{(3)}=i_{pa}^{(3)}+i_{aa}^{(3)} \tag{7-12}$$

式中，$i_a^{(3)}$ 为短路全电流；$i_{pa}^{(3)}$ 为短路电流周期分量；$i_{aa}^{(3)}$ 为短路电流非周期分量。

为了方便，下面分析讨论中省略表示三相短路的符号"（3）"。

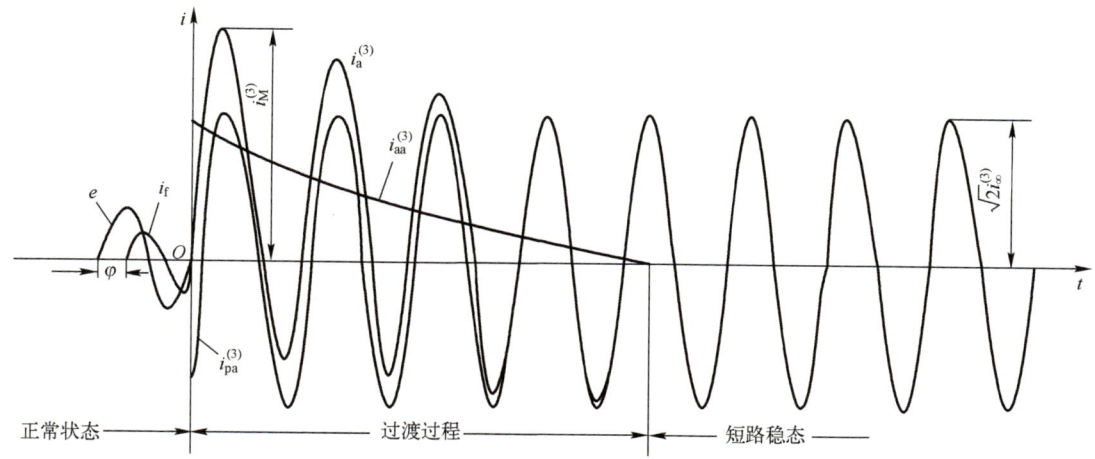

图 7-1　无穷大容量电力系统供电的三相短路电流曲线

e—电源电势　$i_{pa}^{(3)}$—周期分量电流　$i_{aa}^{(3)}$—非周期分量电流　$i_a^{(3)}$—总短路电流　i_f—正常负荷电流　$i_M^{(3)}$—短路冲击电流

1. 周期分量

周期分量（稳态分量）取决于电源母线电压 U_P 和短路回路总阻抗 Z_Σ。若母线电压保持不变，并忽略电路的电阻，其周期分量的有效值为

$$I_Z = \frac{U_P}{\sqrt{3} X_\Sigma} \tag{7-13}$$

因为母线电压 U_P 不变，所以在以任意时刻为中心的一个周期内，周期分量的有效值均应相等，即

$$I_Z = I_{Zt} = I'' = I_\infty \tag{7-14}$$

式中，I_{Zt} 为时间为 t 时，周期分量的有效值；I'' 为 $t=0$ 时，周期分量的初始有效值；I_∞ 为 $t=\infty$ 时，周期分量的有效值。

用标幺值计算时，一般取 $U_B = U_P$，则

$$I_{Z*} = \frac{1}{X_{*\Sigma}} \tag{7-15}$$

周期分量的有名值为

$$I_Z = I_{Z*} I_B = \frac{1}{X_{*\Sigma}} \frac{S_B}{\sqrt{3} U_P} \tag{7-16}$$

2. 非周期分量

在有电感的电路中发生短路时，为了保持在 $t=0$ 时的短路瞬间电路中的电流不发生突变，电路中将出现非周期分量电流，其大小与 $t=0$ 时的周期分量瞬时值相等，而方向相反。任意时刻 t 时非周期分量的瞬时值为

$$i_{aa} = \sqrt{2} I_Z e^{-\frac{\omega t}{T_a}} \tag{7-17}$$

3. 三相对称短路分析

三相电源对称（模相同、相位差120°），三相电路对称（每相阻抗 $Z=R+j\omega L$），发生三相短路，称为对称短路。对称短路可仅取一相分析，其他两相有模相同、相位差120°的结

果。单相等效电路：$u_a = U_m \sin(\omega t + \alpha)$，如图 7-2 所示。

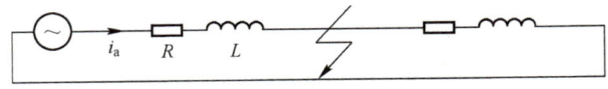

图 7-2　单相等效电路

短路前：$i_a = I_{m|0|} \sin(\omega t + \alpha - \varphi_{|0|})$

短路发生：一阶线性非齐次微分方程　$L\dfrac{\mathrm{d}i_a}{\mathrm{d}t} + Ri_a = U_m \sin(\omega t + \alpha)$

其解=特解+齐次方程的通解，即短路全电流=短路电流周期分量+短路电流非周期分量，有

$$i_a = \underbrace{I_m \sin(\omega t + \alpha - \varphi)}_{\text{周期分量}:i_{pa}} + \underbrace{[I_{m|0|} \sin(\alpha - \varphi_{|0|}) - I_m \sin(\alpha - \varphi)] \mathrm{e}^{-\frac{t}{T_a}}}_{\text{非周期分量}:i_{aa}}$$

结论：由 $i_a = i_{pa} + i_{aa}$，短路电流由周期分量和非周期分量组成，较大的周期分量是因电源电动势作用于较小的回路阻抗而产生的，非周期分量是回路电感中原储存的磁场能量释放而产生的，其按回路的时间常数衰减，且 $i_{a|0|} = i_{pa0} + i_{aa0}$，状态突然变化瞬间，电感中合成磁链不突变。

负载下突然短路，初始状态的相量图如图 7-3 所示。

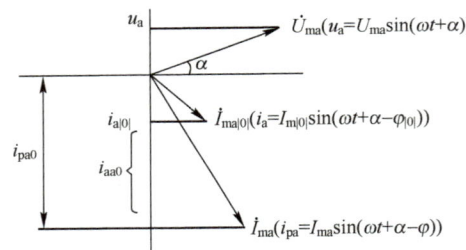

图 7-3　初始状态的相量图（负载下突然短路）

空载下突然短路，初始状态的相量图如图 7-4 所示。

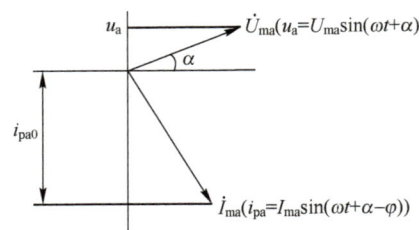

图 7-4　初始状态的相量图（空载下突然短路）

4. 短路冲击电流和最大有效值电流

（1）短路冲击电流

短路电流最大可能的瞬时值称为短路冲击电流。短路电流的最大瞬时值出现在发生短路后半个周期，若 $f = 50\,\mathrm{Hz}$，即在 $0.01\,\mathrm{s}$ 的瞬间，全短路电流达到最大值，其值略小于周期分量幅值的两倍。

短路冲击电流记为 i_M，则

$$i_M = \sqrt{2}I_Z + \sqrt{2}I_Z e^{-\frac{\omega t}{T_a}} = \sqrt{2}I_Z(1+e^{-\frac{\omega t}{T_a}}) = \sqrt{2}K_M I_Z \tag{7-18}$$

式中，$K_M = 1+e^{-\frac{\omega t}{T_a}}$ 称为冲击系数，它表示短路冲击电流为周期分量幅值的倍数，其大小取决于 T_a，取值范围为 $1<K_M<2$。在高压电路中一般取 1.8，则短路冲击电流为

$$i_M = 1.8\sqrt{2}I_Z = 2.55I_Z \tag{7-19}$$

对于 G、T、L：$X \gg R$，$\varphi \approx 90°$，最恶劣的短路情况为 $I_{m|0|} = 0$，$\alpha = 0$，即空载运行，电压过零瞬间短路，则

$$i_a = -I_m\cos\omega t + I_m e^{-\frac{t}{T_a}} \tag{7-20}$$

冲击电流 i_M 出现在短路发生后 1/2 周期，若 $f = 50\,\text{Hz}$，$t = 0.01\,\text{s}$，即有

$$i_M = I_m + I_m e^{-\frac{0.01}{T_a}} = (1+e^{-\frac{0.01}{T_a}})I_m = k_M I_m \tag{7-21}$$

冲击系数 $k_M = 1+e^{-\frac{0.01}{T_a}}$，为冲击电流对周期电流幅值的倍数（$1<k_M<2$）。

实用中，对变压器高压侧短路，$k_M = 1.85$；对机端短路，$k_M = 1.9$；对其他地点短路，$k_M = 1.8$。

因为三相电路中各相电压的相位差为 120°，所以发生三相短路时，各相的短路电流周期分量和非周期分量的初始值不同，三相中也就仅可能有一相出现 $i_M = 2.55I_Z$ 的冲击电流，其余两相的冲击电流则较小。如图 7-5 所示。

（2）最大有效值电流

在短路过程中，任意时刻 t 的短路电流有效值 I_t，为以 t 时刻为中心的一个周期内瞬时电流的均方根值，即

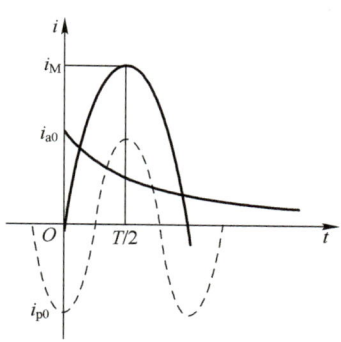

图 7-5 短路冲击电流波形图

$$I_t = \sqrt{\frac{1}{T}\int_{t-T/2}^{t+T/2} i^2 dt} = \sqrt{\frac{1}{T}\int_{t-T/2}^{t+T/2}(i_{pt}+i_{\alpha t})^2 dt} \tag{7-22}$$

为了简化计算，在计算最大有效值电流时，设短路后半个周期中，该时刻前后一个周期内非周期分量近似不变。

根据谐波的有效值分析，在最不利的情况下发生短路，因 i_p、i_α 正交，周期积分为 0，则

$$I_M = \sqrt{\left(\frac{I_m}{\sqrt{2}}\right)^2 + i_{\alpha(t=0.01\,\text{s})}^2} = \sqrt{\left(\frac{I_m}{\sqrt{2}}\right)^2 + (i_M - I_m)^2} = \frac{I_m}{2}\sqrt{1+2(k_M-1)^2} \tag{7-23}$$

1）i_M、I_M 可根据 $I_m(I)$ 及 k_M 计算，$1<k_M<2$，且实用中 $k_M = 1.8$ 或 $k_M = 1.9$。

2）i_M 用于动稳定校验，I_M 用于热稳定校验。

> ※一点讨论
>
> 最大有效值电流就是在短路情况下，电路中有可能通过的电流最大值。这一参数在实际工程中有很重要的作用，可以根据它来校验电气设备的动稳定性、系统的热稳定性等，有时也用来校验断路器的额定端流量。通过校验这些参数便可以推断短路时系统的最差状况，从而判断出系统的安全性能。

7.4 三相短路实用计算

7.4.1 周期电流起始值的计算

(1) 周期电流

已知周期电流，可根据冲击系数计算冲击电流和最大有效值电流，以满足电气设备选择的需要。

起始值：已知起始值，可进行继电保护整定值的计算。

三相短路：对称短路，可用单相电路表示。

发电机用 $E''_{|0|}$、x''_d 表示；假设各电动势 $E''_{|0|}$ 同相；可取 $E''_{|0|} = 1$，空载。空载时 $Z_D = \infty$；不计接地支路 $Y_C = 0$，$Z_m = \infty$；$R = 0$，$U_B = U_{av}$，如图 7-6 所示。

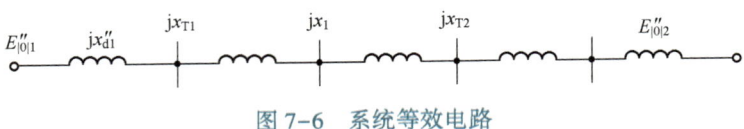

图 7-6　系统等效电路

显然，简化后计算得保守值；简化后是纯电抗网络，且是已知电动势、求电流的直流电路问题。如图 7-7 所示。

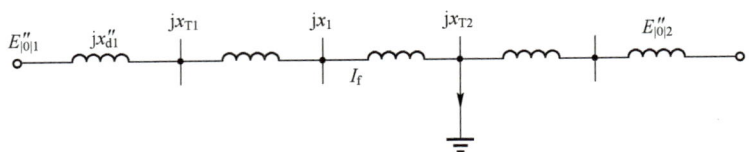

图 7-7　故障时等效电路

例 7-1　电力网络接线如图 7-8 所示，计算网络各元件参数标幺值，画出网络等效电路。

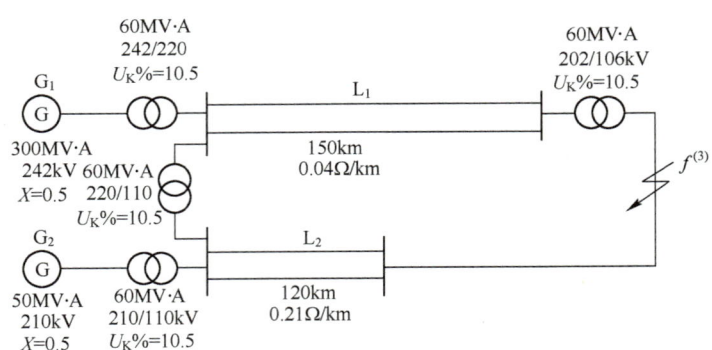

图 7-8　电力网络接线图

解：设 $S_B = 100\,\text{MV}\cdot\text{A}$，则有

$$U_\text{I} = 230\,\text{kV}, \quad I_\text{I} = \frac{S_B}{\sqrt{3}\,U_\text{I}} = \frac{100}{\sqrt{3}\times 230}\,\text{kA} = 0.251\,\text{kA}$$

$$U_\text{II} = 115\,\text{kV}, \quad I_\text{II} = \frac{S_B}{\sqrt{3}\,U_\text{II}} = \frac{100}{\sqrt{3}\times 115}\,\text{kA} = 0.502\,\text{kA}$$

$$X_{G1} = X_{*N}\frac{S_B}{S_N} = 0.5\times\frac{100}{300} = 0.167$$

$$X_{T1} = \frac{U_K\% S_B}{100 S_N} = 0.105\times\frac{100}{60} = 0.175 = X_{T2} = X_{T3} = X_{T4}$$

$$X_{L1} = 0.04 L\frac{S_B}{U_B^2} = 0.04\times 150\times\frac{100}{230^2} = 0.0113$$

$$X_{G2} = X_{*N}\frac{S_B}{S_N} = 0.5\times\frac{100}{50} = 1$$

$$X_{L2} = 0.21 L\frac{S_B}{U_B^2} = 0.21\times 120\times\frac{100}{115^2} = 0.191$$

等效电路如图 7-9 所示。

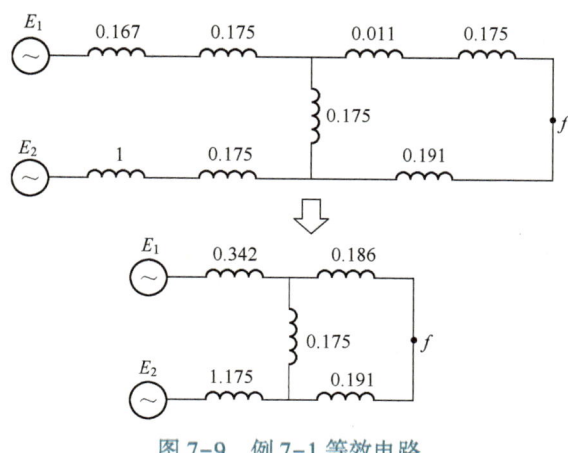

图 7-9 例 7-1 等效电路

将右侧三角电路化成星形电路，则最终简化为如图 7-10 所示。

（2）周期电流起始值的计算是直流网络中求某一支路电流的问题

1）直接法：短路电流是各电源提供电流之和。

第一步：用近似法画出等效电路如图 7-11 所示。

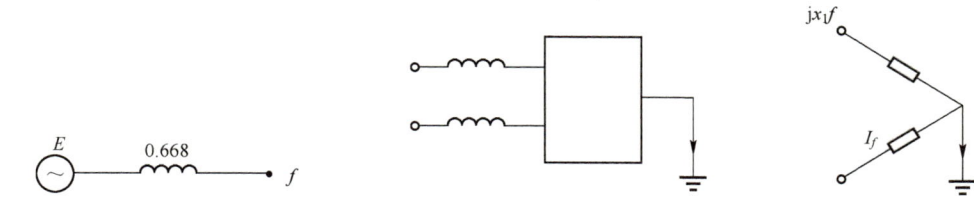

图 7-10 例 7-1 最终简化等效电路　　　　图 7-11 等效电路

第二步：星-网变换，消去中间节点。即各电源用 $\dot{E}''_{|0|}=\dot{U}+\mathrm{j}\dot{I}x''_\mathrm{d}$ 表示，短路点接地，对短路点作消去节点的网络化简，得辐射形网络。

第三步：$\dot{I}''_i=\dfrac{\dot{E}''_i}{\mathrm{j}x_{if}}$，$\dot{I}''_f=\sum \dot{I}''_i$。

复杂网络中求某一支路电流采用戴维南定理，如图 7-12 所示。

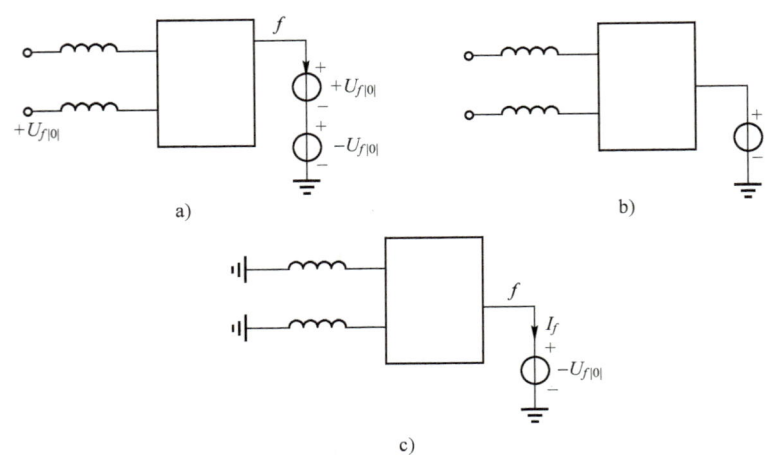

图 7-12 戴维南定理求解示意图
a) 短路 b) 正常 c) 故障分量网络

2) 叠加法：各电源接地，短路点施加正常电压；求短路点等效阻抗 $Z_{f\Sigma}$。

第一步：用近似法画出标幺值等效电路。

第二步：网络化简。①串联；②并联；③星-网变换。

对于叠加法：将电源接地，求等效电抗；对于直接法：保留电源节点和短路点，化为辐射形网络。

7.4.2 短路电流计算机算法原理

1. 等效网络

根据叠加原理：短路分量=正常运行分量+故障分量，正常运行分量可由潮流计算得；空载条件下，$E''=1$，$U_{f|0|}=1$。

> ※一点讨论
>
> 计算短路电流，实际上就是求解特定情况下的交流电路稳态值，其数学模型也就是网络的线性代数方程，一般用网络节点方程，即节点阻抗矩阵或节点导纳矩阵来描述网络方程。

2. 短路电流的计算

故障分量网络如图 7-13 所示。

网络可用 Z_B 表示，则故障分量网络的方程为

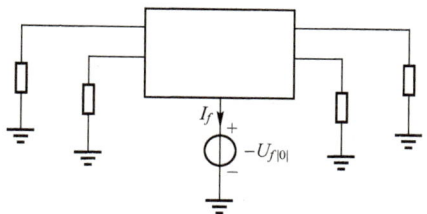

图 7-13 故障分量网络图

$$\begin{bmatrix} \Delta \dot{U}_1 \\ \vdots \\ -\dot{U}_{f|0|} \\ \vdots \\ \Delta \dot{U}_n \end{bmatrix} = \begin{bmatrix} Z_{11} & \cdots & Z_{1f} & \cdots & Z_{1n} \\ \vdots & & \vdots & & \vdots \\ Z_{f1} & \cdots & Z_{ff} & \cdots & Z_{fn} \\ \vdots & & \vdots & & \vdots \\ Z_{n1} & \cdots & Z_{nf} & \cdots & Z_{nn} \end{bmatrix} \begin{bmatrix} 0 \\ \vdots \\ -\dot{I}_f \\ \vdots \\ 0 \end{bmatrix}$$

则
$$-\dot{U}_{f|0|} = Z_{ff}(-\dot{I}_f)$$

$$\dot{I}_f = \frac{\dot{U}_f}{Z_{ff}} \approx \frac{1}{Z_{ff}}$$

$$\dot{U}_i = \dot{U}_{i|0|} + \Delta \dot{U}_i = \dot{U}_{i|0|} - \dot{I}_f Z_{if} \approx 1 - \dot{I}_f Z_{fi}$$

$$\dot{I}_{ij} = \frac{\dot{U}_i - \dot{U}_j}{z_{ij}}$$

3. 三角分解法

利用 Y_B 形成 $Z_B Z_B = Y^{-1} B$，根据节点导纳矩阵，利用数值解法求逆矩阵的方法，称为三角分解法（或因子表法），这是常用的求解方法。

$$\begin{bmatrix} Y_{11} & \cdots & Y_{1i} & \cdots & Y_{1n} \\ \vdots & & \vdots & & \vdots \\ Y_{i1} & \cdots & Y_{ii} & \cdots & Y_{in} \\ \vdots & & \vdots & & \vdots \\ Y_{n1} & \cdots & Y_{ni} & \cdots & Y_{nn} \end{bmatrix} \begin{bmatrix} Z_{11} & \cdots & Z_{1i} & \cdots & Z_{1n} \\ \vdots & & \vdots & & \vdots \\ Z_{i1} & \cdots & Z_{ii} & \cdots & Z_{in} \\ \vdots & & \vdots & & \vdots \\ Z_{n1} & \cdots & Z_{ni} & \cdots & Z_{nn} \end{bmatrix} = \begin{bmatrix} 1 & \cdots & 0 & \cdots & 0 \\ \vdots & \ddots & \vdots & & \vdots \\ 0 & & 1 & & 0 \\ \vdots & & \vdots & \ddots & \vdots \\ 0 & \cdots & 0 & \cdots & 1 \end{bmatrix}$$

根据矩阵乘法有

$$\begin{bmatrix} Y_{11} & \cdots & Y_{1i} & \cdots & Y_{1n} \\ \vdots & & \vdots & & \vdots \\ Y_{i1} & \cdots & Y_{ii} & \cdots & Y_{in} \\ \vdots & & \vdots & & \vdots \\ Y_{n1} & \cdots & Y_{ni} & \cdots & Y_{nn} \end{bmatrix} \begin{bmatrix} Z_{f1} \\ \vdots \\ Z_{ff} \\ \vdots \\ Z_{fn} \end{bmatrix} = \begin{bmatrix} 0 \\ \vdots \\ 1 \\ \vdots \\ 0 \end{bmatrix}$$

Y 阵已知，用加减消去法求解上述线性方程，可得 Z 阵中的第 f 列元素。

4. 短路点在线路上任意处的计算公式

1) 求网络中新增一节点 f 情况下的节点阻抗矩阵的第 f 列元素：$Z_{f1} \cdots Z_{ff} \cdots Z_{fn}$。

2) 利用原节点阻抗矩阵元素表示：
$$Z_{fi} = (1-l)Z_{ji} + lZ_{ki}$$
$$Z_{ff} = (1-l)Z_{jf} + lZ_{kfi} + l(1-l)z_{jk}$$
$$= (1-l)^2 Z_{jj} + l^2 Z_{kk} + 2l(1-l)Z_{jk} + l(1-l)z_{jk}$$

由以上各式即可求得 f 列的阻抗元素，从而可进行短路电流的有关计算。

7.5 对称故障分析知识拓展

7.5.1 对称故障分析发展综述

对称故障虽然在电力系统实际运行中较少发生，但其造成的后果会严重威胁电网的安全运行，需要在技术层面上予以持续关注。随着电力系统形态的变化和相关科学技术的发展，在对称故障的分析、预防等方面不断产生函待解决的新问题和需要关注的新热点，本节挑选几个代表性的方面进行简要介绍，希望能够增进读者对研究前沿的理解，激发读者的研究兴趣。

（1）电源接入方面

随着大规模新能源（如风电、光伏）接入电网，这将增加电力系统发生对称故障时能够产生短路电流的电源数量，从而影响短路电流的幅值和保护装置的配置。分布式电源的短路电流贡献程度受到电源类型、容量大小、渗透率等诸多因素的影响，其评估分析具有很大难度，同时分布式电流的接入影响了电网的主要电气特征，原有的对称故障分析方法适用性也随之下降。因此，需要针对新能源电源在故障状况下的等效建模方法，以及含新能源接入的电网故障分析方法开展相关研究。

（2）电力传输方面

随着大区联网，当电力系统发生潮流方向变换，或者在故障切除之后电网恢复过程中，系统中两个区域间联络线上往往会出现功率摆动现象。由于功率摆动过程中电压、电流依然具有对称性，与发生对称故障时的特征存在很高的相似度，距离保护装置测量得到的阻抗值可能会进入装置的动作区间造成继电保护装置误动作。相关研究表明，功率摆动期间继电保护装置误动作是造成大停电事故的主要原因。因此，现代距离保护装置均具备功率摆动闭锁功能以防止误动作。然而，电力系统在功率摆动过程中也有一定概率发生对称故障，所以继电保护装置需要能够在此过程中快速且准确地检测出系统是否存在对称故障。目前，针对该问题，研究人员已提出多种解决方案，如利用阻抗值的变化率、小波变换、支持向量机等方法，但上述策略均很难同时兼顾鲁棒性、可靠性、准确性和快速性的需求。

（3）新技术

当前电力系统故障诊断方法，主要分为常规方法和人工智能方法。常规方法，如基于阻抗值的诊断方法，具有计算简便、原理清晰的优点，但在部署于大规模电力系统时存在精度较低的不足；随着人工智能技术的迅猛发展和计算机硬件设备性能的显著提升，以深度学习为代表的新一代人工智能技术应用于电力系统对称故障分析诊断中，对提高故障诊断的实时性、准确性均具有重要作用。另外，新型测量、监测装置与系统，如同步相量测量装置（PMU）以及广域监测系统（WAMS），被广泛应用于电力系统，其良好的测量精确性和实时性，对电力系统的对称故障监测识别技术提供了新的研究方向与思路。

（张俊，武汉大学）

7.5.2 对称故障分析工程应用

电力系统对称故障分析以及三相短路电流计算是继电保护设计和整定、电力系统事故分析、电力设备选型等工作的重要理论基础。

(1) 继电保护整定计算

继电保护作为电力系统的第一道防线，具有快速隔离故障以避免或减轻设备损坏及供电影响的重要作用。合理的继电保护定值整定，是各类继电保护和谐配合工作，保证继电保护系统"四性"要求，即选择性、灵敏性、速动性、可靠性的重要基础。电力调度部门针对电力系统中配置的各类继电保护装置，按照具体电力系统参数和运行要求计算并下达继电保护装置定值，通常整定计算的步骤大致如下：①收集资料（系统接线图，发电机、变压器、线路参数等），进行标幺值归算，绘制系统阻抗图；②确定电力系统运行方式变化限度，根据计算需求得到短路电流表；③按照整定原则给出各类继电保护装置整定值。

首先利用 7.1.2 节内容完成步骤①的系统标幺值归算与系统阻抗图绘制工作。完成步骤①后开始短路电流计算工作，通常计算两种情形下短路电流：一种是系统最大运行方式下的三相短路（即对称故障）电流，其目的是对于线路保护可用来躲开相邻线路出口故障以实现保护的选择性；对于变压器保护，计算变压器区外短路最大穿越性电流，可得到差动保护最大不平衡电流和制动电流。另一种是计算最小运行方式下的两相短路电流，用来验证保护末端的灵敏性是否符合规程要求。

(2) 三相短路电流计算的具体应用

对于反映单端电气量变化的保护通常采用阶段式保护配置，如图 7-14 所示，线路 L_1 的保护 1 配置电流 I 段瞬时速断保护，即当故障电流大于速断动作定值时，不经延时跳开断路器切除故障。而为满足继电保护的选择性要求，需保证相邻线路 L_2 故障时保护 1 可靠不动作，可采取缩短 I 段保护范围的方式躲开 L_2 出口处短路电流。此时需计算最大运行方式下（电源最大方式运行）L_1 线路末端 f_1 处故障的三相短路电流，然后乘以考虑各种误差情况的可靠系数作为速断定值。由于最大方式下三相短路电流为最大短路电流值，即此情况下保护 1 可靠不动作，保护范围外其余运行方式与故障类型也不会导致 I 段误动作。

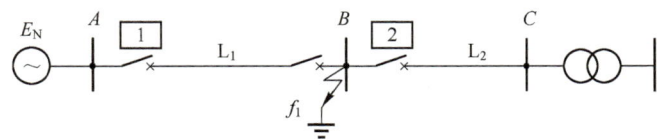

图 7-14 电网结构与保护配置图

由于 I 段只保护 L_1 线路部分全长，需设延时速断保护（II 段）来解决线路全长的保护问题，由 I 段和 II 段共同构成本线路主保护。延时段保护整定因涉及保护范围延伸到相邻线路或元件，需采用保护 2 的 I 段速断定值乘以一个配合系数 k_g，来保证保护 1 的 II 段不超过保护 2 的 I 段保护范围，如果保护 1 和保护 2 间有助增电源还应考虑分支系数 k_f。

为保证选择性，保护 1 的 II 段动作时间 top1 II 对比保护 2 的 I 段 top2 I 增加一个时延 Δt

以实现级差配合。另外还需说明，定值整定后一般需要用线路末端最小方式下的两相短路电流来验证定值的灵敏度是否满足规程要求，如不满足还需要调整整定方式，关于如何计算两相相间短路等不对称故障短路电流将在第 8 章进行介绍。

（楚天丰，国网辽宁省电力有限公司电力科学研究院）

小　　结

短路是电力系统的严重故障。短路冲击电流、短路电流最大有效值和短路容量是校验电气设备的重要数据。

第 7 章
部分知识点动画
讲解

电力系统计算中习惯采用标幺制。标幺值是某些电气量的实际有名值与所选定的同单位基准值之比。采用标幺制要首先选取基准值，理论上基准值可以任意选择，但一般基准值的选择总是希望有利于简化计算和对计算结果的分析评价。

无穷大电源供电电路向短路点提供的三相短路电流的周期分量不衰减，非周期分量三相不相等。短路冲击电流是所有短路电流中最大的短路电流，其产生的条件是①三相短路；②短路前空载；③合闸角为零；④短路后半个周期出现。

三相短路电流的实用计算是电力系统中必须掌握的重点内容。当采用了一系列假设条件后，其计算原理非常简单，短路电流周期分量起始值的实用计算就是一般的交流短路计算，短路点及各支路中次暂态电流和各节点电压的计算是重点内容之一。

计算任意时刻短路点的短路电流有效值时，在电力系统工程计算中最常用的是运算曲线法。

习　　题

7-1　电力系统短路故障（简单短路）的分类、危害以及短路计算的目的是什么？

7-2　无限大容量电源供电的系统三相短路时，短路电流包括几种分量？有什么特点？

7-3　什么是短路功率？在三相短路计算时，对某一短路点，短路功率的标幺值与短路电流的标幺值是否相等？为什么？

7-4　什么叫短路电流的最大有效值？它与冲击系数有何关系？

7-5　电力网络接线如图 7-15 所示，计算网络各元件参数标幺值，并画出网络等效电路，并计算 f 点发生三相短路时的 I''。

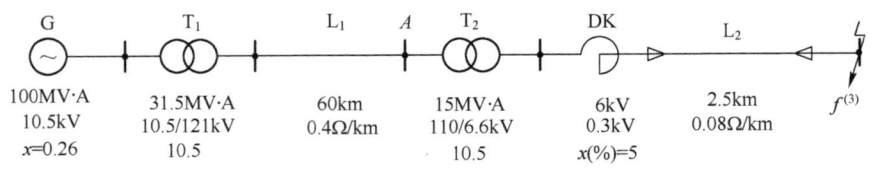

图 7-15　习题 7-5 图

7-6　某系统接线如图 7-16 所示。取 $S_B = 300\,\mathrm{MV\cdot A}$，计算各发电机对短路点 f 的转移阻抗。

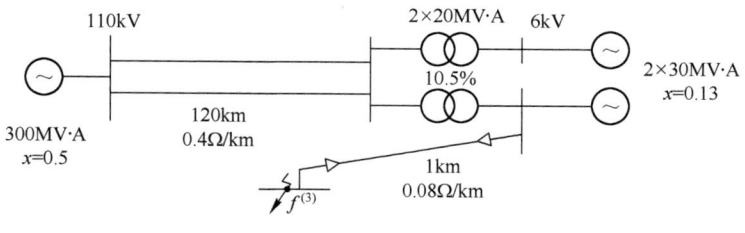

图 7-16 习题 7-6 图

7-7 某电力系统如图 7-17 所示，发电机 G_1 和 G_2 参数相同，各元件参数已在图中标出。

（1）取 $S_B = 100\,\text{MV}\cdot\text{A}$，$U_B = U_{av}$，计算各元件的标幺值参数，并画出网络等效电路。

（2）当网络中的 f 点发生三相短路时，求短路点的 i_{imp} 和 I_{imp} 的有名值。

（3）求上述情况下流过发电机 G_1 和 G_2 的 i_{imp} 的有名值。

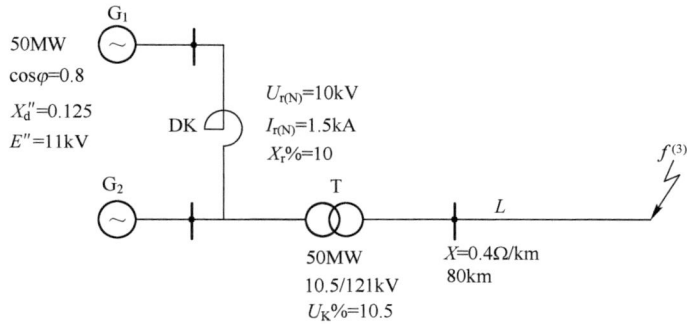

图 7-17 习题 7-7 图

第 8 章 电力系统不对称故障分析与计算

> 当下是他们的，而我致力于研究的未来，是我的。——特斯拉

本章要点：

- 熟练掌握对称分量法，包括对称分量法的变换矩阵及逆变换矩阵，零序电流存在的条件。
- 掌握电力系统元件的序参数和等效电路。
- 熟练掌握不对称短路时短路点的短路电流和电压的计算方法。
- 掌握不对称短路时非故障处的电流和电压的计算方法。

第 8 章导学

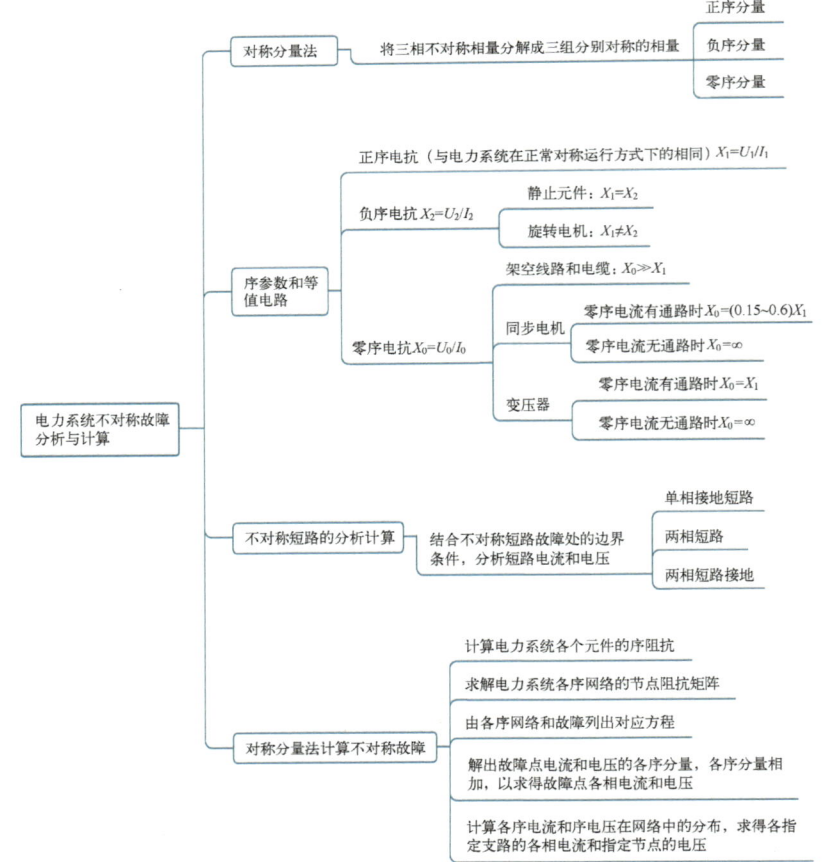

本章学科史：

在电力系统故障分析计算方法近百年的发展过程中相继提出了对称分量法和相分量等方法，从而形成以对称分量法为代表的序分量坐标法和随着计算机技术的发展而越来越得到人们重视的相分量坐标法这两类基本的分析计算方法。

（1）对称分量的提出与发展

1918年，加拿大电气学家弗特斯克提出了对称分量法，这一研究源于他始于1913年对铁路电气化有关问题的调查。他对"相变器"进行研究，作为电机在不平衡条件下运行的特殊情况，他观察到"最令人惊讶"的结果是它们的对称性，解决方案总是两个或更多对称解的总和。1918年，他在论文"Method of Symmetrical Coordinates Applied To the Solution of Polyphase Networks"中，证明了任何一组 N 个非平衡相量（任何这样的"多相"信号）可以表示为"对称分量"的 N 个对称平衡相量组的总和，这一理论被后人称为对称分量法。如果没有这一理论，现代的继电器系统就无法实现。从那时起，它已经成为世界各地许多不同语言的多相系统的许多理论论文的基础。由于弗特斯克对电气工程领域的贡献，他被授予富兰克林研究所1932年Elliott Cresson奖章，并每年由IEEE以他的名义授予奖学金，以纪念他对电气工程的贡献。

1937年，通用电气和西屋公司的工程师采用并推进了对称分量法，三序分量被用于电力系统分析，第二次世界大战后，这种非对称故障分析方法被人们接受。20世纪90年代后，由于以电力系统网络节点导纳矩阵为基础的现代故障分析方法的确立，基于对称分量法的故障分析研究取得了突破性进展。

（2）相分量的提出与发展

随着电力系统的发展和电力电子技术在电力系统的广泛应用，出现了超高压（EHV）和特高压（UHV）输电线路以及直流输电系统（HVDC）和柔性交流输电系统（FACTS），系统中元件的结构和参数的不对称性越来越显著。使用对称分量法进行故障分析，只适用于计算电力系统运行不对称而不能计算参数不对称的问题，对称分量法的应用范围受到了越来越多的限制。

英国学者Laughton在20世纪60年代提出了相分量法，与对称分量相比，相分量才是客观存在的。因此相分量法能够准确地反映电力网络的所有实际问题，故障处理方法直观实用。但由于相坐标空间元件参数存在耦合的问题，相分量法的计算量比较大，同时复杂的耦合关系也使得相分量法在网络处理上不同于单相的情况，比采用单相网络时的网络分析计算技术要困难得多。

8.1 对称分量法

把三相不对称相量分解成对称分量产生三个对称系统。在对称电力系统中（即三个相量是相同的系统），不同序的电流和电压并不互相作用；也就是说，一个序的电流只引起同序的电压降落。

绝大多数装置在实际中是对称型的。这使许多不对称问题得到极大简化，比如不对称故障或一相的开路等问题。

由于在对称系统中没有不同序之间的相互作用，因而任何一个相序的电流只在本相序的独立网络中流动。任意一个相序电流的阻抗组成的单相等效电路称为该相序的序网络。为了分析有不对称故障的系统性能，序网络在故障处相互连接，以表示由故障引起的不对称造成的不同序之间的相互作用。

把一个问题分解成序相量有更好的优点，就是它在一定现象下把这些量隔离成能更好判断控制因素的分量。例如，在稳定分析中，机间的同步力主要受正序量的影响，由不对称电流引起的加热作用取决于负序电流，接地保护和接地现象与零序分量是密切相关的。因此，许多问题的分析不仅更简单，而且由这些因素表示的结果也可分开研究。

8.1.1 对称分量法概述

对称分量法是将一组三相不对称的电压或电流相量分解为三组分别对称的相量，分别称为正序分量、负序分量和零序分量，再利用线性电路的叠加原理，对这三组对称分量分别按对称的三相电路进行求解，然后再将其结果进行叠加。

> ※一点讨论
>
> 对称分量法的本质是叠加原理在电力系统中的应用，所以只适用于线性系统。对于电源电压非正弦且不对称、线性负载不平衡的非线性系统，若想使用对称分量法，可类比频域方法，先将非正弦电流进行傅里叶变换，再用对称分量法对电压、电流进行分解，得到三个序分量，最后将结果叠加得到非线性系统的各个参数。但对负载含有谐波源的非线性系统，要先将系统根据有功功率潮流方向分解为两个等效的不含谐波源的线性系统后，再进行变换和分解。

1. 正序分量

如图 8-1a 所示。三相相量 $\dot{F}_{a(1)}$、$\dot{F}_{b(1)}$、$\dot{F}_{c(1)}$ 幅值相等，相位为 a 相超前 b 相 120°，b 相超前 c 相 120°，称为正序系统，正序系统中各分量称为正序分量，且与电力系统在正常对称运行方式下的相序相同。

如以 a 相为参考相，则正序系统各分量之间的关系为 $\dot{F}_{a(1)} = e^{j0°} \dot{F}_{a(1)}$，$\dot{F}_{b(1)} = e^{j240°} \dot{F}_{a(1)}$，$\dot{F}_{c(1)} = e^{j120°} \dot{F}_{a(1)}$。为了计算方便，引入算子 α 代表 120°相位移，$\alpha = e^{j120°} = \cos120° + j\sin120° = -\frac{1}{2} + j\frac{\sqrt{3}}{2}$ 称为旋转算子，任意相量乘以 α 表示使该相量逆时针旋转 120°，同理 $\alpha^2 = e^{j240°} = -\frac{1}{2} - j\frac{\sqrt{3}}{2}$，$\alpha^3 = 1$，显然存在 $1 + \alpha + \alpha^2 = 0$。

则正序系统各分量之间的关系变为

$$\dot{F}_{a(1)} = \dot{F}_{a(1)}; \quad \dot{F}_{b(1)} = \alpha^2 \dot{F}_{a(1)}; \quad \dot{F}_{c(1)} = \alpha \dot{F}_{a(1)}$$

2. 负序分量

如图 8-1b 所示。三相相量 $\dot{F}_{a(2)}$、$\dot{F}_{b(2)}$、$\dot{F}_{c(2)}$ 幅值相等，相位为 b 相超前 a 相 120°，c 相超前 b 相 120°，称为负序系统，与正序系统的相序相反。负序系统中各分量称为负序分量。

以 a 相为参考相时，负序系统各分量之间的关系为

$$\dot{F}_{a(2)} = \dot{F}_{a(2)}; \quad \dot{F}_{b(2)} = \alpha \dot{F}_{a(2)}; \quad \dot{F}_{c(2)} = \alpha^2 \dot{F}_{a(2)}$$

3. 零序分量

如图 8-1c 所示。三相相量 $\dot{F}_{a(0)}$、$\dot{F}_{b(0)}$、$\dot{F}_{c(0)}$ 幅值和相位均相同，称为零序系统，各分量称为零序分量。零序系统各分量之间的关系为

$$\dot{F}_{b(0)} = \dot{F}_{c(0)} = \dot{F}_{a(0)}$$

由于 $\dot{F}_{b(0)} + \dot{F}_{c(0)} + \dot{F}_{a(0)} \neq 0$，所以，零序系统虽然是对称系统，但不是平衡系统。

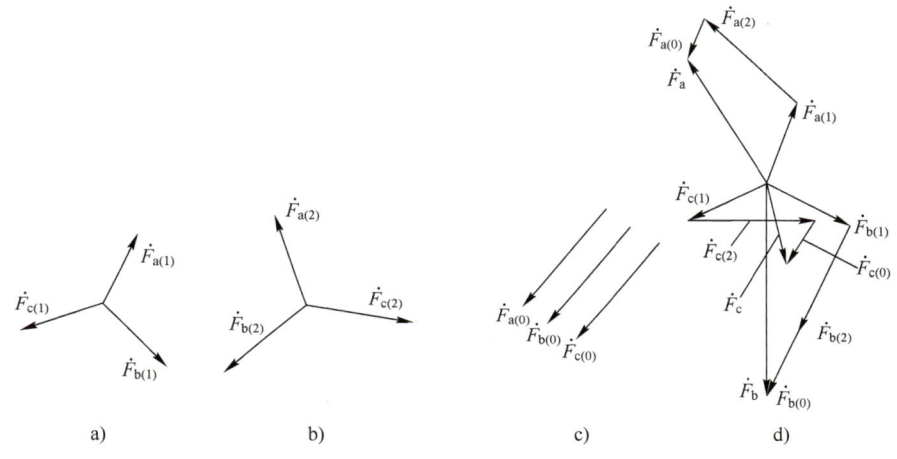

图 8-1 对称分量
a) 正序分量 b) 负序分量 c) 零序分量 d) 合成相量

4. 对称分量的合成

在图 8-1d 中将以上三组各自独立的对称三相系统应用叠加原理合成为一组三相不对称的系统，其数学表达式为

$$\begin{cases} \dot{F}_a = \dot{F}_{a(1)} + \dot{F}_{a(2)} + \dot{F}_{a(0)} \\ \dot{F}_b = \dot{F}_{b(1)} + \dot{F}_{b(2)} + \dot{F}_{b(0)} = \alpha^2 \dot{F}_{a(1)} + \alpha \dot{F}_{a(2)} + \dot{F}_{a(0)} \\ \dot{F}_c = \dot{F}_{c(1)} + \dot{F}_{c(2)} + \dot{F}_{c(0)} = \alpha \dot{F}_{a(1)} + \alpha^2 \dot{F}_{a(2)} + \dot{F}_{a(0)} \end{cases} \quad (8-1)$$

其矩阵形式为

$$\begin{bmatrix} \dot{F}_a \\ \dot{F}_b \\ \dot{F}_c \end{bmatrix} = \begin{bmatrix} 1 & 1 & 1 \\ \alpha^2 & \alpha & 1 \\ \alpha & \alpha^2 & 1 \end{bmatrix} \begin{bmatrix} \dot{F}_{a(1)} \\ \dot{F}_{a(2)} \\ \dot{F}_{a(0)} \end{bmatrix} \quad (8-2)$$

或简写为

$$\boldsymbol{F}_{abc} = \boldsymbol{T} \boldsymbol{F}_{120} \quad (8-3)$$

式中，$\boldsymbol{F}_{abc}$ 为不对称系统的相量；$\boldsymbol{F}_{120}$ 为对称系统的 a 相各序分量。式（8-2）和式（8-3）说明三组对称相量合成得三个不对称相量。

若以 b 相为参考相量时，各相量关系为

$$\begin{bmatrix} \dot{F}_a \\ \dot{F}_b \\ \dot{F}_c \end{bmatrix} = \begin{bmatrix} \alpha & \alpha^2 & 1 \\ 1 & 1 & 1 \\ \alpha^2 & \alpha & 1 \end{bmatrix} \begin{bmatrix} \dot{F}_{b(1)} \\ \dot{F}_{b(2)} \\ \dot{F}_{b(0)} \end{bmatrix} \tag{8-4}$$

若以 c 相为参考相量时，各相量关系为

$$\begin{bmatrix} \dot{F}_a \\ \dot{F}_b \\ \dot{F}_c \end{bmatrix} = \begin{bmatrix} \alpha^2 & \alpha & 1 \\ \alpha & \alpha^2 & 1 \\ 1 & 1 & 1 \end{bmatrix} \begin{bmatrix} \dot{F}_{c(1)} \\ \dot{F}_{c(2)} \\ \dot{F}_{c(0)} \end{bmatrix} \tag{8-5}$$

5. 不对称分量的分解

对式（8-3）直接求逆得

$$\boldsymbol{F}_{120} = \boldsymbol{T}^{-1} \boldsymbol{F}_{abc} \tag{8-6}$$

$$\begin{bmatrix} \dot{F}_{a(1)} \\ \dot{F}_{a(2)} \\ \dot{F}_{a(0)} \end{bmatrix} = \frac{1}{3} \begin{bmatrix} 1 & \alpha & \alpha^2 \\ 1 & \alpha^2 & \alpha \\ 1 & 1 & 1 \end{bmatrix} \begin{bmatrix} \dot{F}_a \\ \dot{F}_b \\ \dot{F}_c \end{bmatrix} \tag{8-7}$$

式（8-6）和式（8-7）说明一个不对称的相量可以唯一地分解成为一组由正、负、零序构成的对称相量。

8.1.2 对称分量法的应用

如果电力系统某处发生不对称短路，尽管除短路点外三相系统的元件参数都是对称的，但三相电路电流和电压的基频分量都变成了不对称的相量。将式（8-7）的变换关系应用于基频电流（或电压），则有

$$\begin{bmatrix} \dot{I}_{a(1)} \\ \dot{I}_{a(2)} \\ \dot{I}_{a(0)} \end{bmatrix} = \frac{1}{3} \begin{bmatrix} 1 & \alpha & \alpha^2 \\ 1 & \alpha^2 & \alpha \\ 1 & 1 & 1 \end{bmatrix} \begin{bmatrix} \dot{I}_a \\ \dot{I}_b \\ \dot{I}_c \end{bmatrix} \tag{8-8}$$

即将三相不对称电流 $\dot{I}_a$、$\dot{I}_b$、$\dot{I}_c$ 经过线性变换后，可分解成三组对称的电流，即 a 相电流分解成 $\dot{I}_{a(1)}$、$\dot{I}_{a(2)}$、$\dot{I}_{a(0)}$；b 相电流分解成 $\dot{I}_{b(1)}$、$\dot{I}_{b(2)}$、$\dot{I}_{b(0)}$；c 相电流分解成 $\dot{I}_{c(1)}$、$\dot{I}_{c(2)}$、$\dot{I}_{c(0)}$。而其中 $\dot{I}_{a(1)}$、$\dot{I}_{b(1)}$、$\dot{I}_{c(1)}$ 是一组对称的相量，称为正序分量电流；$\dot{I}_{a(2)}$、$\dot{I}_{b(2)}$、$\dot{I}_{c(2)}$ 也是一组对称的相量，但是与正序相反，称为负序分量电流；$\dot{I}_{a(0)}$、$\dot{I}_{b(0)}$、$\dot{I}_{c(0)}$ 也是一组对称的相量，三个相量完全相等，称为零序分量电流。

由式（8-8）知，只有当三相电流之和不等于零时才有零序分量。如果三相系统是三角形联结，或者没有中性线（包括以地代中性线）的星形联结，三相线电流之和总为零，不可能有零序分量电流。只有在有中性线的星形联结中才有可能出现 $\dot{I}_a + \dot{I}_b + \dot{I}_c \neq 0$ 的情况，显

然，中性线中的电流 $\dot{I}_n = \dot{I}_a + \dot{I}_b + \dot{I}_c = 3\dot{I}_{a(0)}$，即为三倍零序电流，如图 8-2 所示。可见，零序电流必须以中性线为通路。

三相系统的电压之和总为零，因此，三个线电压分解成对称分量时，其中总不会有零序分量。

系统元件的阻抗满足公式：

$$U_{abc} = Z_{abc} I_{abc} \tag{8-9}$$

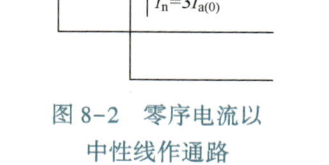

图 8-2 零序电流以中性线作通路

式中，Z_{abc} 为相内和相间的自阻抗和互阻抗的阻抗矩阵。

式（8-9）可用电压和电流的序分量表示，即

$$TU_{120} = Z_{abc} T I_{120} \tag{8-10}$$

或

$$U_{120} = T^{-1} Z_{abc} T I_{120} = Z_{120} I_{120} \tag{8-11}$$

对于典型电力系统，Z_{abc} 不是对角矩阵，但确实有一定的对称性。这种对称性使得序阻抗矩阵 Z_{120} 是完全或接近对角阵。

三相视在功率由下式给出：

$$S_{phase} = U_a I_a^* + U_b I_b^* + U_c I_c^* = U_{abc}^T I_{abc}^* = (TU_{012})^T (TI_{012})^*$$
$$= U_{012}^T T^T T^* I_{012}^* = 3 U_{012}^T I_{012}^* = 3(U_{a0} I_{a0}^* + U_{a1} I_{a1}^* + U_{a2} I_{a2}^*) \tag{8-12}$$

式中，电流是线电流，电压是线对中性点电压。必须注意，其中没有"交叉"项或一个序电压与另一序电流之间相互耦合的分量。

8.1.3 三相对称元件序分量的独立性

首先要说明，在一个三相对称的元件中（例如线路、变压器和发电机），如果流过三相正序电流，则在元件上的三相电压降也是正序的，这一点从物理意义上很容易理解。同样地，如果流过负序或零序电流，则元件上的三相电压降也是负序的或零序的。这就是说，对于三相对称的元件，各序分量是独立的，即正序电压只与正序电流有关，负序、零序也是如此。下面以一个三相对称的线路为例进行说明。

设该线路每相的自感阻抗为 z_s，相间的互感阻抗为 z_m，如果在线路上流过三相不对称的电流（由于其他地方发生不对称故障），则虽然三相阻抗是对称的，但三相电压降并不是对称的。三相电压降与三相电流有如下关系：

$$\begin{bmatrix} \Delta \dot{U}_a \\ \Delta \dot{U}_b \\ \Delta \dot{U}_c \end{bmatrix} = \begin{bmatrix} z_s & z_m & z_m \\ z_m & z_s & z_m \\ z_m & z_m & z_s \end{bmatrix} \begin{bmatrix} \dot{I}_a \\ \dot{I}_b \\ \dot{I}_c \end{bmatrix} \tag{8-13}$$

可简写为

$$\Delta U_P = Z_P I_P \tag{8-14}$$

将式（8-14）中的三相电压降和三相电流用式（8-6）变换为对称分量，则

$$T \Delta U_S = Z_P T I_S$$

即

$$\Delta U_S = T^{-1} Z_P T I_S = Z_S I_S \tag{8-15}$$

式中

$$Z_S = T^{-1} Z_P T = \begin{bmatrix} z_s - z_m & 0 & 0 \\ 0 & z_s - z_m & 0 \\ 0 & 0 & z_s + 2z_m \end{bmatrix} \quad (8\text{-}16)$$

Z_S 即为电压降的对称分量和电流的对称分量之间的阻抗矩阵，即

$$\begin{cases} \Delta \dot{U}_{a(1)} = (z_s - z_m) \dot{I}_{a(1)} = z_{(1)} \dot{I}_{a(1)} \\ \Delta \dot{U}_{a(2)} = (z_s - z_m) \dot{I}_{a(2)} = z_{(2)} \dot{I}_{a(2)} \\ \Delta \dot{U}_{a(0)} = (z_s + 2z_m) \dot{I}_{a(0)} = z_{(0)} \dot{I}_{a(0)} \end{cases} \quad (8\text{-}17)$$

式中，$z_{(1)}$、$z_{(2)}$、$z_{(0)}$ 分别称为此线路的正序阻抗、负序阻抗、零序阻抗。反过来说，所谓元件的序阻抗是指元件参数三相对称时，元件两端某一序的电压降与通过该元件的序电流的比值，即 $z_{(1)} = \dfrac{\Delta \dot{U}_{a(1)}}{\dot{I}_{a(1)}}$；$z_{(2)} = \dfrac{\Delta \dot{U}_{a(2)}}{\dot{I}_{a(2)}}$；$z_{(0)} = \dfrac{\Delta \dot{U}_{a(0)}}{\dot{I}_{a(0)}}$。对于静止的元件，如线路、变压器等，因为改变相序并不改变相间互感，正序阻抗和负序阻抗是相等的，但正序阻抗和零序阻抗并不相等。如式（8-17）中，$z_{(1)} = z_{(2)} = z_s - z_m$，$z_{(0)} = 2z_s + z_m$。对于旋转元件，如发电机和电动机，各序电流通过时将引起不同的电磁过程，正序电流产生与转子旋转方向相同的旋转磁场，负序电流产生与转子旋转方向相反的旋转磁场，零序电流产生的磁场则与转子的位置无关，因此旋转元件的正序、负序和零序阻抗互不相等，后面还将分别进行讨论。

式（8-16）、式（8-17）说明在三相参数对称的线性电路中，各序对称分量具有独立性。如果三相参数不对称，则 Z_S 的非对角元素不全为零，各序对称分量将不再具有独立性，这样就不能按各序独立进行计算。

由于存在式（8-2）的关系，式（8-13）还可扩充为

$$\begin{cases} \Delta \dot{U}_{a(1)} = z_{(1)} \dot{I}_{a(1)};\ \Delta \dot{U}_{b(1)} = z_{(1)} \dot{I}_{b(1)};\ \Delta \dot{U}_{c(1)} = z_{(1)} \dot{I}_{c(1)} \\ \Delta \dot{U}_{a(2)} = z_{(2)} \dot{I}_{a(2)};\ \Delta \dot{U}_{b(2)} = z_{(2)} \dot{I}_{b(2)};\ \Delta \dot{U}_{c(2)} = z_{(2)} \dot{I}_{c(2)} \\ \Delta \dot{U}_{a(0)} = z_{(0)} \dot{I}_{a(0)};\ \Delta \dot{U}_{b(0)} = z_{(0)} \dot{I}_{b(0)};\ \Delta \dot{U}_{c(0)} = z_{(0)} \dot{I}_{c(0)} \end{cases} \quad (8\text{-}18)$$

式（8-18）进一步说明了，对于三相对称的元件中的不对称电流、电压问题的计算，可以分解成三组对称的分量，分别进行计算。由于三相的每组分量是对称的，只需分析一相，如 a 相即可。

8.2 电力系统元件的序参数和等效电路

当一个电路的阻抗只流过正序电流时称之为正序电流的阻抗或正序阻抗。同时，对应负序电流的阻抗称为负序阻抗，零序电流的阻抗称为零序阻抗。了解有关电力系统元件的序阻抗对于分析不对称故障下的系统行为是重要的。

8.2.1 架空线路的序阻抗和等效电路

三相输电线的正序阻抗就是稳态运行时的输电线的阻抗。因输电线是静止元件，改变相

序并不改变相间的互感,故负序阻抗与正序阻抗相等。

零序阻抗是当三相线路流过零序电流——完全相同的三相交流电流时每相的等效阻抗。这时三相电流之和不为零,不能像三相流过正、负序电流那样三相线路互为回路,三相零序电流必须另有回路。

1. 单回路架空输电线的零序阻抗

如果三相导线经过完全换位后,电抗就可能接近相等,当三相零序电流 $\dot{I}_{(0)}$ 流过三相输电线,从大地流回时每一相的等效零序电抗为 $z_{(0)}$,有如下关系:

$$\dot{I}_{(0)}z_{(0)} = \dot{I}_{(0)}z_s + \dot{I}_{(0)}z_m + \dot{I}_{(0)}z_m = \dot{I}_{(0)}(z_s + 2z_m)$$

即

$$z_{(0)} = z_s + 2z_m = R_a + R_g + j0.1445\lg\frac{D_g}{r'} + 2\left(R_g + j0.1445\lg\frac{D_g}{D_m}\right)$$

$$= R_a + 3R_g + j0.4335\lg\frac{D_g}{\sqrt[3]{r'D_m^2}} \quad (\Omega/\text{km}) \tag{8-19}$$

式中,D_m 为三相导线的几何均距。在图 8-3 中将三根输电线看作为一根组合导线,其中流过 $3\dot{I}_{(0)}$ 电流,组合导线的等效半径为 D_s,或称为几何平均半径,则组合导线的电压降为

$$\dot{U}_{(0)} = 3\dot{I}_{(0)}\left(\frac{R_a}{3} + R_g + j0.1445\lg\frac{D_g}{D_s}\right) \quad (\text{V}/\text{km})$$

每相的等效零序阻抗为

$$z_{(0)} = \frac{\dot{U}_{(0)}}{\dot{I}_{(0)}} = 3\left(\frac{R_a}{3} + R_g + j0.1445\lg\frac{D_g}{D_s}\right)$$

$$= R_a + 3R_g + j0.4335\lg\frac{D_g}{D_s} \quad (\Omega/\text{km})$$

与式 (8-19) 是一致的。

由式 (8-19) 可见,零序电抗较之正序电抗几乎大三倍,这是由于零序电流三相同相位,相间的互感使每相的等效电感增大的缘故。零序阻抗(包括以后讨论的各种情况)与大地状况有关,一般需要实测才能得出较准确的数值。在近似估算时可以根据土壤情况选择合适的电导率用公式计算。三相零序回路及其等效图如图 8-3 所示。

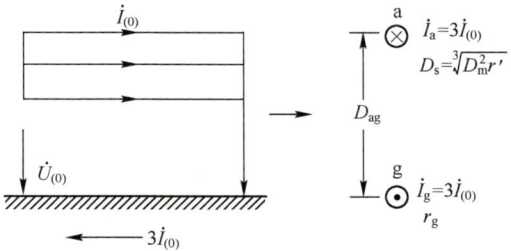

图 8-3 三相零序回路及其等效图

2. 双回路架空输电线的零序阻抗

平行架设的两回三相架空输电线中通过方向相同的零序电流时,不仅第一回路的任意两

相对第三相的互感产生助磁作用，反过来也一样。这就使线路的零序阻抗进一步增大。

3. 有架空地线的单回路架空输电线的零序阻抗

对于具有架空地线的三相输电线，导线中零序电流以大地和架空地线为回路。对于其他类型的架空输电线路的零序阻抗，均可用类似的方法进行分析，即列出各回路的电压平衡方程，然后消去架空地线方程，由此可得等效电路和阻抗。但必须注意，由于架空线路路径长，沿线路的情况复杂，包括土壤导电系数、导线在杆塔上的布置、平行线路之间的距离等变化不一，运用前述公式计算其零序阻抗相当困难，而且计算结果也未必准确。因此，对已建成的线路一般都通过实测确定其零序阻抗。当线路情况不明时，作为近似估算，可采用表 8-1 中所列数据。

表 8-1 不同类型架空线路的零序阻抗[①]

线 路 类 型	$\dfrac{x_{(0)}}{x_{(1)}}$	线 路 类 型	$\dfrac{x_{(0)}}{x_{(1)}}$
无架空地线单回路	3.5	有磁铁导体架空地线双回路	4.7
无架空地线双回路	5.5	有良好导体架空地线单回路	2.0
有磁铁导体架空地线单回路	3.0	有良好导体架空地线双回路	3.0

① $x_{(1)} \approx 0.4\ \Omega/\text{km}$。

8.2.2 电缆线路的零序阻抗

电缆芯间距较小，其线路的正序（或负序）电抗比架空线路小得多。通常电缆的正序电阻和电抗的数值由制造厂提供。

下面讨论电缆的零序阻抗。电缆的铅（铝）包护层在电缆的两端和中间一些点是接地的，因此，电缆线路的零序电流可以同时经大地和铅（铝）包护层返回，护层相当于架空地线。但返回的零序电流在大地和护层之间的分配则与护层本身的阻抗和它的接地阻抗有关，而后者又因电缆的敷设方式等因素而异。因此，准确计算电缆线路的零序阻抗比较困难，它可能介于以下两种情况之间：

1) 铅（铝）包护层各处都有良好的接地，大地和护层中有零序电流流通。在这种情况下，地中电流达到最大值，而护层中电流达到最小值。这时护层中电流的去磁作用最小，零序电抗达到最大值。

2) 铅（铝）包护层在各处都经相当大的阻抗接地，从而可以近似认为零序电流只通过护层返回，零序电抗达到最小值。

第一种情况类似于有架空地线的架空线路，其零序阻抗可用图 8-3 的等效电路。所不同的是，护层将三相芯线完全包围，其中流过电流所产生的磁通全部与芯线匝链。因此护层的零序自电抗也就是它和芯线间的互电抗，也就是说，护层漏电抗为零。

对于上述第二种情况，地中电流 $\dot{I}_g = 0$，只需断开图 8-3 等效电路中流过 $\dot{I}_{(0)}$ 的支路，即得相应的零序阻抗。

电缆埋在地下，地中电流的分布与架空线不大相同，但由于埋得不深，故在计算等效电路中的自阻抗、互阻抗时仍可近似应用前述公式。

电缆线路的零序阻抗一般也是通过实测确定。在近似估算中可取 $r_{(0)} = 10 r_{(1)}$，$x_{(0)} = $

$(3.5 \sim 4.6)x_{(1)}$。

电力系统中的限流电抗器,相间互感很小,其零序电抗等于正序电抗。

> **※一点讨论**
>
> 2020年初,疫情肆虐中国武汉,短短5天5夜时间,火神山医院电力建设就完成了迁移2条10kV线路4次、安装4台10kV环网箱、架设24台总容量1.46万kV·A箱式变压器、敷设8km电力电缆、设立防疫保电指挥部的工作。同时,整个场地设置约12组供电设施,若主电源故障失电,将自动启动柴油发电机组,15s内为所有应急配电箱提供备用电源,对于恢复供电时间不大于0.5s的手术室、ICU等重点区域配置UPS(不间断电源)来加强供电可靠性,实现"$N-2$"的可靠性供电。

8.2.3 变压器的各序参数和等效电路

变压器与输电线路一样,是非旋转或静止设备。

稳态运行时变压器的等效电抗(双绕组变压器即为两个绕组漏抗之和)就是它的正序或负序电抗。变压器的零序电抗和正序、负序电抗是很不相同的。当在变压器端点施加零序电压时,其绕组中有无零序电流,以及零序电流的大小与变压器三绕组的联结方式和变压器的结构密切相关。短路状态时,影响短路电流的参数主要是电抗,故以下的分析中忽略了电阻。现就各类变压器分别讨论如下。

1. 双绕组变压器

零序电压施加在变压器绕组的三角形侧或不接地星形侧时,无论另一侧绕组的联结方式如何,变压器中都没有零序电流流通。这种情况下,变压器的零序电抗 $x_{(0)} = \infty$。

零序电压施加在变压器绕组联结成接地星形一侧时,大小相等、相位相同的零序电流将通过三相绕组经中性点流入大地,构成回路。但在另一侧,零序电流流通的情况则随该侧的联结方式而异。

(1)Y_0/D 联结变压器

变压器星形侧流过零序电流时,在三角形侧各绕组中将感应零序电动势,三角形联结的三相绕组为零序电流提供通路。但因零序电流三相大小相等、相位相同,它只在三角形绕组中形成环流,而流不到绕组以外的线路上去,如图8-4a所示。

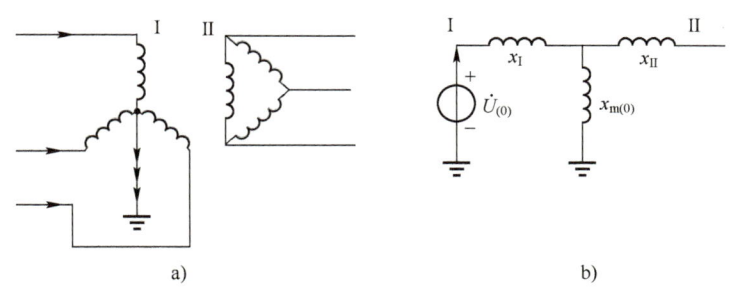

图 8-4 Y_0/D 联结变压器的零序等效电路

a)零序电流的流通 b)零序等效电路

零序系统是对称三相系统,其等效电路也可以用一相表示。就一相而言,三角形侧感应的电动势以电压降的形式完全降落于该侧的漏电抗中,相当于该侧绕组短接。故变压器的零序等效短路如图 8-4b 所示。其零序电抗则为

$$x_{(0)} = x_\mathrm{I} + \frac{x_\mathrm{II} x_{m(0)}}{x_\mathrm{II} + x_{m(0)}} \tag{8-20}$$

式中,x_I、x_II 分别为两侧绕组的漏抗;$x_{m(0)}$ 为零序励磁电抗。

(2) Y_0/Y 联结变压器

变压器星形侧流过零序电流,星形侧各相绕组中将感应零序电动势。但星形侧中性点不接地,零序电流没有通路,星形侧没有零序电流,如图 8-5a 所示。这种情况下变压器相当于空载,零序等效电路如图 8-5b 所示,其零序电抗为

$$x_{(0)} = x_\mathrm{I} + x_{m(0)}$$

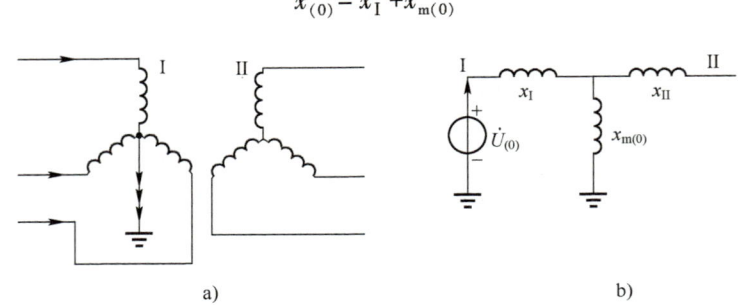

图 8-5 Y_0/Y 联结变压器的零序等效电路
a) 零序电流的流通 b) 零序等效电路

(3) Y_0/Y_0 联结变压器

变压器一次星形侧流过零序电流,二次星形侧各绕组中将感应零序电动势。如与二次星形侧相连的电路中还有另一个接地中性点,则二次绕组中将有零序电流流通,如图 8-6b 所示,图中还包含了外电路电抗。如果二次绕组回路中没有其他接地中性点,则二次绕组中没有零序电流流通,变压器的零序电抗与 Y_0/Y 联结变压器的相同。

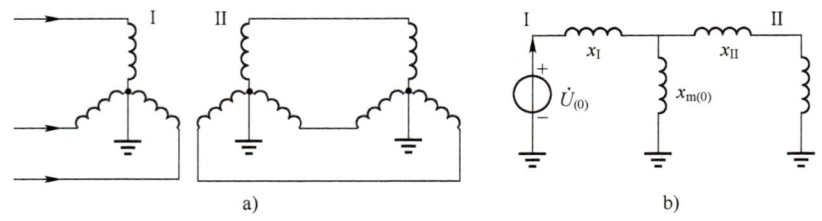

图 8-6 Y_0/Y_0 联结变压器的零序等效电路
a) 零序电流的流通 b) 零序等效电路

(4) 含中性点接地阻抗的变压器

如果变压器的星形侧中性点经过阻抗接地,在变压器流过正序或负序电流时,三相电流之和为零,中性线上没有电流通过,当然中性点的阻抗不需要反映在正、负序等效电路中。

当三相为零序电流时，在图 8-7a 所示的情况下，中性点阻抗上流过 $3\dot{I}_{(0)}$ 电流，变压器中性点电位为 $3\dot{I}_{(0)}Z_n$，因此中性点阻抗必须反映在等效电路中。由于等效电路是单相的，其中流过电流为 $\dot{I}_{(0)}$，所以在等效电路中应以 $3Z_n$ 反映中性点阻抗。图 8-7b 是 Y_0/D 联结的变压器，星形侧中性点经阻抗 Z_n 接地时的等效电路。

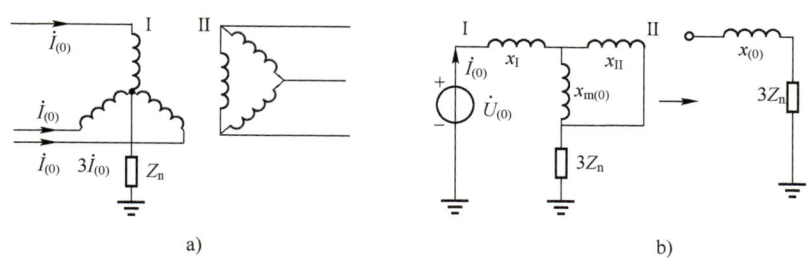

图 8-7 中性点经阻抗接地的 Y_0/D 联结变压器及其等效电路
a) 中性点经阻抗接地的 Y_0/D 联结变压器 b) 等效电路

以上的分析方法和结果可以推广到 Y_0/Y 联结和 Y_0/Y_0 联结的变压器，分析时要注意中性点阻抗实际流过的电流，以便将中性点阻抗正确地反映在等效电路中。

2. 三绕组变压器

在三绕组变压器中，为了消除三次谐波磁通的影响，使变压器的电动势接近正弦波，一般总有一个绕组是联结成三角形的，以提供三次谐波电流的通路。通常的联结形式为 $Y_0/D/Y$、$Y_0/D/Y_0$ 和 $Y_0/D/D$ 等。三绕组变压器总有一个绕组是三角形联结的，可以不计入 $x_{m(0)}$。

3. 自耦变压器

自耦变压器一般用以联系两个中性点接地系统，它本身的中性点一般也是接地的。因此，自耦变压器一、二绕组都是星形联结。如果有第三绕组，一般是三角形联结。

8.2.4 旋转电机的各序参数

当发生不对称故障时，同步电机中的暂态过程比三相短路时要复杂得多，但是在工程近似计算中，当计算故障电流的周期分量起始值时，所用的同步发电机正序等效电路与三相短路近似计算中采用的相同，即等效电抗为发电机的次暂态电抗 x_d''。发电机的负序电抗相当于在发电机端施加基波负序电压时，它与定子绕组流过的基波负序电流分量的比值。实际上当定子绕组流过负序电流时，产生的旋转磁通与转子旋转方向相反，它与转子的相对速度为两倍同步转速，在一个周期内磁通最大值所在的位置将两度在转子的 d 轴和 q 轴变化。因此严格地说，同步发电机的负序电抗不是一个恒定的数值。在实用计算中，同步发电机的负序电抗通常取 $x_{(2)} = \dfrac{x_d'' + x_q''}{2}$ 或 $\dfrac{2 x_d'' x_q''}{x_d'' + x_q''}$。

同步发电机的零序电抗定义为施加在发电机端点的零序电压基频分量与流入定子绕组的零序电流基频分量的比值。如前所述，定子绕组的零序电流只产生定子绕组漏磁通，与此漏磁通相对应的电抗就是零序电抗。这些漏磁通与正序电流产生的漏磁通不同，因为漏磁通与相邻中的电流有关。实际上，零序电流产生的漏磁通较正序的要小些，其减小程度与绕组形式有关。零序电抗的变化范围为 $(0.15 \sim 0.6)x_d''$。

表 8-2 列出不同类型同步电机电抗 $x_{(2)}$ 和 $x_{(0)}$ 的大致范围。

表 8-2 同步电机电抗 $x_{(2)}$、$x_{(0)}$

电抗	类型	水轮电动机		汽轮发电机	调相机
		有阻尼绕组	无阻尼绕组		
$x_{(2)}$		0.15~0.35	0.32~0.55	0.134~0.18	0.24
$x_{(0)}$		0.04~0.125	0.04~0.125	0.036~0.08	0.08

必须指出，发电机中性点通常是不接地的，即零序电流不能通过发电机，这时发电机的等效零序电抗为无限大。

故障后，异步电动机的暂态过程和同步电机相似，也十分复杂。当计算故障电流的周期分量起始值时，异步电动机的正序电抗也近似地采用其次暂态电抗 x''。由于异步电动机的转子完全对称，因此常认为其负序电抗与正序电抗相等。至于异步电动机的零序电抗，由于异步电动机三绕组通常接成三角形或不接地星形，因而即使在其端点施加零序电压，定子绕组中也没有零序电流流过，即异步电动机的零序电抗 $x_{(0)} = \infty$。

例 8-1 图 8-8a 所示输电系统，在 f 点发生接地短路，试绘制出各序网络，并计算电源的组合电动势 E_Σ 和短路点的各序输入电抗 $X_{\Sigma(1)}$、$X_{\Sigma(2)}$ 和 $X_{\Sigma(0)}$。系统各元件参数如下。

发电机：$S_N = 120 \text{MV} \cdot \text{A}$，$U_N = 10.5 \text{kV}$，$E_1 = 1.67$，$X_1 = 0.9$，$X_2 = 0.45$。

变压器 T_1：$S_N = 60 \text{MV} \cdot \text{A}$，$U_K\% = 10.5$，$10.5/115 \text{kV}$；$T_2$：$S_N = 60 \text{MV} \cdot \text{A}$，$U_K\% = 10.5$，$115/6.3 \text{kV}$。

线路 L：每回路 $L = 105 \text{km}$，$x_1 = 0.4 \Omega/\text{km}$，$x_0 = 3x_1$。

负荷 LD-1：$S_N = 60 \text{MV} \cdot \text{A}$，$x_1 = 1.2$，$x_2 = 0.35$；LD-2：$S_N = 40 \text{MV} \cdot \text{A}$，$x_1 = 1.2$，$x_2 = 0.35$。

解：(1) 各元件参数标幺值计算

选取基准功率 $S_B = 100 \text{MV} \cdot \text{A}$ 和基准电压 $U_B = U_{av}$，计算各元件的各序电抗标幺值（计算过程从略），计算结果标于各序网络图中。

(2) 制定各序网络

正序和负序网络，包含了图中所有元件（见图 8-8b、c）。因零序电流仅在线路 L 和变压器 T_1 中流通，因此，零序网络中只有这两个元件（见图 8-8d）。

(3) 网络化简，求组合电动势和各序组合电抗

正序和负序网络的化简过程如图 8-9a、b 所示。对于正序网络，先将支路 1 和 5 并联得支路 7，它的电动势和电抗分别为

$$E_7 = \frac{E_1 x_5}{x_1 + x_5} = \frac{1.67 \times 2.4}{0.9 + 2.4} = 1.22, \quad x_7 = \frac{x_1 x_5}{x_1 + x_5} = \frac{0.9 \times 2.4}{0.9 + 2.4} = 0.66$$

将支路 7、2 和 4 相串联得支路 9，其电抗和电动势分别为

$$x_9 = x_7 + x_2 + x_4 = 0.66 + 0.21 + 0.19 = 1.06, \quad E_9 = E_7 = 1.22$$

将支路 3 和支路 6 串联得支路 8，其电抗为

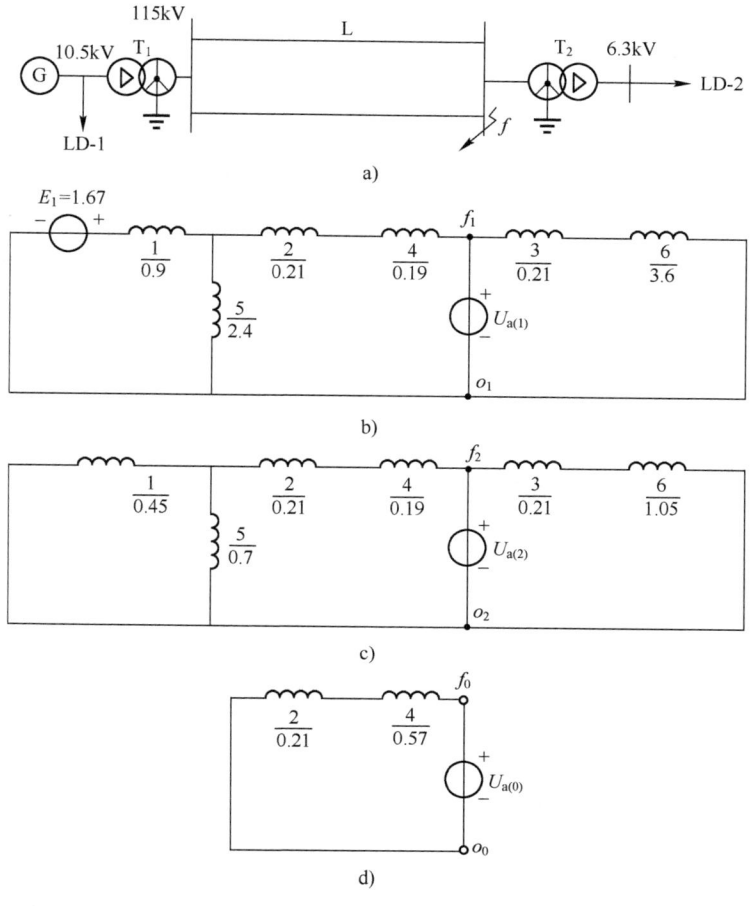

图 8-8 例 8-1 图
a）电力系统接线图 b）正序网络 c）负序网络 d）零序网络

$$x_8 = x_3 + x_6 = 0.21 + 0.36 = 3.81$$

将支路 8 和支路 9 串联得支路 8，得组合电动势和各序组合电抗分别为

$$E_\Sigma = \frac{E_9 x_8}{x_9 + x_8} = \frac{1.22 \times 3.81}{1.06 + 3.81} = 0.95, \quad X_{\Sigma(1)} = \frac{x_8 x_9}{x_8 + x_9} = \frac{3.81 \times 1.06}{3.81 + 1.06} = 0.83$$

对于负序网络，有

$$x_7 = \frac{x_1 x_5}{x_1 + x_5} = \frac{0.45 \times 0.7}{0.45 + 0.7} = 0.27, \quad x_9 = x_7 + x_2 + x_4 = 0.27 + 0.21 + 0.19 = 0.67$$

$$x_8 = x_3 + x_6 = 0.21 + 1.05 = 1.26, \quad X_{\Sigma(2)} = \frac{x_8 x_9}{x_8 + x_9} = \frac{1.26 \times 0.67}{1.26 + 0.67} = 0.44$$

对于零序网络，有

$$X_{\Sigma(0)} = x_2 + x_4 = 0.21 + 0.57 = 0.78$$

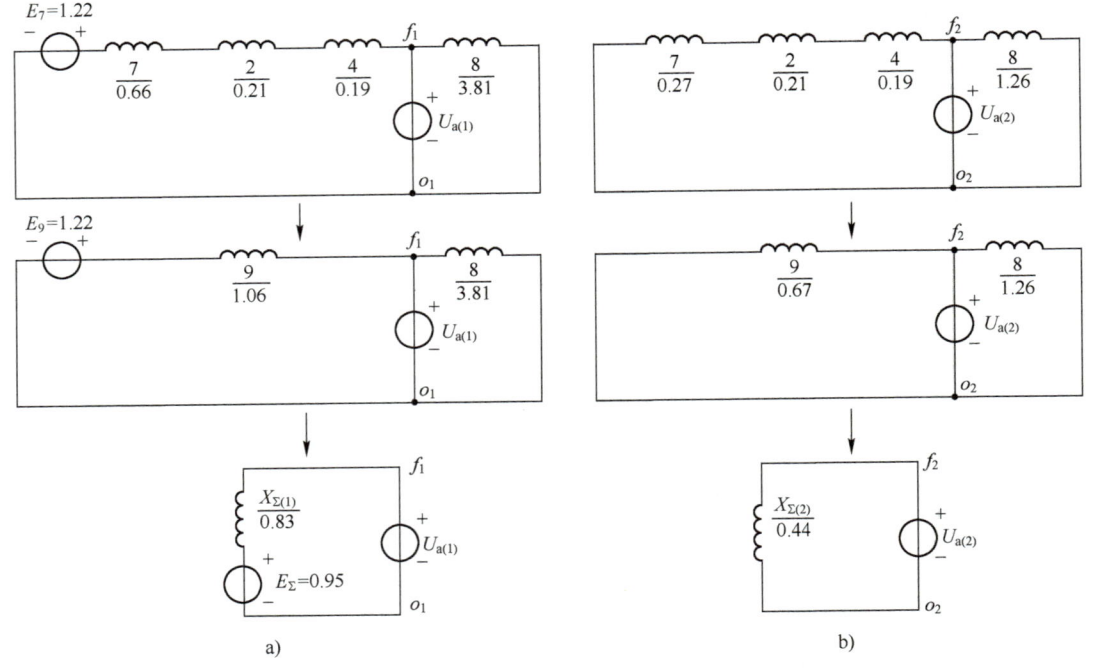

图 8-9 例 8-1 化简过程
a) 正序网络简化过程 b) 负序网络简化过程

8.3 不对称短路的分析计算

在简单故障分析中，为了使得用对称分量表示的故障条件更为简单和便于计算，通常取 a 相作为特殊相，即对于单相接地短路，认为故障发生在 a 相，对于两相短路和两相接地短路均认为发生在 b、c 相之间。如果不对称故障发生在其他相，则不难由发生在特殊相时所得出的计算结果简单地推得。

> ※一点讨论
>
> 电力系统在运行过程中发生的故障以不对称短路故障居多，分析不对称短路故障对于电力系统的安全稳定运行具有非常重要的意义。不对称短路，即发生在非三相短路时，不仅每相电路中的电压和电流数值不相等，相角也不相同。而对称分量法的应用可大大简化不对称短路的分析。

8.3.1 故障处的电流与电压计算

图 8-10a 所示为一个任意复杂的电力系统，G_1、G_2 代表发电机端点，在 f 点发生不对称短路后，f 点的三相对地电压 $\dot{U}_{fa}$、$\dot{U}_{fb}$、$\dot{U}_{fc}$ 和由 f 点流出的三相电流（即短路电流）$\dot{I}_{fa}$、$\dot{I}_{fb}$、$\dot{I}_{fc}$ 均为三相不对称，而这时发电机的电动势仍为三相对称的正序电动势，各元件的三相参数也对称。如果将故障处电压和短路电流分解成三组对称分量，如图 8-10b 所示，则根据 8.1

节对三相对称元件序分量的独立性的分析，发电机、变压器和线路上各序电压只与各序电流有关。根据叠加原理，将图 8-10b 分解为正序、负序和零序三个序网，如图 8-10c、e、g 所示。利用戴维南定理将正序、负序和零序三个序网化简为对应的正序、负序和零序等效电路，如图 8-10d、f、h 所示，正序网络中节点 $f_{(1)}$ 的自阻抗 $Z_{\mathrm{ff}(1)}$ 即为从 $f_{(1)}$ 点看进去网络的等效阻抗 $Z_{\Sigma(1)}$。$\dot{E}_{\mathrm{a}}$ 为 $f_{(1)}$ 点正常时电压，即开路电压。负序网络中发电机的负序电抗 $x_{\mathrm{G}2}$ 可近似等于 x_{d}''。同样，$Z_{\mathrm{ff}(2)} = Z_{\Sigma(2)}$。零序网络结构和正序网络是不相同的。由于发电机中性点往往是不接地的，其零序阻抗开路。同样，$Z_{\mathrm{ff}(0)} = Z_{\Sigma(0)}$。由于各序本身对称，根据三个序网的等效电路，可以写出 a 相的电压平衡关系：

$$\begin{cases} \dot{U}_{\mathrm{f}(1)} = \dot{E}_{\mathrm{a}} - \dot{I}_{\mathrm{f}(1)} Z_{\Sigma(1)} \\ \dot{U}_{\mathrm{f}(2)} = 0 - \dot{I}_{\mathrm{f}(2)} Z_{\Sigma(2)} \\ \dot{U}_{\mathrm{f}(0)} = 0 - \dot{I}_{\mathrm{f}(0)} Z_{\Sigma(0)} \end{cases} \quad (8\text{-}21)$$

式中省略了下标 a。在分析简单故障时，一般总以 a 相为参考相，故在以后的分析中，表示 a 相序分量时均省略了下标 a。在式（8-21）中有六个未知数（故障点的三序电压和三序电流），但方程只有三个，故还不能求解故障处的各序电压和电流。这是很明显的，因为式（8-21）没有反映故障处的不对称性质，而只是一般地列出了各序分量的电压平衡关系。下面结合各种不对称短路故障处的不对称性质分析短路电流和电压。

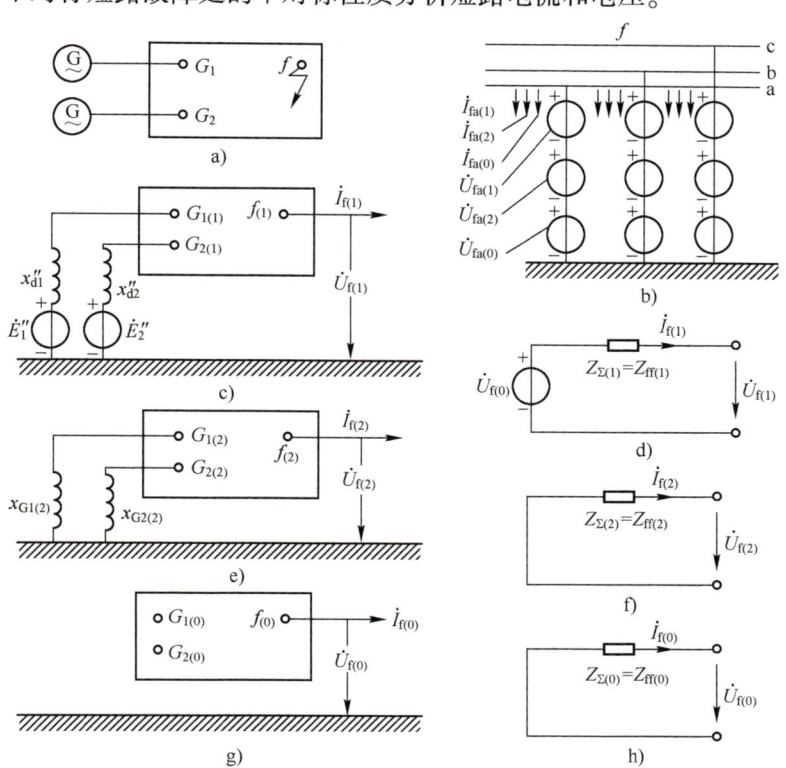

图 8-10 系统各序等效电路
a) 复杂系统示意图 b) 故障点电流电压的对称分量 c)、d) 正序网络及等效电路
e)、f) 负序网络及等效电路 g)、h) 零序网络及等效电路

1. 单相接地短路

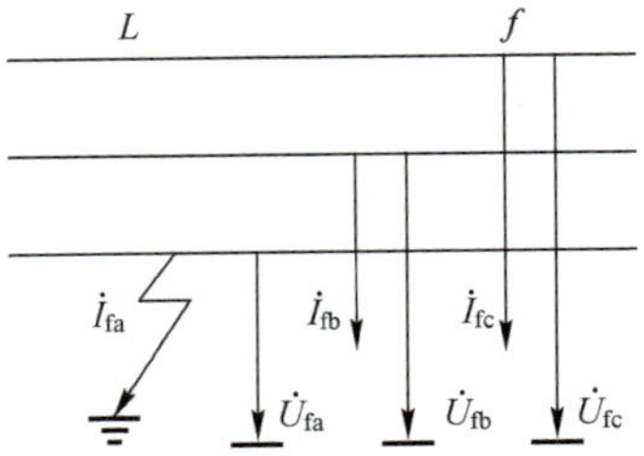

图 8-11 为 a 相接地故障的示意图,在故障点 f 处有如下关系:

$$\dot{U}_{\text{fa}}=0;\quad \dot{I}_{\text{fb}}=\dot{I}_{\text{fc}}=0 \tag{8-22}$$

以 a 相为参考相,将这些关系转换为用 a 相对称分量表示,则

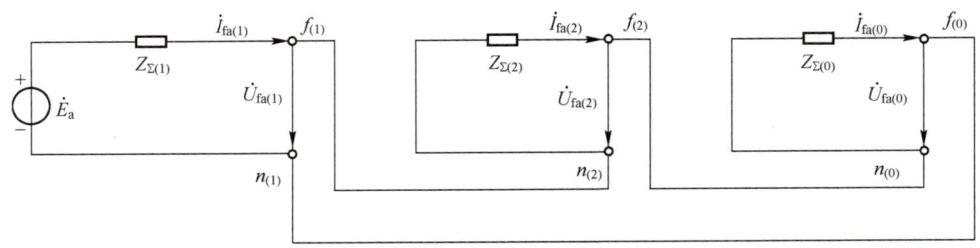

图 8-11 a 相接地故障的示意图

$$\begin{cases} \dot{U}_{\text{f}(1)}+\dot{U}_{\text{f}(2)}+\dot{U}_{\text{f}(0)}=0 \\ \alpha^2 \dot{I}_{\text{f}(1)}+\alpha \dot{I}_{\text{f}(2)}+\dot{I}_{\text{f}(0)}=\alpha \dot{I}_{\text{f}(1)}+\alpha^2 \dot{I}_{\text{f}(2)}+\dot{I}_{\text{f}(0)} \end{cases}$$

不难算得

$$\begin{cases} \dot{U}_{\text{f}(1)}+\dot{U}_{\text{f}(2)}+\dot{U}_{\text{f}(0)}=0 \\ \dot{I}_{\text{f}(1)}=\dot{I}_{\text{f}(2)}=\dot{I}_{\text{f}(0)} \end{cases} \tag{8-23}$$

式 (8-23) 的三个关系式又称为边界条件。式 (8-21) 和式 (8-23) 联立求解,可解得故障处的三序电流为

$$\dot{I}_{\text{f}(1)}=\dot{I}_{\text{f}(2)}=\dot{I}_{\text{f}(0)}=\frac{\dot{E}_{\text{a}}}{Z_{\Sigma(1)}+Z_{\Sigma(2)}+Z_{\Sigma(0)}} \tag{8-24}$$

由上述可见,用对称分量法分析电力系统的不对称问题,首先要列出各序的电压平衡方程,然后结合故障处的边界条件,即可算得故障处 a 相的各序分量,最后求得各相的量。

实际上,联立求解式 (8-21) 和式 (8-23) 的这个计算步骤,可用图 8-12 的等效电路来模拟。这个等效电路又称为复合序网,它是将满足式 (8-21) 的三个序网图,在故障处按式 (8-23) 的边界条件连接起来的。式 (8-23) 的边界条件显然要求三个序网在故障点串联。复合序网中的电动势和阻抗已知,即可求得故障处各序电压和电流,其结果当然与联立求解式 (8-21) 和式 (8-23) 是一样的。

图 8-12 a 相接地的复合序网

根据式 (8-24) 将 a 相各序分量合成为故障相 (a 相) 的短路电流,即

$$\dot{I}_{\text{f}}=\dot{I}_{\text{f}(1)}+\dot{I}_{\text{f}(2)}+\dot{I}_{\text{f}(0)}=\frac{3\dot{E}_{\text{a}}}{Z_{\Sigma(1)}+Z_{\Sigma(2)}+Z_{\Sigma(0)}} \tag{8-25}$$

一般 $Z_{\Sigma(1)}$ 和 $Z_{\Sigma(2)}$ 接近相等。因此,如果 $Z_{\Sigma(0)}$ 小于 $Z_{\Sigma(1)}$,则单相短路电流 $\dot{I}_{\text{f}}$ 也可记为 $\dot{I}_{\text{f}}^{(1)}$,大于同一地点的三相短路电流 ($\dot{I}_{\text{f}}^{(3)}=\dot{E}_{\text{a}}/Z_{\Sigma(1)}$),$\dot{I}_{\text{f}}^{(1)}>\dot{I}_{\text{f}}^{(3)}$;反之,则单相短路电流小于三相短路电流。

故障处 b、c 相的电流当然为零。故障处各序电压由式（8-21）或者从复合序网求得。故障处三相电压可由下式求得：

$$\begin{cases} \dot{U}_{fa} = \dot{U}_{f(1)} + \dot{U}_{f(2)} + \dot{U}_{f(0)} = 0 \\ \dot{U}_{fb} = \alpha^2 \dot{U}_{f(1)} + \alpha \dot{U}_{f(2)} + \dot{U}_{f(0)} \\ \dot{U}_{fc} = \alpha \dot{U}_{f(1)} + \alpha^2 \dot{U}_{f(2)} + \dot{U}_{f(0)} \end{cases} \quad (8\text{-}26)$$

如果忽略电阻，则

$$\begin{aligned} \dot{U}_{fb} &= \alpha^2 \dot{U}_{f(1)} + \alpha \dot{U}_{f(2)} + \dot{U}_{f(0)} \\ &= \alpha^2 (\dot{E}_a - \dot{I}_{f(1)} jX_{\Sigma(1)}) + \alpha(-\dot{I}_{f(2)} jX_{\Sigma(2)}) - \dot{I}_{f(0)} jX_{\Sigma(0)} \\ &= \dot{E}_b - \dot{I}_{f(1)} j(X_{\Sigma(0)} - X_{\Sigma(1)}) \\ &= \dot{E}_b - \frac{\dot{E}_a}{j(2X_{\Sigma(1)} + X_{\Sigma(0)})} j(X_{\Sigma(0)} - X_{\Sigma(1)}) = \dot{E}_b - \dot{E}_a \frac{k_0 - 1}{2 + k_0} \end{aligned} \quad (8\text{-}27)$$

同理可得

$$\dot{U}_{fc} = \dot{E}_c - \dot{E}_a \frac{k_0 - 1}{2 + k_0} \quad (8\text{-}28)$$

式中，$k_0 = X_{\Sigma(0)} / X_{\Sigma(1)}$。

讨论：

1) 当 $k_0 < 1$，即 $X_{\Sigma(0)} < X_{\Sigma(1)}$ 时，非故障相电压较正常时有些降低。如果 $k_0 = 0$，则

$$\dot{U}_{fb} = \dot{E}_b + \frac{1}{2}\dot{E}_a = \frac{\sqrt{3}}{2}\dot{E}_b \angle 30°; \quad \dot{U}_{fc} = \frac{\sqrt{3}}{2}\dot{E}_c \angle -30°$$

2) 当 $k_0 = 1$，即 $X_{\Sigma(0)} = X_{\Sigma(1)}$ 时，$\dot{U}_{fb} = \dot{E}_b$，$\dot{U}_{fc} = \dot{E}_c$，故障后非故障相电压不变。

3) 当 $k_0 > 1$，即 $X_{\Sigma(0)} > X_{\Sigma(1)}$ 时，故障时非故障相电压较正常时升高，最严重的情况为 $X_{\Sigma(0)} = \infty$，则

$$\dot{U}_{fb} = \dot{E}_b - \dot{E}_a = \sqrt{3}\dot{E}_b \angle -30°$$
$$\dot{U}_{fc} = \dot{E}_c - \dot{E}_a = \sqrt{3}\dot{E}_c \angle 30°$$

即相当于中性点不接地系统发生单相接地短路时，中性点电位升至相电压，而非故障相电压升至线电压。

图 8-13a、b 中画出了 a 相短路接地时，故障点各序电流、电压的相量，以及由各序量合成的各相量相量图。图中假设各序阻抗为纯电抗，而且 $X_{\Sigma(0)} > X_{\Sigma(1)}$，所有相量以 $\dot{E}_a$ 为参考相量。显然，这两个相量图与边界条件是一致的。图 8-13c 给出了非故障相电压变化的轨迹。

如果单相短路是经过阻抗接地，如图 8-14a 所示，此时故障点的边界条件为

$$\dot{U}_{fa} = I_{fa} Z_f; \quad \dot{I}_{fb} = \dot{I}_{fc} = 0 \quad (8\text{-}29)$$

将其转换为对称分量，则得

$$\begin{cases} \dot{U}_{f(1)} + \dot{U}_{f(2)} + \dot{U}_{f(0)} = (\dot{I}_{f(1)} + \dot{I}_{f(2)} + \dot{I}_{f(2)}) Z_f \\ \dot{I}_{f(1)} = \dot{I}_{f(2)} = \dot{I}_{f(0)} \end{cases} \quad (8\text{-}30)$$

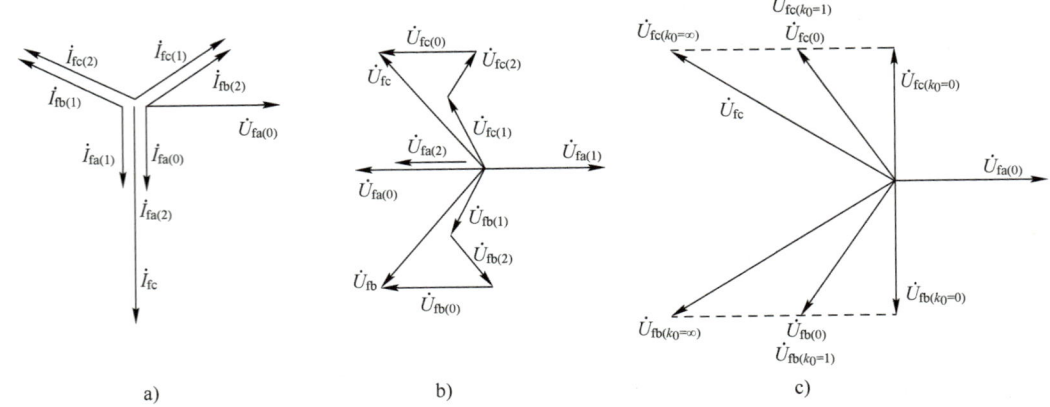

图 8-13 a 相接地故障处相量图
a) 电流相量图 b) 电压相量图 c) 非故障相电压变化轨迹

由式（8-30）和式（8-21）即可联立求解得故障处各序电流、电压。这里介绍另一种简便方法。作图 8-14b，它完全等效于图 8-14a。这样，可以看作系统在 f' 处发生 a 相直接接地。因此，以前的分析方法完全适用，只是把 Z_f 看作故障点 f' 与 f 间的串联阻抗。这时的复合序网如图 8-14c 所示，它显然与式（8-30）是相符的。由复合序网立即可得故障点 f 的各序电流和电压：

$$\dot{I}_{f(1)} = \dot{I}_{f(2)} = \dot{I}_{f(0)} = \frac{\dot{E}_a}{Z_{\Sigma(1)} + Z_{\Sigma(2)} + Z_{\Sigma(0)} + 3Z_f} \tag{8-31}$$

电压公式同式（8-21）。

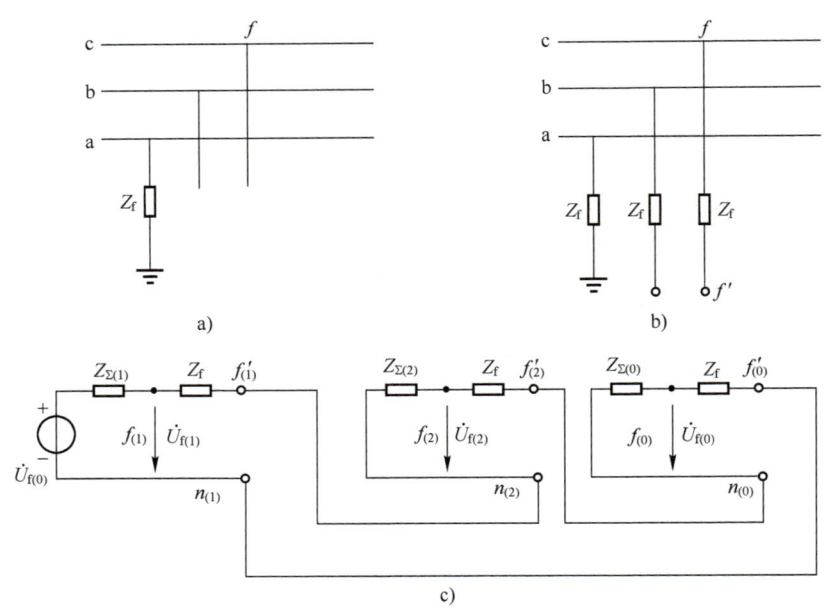

图 8-14 a 相经阻抗接地
a) a 相经阻抗接地 b) 图 a) 的等效图 c) 复合序网

2. 两相短路

图 8-15 表示 f 点发生两相（b、c 相）短路，该点三相对地电压及流出该点的相电流（短路电流）具有下列边界条件：

$$\dot{I}_{fa}=0;\quad \dot{I}_{fb}=-\dot{I}_{fc};\quad \dot{U}_{fb}=\dot{U}_{fc} \tag{8-32}$$

将它们转换为用对称分量表示，先转换电流：

$$\begin{bmatrix} \dot{I}_{f(1)} \\ \dot{I}_{f(2)} \\ \dot{I}_{f(0)} \end{bmatrix} = \frac{1}{3}\begin{bmatrix} 1 & \alpha & \alpha^2 \\ 1 & \alpha^2 & \alpha \\ 1 & 1 & 1 \end{bmatrix}\begin{bmatrix} 0 \\ \dot{I}_{fb} \\ -\dot{I}_{fb} \end{bmatrix} = \frac{\mathrm{j}\dot{I}_{fb}}{\sqrt{3}}\begin{bmatrix} 1 \\ -1 \\ 0 \end{bmatrix}$$

即为

$$\begin{cases} \dot{I}_{f(0)}=0 \\ \dot{I}_{f(1)}=-\dot{I}_{f(2)} \end{cases} \tag{8-33}$$

说明两相短路故障点没有零序电流，因为故障点不与地相连，零序电流没有通路。

由式（8-32）中电压关系可得

$$\dot{U}_{fb}=\alpha^2\dot{U}_{f(1)}+\alpha\dot{U}_{f(2)}+\dot{U}_{f(0)}$$
$$=\dot{U}_{fc}=\alpha\dot{U}_{f(1)}+\alpha^2\dot{U}_{f(2)}+\dot{U}_{f(0)}$$

即

$$\dot{U}_{f(1)}=\dot{U}_{f(2)} \tag{8-34}$$

式（8-33）和式（8-34）即为两相短路的三个边界条件。根据式（8-33）和式（8-34）的边界条件，两相短路时复合序网如图 8-16 所示，即正序网络和负序网络在故障点并联，零序网络断开，两相短路时没有零序分量。

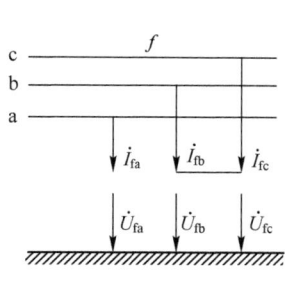

图 8-15 两相短路故障点电流、电压图

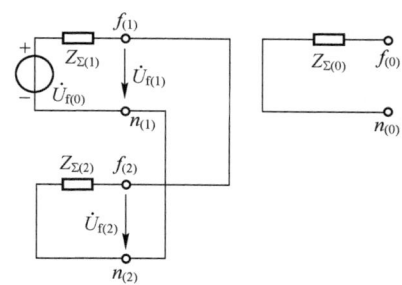

图 8-16 两相短路的复合序网

解联立方程式（8-21）、式（8-33）和（8-34）或直接由复合序网可解得

$$\dot{I}_{f(1)}=-\dot{I}_{f(2)}=\frac{\dot{E}_a}{Z_{\Sigma(1)}+Z_{\Sigma(2)}} \tag{8-35}$$

故障相短路电流为

$$\dot{I}_{fb}=\alpha^2\dot{I}_{f(1)}+\alpha\dot{I}_{f(2)}=(\alpha^2-\alpha)\frac{\dot{E}_a}{Z_{\Sigma(1)}+Z_{\Sigma(2)}}=-\mathrm{j}\sqrt{3}\frac{\dot{E}_a}{Z_{\Sigma(1)}+Z_{\Sigma(2)}} \tag{8-36}$$

$$\dot{I}_{\mathrm{fc}}=\alpha\dot{I}_{\mathrm{f}(1)}+\alpha^{2}\dot{I}_{\mathrm{f}(2)}=(\alpha-\alpha^{2})\frac{\dot{E}_{\mathrm{a}}}{Z_{\Sigma(1)}+Z_{\Sigma(2)}}=\mathrm{j}\sqrt{3}\frac{\dot{E}_{\mathrm{a}}}{Z_{\Sigma(1)}+Z_{\Sigma(2)}} \qquad (8\text{-}37)$$

由此可见，当 $Z_{\Sigma(1)}=Z_{\Sigma(2)}$ 时，两相短路电流是三相短路电流的 $\sqrt{3}/2$ 倍。所以，一般来说，电力系统两相短路电流小于三相短路电流。

由复合序网可知，当 $Z_{\Sigma(1)}=Z_{\Sigma(2)}$ 时，则

$$\dot{U}_{\mathrm{f}(1)}=\dot{U}_{\mathrm{f}(2)}=\frac{1}{2}\dot{E}_{\mathrm{a}}$$

$$\dot{U}_{\mathrm{fa}}=\dot{U}_{\mathrm{f}(1)}+\dot{U}_{\mathrm{f}(2)}=\dot{E}_{\mathrm{a}}$$

$$\dot{U}_{\mathrm{fb}}=\dot{U}_{\mathrm{fc}}=(\alpha^{2}+\alpha)\dot{U}_{\mathrm{f}(1)}=-\frac{1}{2}\dot{E}_{\mathrm{a}}$$

即非故障相电压等于故障前电压。故障相电压幅值比故障前降低一半。

图 8-17 给出 b、c 相短路时，故障点各序电流、电压相量以及合成而得的各相量相量图。图中忽略电阻，假设 $X_{\Sigma(1)}$ 等于 $X_{\Sigma(2)}$。

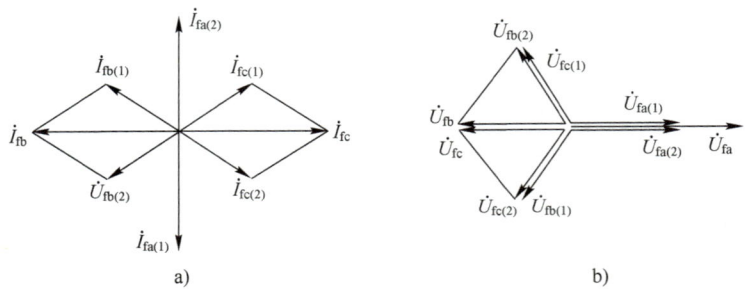

图 8-17 两相短路故障处相量图
a) 电流相量图　b) 电压相量图

如果两相通过阻抗短路，如图 8-18a 所示。则边界条件为

$$\dot{I}_{\mathrm{fa}}=0;\quad \dot{I}_{\mathrm{fb}}=-\dot{I}_{\mathrm{fc}};\quad \dot{U}_{\mathrm{fb}}-\dot{U}_{\mathrm{fc}}=Z_{\mathrm{f}}\dot{I}_{\mathrm{fb}} \qquad (8\text{-}38)$$

转换为对称分量为

$$\dot{I}_{\mathrm{f}(0)}=0;\quad \dot{I}_{\mathrm{f}(1)}=-\dot{I}_{\mathrm{f}(2)};\quad \dot{U}_{\mathrm{f}(1)}-\dot{U}_{\mathrm{f}(2)}=Z_{\mathrm{f}}\dot{I}_{\mathrm{f}(1)} \qquad (8\text{-}39)$$

此边界条件与电压平衡方程联立求解即得故障处电流、电压。但若直接将故障情况处理成图 8-18b，则可视为 f' 点两相直接短路，立即可作出图 8-18c 的复合序网。则

$$\dot{I}_{\mathrm{f}(1)}=-\dot{I}_{\mathrm{f}(2)}=\frac{\dot{E}_{\mathrm{a}}}{Z_{\Sigma(1)}+Z_{\Sigma(2)}+Z_{\mathrm{f}}} \qquad (8\text{-}40)$$

$$\dot{I}_{\mathrm{fb}}=-\dot{I}_{\mathrm{fc}}=-\mathrm{j}\sqrt{3}\frac{\dot{E}_{\mathrm{a}}}{Z_{\Sigma(1)}+Z_{\Sigma(2)}+Z_{\mathrm{f}}} \qquad (8\text{-}41)$$

3. 两相短路接地

图 8-19 表示 f 点发生两相（b、c 相）短路接地，其边界条件显然是

$$\dot{I}_{\mathrm{fa}}=0;\quad \dot{U}_{\mathrm{fb}}=\dot{U}_{\mathrm{fc}}=0 \qquad (8\text{-}42)$$

式（8-42）与单相短路接地的边界条件很类似，只是电压和电流互换，因此其转换为对称

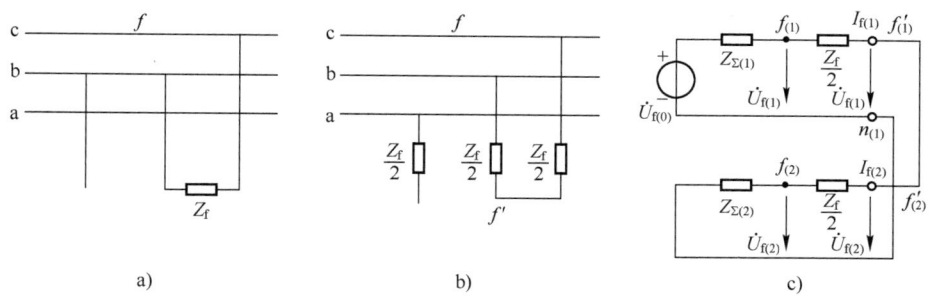

图 8-18 两相经阻抗短路的复合序网
a) 两相经阻抗短路　b) 等效于 a)　c) 复合序网

分量的形式必为

$$\begin{cases} \dot{U}_{f(1)} = \dot{U}_{f(2)} = \dot{U}_{f(0)} \\ \dot{I}_{f(1)} + \dot{I}_{f(2)} + \dot{I}_{f(0)} = 0 \end{cases} \tag{8-43}$$

显然，满足此边界条件的复合序网如图 8-20 所示，即三个序网在故障点并联。

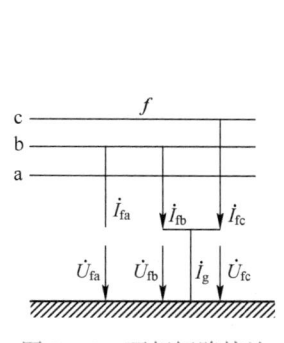

图 8-19 两相短路接地

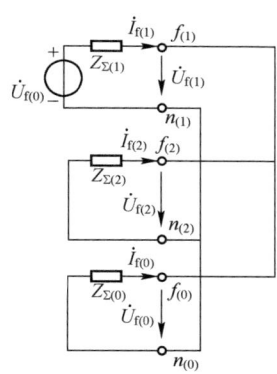

图 8-20 两相短路接地复合序网

由复合序网可求得故障处各序电流为

$$\begin{cases} \dot{I}_{f(1)} = \dfrac{\dot{E}_a}{Z_{\Sigma(1)} + \dfrac{Z_{\Sigma(2)} Z_{\Sigma(0)}}{Z_{\Sigma(2)} + Z_{\Sigma(0)}}} \\ \dot{I}_{f(2)} = -\dot{I}_{f(1)} \dfrac{Z_{\Sigma(0)}}{Z_{\Sigma(0)} + Z_{\Sigma(2)}} \\ \dot{I}_{f(0)} = -\dot{I}_{f(1)} \dfrac{Z_{\Sigma(2)}}{Z_{\Sigma(0)} + Z_{\Sigma(2)}} \end{cases} \tag{8-44}$$

故障相的短路电流为

$$\dot{I}_{fb} = \alpha^2 \dot{I}_{f(1)} + \alpha \dot{I}_{f(2)} + \dot{I}_{f(0)} = \dot{I}_{f(1)} \left(\alpha^2 - \dfrac{Z_{\Sigma(2)} + \alpha Z_{\Sigma(0)}}{Z_{\Sigma(2)} + Z_{\Sigma(0)}} \right) \tag{8-45}$$

$$\dot{I}_{\mathrm{fc}} = \alpha \dot{I}_{\mathrm{f}(1)} + \alpha^2 \dot{I}_{\mathrm{f}(2)} + \dot{I}_{\mathrm{f}(0)} = \dot{I}_{\mathrm{f}(1)} \left(\alpha - \frac{Z_{\Sigma(2)} + \alpha^2 Z_{\Sigma(0)}}{Z_{\Sigma(2)} + Z_{\Sigma(0)}} \right) \tag{8-46}$$

当各序阻抗为纯电抗时，式（8-45）和式（8-46）可表达为

$$\dot{I}_{\mathrm{fb}} = \dot{I}_{\mathrm{f}(1)} \left(\alpha^2 - \frac{X_{\Sigma(2)} + \alpha X_{\Sigma(0)}}{X_{\Sigma(2)} + X_{\Sigma(0)}} \right) \tag{8-47}$$

$$\dot{I}_{\mathrm{fc}} = \dot{I}_{\mathrm{f}(1)} \left(\alpha - \frac{X_{\Sigma(2)} + \alpha^2 X_{\Sigma(0)}}{X_{\Sigma(2)} + X_{\Sigma(0)}} \right) \tag{8-48}$$

对式（8-47）两端取模值，经整理后可得故障相短路电流的有效值为

$$I_{\mathrm{fb}} = I_{\mathrm{fc}} = \sqrt{3} \sqrt{1 - \frac{X_{\Sigma(2)} X_{\Sigma(0)}}{(X_{\Sigma(2)} + X_{\Sigma(0)})^2}} I_{\mathrm{f}(1)} \tag{8-49}$$

如果 $X_{\Sigma(1)} = X_{\Sigma(2)}$，令 $k_0 = X_{\Sigma(0)}/X_{\Sigma(2)}$，则

$$\dot{I}_{\mathrm{fb}} = \dot{I}_{\mathrm{fc}} = \sqrt{3} \times \sqrt{1 - \frac{k_0}{(k_0 + 1)^2}} \frac{1 + k_0}{1 + 2k_0} \dot{I}_{\mathrm{f}}^{(3)} \tag{8-50}$$

讨论：

1) 当 $k_0 = 0$ 时，$\dot{I}_{\mathrm{fb}} = \dot{I}_{\mathrm{fc}} = \sqrt{3} \dot{I}_{\mathrm{f}}^{(3)}$。

2) 当 $k_0 = 1$ 时，$\dot{I}_{\mathrm{fb}} = \dot{I}_{\mathrm{fc}} = \dot{I}_{\mathrm{f}}^{(3)}$。

3) 当 $k_0 = \infty$ 时，$\dot{I}_{\mathrm{fb}} = \dot{I}_{\mathrm{fc}} = \frac{\sqrt{3}}{2} \dot{I}_{\mathrm{f}}^{(3)}$。

两相短路接地时流入地中的电流为

$$\dot{I}_{\mathrm{g}} = \dot{I}_{\mathrm{fb}} + \dot{I}_{\mathrm{fc}} = 3\dot{I}_{\mathrm{f}(0)} = -3\dot{I}_{\mathrm{f}(1)} \frac{Z_{\Sigma(2)}}{Z_{\Sigma(2)} + Z_{\Sigma(0)}} \tag{8-51}$$

由复合序网可求得短路处电压的各序分量为

$$\dot{U}_{\mathrm{f}(1)} = \dot{U}_{\mathrm{f}(2)} = \dot{U}_{\mathrm{f}(0)} = \dot{I}_{\mathrm{f}(1)} \frac{Z_{\Sigma(2)} Z_{\Sigma(0)}}{Z_{\Sigma(2)} + Z_{\Sigma(0)}}$$

$$= \dot{E}_{\mathrm{a}} \frac{Z_{\Sigma(2)} Z_{\Sigma(0)}}{Z_{\Sigma(1)} Z_{\Sigma(2)} + Z_{\Sigma(1)} Z_{\Sigma(0)} + Z_{\Sigma(2)} Z_{\Sigma(0)}} \tag{8-52}$$

则短路处非故障相电压为

$$\dot{U}_{\mathrm{fa}} = \dot{U}_{\mathrm{f}(1)} + \dot{U}_{\mathrm{f}(2)} + \dot{U}_{\mathrm{f}(0)} = 3\dot{U}_{\mathrm{f}(1)} \tag{8-53}$$

若为纯电抗，且 $X_{\Sigma(1)} = X_{\Sigma(2)}$，则

$$\dot{U}_{\mathrm{fa}} = 3\dot{E}_{\mathrm{a}} \frac{k_0}{1 + 2k_0} \tag{8-54}$$

讨论：

1) 当 $k_0 = 0$ 时，$\dot{U}_{\mathrm{fa}} = 0$。

2) 当 $k_0 = 1$ 时，$\dot{U}_{\mathrm{fa}} = \dot{E}_{\mathrm{a}}$。

3) 当 $k_0 = \infty$ 时，$\dot{U}_{\mathrm{fa}} = 1.5\dot{E}_{\mathrm{a}}$。

即对于中性点不接地系统，非故障相电压升高最多，为正常电压的 1.5 倍，但仍小于单相接地时电压的升高。

图 8-21 所示为故障处短路电流及电压的相量图。其电流相量图与单相接地时电压相量图类似；其电压相量图则与单相接地时电流相量图类似。

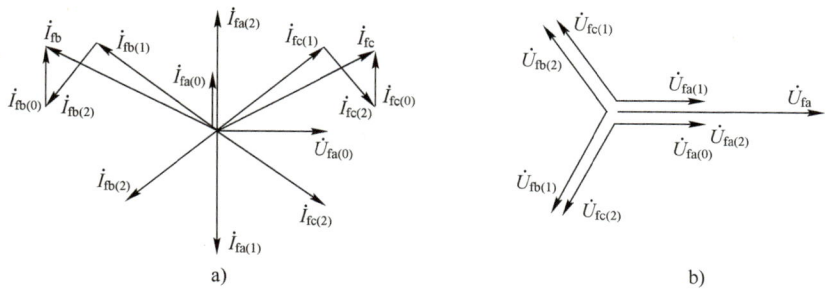

图 8-21 两相短路接地故障处相量图
a）电流相量图 b）电压相量图

假定 b、c 两相短路后经 Z_f 接地，如图 8-22a 所示。则故障点的边界条件为

$$\dot{I}_{fa}=0; \quad \dot{U}_{fb}=\dot{U}_{fc}=(\dot{I}_{fb}+\dot{I}_{fc})Z_f \tag{8-55}$$

由 $\dot{I}_{fa}=0$ 及 $\dot{U}_{fb}=\dot{U}_{fc}$，可得各序分量关系为

$$\dot{I}_{f(1)}+\dot{I}_{f(2)}+\dot{I}_{f(0)}=0; \quad \dot{U}_{f(1)}=\dot{U}_{f(2)}$$

另由 $\dot{U}_{fb}=(\dot{I}_{fb}+\dot{I}_{fc})Z_f$ 可得

$$\dot{U}_{fb}=\alpha^2\dot{U}_{f(1)}+\alpha\dot{U}_{f(2)}+\dot{U}_{f(0)}=(\alpha^2+\alpha)\dot{U}_{f(1)}+\dot{U}_{f(0)}$$
$$=-\dot{U}_{f(1)}+\dot{U}_{f(0)}=3\dot{I}_{f(0)}Z_f$$

总的边界条件为

$$\dot{I}_{f(1)}+\dot{I}_{f(2)}+\dot{I}_{f(0)}=0; \quad \dot{U}_{f(1)}=\dot{U}_{f(2)}=\dot{U}_{f(0)}-3\dot{I}_{f(0)}Z_f \tag{8-56}$$

其复合序网如图 8-22b 所示，即零序网络串联 $3Z_f$ 后在短路点和正序、负序网并联。这是不难理解的，因为 Z_f 上只有 3 倍零序电流流过形成的电压降 $3\dot{I}_{f(0)}Z_f$。

在两相短路经阻抗接地的计算中，仍可用式（8-47）~式（8-53）来计算电流，但只需将其中 $Z_{\Sigma(0)}$ 代之以 $Z_{\Sigma(0)}+3Z_f$。

电压计算公式为

$$\dot{U}_{fa}=\dot{U}_{f(1)}+\dot{U}_{f(2)}+\dot{U}_{f(0)}$$
$$=2\dot{I}_{f(1)}\frac{Z_{\Sigma(2)}(Z_{\Sigma(0)}+3Z_f)}{Z_{\Sigma(2)}+Z_{\Sigma(0)}+3Z_f}+\dot{I}_{f(1)}\frac{Z_{\Sigma(2)}Z_{\Sigma(0)}}{Z_{\Sigma(2)}+Z_{\Sigma(0)}+3Z_f}$$
$$=3\dot{I}_{f(1)}\frac{Z_{\Sigma(2)}(Z_{\Sigma(0)}+2Z_f)}{Z_{\Sigma(2)}+Z_{\Sigma(0)}+3Z_f} \tag{8-57}$$

$$\dot{U}_{fb}=\dot{U}_{fc}=3\dot{I}_{f(0)}Z_f=-3\dot{I}_{f(1)}\frac{Z_{\Sigma(2)}Z_f}{Z_{\Sigma(2)}+Z_{\Sigma(0)}+3Z_f} \tag{8-58}$$

4. 正序增广网络（正序等效定则）的应用

综合上面讨论的三种不对称短路电流的分析结果，可以看出这三种情况下短路电流的正序分量的计算式（8-25）、式（8-35）、式（8-44）和三相短路电流 $\dot{E}_a/Z_{\Sigma(1)}$ 在形式上很相

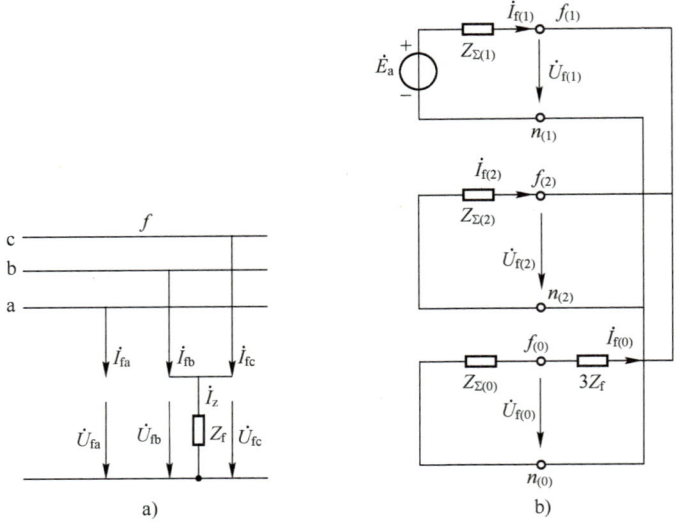

图 8-22 两相短路经阻抗接地
a) 两相短路经阻抗接地 b) 两相短路经阻抗接地复合序网

似，只是阻抗为 $Z_{\Sigma(1)}+Z_\Delta$，Z_Δ 是附加阻抗。在单相短路时附加阻抗为 $Z_{\Sigma(2)}$ 和 $Z_{\Sigma(0)}$（或 $Z_{\Sigma(0)}+3Z_f$）的串联；两相短路时附加阻抗为 $Z_{\Sigma(2)}$（或 $Z_{\Sigma(2)}+Z_f$）；两相短路接地时为 $Z_{\Sigma(2)}$ 和 $Z_{\Sigma(0)}$（或 $Z_{\Sigma(0)}+3Z_f$）的并联。这些结论也可直接从复合序网图观察到。因此，对于任一种不对称短路，其短路电流的正序分量可以利用图 8-23 所示的正序增广网络计算。

由式（8-25）、式（8-41）、式（8-49）可看出，故障相短路电流的值和正序分量有一定关系。因此，可以归纳得出下面的公式：

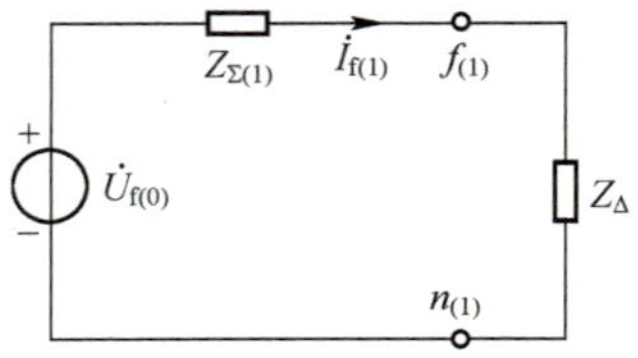

$$\begin{cases} \dot{I}_{f(1)}=\dfrac{\dot{E}_a}{Z_{\Sigma(1)}+Z_\Delta} \\ I_f = M I_{f(1)} \end{cases} \quad (8\text{-}59)$$

图 8-23 正序增广网络

式中，Z_Δ 为正序增广网络中附加阻抗；M 为故障相短路电流对正序分量的倍数。表 8-3 列出了各种短路时 Z_Δ 和 M 的值，对于两相短路接地，表中的 M 值只适用于纯电抗的情况。

表 8-3 各种短路时的 Z_Δ 和 M

短路种类	Z_Δ	M
三相短路	0	1
单相短路	$Z_{\Sigma(2)}+(Z_{\Sigma(0)}+3Z_f)$	3
两相短路	$Z_{\Sigma(2)}+Z_f$	$\sqrt{3}$
两相短路接地	$\dfrac{Z_{\Sigma(2)}(Z_{\Sigma(0)}+3Z_f)}{Z_{\Sigma(2)}+Z_{\Sigma(0)}+3Z_f}$	$\sqrt{3}\sqrt{1-\dfrac{X_{\Sigma(2)}(X_{\Sigma(0)}+3X_f)}{(X_{\Sigma(2)}+X_{\Sigma(0)}+3X_f)^2}}$

5. 应用运算曲线求故障处正序短路电流

前面介绍的方法只能用来计算 $t=0$ 时刻的短路电流。如果要求计算任意时刻的电流

（电压），可以应用运算曲线。如前所述，在各种不对称短路时，故障处的正序电流相当于故障点 f 经过阻抗 Z_Δ 后发生三相短路时的短路电流（显然是正序的）。因此，可以在正序网络中的故障点 f 上接一附加阻抗 Z_Δ，然后应用运算曲线求得在经过 Z_Δ 后发生三相短路时任意时刻的电流，即为 f 点不对称短路时的正序电流。Z_Δ 必须通过负序和零序网络化简后才能求得。求得正序电流后的其他计算步骤则与前述的完全相同。

例 8-2 对例 8-1 的输电系统，试计算 f 点发生各种不对称短路时的短路电流。

解： 在例 8-1 的计算基础上，再计算出各种不同类型短路时的附加电抗 X_Δ 和 M，即能确定短路电流。

对于单相短路

$$X_\Delta^{(1)} = X_{\Sigma(2)} + X_{\Sigma(0)} = 0.44 + 0.78 = 1.22, \quad M^{(1)} = 3$$

115 kV 侧的基准电流为

$$I_B = \frac{120}{\sqrt{3} \times 115} \text{kA} = 0.6 \text{ kA}$$

因此，单相短路时：

$$I_{fa(1)}^{(1)} = \frac{U_f^{(0)}}{X_{\Sigma(1)} + x_\Delta^{(1)}} I_B = \frac{0.95}{0.83 + 1.22} \times 0.6 \text{ kA} = 0.28 \text{ kA}$$

$$I_f^{(1)} = M^{(1)} I_{fa(1)}^{(1)} = 3 \times 0.28 \text{ kA} = 0.84 \text{ kA}$$

对于两相短路：

$$X_\Delta^{(2)} = X_{\Sigma(2)} = 0.44, \quad M^{(2)} = \sqrt{3}$$

$$I_{fa(1)}^{(2)} = \frac{U_f^{(0)}}{X_{\Sigma(1)} + X_\Delta^{(2)}} I_B = \frac{0.95}{0.83 + 0.44} \times 0.6 \text{ kA} = 0.45 \text{ kA}$$

$$I_f^{(2)} = M^{(2)} I_{fa(1)}^{(2)} = \sqrt{3} \times 0.45 \text{ kA} = 0.78 \text{ kA}$$

对于两相短路接地：

$$X_\Delta^{(1,1)} = X_{\Sigma(2)} // X_{\Sigma(0)} = 0.44 // 0.78 = 0.28$$

$$M^{(1,1)} = \sqrt{3} \times \sqrt{1 - [X_{\Sigma(2)} X_{\Sigma(0)} / (X_{\Sigma(2)} + X_{\Sigma(0)})^2]}$$

$$= \sqrt{3} \times \sqrt{1 - [0.44 \times 0.78 / (0.44 + 0.78)^2]} = 1.52$$

$$I_{fa(1)}^{(1,1)} = \frac{U_f^{(0)}}{X_{\Sigma(1)} + X_\Delta^{(1,1)}} I_B = \frac{0.95}{0.83 + 0.28} \times 0.6 \text{ kA} = 0.51 \text{ kA}$$

$$I_f^{(1,1)} = M^{(1,1)} I_{fa(1)}^{(1,1)} = 1.52 \times 0.51 \text{ kA} = 0.78 \text{ kA}$$

8.3.2 非故障处的电流与电压计算

前面的分析只解决了不对称短路时故障处短路电流和电压的计算。若要分析计算网络中任意处的电流和电压，必须先在各序网中求得该处电流和电压的各序分量，然后再合成为三相电流和电压。非故障处电流、电压一般是不满足边界条件的。

1. 计算各序网中任意处各序电流、电压

通过复合序网求得从故障点流出的 $\dot{I}_{f(1)}$、$\dot{I}_{f(2)}$、$\dot{I}_{f(0)}$ 后，可以进而计算各序网中任一处的各序电流、电压。

对于正序网络，由于故障处 $\dot{I}_{f(1)}$ 已知，根据叠加原理可将正序网络分解成正常情况和故障分量两部分，如图 8-24 所示。在近似计算中，正常运行情况作为空载运行。故障分量的计算比较简单，因为网络中只有节点电流 $\dot{I}_{f(1)}$，由它可求得网络各节点电压以及电流分布。

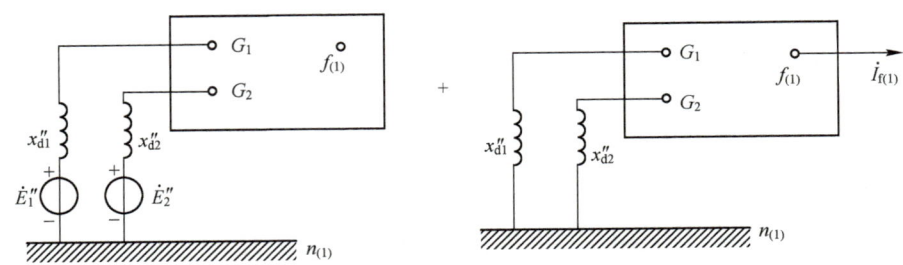

图 8-24 正序网络分解为正常情况和故障分量

对于负序和零序网络，因为没有电源，故只有故障分量。即在网络中只有故障点有节点电流，与正序故障分量一样，可以方便地求得网络中任一节点电压和任一支路电流。

任一节点电压的各序分量为

$$\begin{cases} \dot{U}_{i(1)} = \dot{E}_i - Z_{if(1)} \dot{I}_{f(1)} \\ \dot{U}_{i(2)} = -Z_{if(2)} \dot{I}_{f(2)} \\ \dot{U}_{i(0)} = -Z_{if(0)} \dot{I}_{f(0)} \end{cases} \quad (8-60)$$

式中，$\dot{E}_i$ 为正常运行时该点的电压；Z_{if} 为各序网阻抗矩阵中与故障点 f 相关的一列元素。

任一支路电流的各序分量为

$$\begin{cases} \dot{I}_{ij(1)} = \dfrac{\dot{U}_{i(1)} - \dot{U}_{j(1)}}{Z_{ij(1)}} \\ \dot{I}_{ij(2)} = \dfrac{\dot{U}_{i(2)} - \dot{U}_{j(2)}}{Z_{ij(2)}} \\ \dot{I}_{ij(0)} = \dfrac{\dot{U}_{i(0)} - \dot{U}_{j(0)}}{Z_{ij(0)}} \end{cases} \quad (8-61)$$

各序分量的电压、电流，按后面将要介绍的对称分量经变压器变换适当相位后，即可合成得到该处的相电压和电流。

图 8-25 所示为一单电源系统在各种不同类型短路时，各序电压有效值的分布情况。从各序网络中可以看出，这种电压分布具有普遍性。

1) 越靠近电源正序电压数值越高，越靠近短路点正序电压数值就越低。三相短路时，短路点电压为零，系统其他各点电压降低最严重；两相短路接地时正序电压降低的情况仅次于三相短路；单相接地时正序电压值降低最少。

2) 越靠近短路点负序和零序电压的有效值越高，这相当于在短路点有个负序和零序的电源。越远离短路点，负序和零序电压数值就越低。在发电机中性点上负序电压为零。

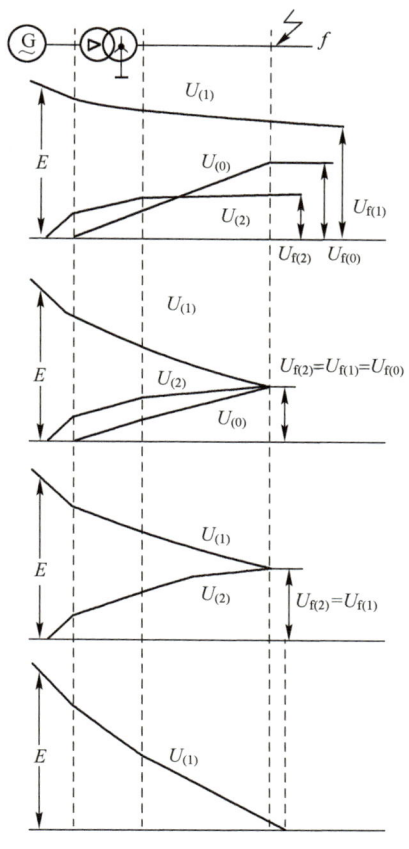

图 8-25 各种不同类型短路时，各序电压分布规律

2. 对称分量经变压器后的相位变化

各序网图是将三相等效为星形联结的一相等效电路图。如果待求电流（或电压）的某支路（或节点）与短路点之间的变压器均为 Y/Y-12 联结，则从各序网求得的该支路（或节点）的正、负序和零序电流（若可能流通）或电压，就是该支路（或节点）的实际的各序电流（或电压），而不必转相位。应用这些序分量即可合成得到各相电流和电压。图 8-26 表明了 Y/Y-12 变压器在正序和负序情况下两侧电压均为同相位。显然，两侧电流相量也是同相位的。

若待计算处与短路点间有 Y/D 联结的变压器，则从各序网求得的该处正、负序电流，电压必须分别转动不同的相位才是该处的实际各序分量。应用实际的正、负序电流，电压才能合成得到该处的各相电流和电压。

对于图 8-27 所示的 Y/D-11 变压器，其两侧正序电压相位关系如图 8-28a 所示；两侧负序电压相位关系则如图 8-28b 所示。可用如下的关系式表达：

$$\dot{U}_{a(1)} = \dot{U}_{A(1)} e^{j30°} = \dot{U}_{A(1)} e^{-j330°}$$
$$\dot{U}_{a(2)} = \dot{U}_{A(2)} e^{-j30°} = \dot{U}_{A(2)} e^{j330°}$$
(8-62)

即对于正序分量三角形侧电压较星形侧超前 30°（即 11 点钟）或落后 330°，对于负序分量则正好相反，即落后 30°或超前 330°。

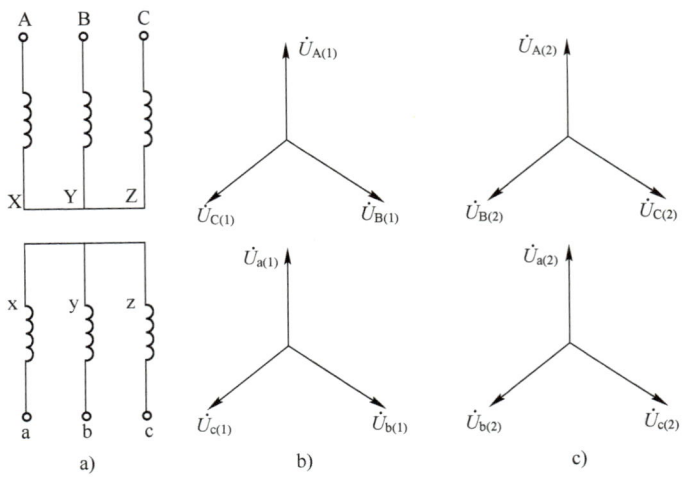

图 8-26 Y/Y-12 变压器两侧电压相量
a) 联结方式　b) 正序分量　c) 负序分量

显然，电流也有相同的关系，即

$$\dot{I}_{a(1)} = \dot{I}_{A(1)} e^{j30°} = \dot{I}_{A(1)} e^{-j330°} \tag{8-63}$$

$$\dot{I}_{a2} = \dot{I}_{A(2)} e^{-j30°} = \dot{I}_{A(2)} e^{j330°}$$

电流和电压转相同的相位是不难理解的，因为两侧功率相等，则功率因数角必须相等。

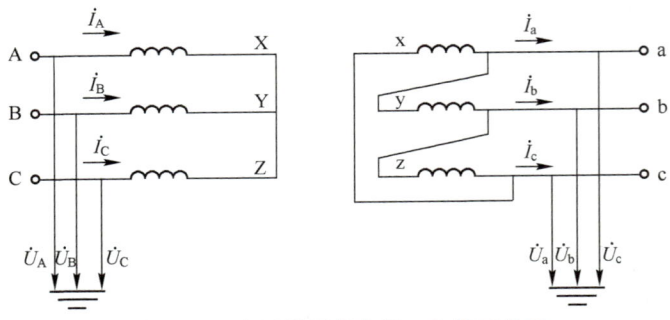

图 8-27 变压器两侧电压、电流示意图

对于 Y/D 的其他不同联结方式，若表示为 Y/D-k（k 为正序时三角形侧电压相量作为短时针所代表的钟点数），则式（8-62）可以推广为

> ※一点讨论
>
> 不对称短路计算步骤总结如下：
> 1) 根据故障类型，画出相应序网。
> 2) 计算系统对短路点的正序、负序、零序等效电抗。
> 3) 计算附加电抗。
> 4) 计算短路点的正序电流和故障相电流。
> 5) 最终求得其他参数。

> 补充：小接地电流系统在单相接地时，非故障相电压会变成原来的$\sqrt{3}$倍，若超过耐压值，则易产生对地击穿现象。并且，电力系统长时间带故障运行极易产生弧光接地，导致两相接地故障，扩大故障范围。

$$\begin{cases} \dot{U}_{a(1)} = \dot{U}_{A(1)} e^{-jk \times 30°} \\ \dot{U}_{a(2)} = \dot{U}_{A(2)} e^{jk \times 30°} \end{cases} \quad (8-64)$$

电流关系式为

$$\begin{cases} \dot{I}_{a(1)} = \dot{I}_{A(1)} e^{-jk \times 30°} \\ \dot{I}_{a(2)} = \dot{I}_{A(2)} e^{jk \times 30°} \end{cases} \quad (8-65)$$

零序电流不可能经 Y/D 联结的变压器流出，所以不存在转相位问题。

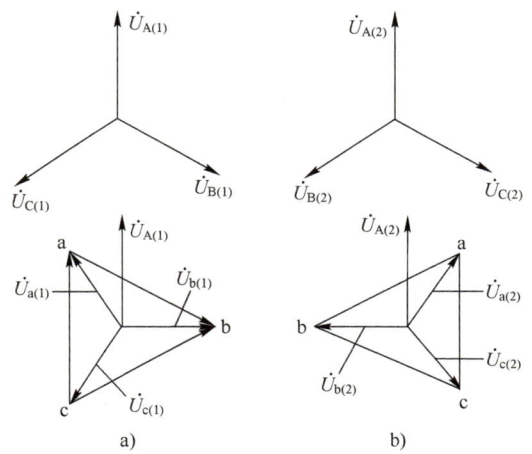

图 8-28 Y/D-11 变压器两侧电压对称分量的相位关系
a）两侧正序电压相位关系 b）两侧负序电压相位关系

8.4 不对称故障分析知识拓展

8.4.1 不对称故障分析发展综述

电力系统中不对称故障的比例远高于对称故障。不对称故障时系统电气量的计算往往也比对称故障时更加复杂。本章介绍的对称分量法能有效地在对称参数的三相交流系统中分析电力系统不对称故障，并求解系统在故障时的电压、电流相量。然而，实际电力系统的情况会更加复杂，如需精确计算相关电气量，该方法的有效性仍需进一步探讨。

（1）对称分量法的假设条件和应用范围探讨

1）假设一：对称参数。

三相元件中往往存在相间互感、互容等参数，因此每一相的电气量都将受到另外两相电气量的影响（三相耦合）。在真实系统中的三相元件参数往往不完全对称，因此用对称分量法不能完全进行解耦,从而引起计算误差。例如,输电线路三相导线空间排列的几何位置不对称,以及线路不完全换位等因素均会导致三相参数不对称。三相解耦问题的本质为矩阵的特征值分解问题,在相量域中往往能够找到某个特定的解耦矩阵使其完全解耦,从而提升计算精度;但在不对称故障情况下,其对应的复合序网也将更加复杂。

2)假设二:三相系统。

由于输电走廊空间的限制,目前电力系统中大量的超/特高压输电线路采用同杆塔架设多回输电线路(每回线路为三相)的方式。然而,多回线路之间存在互感、互容等参数,其参数矩阵的维度由 3×3 变为 $3N×3N$(N 为线路回数),不对称故障的类型也更加多样。为了分析该系统中的不对称故障,可近似认为每回线路之间仅存在零序参数而不存在正序、负序参数,通过建立多回线路的复合序网求解系统电气量。另外,多回线路的参数不对称也会导致计算误差。该问题可以通过矩阵理论等数学工具得以一定程度的解决。

3)假设三:相量法求解电路的基本假设。

对称分量法通过构建系统相量域的复合序网,求解故障时系统电压、电流相量。然而,故障时真实的电压、电流波形非常复杂,尤其在故障开始的几个周波内,波形中存在丰富的暂态过程(非正弦、宽频、暂态),不满足相量法的基本假设(正弦、单频、稳态)。因此,对称分量法求解的系统仅仅是故障系统达到稳态后的电气量。为了准确求解故障时的暂态波形,可以通过构建系统的时域模型求解系统的电压、电流;但此时系统满足的方程一般为矩阵形式的常微分方程或偏微分方程,求解较复杂。

(2)当代电力系统不对称故障分析几个问题的探讨

1)问题一:高比例新能源接入的电力系统。

由于新能源(风能、太阳能)发电方式的间歇性特点,目前新能源往往通过电力电子接口与电力系统相连。高比例新能源接入的电力系统在故障发生时具有以下新特点。首先,系统的整体惯性降低,导致系统在故障时电气量的暂态特性更加复杂(2019 年 8 月英国大停电事故即是由大量新能源接入、系统惯性降低导致的)。其次,故障时短路电流以及电源等效内阻等受新能源控制方式影响。因此,需要充分考虑系统低惯性特点,将控制方式等引入新能源的动态物理模型,进而精确求解系统电气量。

2)问题二:交直流混联的电力系统。

交直流混联的电力系统不对称故障具有以下特点。首先,针对直流输电线路自身不对称故障,由于其往往为双极(非三相)直流(非交流)系统,同时系统控制方式复杂,因此无法采用已有的对称分量法求解。其次,交流、直流系统的故障互相影响,其机理复杂。为了解决以上问题,需要建立直流系统等效电源以及直流线路精确物理模型,通过建立时域方程求解直流故障时的电气量。另外,需要深入研究交直流故障相互影响的机理,构建统一考虑交直流系统的物理模型。

(刘宇,上海科技大学)

8.4.2 不对称故障分析工程应用

1. 在风力发电中的应用

风能作为一种清洁的可再生能源,越来越受到世界各国的重视。其蕴量巨大,全球的风能约为 $2.74×10^9$ MW,其中可利用的风能为 $2×10^7$ MW,比地球上可开发利用的水能总量还要大 10 倍。风力发电机组作为将风能转为电能的装置，它的发展得到了各个国家越来越多的重视。按照风力发电机组旋转轴承的排布方式可分为水平轴和垂直轴两种类型，按照风力发电机组电能送出方式分为双馈型和直驱型。本小节以水平轴双馈风力发电机组变频器为例介绍对称分量分析在无功功率补偿中的应用。

（1）变频器的结构与作用

近年来随着新能源在电网系统的占比逐年增大，尤其是我国风力发电机已连续五年领跑全球，为了维护电网系统的运行稳定性，电网对并网型风力发电机组的运行可靠性要求越来越高，尤其是在电网发生电网故障的情况下要求风力发电机组保持一定时间的并网输出能力，能量电网提供一定容量的无功功率和有功功率的支持，维修电网的稳定运行。

风力发电的变频器是连接电网和发电机的关键设备，分为机侧模块和网侧模块。在电网不对称故障时，由于变频器网侧部分直接与电网相连，因此在变频器网侧模块控制部分需要增加电网电压对称分量分解环节，从不对称的电压、电流采样中提取正序分量来进行无功功率和有功功率的计算和调节。

（2）变频器的控制逻辑

如图 8-29 所示，变频器通过电压、电流传感器实时采集电网的三相电压 u_{abc}、电流 i_{abc}，将采样得到的数据输入对称分量分解，得到电网电压正序分量 u_{abc}^+ 和电流正序分量 i_{abc}^+，通过对正序分量进行 3/2 变换（即 Clark 变换），得到电压 $u_{\alpha\beta}$ 和电流 $i_{\alpha\beta}$，将其中的电压 $u_{\alpha\beta}$ 通过电网电压和相位计算模块得到电压幅值 u_d 和相位 θ_e，以及直流母线电压、无功功率和电流 $i_{\alpha\beta}$ 一同送入网侧变频器矢量控制模型，实现了在电网电压发生不对称故障时，风力发电机组的稳定持续输出无功功率和有功功率，维持了电网的可靠运行。

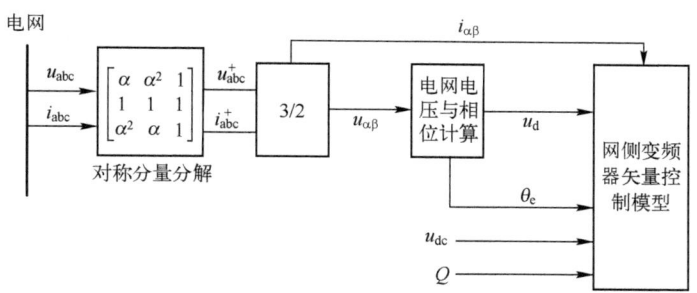

图 8-29　网侧变频器控制逻辑框图

由此可见，对称分量分析技术是变频器实现电网不对称故障情况下稳定运行的基础技术。

2. 在无功功率补偿中的应用

（1）无功功率与无功功率补偿

电网输出的功率包括两部分：一是有功功率，直接消耗电能，把电能转变为机械能、热能、化学能或声能，利用这些能做功，这部分功率称为有功功率；二是无功功率，消耗电能，但只是把电能转换为另一种形式的能，这种能作为电气设备能够做功的必备条件，并且，这种能是在电网中与电能进行周期性转换，这部分功率称为无功功率（如电磁元件建立磁场占用的电能，电容器建立电场所占的电能）。

随着电力电子装置的广泛使用，电力系统的谐波和不对称问题日益严重，若不加以抑制,将严重威胁电力系统设备和负载的安全运行,甚至会导致输电网、配电网的瘫痪。为了维持电力系统的稳定运行和可持续发展,就有必要在电力系统中安装适当的无功功率补偿设备,起到提高电网的功率因数,降低供电变压器及输送线路的损耗,提高供电效率,改善电网电压、电流不平衡和最大限度地减少电网谐波的作用。

(2) 无功功率补偿技术的发展

无功功率补偿技术的发展经历了同步调相机、开关投切固定电容、静止无功功率补偿器(SVC)和静止无功功率发生器 SVG(STATCOM)四个发展阶段。其中静止无功功率补偿器又分为自饱和电抗器型(SSR)、晶闸管相控电抗器型(TCR)、晶闸管投切电容器型(TSC)、高阻抗变压器型(TCT)和励磁控制的电抗器型(AR)。随着电力电子技术,特别是大功率可关断器件技术的发展和日益完善,静止无功功率发生器 SVG 凭借着其优越的性能特点,在电力系统中的应用将越来越广泛。

(3) 对称分量分析在无功功率补偿中的应用

静止无功发生器 SVG 对不对称负载的补偿控制与上一小节介绍的风力发电机组中变频器的应用有异曲同工之妙。

通常理想情况下,升压站送出电力系统中电压的不对称度很小,此时系统的电压、电流幅值相等,相位互差 120°,运用瞬时功率理论的概念基于电压、电流瞬时采样值计算出系统的瞬时无功功率。SVG 控制数学模型依据实际无功功率测量值与理论无功功率需求值产生控制信号,控制静止无功发生器的晶闸管触发延迟角,实现设备接入系统的等效电纳按控制规律变化,补偿装置产生相应的无功功率补偿电力系统过剩/欠缺的无功功率,以维持系统电压在电网要求的范围内波动。

实际运行过程中,由于电力系统接入负载的复杂性,升压站送出电力系统常存在电压不对称和高次谐波的问题,这时,按照电压、电流对称情况下进行无功功率的计算,得到无功功率计算值是含有交流分量的数值。可见此时计算得到的无功功率数值含有正序分量计算部分、负序分量计算部分和交流分量。为了改善电力系统不对称程度,需要静止无功功率发生器产生相应的无功功率负序分量进行精确地补偿。

静止无功功率发生器的控制采样系统将采集得到的电压、电流信号首先进行对称分量分解分析,得到电压正序分量和负序分量、电流正序分量和负序分量。依据国家对系统电压不平衡度的要求和电网电压波动范围的要求,会得出为了补偿电力系统电压不平衡和电压偏差所需的无功功率数值。SVG 控制数学模型依据无功功率测量数值和需求数值,产生信号控制静止无功功率发生器的晶闸管触发延迟角,实现设备接入系统的等效电纳按控制规律变化,补偿装置产生相应的正序无功功率和负序无功功率以补偿电力系统电压不平衡和电压偏差。

对称分量法是分析电力系统不对称故障的有效方法。在三相参数对称的线性电路中,各序对称分量具有独立性。

(何志强,中车株洲电力机车研究所有限公司)

小　　结

对称分量法是分析电力系统不对称故障的有效方法。在三相参数对称的线性电路中,各序对称分量具有独立性。

电力系统的等效电路中，对于电力线路，根据线路单位长度的电阻 r、电抗 x 和电纳 b，制定 π 形等效电路。对于发电机、变压器、电抗器，根据制造厂已提供的各种技术数据，可求取等效电路中各参数。

对于三绕组变压器，要了解三个绕组的容量比，对于绕组容量不等的变压器，如果给出的负载损耗和阻抗电压尚未折算为变压器额定容量下的值，先要进行折算，并将折算值分配给各个绕组，然后再按有关公式计算各绕组的电阻和电抗。

对于各种不对称短路，可以用两种方法求出故障处的各序电流和电压，从而求出故障电流和电压。第一种方法是对短路点列写各序网络的电动势方程，根据不对称短路的不同类型列写边界条件方程，联立求解这些方程就可求得短路点电压和电流的各序分量。另一种有效的方法是，根据故障边界条件组成复合序网，根据复合序网，求解各序分量。

根据正序电流的表达式，可以归纳出正序等效定则，即不对称短路时，短路点正序电流与在短路点每相加入附加电抗而发生三相短路时的电流相等。

为了计算网络中不同节点的各相电压和不同支路的各相电流，应先确定电流和电压的各序分量在网络中的分布。在将各序量组合成各相量时，特别要注意正序和负序对称分量经过 Y/D 联结的变压器时要改变相位。

第 8 章
部分知识点动画
讲解（1）

第 8 章
部分知识点动画
讲解（2）

第 8 章
部分知识点动画
讲解（3）

习　　题

8-1　试写出将三相不对称相量转换成正序、负序、零序分量所用的对称分量变换矩阵。

8-2　电力网络接线如图 8-30 所示，画出零序网络。

8-3　电力网络接线如图 8-31 所示，画出零序网络。

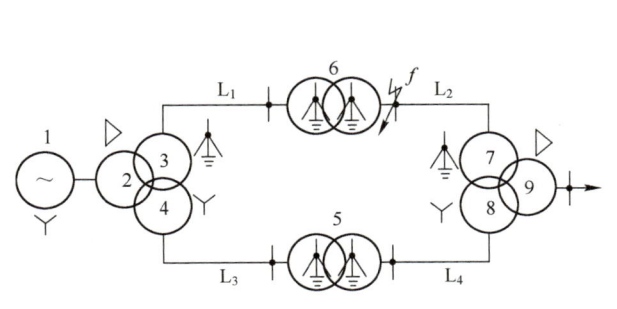

图 8-30　习题 8-2 图

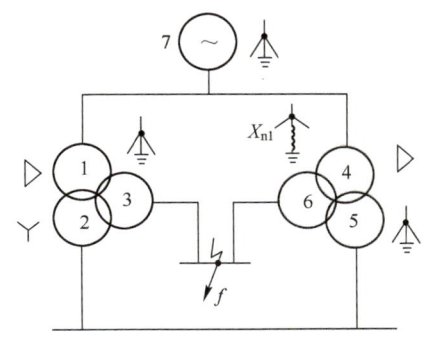

图 8-31　习题 8-3 图

8-4 试写出 a 相发生单相接地短路，其边界条件和对称分量形式（省略下标 a）。

8-5 试写出发生两相短路（a 相为特殊相，b、c 相短路）的边界条件和对称分量形式。

8-6 输电系统如图 8-32 所示，在 f 点发生接地短路，试绘出各序网络，并计算电源的组合电动势 E_Σ 和各序组合电抗 $X_{1\Sigma}$、$X_{2\Sigma}$ 和 $X_{0\Sigma}$。

已知系统各元件参数如下。

发电机 G：50 MW，$\cos\varphi = 0.8$，$X''_d = 0.15$，$X_2 = 0.18$，$E_1 = 1.08$。

变压器 T_1、T_2：60 MV·A，$U_S\% = 10.5$，中性点接地阻抗 $x_n = 22\,\Omega$。

负荷：$X_{LD1} = 1.2$，$X_{LD2} = 0.35$。

线路 L：50 km，$x_1 = 0.4\,\Omega/\text{km}$，$x_0 = 3x_1$。

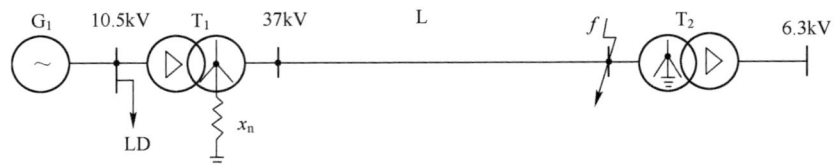

图 8-32 习题 8-6 图

8-7 电力网络接线如图 8-33 所示。当在 f 点发生 a 相短路时，求短路起始瞬间故障处的各序电气量及其各相量。

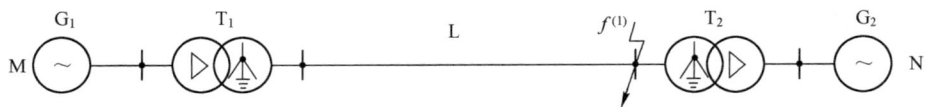

图 8-33 习题 8-7 图

各元件参数如下。

G_1：62.5 MV·A，10.5 kV，$x''_d = 0.125$，$x_2 = 0.16$，$E''_M = 11$ kV。

G_2：31.5 MV·A，10.5 kV，$x''_d = 0.125$，$x_2 = 0.16$，$E''_N = 10.5$ kV。

T_1：60 MV·A，10.5/121 kV，$U_K\% = 10.5$。

T_2：31.5 MV·A，10.5/121 kV，$U_K\% = 10.5$。

L：$x_1 = x_2 = 0.4\,\Omega/\text{km}$，$x_0 = 2x_1$，$L = 40$ km。

8-8 系统接线如图 8-34 所示，变压器采用 Y_0/D-11 联结方式，各元件标幺值参数标于图中，当高压母线上 f 点发生两相接地短路时，试求：

（1）计算短路点 f 处 a 相的电流、电压序分量。

（2）计算变压器低压侧各相短路电流和电压值。

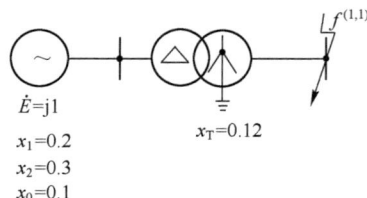

图 8-34 习题 8-8 图

第 9 章　电力系统静态稳定性

> 用粉笔画一条线，1 美元；知道把线画在电机的哪个部位，要 9999 美元。——施泰因梅茨

本章要点：

- 掌握电力系统静态稳定性的基本概念。
- 掌握小扰动分析法并能应用小扰动分析法分析电力系统静态稳定性。
- 掌握提高电力系统静态稳定性的措施。

第 9 章导学

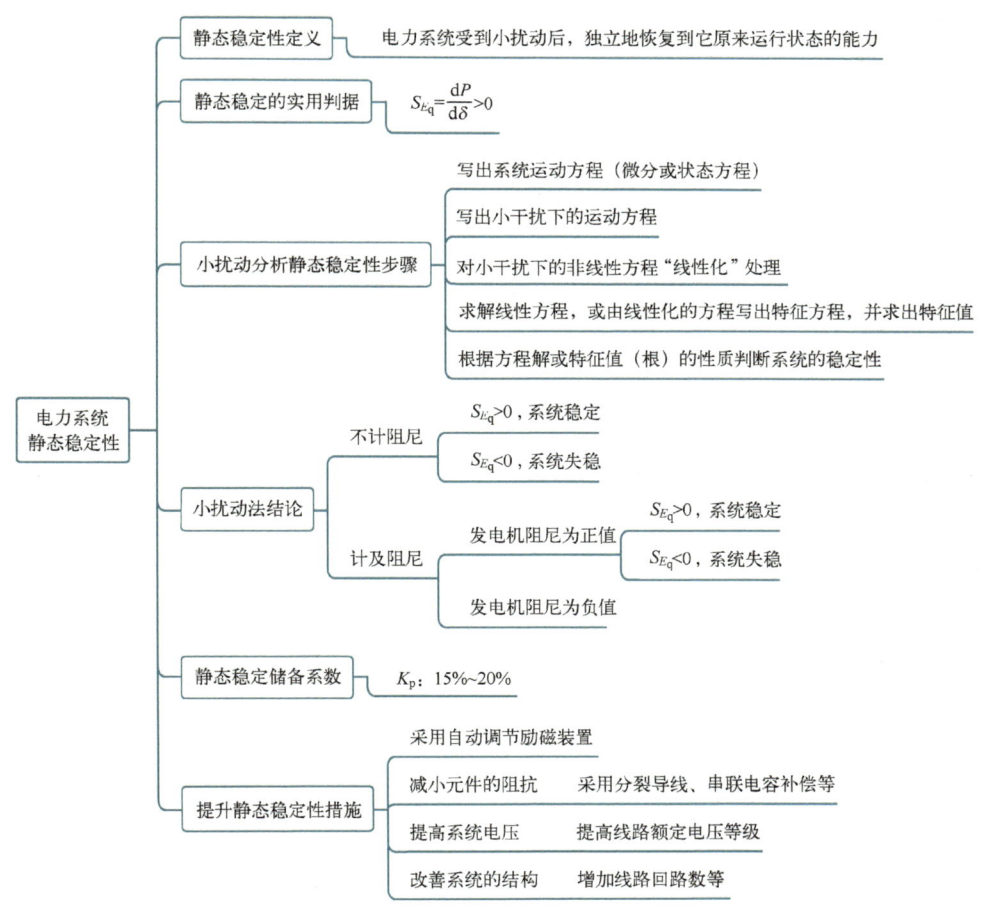

本章学科史:

电力系统静态稳定性的发展历程如下。

1920 年,电力系统稳定性作为一个重要研究方向第一次被提出。早期的稳定问题主要是由水电站经长距离输电线向大城市负荷中心供电产生的。因为经济的原因,这样的系统运行于接近其静稳定极限。在极少数情况下,系统是在稳态运行时发生不稳定,而在短路和其他扰动下发生不稳定则是更为频繁。稳定问题是同步转矩不足的结果,因而受输电系统强度的影响很大。早期故障切除时间很慢,为 0.5~2 s 或更长。

出生于德国的美籍电气工程师施泰因梅茨曾在 1920 年发表了一篇重要论文 "发电站的功率控制和稳定性",这是电力系统稳定性问题首次被作为电力发展中的研究方向。随后一些小型系统稳定性实验一直在不断进行。1924 年,埃文斯和贝格沃尔根据小型系统稳定性实验研究成果发表了相关论文 "稳定性和功率极限的实验分析",论文阐述了一种检测电压和功率稳定极限的方法,并用于一段 500 英里的线路稳定性计算中。

由于分析的方法和所用的模型受限于计算工具和动态系统稳定理论的开发,使用的是计算尺和机械计算器,因而模型和分析方法必须简单。因此静态稳定和暂态稳定被分开处理。其中前者与功角曲线的斜率和峰值有关,而且理所当然地认为阻尼为正。

20 世纪 20~30 年代,随着电力系统逐步发展,独立系统之间互联在经济上越发具有吸引力,因而稳定问题的复杂性也就增加了,系统不能再被看作是两机系统。改善稳定计算的重要一步是 1930 年网络分析仪的开发。网络分析仪本质上是一个缩小的交流电力系统模型,它由可调节的电阻器、电抗器和电容器来模拟输电网和负荷,幅值和角度可调的电压源来模拟发电机,以及电表来测量网络中的电压、电流和功率。这一进展适用于多机系统的潮流分析,然而运动方程或称为摇摆方程仍需采用手工计算的分步数字积分法。20 世纪 20 年代和 30 年代早期的理论工作奠定了工业界对电力系统稳定现象基本理解的基础。早期的重要发展和电力系统稳定知识来自于对长距离输电研究的结果,而不是同步电机理论的扩展。对电力网络的计算倾向于将发电机视为固定电抗后的简单电压源,负荷视为恒定阻抗,这在实际上是必要的,因为当时的计算工具只适合于求解代数方程而不适合于求解微分方程。

20 世纪 50 年代,电子模拟计算机被用于稳定性的分析,同时数字计算机也在研制中。1956 年,电力系统稳定性的数字计算程序开始用于稳定性的分析计算。

9.1 简单电力系统的静态稳定性

简单电力系统在给定的运行情况下,发电机输出的功率为 P_0,$\omega = \omega_N$;原动机的功率为 $P_{T0} = P_0$。假定:原动机的功率 $P_T = P_{T0} = P_0 =$ 常数;发电机为隐极机,且不记励磁调节器的作用和发电机各绕组的电磁暂态过程,即 $E_q = E_{q0} =$ 常数。按以下几种情况分别进行讨论。

1. 不计发电机组的阻尼作用

发电机转子运动方程为

$$\frac{d\delta}{dt} = \omega - \omega_N$$

$$\frac{d\omega}{dt} = \frac{\omega_N}{T_J}(P_{T0} - P_e) \tag{9-1}$$

发电机的电磁功率方程为

$$P_e = P_{E_q} = \frac{E_{q0}U_0}{X_{d\Sigma}}\sin\delta = P_{E_q}(\delta) \tag{9-2}$$

为消去代数方程，可将式（9-2）代入转子运动方程中，便得到简单电力系统的状态方程：

$$\begin{cases} \dfrac{d\delta}{dt} = \omega - \omega_N = f_\delta(\delta, \omega) \\ \dfrac{d\omega}{dt} = \dfrac{\omega_N}{T_J}[P_{T0} - P_{E_q}(\delta)] = f_\omega(\delta, \omega) \end{cases} \tag{9-3}$$

由于 $P_{E_q}(\delta)$ 中含有 $\sin\delta$，所以方程组是非线性的。如果扰动很小，则可以在平衡点，例如在点 a 对应的 δ_0 附近将 $P_{E_q}(\delta)$ 展开成泰勒级数，即

$$P_{E_q}(\delta) = P_{E_q}(\delta_0 + \Delta\delta) = P_{E_q}(\delta_0) + \left.\dfrac{dP_{E_q}}{d\delta}\right|_{\delta=\delta_0}\Delta\delta + \dfrac{1}{2!}\left.\dfrac{d^2P_{E_q}}{d\delta^2}\right|_{\delta=\delta_0}\Delta\delta^2 + \cdots \tag{9-4}$$

略去二次项及以上各项得到

$$\begin{aligned} P_{E_q}(\delta) &= P_{E_q}(\delta_0) + S_{E_q}\Delta\delta \\ S_{E_q} &= \left.\dfrac{dP_{E_q}}{d\delta}\right|_{\delta=\delta_0} \end{aligned} \tag{9-5}$$

因为 $P_{E_q}(\delta_0) = P_0$，所以 $S_{E_q}\Delta\delta$ 为受扰动后由功角微小偏差引起的电磁功率增量，即

$$\begin{cases} P_{E_q}(\delta) = P_{E_q}(\delta_0) + \Delta P_e \\ \Delta P_e = S_{E_q}\Delta\delta \end{cases} \tag{9-6}$$

从 ΔP_e 的表达式可以看到，略去功率偏差的二次项及以上各项，实质上是用过平衡点 a 的切线来代替原来的功率特性曲线，这就是线性化的含义。

令 $\omega = \omega_N + \Delta\omega$，于是得到小扰动方程：

$$\begin{cases} \dfrac{d\delta}{dt} = \dfrac{d(\delta_0 + \Delta\delta)}{dt} = \dfrac{d\Delta\delta}{dt} = \omega - \omega_N = \Delta\omega \\ \dfrac{d\omega}{dt} = \dfrac{d(\omega_N + \Delta\omega)}{dt} = \dfrac{d\Delta\omega}{dt} = -\dfrac{\omega_N S_{E_q}}{T_J}\Delta\delta \end{cases} \tag{9-7}$$

写成矩阵形式为

$$\begin{bmatrix} \dfrac{d\Delta\delta}{dt} \\ \dfrac{d\Delta\omega}{dt} \end{bmatrix} = \begin{bmatrix} 0 & 1 \\ -\dfrac{\omega_N S_{E_q}}{T_J} & 0 \end{bmatrix} \begin{bmatrix} \Delta\delta \\ \Delta\omega \end{bmatrix} \tag{9-8}$$

或缩记为

$$\dfrac{d\boldsymbol{x}}{dt} = \boldsymbol{A}\boldsymbol{x}, \quad \boldsymbol{x} = \begin{bmatrix} \Delta\delta & \Delta\omega \end{bmatrix}^T \tag{9-9}$$

$$\boldsymbol{A} = \begin{bmatrix} 0 & 1 \\ -\dfrac{\omega_N S_{E_q}}{T_J} & 0 \end{bmatrix} \tag{9-10}$$

为确定 A 矩阵的元素，要进行给定运行方式的潮流计算。例如，给定系统电压 U_0、发电机送到系统的功率 P_0、Q_0，算出 E_{q0}、δ_0，于是可算得

$$S_{E_q} = \frac{\mathrm{d}P_{E_q}}{\mathrm{d}\delta}\bigg|_{\delta=\delta_0} = \frac{E_{q0}U_0}{X_{d\Sigma}}\cos\delta_0 \tag{9-11}$$

求得 A 矩阵的元素后，便可对其特征值的性质做出判断。用直接求特征值的办法，由 $\det[A-pI]=0$ 可得

$$\det\begin{bmatrix} -p & 1 \\ -\dfrac{\omega_N S_{E_q}}{T_J} & -p \end{bmatrix} = p^2 + \frac{\omega_N S_{E_q}}{T_J} = 0 \tag{9-12}$$

由此解出

$$p_{1,2} = \pm\sqrt{-\frac{\omega_N S_{E_q}}{T_J}} \tag{9-13}$$

把已求得的 S_{E_q} 的值代入式（9-13），即可确定特征值 p_1、p_2，从而判断系统在给定的运行条件下是否具有静态稳定性。

以上就是用最小扰动法分析电力系统静态稳定的具体做法，对于实际的多机电力系统，只是方程的阶数较高、计算复杂一些而已。

> **※一点讨论**
>
> 工程系统大多是非线性的，包括电力系统。对于非线性动力学系统，其稳定性主要反映为微分方程组解的稳定性。当扰动很小时，非线性系统可以通过线性化手段，转化成线性系统来进行研究。根据李雅普诺夫的判断原则，若线性化方程组中的雅可比矩阵没有零值或者实部为零的特征根，则非线性系统的稳定性可以转化成线性化方程组的稳定性来决定。电力系统的静态稳定性判断主要采取以上研究思路，称为小扰动法。

需要着重指出的是，应用小扰动法，只能判断系统在给定的运行条件下是否具有静态稳定性，而不能回答稳定程度如何。但是，为了保证电力系统安全运行，人们总是希望得到与系统运行参数相联系的稳定性判断条件。也就是说，必须将特征值实部为负的判据转化为以运行参数表示的判据，以便确定所给定的运行情况的稳定程度。

从解得的 p_1、p_2 可以看到，T_J 和 ω_N 均为正数，而 S_{E_q} 则与运行情况有关。当 $S_{E_q}<0$ 时，特征值 p_1、p_2 为两个实数，其中一个为正实数。从自由振荡的解

$$\Delta\delta(t) = k_{\delta 1}\mathrm{e}^{p_1 t} + k_{\delta 2}\mathrm{e}^{p_2 t} \tag{9-14}$$

可以看到，电力系统受扰动后，功角偏差 $\Delta\delta$ 最终将以指数曲线的形式随时间不断增大，因此系统是不稳定的。这种丧失稳定的形式称为非周期性的。当 $S_{E_q}>0$ 时，特征值是一对共轭虚数：

$$p_{1,2} = \pm\mathrm{j}\beta$$
$$\beta = \sqrt{\frac{\omega_N S_{E_q}}{T_J}} \tag{9-15}$$

自由振荡的解为

$$\Delta\delta(t) = k_{\delta 1}e^{j\beta t} + k_{\delta 2}e^{-j\beta t} = (k_{\delta 1}+k_{\delta 2})\cos\beta t + j(k_{\delta 1}-k_{\delta 2})\sin\beta t \tag{9-16}$$

$\Delta\delta(t)$ 应为实数，因此，$k_{\delta 1}$ 和 $k_{\delta 2}$ 应为一对共轭复数。设 $k_{\delta 1}=A+jB$，$k_{\delta 2}=A-jB$，于是

$$\begin{cases} \Delta\delta(t) = 2A\cos\beta t - 2B\sin\beta t = k_\delta \sin(\beta t - \varphi) \\ k_\delta = 2\sqrt{A^2+B^2},\ \varphi = \arctan\dfrac{A}{B} \end{cases} \tag{9-17}$$

电力系统受扰动后，功角将在 δ_0 附近做等幅振荡。从理论上说，系统不具有渐进稳定性。但是考虑到振荡中由于摩擦等会产生能量损耗，可以认为振荡会逐渐衰减，系统是稳定的。

由以上分析可以得到简单电力系统的静态稳定判据为

$$S_{E_q} > 0 \tag{9-18}$$

由 S_{E_q} 表达式（9-11）可以看到，当系统运行参数 $\delta_0 < 90°$ 时，系统是稳定的；当 $\delta_0 > 90°$ 时，系统是不稳定的。所以用运行参数表示的稳定判据为

$$\delta_0 < 90° \tag{9-19}$$

稳定极限情况为 $S_{E_q}=0$，与此对应的稳定极限运行角为

$$\delta_{s1} = 90° \tag{9-20}$$

与此运行角对应的发电机输出的电磁功率为

$$P_{E_q s1} = \frac{E_{q0}U_0}{X_{d\Sigma}}\sin\delta_{s1} = \frac{E_{q0}U_0}{X_{d\Sigma}} = P_{E_q m} \tag{9-21}$$

这就是电力系统保持静态稳定时发电机所能输送的最大功率，把 $P_{E_q s1}$ 称为稳定极限。在上述简单电力系统中，稳定极限就等于功率极限，静态稳定的严格判据等于由概念导出的初步判据。所以，$S_{E_q}=\dfrac{dP}{d\delta}>0$ 又称为实用判据，它常被应用于简单电力系统和一些定性的分析计算中。

在稳定工作范围内，自由振荡的频率为

$$f_e = \frac{1}{2\pi}\sqrt{\frac{\omega_N S_{F_q}}{T_J}} \tag{9-22}$$

这个频率通常又称为"固有振荡频率"。它与运行情况即 S_{E_q} 有关，其变化如图 9-1 所示。固有振荡频率是与发电机转子相对运动相关联的，它决定着系统受扰动后振荡的周期。从图 9-1 中可以看到，当 $\delta = 90°$ 时，$f_e = 0$，即电力系统受扰动之后功角变化不再具有振荡的性质，因而系统将会非周期性地丧失稳定。

整步功率是指在恒定励磁、恒定频率和恒定电网电压下某一功率角对称运行时，发电机电磁功率微小增量与对应的功率角微小增量之比值。整步功率大表示发电机保持同步运行能力强。

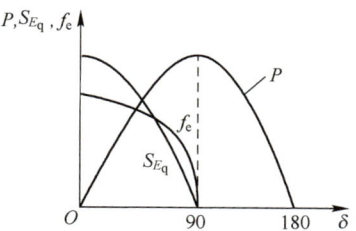

图 9-1 整步功率 S_{E_q} 及固有频率的变化

2. 计及发电机组的阻尼作用

发电机组的阻尼作用包括轴承摩擦、发电机转子与气体摩擦所产生的机械性阻尼作用，

以及由发电机转子闭合绕组所产生的电气阻尼作用，它们均与相对转速有关，要精确计算这些阻尼作用是很复杂的。为了对阻尼作用的性质有基本了解，假定阻尼作用所产生的转矩都与转速成线性关系，于是对于相对运动的阻尼转矩可表示为

$$M_D \approx P_D = D_\Sigma \Delta\omega = D_\Sigma(\omega - \omega_N) = D_\Sigma \frac{d\delta}{dt} \tag{9-23}$$

式中，D_Σ 为综合阻尼系数。

计及阻尼作用之后，发电机转子的运动方程为

$$\frac{T_J}{\omega_N}\frac{d^2\delta}{dt^2} = P_T - (P_e + P_D) = P_T - [P_{E_q}(\delta) + D_\Sigma \Delta\omega] \tag{9-24}$$

线性化的状态方程为

$$\begin{cases} \dfrac{d\Delta\delta}{dt} = \Delta\omega \\ \dfrac{d\Delta\omega}{dt} = -\dfrac{\omega_N S_{E_q}}{T_J}\Delta\delta - \dfrac{\omega_N D_\Sigma}{T_J}\Delta\omega \end{cases} \tag{9-25}$$

A 矩阵为

$$A = \begin{bmatrix} 0 & 1 \\ -\dfrac{\omega_N S_{E_q}}{T_J} & -\dfrac{\omega_N D_\Sigma}{T_J} \end{bmatrix} \tag{9-26}$$

A 矩阵的特征值为

$$p_{1,2} = -\frac{\omega_N D_\Sigma}{2T_J} \pm \sqrt{\left(\frac{\omega_N D_\Sigma}{2T_J}\right)^2 - \frac{\omega_N S_{E_q}}{T_J}} \tag{9-27}$$

下面分两种情况来讨论阻尼对稳定性的影响。

1) $D_\Sigma > 0$，即发电机组具有正阻尼作用的情况。

当 $S_{E_q} > 0$，且 $D_\Sigma^2 > 4S_{E_q}T_J/\omega_N$ 时，特征值为两个负实数，$\Delta\delta(t)$ 将单调衰减到零，系统是稳定的。通常称其为过阻尼的情况。

当 $S_{E_q} > 0$，但 $D_\Sigma^2 < 4S_{E_q}T_J/\omega_N$ 时，特征值是一对共轭复数，其实部为与 D_Σ 成正比的负数，$\Delta\delta(t)$ 将是一个衰减的振荡，系统是稳定的。

当 $S_{E_q} < 0$ 时，特征值为正、负两个实数。因此，系统是不稳定的，并且是非周期性地失去稳定。

由上可知，当 $D_\Sigma > 0$ 时，稳定判据与不计阻尼作用时的相同，仍然是 $S_{E_q} > 0$。阻尼系数 D_Σ 的大小，只影响受扰动后状态量（如 $\Delta\delta$）的衰减速度。

2) $D_\Sigma < 0$，即发电机组具有负阻尼作用的情况。在这种情况下从式（9-27）中的 $p_{1,2}$ 可以看到，不论 S_{E_q} 为何值，即不论系统运行在何种状态下，特征值的实部总是为正值，系统都是不稳定的。例如，当 $S_{E_q} > 0$，且 $D_\Sigma^2 > 4S_{E_q}T_J/\omega_N$ 时，即 $p_{1,2} = \alpha \pm j\beta$，其中 $\alpha = \left|\dfrac{\omega_N D_\Sigma}{2T_J}\right|$，$\beta^2 = \left|\left(\dfrac{\omega_N D_\Sigma}{2T_J}\right)^2 - \dfrac{\omega_N S_{E_q}}{T_J}\right|$。自由振荡的解为

$$\Delta\delta(t) = k_\delta e^{\alpha t}\sin(\beta t - \varphi) \tag{9-28}$$

这将是一个振幅不断增大的振荡。这种丧失稳定的形式，通常称为周期性地失去稳定，

有时又称为自发振荡。

定性地分析一下自发振荡的过程，以便进一步理解阻尼作用。如图 9-2a 所示，假定发电机工作在平衡点 a。如果系统受到扰动，功角变到 $\delta_{a''}$，也就是说，在扰动后瞬间，扰动的初值为 $\Delta\delta_0 = \delta_{a''} - \delta_a$，$\Delta\omega_0 = 0$。图 9-2b 是局部放大了的图。作用在发电机转子上的过剩功率为

$$\Delta P_a = P_T - P_e = P_0 - [P_{E_q}(\delta) + D_\Sigma \Delta\omega] \tag{9-29}$$

在扰动瞬间，因为 $\Delta\omega_0 = 0$，所以 $\Delta P_a = P_0 - P_{E_q}(\delta_{a''}) > 0$，过剩功率为加速性的，发电机开始加速，使 $\Delta\omega > 0$，功角开始增大。如果没有阻尼作用，根据等面积定则，发电机的工作点将沿着 P_{E_q} 曲线在面积 $f_{aa''j} + f_{ace} = 0$ 所确定的点 a'' 和点 c 之间变动，功角接近于等幅振荡。现在，由于存在负阻尼作用，当 $\Delta\omega > 0$ 时，作用在转子上的制动功率为

$$P_{E_q} + D_\Sigma \Delta\omega = P_{E_q} - |D_\Sigma| \Delta\omega < P_{E_q} \tag{9-30}$$

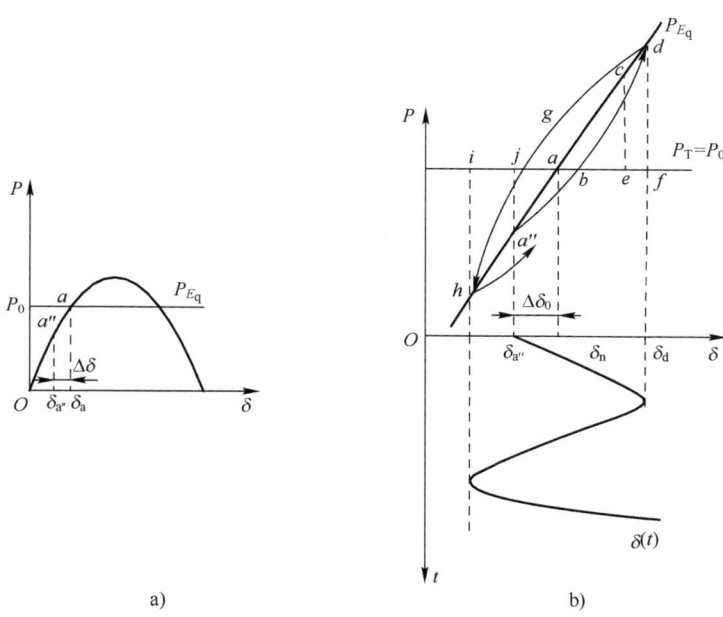

图 9-2 负阻尼导致的自发振荡

发电机的工作点不再沿 P_{E_q} 的曲线变化，而是沿着比 P_{E_q} 曲线低的曲线从 a'' 向 b 变化。新曲线与 P_{E_q} 的差别与 $\Delta\omega$ 成比例。越过点 b 之后，过剩功率改变符号，发电机开始减速。但是 $\Delta\omega$ 仍大于零，所以发电机工作点仍在 P_{E_q} 曲线下面。一直到发电机恢复同步，$\Delta\omega = 0$ 时，功角才停止增大。由于 $\Delta\omega = 0$，发电机工作点落在 P_{E_q} 曲线上的点 d，点 d 按等面积定则由 $A_{a''bj} + A_{bdf} = 0$ 确定。因为 $A_{a''bj} > A_{aa''j}$，所以 $\delta_d > \delta_c$。从点 d 开始，由于制动功率仍大于原动机的功率，发电机继续减速，使 $\Delta\omega < 0$，功角开始减小。又因为 $D_\Sigma < 0$，所以制动功率为

$$P_{E_q} + D_\Sigma \Delta\omega > P_{E_q} \tag{9-31}$$

因此，发电机工作点将沿着比 P_{E_q} 高的曲线变化，直到按 $A_{dfg} + A_{ghi} = 0$ 所确定的点 h 为止。因 $|A_{dfg}| > |A_{ace}|$，所以 $\delta_h > \delta_{a''}$。而且由于 $|A_{adf}| < |A_{dfg}|$，所以 $|\delta_h - \delta_a| > \delta_d - \delta_a$，即振荡幅值增大。

从以上分析可知，在 $D_\Sigma < 0$ 导致自发振荡而失去稳定的过程中，发电机工作点在 P-δ 平面上将围绕平衡点做逆时针方向的旋转。把出现这种情况的电力系统称为具有负阻尼作用的

电力系统，并将应用这个概念来分析电力系统中某些元件产生的负阻尼作用。

当 $D_\Sigma^2 > 4S_{E_q}T_J/\omega_N$，即 S_{E_q} 很小或者为负值时，由于 $D_\Sigma < 0$，特征值为两个正实数或为正、负两个实数。系统将非周期性地失去稳定。总之，具有负阻尼的电力系统是不能稳定运行的。

> ※一点讨论
>
> 　　随着智能电网、综合能源系统、能源互联网等概念的提出和不断落实，电网结构的发展与扩大变得越来越常态化。在能量传递的过程中，电力系统中任何一个小的扰动都可能会导致电压、电流、功率等物理量的剧烈变化或振荡现象，或通过耦合环节传递给其他能源系统，这将造成大量用户供能中断，甚至导致系统的瓦解。因此，保持电力系统运行的稳定性，是电力系统规划设计、运行与控制过程中的重要课题，也是当前电力发展的迫切需要。

9.2 自动励磁调节器对静态稳定的影响

现在电力系统的发电机，装设了各种各样的自动励磁调节器。下面以典型的自动励磁调节器为例，用小扰动法分析它对静态稳定极限、稳定判据等方面的影响，以便得到一些有用的概念。

1. 按电压偏差调节的比例式调节器

所谓比例式调节器一般是指稳定调节量比例于简单的实际运行参数与它的给定值之间的偏差值的调节器，有时又称为按偏移调节器。属于这类调节器的有单参数调节器和多参数调节器。单参数调节器是按电压、电流等参数中的某一个参数的偏差进行调节的，如电子型电压调节器；多参数调节器则按几个运行参数偏差量的线性组合进行调节，如相复励、带有电压校正器的复式励磁调节器等。

下面以按电压偏差调节的比例式调节器为例来进行分析。

（1）各元件的动态参数

具有自动励磁调节器的简单电力系统，U_{G0} 为给定的运行参数，U_G 为发电机实际运行电压，U_P 为手动整定电压。如果不计调节器本身的时间常数，则调节器将是一个比例环节。为简化起见，不计励磁机的饱和等非线性因素，励磁调节系统的传递函数框图如图 9-3 所示。图中 K_{VR} 为调节器的放大系数。根据框图可以写出励磁系统的方程为

$$\begin{cases} U_G - U_{G0} = \Delta U_G \\ \Delta U_G K_{VR} = U_R \\ U_P - U_R = U_{ff} \\ U_{ff} = T_e \dfrac{dU_f}{dt} + U_f \end{cases} \tag{9-32}$$

消去中间变量后，可以得到励磁调节系统方程：

$$-K_{VR}\Delta U_G + U_P = U_f + T_e \dfrac{dU_f}{dt} \tag{9-33}$$

令 $U_f = U_{f0} + \Delta U_f$，且考虑到给定的运行平衡点有 $U_{f0} = U_P$，将这些关系代入式（9-33）

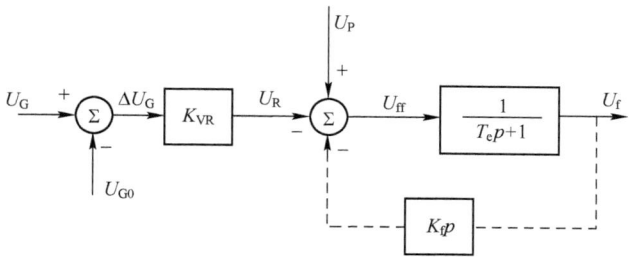

图 9-3 励磁调节系统的传递函数框图

后，可以得到以偏差量表示的小扰动方程：

$$-K_{VR}\Delta U_G = \Delta U_f + T_e \frac{dU_f}{dt} \tag{9-34}$$

为了研究自动励磁调节器对静态稳定的影响，必须把式（9-34）变化一下，使之与发电机定子的运行参数联系起来。为此，将式（9-34）乘以 X_{ad}/R_f 得

$$-\frac{X_{ad}}{R_f}K_{VR}\Delta U_G = \frac{X_{ad}}{R_f}\Delta U_f + \frac{X_{ad}}{R_f}T_e\frac{dU_f}{dt} = X_{ad}\Delta i_{fe} + T_e\frac{dX_{ad}\Delta i_{fe}}{dt} \tag{9-35}$$

注意到发电机空载电动势强制分量的增量 $\Delta E_{qe} = X_{ad}\Delta i_{fe}$，于是得到

$$-K_V \Delta U_G = \Delta E_{qe} + T_e \frac{d\Delta E_{qe}}{dt} \tag{9-36}$$

式中，$K_V = X_{ad}K_{VR}/R_f$ 称为调节器的综合阻尼放大系数。

为简化起见，不计发电机的阻尼绕组作用，发电机励磁绕组方程为

$$E_{qe} = E_q + T'_{d0}\frac{dE'_q}{dt} \tag{9-37}$$

或者写为

$$(E_{qe0} + \Delta E_{qe}) = (E_{q0} + \Delta E_q) + T'_{d0}\frac{d(E'_{q0} + \Delta E'_q)}{dt} \tag{9-38}$$

在给定的运行平衡点有 $E_{qe0} = E_{q0}$。考虑到 E'_{q0} 为一常数，于是得到用偏差量表示的方程为

$$\Delta E_{qe} = \Delta E_q + T'_{d0}\frac{d\Delta E'_q}{dt} \tag{9-39}$$

以偏差量表示的发电机转子运动方程如下：

$$\begin{cases} \dfrac{d\Delta \delta}{dt} = \Delta \omega \\ \dfrac{d\Delta \omega}{dt} = -\dfrac{\omega_N}{T_J}\Delta P_e \end{cases} \tag{9-40}$$

（2）发电机的电磁功率方程

上述微分方程中，共有 ΔU_G、ΔE_{qe}、ΔE_q、$\Delta E'_q$、$\Delta \delta$、$\Delta \omega$、ΔP_e 七个变量，因此，必须应用网络方程求出发电机的功率方程，以消去其中的非状态变量。发电机的功率特性可以用不同的电动势表示，并且各功率特性曲线在给定的稳定运行点相交。把不同电动势表示的功率特性写成一般函数的形式，即

$$\begin{cases} P_{E_q} = P_{E_q}(E_q, \delta) \\ P_{E_q'} = P_{E_q}(E_q', \delta) \\ P_{U_{Gq}} = P_{U_{Gq}}(U_{Gq}, \delta) \end{cases} \quad (9\text{-}41)$$

通过对这些功率方程的线性化处理，便可以得电磁功率的增量 ΔP_e。例如，对于 $P_{E_q}(E_q, \delta)$，将其在平衡点附近展开成泰勒级数，可得

$$\begin{aligned} P_{E_q}(E_q, \delta) &= P_{E_q}(E_{q0}+\Delta E_q, \delta_0+\Delta\delta) = P_{E_q}(E_{q0}, \delta_0) + \Delta P_{E_q} \\ &= P_{E_q}(E_{q0}, \delta_0) + \frac{\partial P_{E_q}}{\partial \delta}\Delta\delta + \frac{\partial P_{E_q}}{\partial E_q}\Delta E_q + \cdots \end{aligned} \quad (9\text{-}42)$$

忽略二次项及以上各项，便得到

$$\begin{cases} \Delta P_{E_q} = S_{E_q}\Delta\delta + R_{E_q}\Delta E_q \\ S_{E_q} = \left.\frac{\partial P_{E_q}}{\partial \delta}\right|_{\substack{E_q=E_{q0} \\ \delta=\delta_0}}, R_{E_q} = \left.\frac{\partial P_{E_q}}{\partial E_q}\right|_{\substack{E_q=E_{q0} \\ \delta=\delta_0}} \end{cases} \quad (9\text{-}43)$$

同理可以得到

$$\begin{cases} \Delta P_{E_q'} = S_{E_q'}\Delta\delta + R_{E_q'}\Delta E_q' \\ S_{E_q'} = \left.\frac{\partial P_{E_q'}}{\partial \delta}\right|_{\substack{E_q'=E_{q0}' \\ \delta=\delta_0}}, R_{E_q'} = \left.\frac{\partial P_{E_q'}}{\partial E_q'}\right|_{\substack{E_q'=E_{q0}' \\ \delta=\delta_0}} \end{cases} \quad (9\text{-}44)$$

$$\begin{cases} \Delta P_{U_{Gq}} = S_{U_{Gq}}\Delta\delta + R_{U_{Gq}}\Delta U_{Gq} \\ S_{U_{Gq}} = \left.\frac{\partial P_{U_{Gq}}}{\partial \delta}\right|_{\substack{U_{Gq}=U_{Gq0} \\ \delta=\delta_0}} ; R_{U_{Gq}} = \left.\frac{\partial P_{U_{Gq}}}{\partial U_{Gq}}\right|_{\substack{U_{Gq}=U_{Gq0} \\ \delta=\delta_0}} \end{cases} \quad (9\text{-}45)$$

因为扰动是微小的，所以假定

$$\begin{cases} \Delta P_{E_q} \approx \Delta P_{E_q'} \approx \Delta P_{U_{Gq}} = \Delta P_e \\ \Delta U_G \approx \Delta U_{Gq} \end{cases} \quad (9\text{-}46)$$

将以上各式整理之后可得到

$$\begin{cases} \dfrac{\mathrm{d}\Delta E_{qe}}{\mathrm{d}t} = -\dfrac{1}{T_e}\Delta E_{qe} - \dfrac{K_V}{T}\Delta U_{Gq} \\ \dfrac{\mathrm{d}\Delta E_q'}{\mathrm{d}t} = -\dfrac{1}{T_{d0}'}\Delta E_{qe} - \dfrac{1}{T_{d0}'}\Delta E_q \\ \dfrac{\mathrm{d}\Delta\delta}{\mathrm{d}t} = \Delta\omega \\ \dfrac{\mathrm{d}\Delta\omega}{\mathrm{d}t} = -\dfrac{\omega_N}{T_J}\Delta P_e \\ 0 = S_{E_q}\Delta\delta + R_{E_q}\Delta E_q - \Delta P_e \\ 0 = S_{E_q'}\Delta\delta + R_{E_q'}\Delta E_q' - \Delta P \\ 0 = S_{U_{Gq}}\Delta\delta + R_{U_{Gq}}\Delta U_{Gq} - \Delta P \end{cases} \quad (9\text{-}47)$$

消去代数方程及非状态变量，求状态方程，把上式写成矩阵的形式。

$$\begin{bmatrix} \dfrac{\mathrm{d}\Delta E_{\mathrm{qe}}}{\mathrm{d}t} \\ \dfrac{\mathrm{d}\Delta E'_{\mathrm{q}}}{\mathrm{d}t} \\ \dfrac{\mathrm{d}\Delta \delta}{\mathrm{d}t} \\ \dfrac{\mathrm{d}\Delta \omega}{\mathrm{d}t} \\ 0 \\ 0 \\ 0 \end{bmatrix} = \begin{bmatrix} -\dfrac{1}{T_{\mathrm{e}}} & 0 & 0 & 0 & 0 & -\dfrac{K_{\mathrm{V}}}{T} & 0 \\ -\dfrac{1}{T'_{\mathrm{d}0}} & 0 & 0 & 0 & -\dfrac{1}{T'_{\mathrm{d}0}} & 0 & 0 \\ 0 & 0 & 0 & 1 & 0 & 0 & 0 \\ 0 & 0 & 0 & 0 & 0 & 0 & -\dfrac{\omega_{\mathrm{N}}}{T_{\mathrm{J}}} \\ 0 & 0 & S_{E_{\mathrm{q}}} & 0 & R_{E_{\mathrm{q}}} & 0 & -1 \\ 0 & R_{E'_{\mathrm{q}}} & S_{E'_{\mathrm{q}}} & 0 & 0 & 0 & -1 \\ 0 & 0 & S_{U_{\mathrm{Gq}}} & 0 & 0 & R_{U_{\mathrm{Gq}}} & -1 \end{bmatrix} \begin{bmatrix} \Delta E_{\mathrm{qe}} \\ \Delta E'_{\mathrm{q}} \\ \Delta \delta \\ \Delta \omega \\ \Delta E_{\mathrm{q}} \\ \Delta U_{\mathrm{Gq}} \\ \Delta P_{\mathrm{e}} \end{bmatrix}$$

(9-48)

将上式写成矩阵的形式

$$\begin{bmatrix} \dfrac{\mathrm{d}\Delta X}{\mathrm{d}t} \\ 0 \end{bmatrix} = \begin{bmatrix} A_{\mathrm{XX}} & A_{\mathrm{XY}} \\ A_{\mathrm{YX}} & A_{\mathrm{YY}} \end{bmatrix} \begin{bmatrix} \Delta X \\ \Delta Y \end{bmatrix}$$

(9-49)

式中，$\Delta X = [\Delta E_{\mathrm{qe}} \quad \Delta E'_{\mathrm{q}} \quad \Delta \delta \quad \Delta \omega]^{\mathrm{T}}$ 为状态变量列向量；$\Delta Y = [\Delta E_{\mathrm{q}} \quad \Delta U_{\mathrm{Gq}} \quad \Delta P_{\mathrm{e}}]^{\mathrm{T}}$ 为非状态变量列向量。

展开式 (9-49)，并进行消去运算，便可得到计及励磁调节器的线性化小扰动方程：

$$\dfrac{\mathrm{d}\Delta X}{\mathrm{d}t} = A \Delta X$$

$$A = A_{\mathrm{XX}} - A_{\mathrm{XY}} A_{\mathrm{YY}}^{-1} A_{\mathrm{YX}}$$

(9-50)

对于简单的电力系统，可以用直接代入消去的方法求 A 矩阵。经过整理之后得到

$$\begin{bmatrix} \dfrac{\mathrm{d}\Delta E_{\mathrm{qe}}}{\mathrm{d}t} \\ \dfrac{\mathrm{d}\Delta E'_{\mathrm{q}}}{\mathrm{d}t} \\ \dfrac{\mathrm{d}\Delta \delta}{\mathrm{d}t} \\ \dfrac{\mathrm{d}\Delta \omega}{\mathrm{d}t} \end{bmatrix} = \begin{bmatrix} -\dfrac{1}{T_{\mathrm{e}}} & -\dfrac{K_{\mathrm{V}} R_{E'_{\mathrm{q}}}}{T_{\mathrm{e}} R_{U_{\mathrm{Gq}}}} & \dfrac{K_{\mathrm{V}}(S_{U_{\mathrm{Gq}}} - S_{E'_{\mathrm{q}}})}{T_{\mathrm{e}} R_{U_{\mathrm{Gq}}}} & 0 \\ -\dfrac{1}{T'_{\mathrm{d}0}} & -\dfrac{R'_{E}}{T'_{\mathrm{d}0} R_{E_{\mathrm{q}}}} & -\dfrac{S_{E'_{\mathrm{q}}} - S_{E_{\mathrm{q}}}}{T'_{\mathrm{d}0} R_{E_{\mathrm{q}}}} & 0 \\ 0 & 0 & 0 & 1 \\ 0 & -\dfrac{\omega_{\mathrm{N}} R_{E'_{\mathrm{q}}}}{T_{\mathrm{J}}} & -\dfrac{\omega_{\mathrm{N}} S_{E'_{\mathrm{q}}}}{T_{\mathrm{J}}} & 0 \end{bmatrix} \begin{bmatrix} \Delta E_{\mathrm{qe}} \\ \Delta E'_{\mathrm{q}} \\ \Delta \delta \\ \Delta \omega \end{bmatrix}$$

(9-51)

到此为止，得到了线性化状态方程及其系数矩阵 A。根据给定的运行情况及系统各参数可以算出 A 矩阵的各元素值，然后应用数值计算的方法求出 A 矩阵的全部特征值，或者用代数判据便可判定电力系统在所给定的运行条件是否具有静态稳定性。

(3) 稳定判据及其分析

应用间接判定特征值性质的方法来求出用运行参数表示的稳定判据，以便对励磁调节器的影响做出评价。

根据式 (9-51) 的 A 矩阵，由 $f(p) = \det[A - pI] = 0$ 求出特征方程。在整理简化过程中，假定发电机为隐极机，并引用了：

$$E_{E_q} = \frac{U}{X_{d\Sigma}}\sin\delta; R_{E'_q} = \frac{U}{X'_{d\Sigma}}\sin\delta; R_{U_{Gq}} = \frac{U}{X_{TL}}\sin\delta; T'_d = T'_{d0}\frac{R_{E_q}}{R_{E'_q}}; \frac{R_{E_q}}{R_{U_{Gq}}} = \frac{X_{TL}}{X_{d\Sigma}}$$

于是得到特征方程为

$$a_0 p^4 + a_1 p^3 + a_2 p^2 + a_3 p + a_4 = 0 \tag{9-52}$$

方程式的系数为

$$\begin{cases} a_0 = \frac{1}{\omega_N} T_J T_e T'_d \\ a_1 = \frac{1}{\omega_N} T_J (T_e + T'_d) \\ a_2 = \frac{1}{\omega_N} T_J \left(1 + K_V \frac{X_{TL}}{X_{d\Sigma}}\right) + T_e T'_d S_{E'_q} \\ a_3 = T_e S_{E_q} + T'_d S_{E'_q} \\ a_4 = S_{E_q} + K_V S_{U_{Gq}} \frac{X_{TL}}{X_{d\Sigma}} \end{cases} \tag{9-53}$$

根据赫尔维茨判别法，所有特征值的实部为负值的条件，即保持系统稳定的条件如下：
1）特征方程所有的系数均大于零，即

$$a_0 > 0, a_1 > 0, a_2 > 0, a_3 > 0, a_4 > 0 \tag{9-54}$$

2）赫尔维茨行列式及其主子式的值均大于零，即

$$\Delta_4 = \begin{vmatrix} a_1 & a_3 & 0 & 0 \\ a_0 & a_2 & a_4 & 0 \\ 0 & a_1 & a_3 & 0 \\ 0 & a_0 & a_2 & a_4 \end{vmatrix} > 0; \Delta_3 = \begin{vmatrix} a_1 & a_3 & 0 \\ a_0 & a_2 & a_4 \\ 0 & a_1 & a_3 \end{vmatrix} > 0; \Delta_2 = \begin{vmatrix} a_1 & a_3 \\ a_0 & a_2 \end{vmatrix} > 0 \tag{9-55}$$

条件1）中的系数 a_0 和 a_1 与运行情况无关，总是大于零。其余三个与运行情况有关的系数，由于功角从给定 δ 继续增大时，$S_{E'_q}$ 总是比 S_{E_q} 大，因此，要求 $a_3 > 0$ 必须有 $S_{E'_q} > 0$。所以，只要 $a_3 > 0$，则必有 $a_2 > 0$。这样，由条件1）可得到两个与运行参数相联系的稳定条件，即

$$a_3 = T_e S_{E_q} + T'_d S_{E'_q} > 0 \tag{9-56}$$

$$a_4 = S_{E_q} + K_V S_{U_{Gq}} \frac{X_{TL}}{X_{d\Sigma}} > 0 \tag{9-57}$$

根据条件2），从 $\Delta_3 = a_3 \Delta_2 - a_1^2 a_4 > 0, \Delta_4 = a_4 \Delta_3 > 0$ 可以看到，当特征方程的系数都大于零时，只要 $\Delta_3 > 0$，必有 $\Delta_2 > 0$ 和 $\Delta_4 > 0$。这样，由条件2）又得到一个与运行参数相联系的稳定条件，即

$$\Delta_3 = a_1 a_2 a_3 - a_0 a_3^2 - a_1^2 a_4 > 0 \tag{9-58}$$

将系数代入式（9-58），并解出 K_V，得到

$$K_V < \frac{X_{d\Sigma}}{X_{TL}} \frac{S_{E'_q} - S_{E_q}}{S_{U_{Gq}} - S_{E'_q}} \frac{1 + \frac{\omega_N T_e^2}{T_J(T_e + T'_d)}(T_e S_{E_q} + T'_d S_{E'_q})}{1 + \frac{T_e}{T_d} \frac{S_{U_{Gq}} - S_{E_q}}{S_{U_{Gq}} - S_{E'_q}}} = K_{V\max} \tag{9-59}$$

这样，得到式（9-56）、式（9-57）、式（9-58）三个为保持系统静态稳定而必须同时满足的条件。随着运行情况的变化，S_{E_q}、$S_{E'_q}$、$S_{U_{Gq}}$ 都要变化。当达到某一运行状态时，稳定条件中有些便不能满足了，因此系统也就不能保持稳定运行的条件了。S_{E_q}、$S_{E'_q}$、$S_{U_{Gq}}$ 与功角 δ 的关系如图 9-4 所示。随着运行角度的增大，S_{E_q}、$S_{E'_q}$、$S_{U_{Gq}}$ 依次由正值变为负值。根据这个特点和三个稳定条件，可以进一步分析励磁调节器对静态稳定的影响。

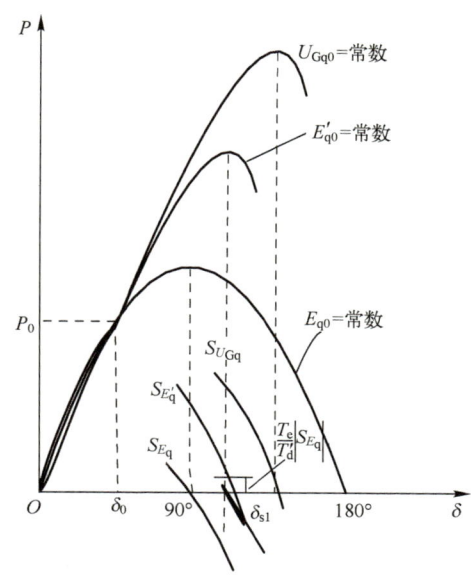

图 9-4 自动励磁调节对静态稳定条件的影响

式（9-57）说明，如果没有调节器，即 $K_V=0$，则稳定条件变为 $S_{E_q}>0$。装设了调节器后，在运行功角 $\delta>90°$ 的一段范围内，虽然 $S_{E_q}<0$，但 $S_{U_{Gq}}>0$，因此只要 K_V 足够大，仍然有可能使式（9-57）得到满足。所以装设调节器后，运行角可以大于 $90°$，从而扩大了系统稳定运行的范围。为保证在 $\delta>90°$ 仍能稳定运行，由式（9-54）解出

$$K_V > \frac{|S_{E_q}|}{S_{U_{Gq}}} \frac{X_{d\Sigma}}{X_{TL}} = K_{V\min} \quad (\delta>90°) \tag{9-60}$$

式（9-60）表明，调节器在运行中所整定的放大系数要大于与运行情况有关的最小允许值 $K_{V\min}$。对于一般的输电系统，这个条件较易满足。式（9-57）是由 $a_4>0$ 得出的。a_4 通常称为特征方程的自由项。自由项的符号与纯实数特征值的符号有关。因此，若式（9-57）不能满足，意味着有正实数的特征值，此时系统呈现失去稳定的形式，与无励磁调节器时相同，是非周期的。

再来看 $a_3 = T_e S_{E_q} + T'_d S_{E'_q} > 0$。当运行角 $\delta<90°$ 时，S_{E_q}、$S_{E'_q}$ 均为正值，该式总能满足。在运行角 $\delta>90°$ 的一段范围内，$S_{E_q}<0$，$S_{E'_q}>0$。式（9-56）改写为

$$S_{E'_q} > \frac{T_e}{T'_d} |S_{E_q}| \quad (\delta>90°) \tag{9-61}$$

为满足式（9-61），必须有 $S_{E'_q}>0$，这就是说，稳定极限功角 δ_{s1} 将小于与 $S_{E'_q}=0$ 所对应的角度 $\delta_{E'_q m}$。这说明，比例式调节器虽然能把稳定运行范围扩大到 $\delta>90°$，但不能达到 $S_{E_q}=$

0 所对应的功角 $\delta_{E'_{qm}}$。一般 T_e 远小于 T'_d，因此，δ_{s1} 与 $\delta_{E'_{qm}}$ 相差很小，在简化近似计算中，可以把式（9-56）近似地写为

$$S_{E'_q} > 0 \tag{9-62}$$

这说明，在发电机装设了比例式励磁调节器后，计算发电机保持稳定下所能输送的最大功率时，可以近似地采用 E'_q = 常数的模型（有时称为经典模型）。

当放大系数整定得过大而不满足式（9-58）时，系统失去静态稳定，但失去稳定的形式与无调节器是情况不同的，它是周期性的自发振荡。从理论上说，因为式（9-58）是由 $\Delta_3 > 0$（$\Delta_{n-1} > 0$）得出的，当条件不满足时，特征值有正实部的共轭复数，因而功角的自由振荡中含有振荡随指数增长的正弦项。

为了说明励磁调节器引起的自发振荡的性质，在 $P-\delta$ 平面上分析自发振荡的过程。图 9-5 为 $P(\delta)$ 特征的局部放大图，发电机工作在某一角度 δ_0 下，对应此情况下，$P_{E'_q}$ 和 P_{U_G} 均具有上升特性。当发电机工作在与 δ_0 相对应的平衡点 1 时，假定某种扰动使发电机获得了一个初始速度 $\Delta\omega_0 > 0$。于是发电机的功角开始增大，发电机端电压 U_G 开始下降，调节器动作，增大励磁电流。由于调节器的放大系数整定得过大（例如通过保持 $E'_q = E'_{q0}$ = 常数所要求的值），发电机的工作点将不是沿着 $E'_q = E'_{q0}$ = 常数的功率特性曲线变化，而是向另一条 E'_q 值更大的曲线过渡。也就是说，由于放大系数整定得过大，E'_q 的值将随着功角的增大而增大。因为比例式调节器不能保持发电机端电压恒定，所以工作点也不沿着 $U_G = U_{G0}$ = 常数的曲线变化。功角增大后，由于电磁功率大于原动机的功率，发电机开始减速，直到点 2，发电机消耗完与它的初始速度 $\Delta\omega_0$ 相对应的动能为止，此时发电机恢复到同步，$\Delta\omega = 0$，功角不再增大。但此刻，一方面原动机的功率仍小于电磁功率，发电机继续减速，功角开始减小；另一方面，因为点 2 在 $U_G = U_{G0}$ = 常数的曲线的右侧，这意味着发电机端电压 $U_G < U_{G0}$，调节器将继续增大励磁电流。所以发电机工作点在功角减小的同时，仍将向 E'_q 数值较大的 $P_{E'_q}$ 曲线过渡，直到由 $A_{3245} + A_{567} = 0$ 所确定的 6 点为止，发电机恢复同步，功角不再减小。以后的过程将沿着 6→8→…变化下去，即振荡幅度越来越大而失去稳定。从以上分析可以看

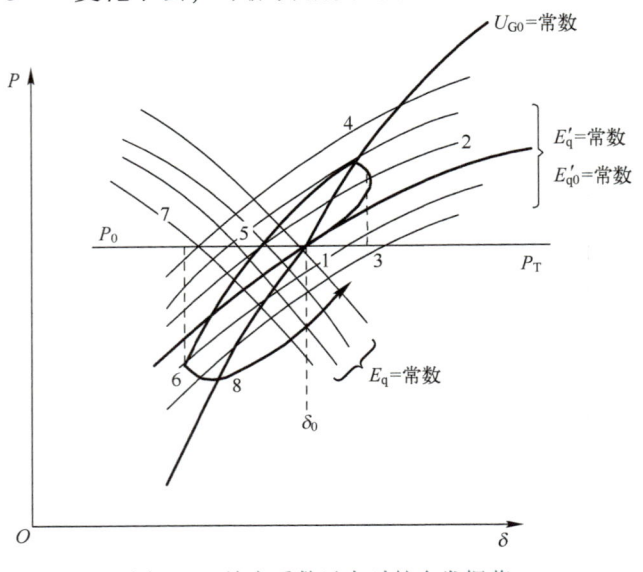

图 9-5　放大系数过大时的自发振荡

到，若放大系数整定得过大，则系数受扰动后，发电机工作点在 P-δ 平面上将围绕平衡点做逆时针方向旋转，这与 9.1 节所述的具有负阻尼系数的励磁调节发电机的情况相同，所以，比例式调节器实际上产生了负阻尼作用。当调节器产生的负阻尼效应超过了发电机的正阻尼作用时，系统成为具有负阻尼的系统，因而将发生自发振荡而不能稳定工作。

2. 比例式调节器对静态稳定的影响

上面论述了按电压偏差的比例式调节器对静态稳定的影响，其他比例式调节器也可以用相同的方法进行分析，这里不再赘述。关于比例式调节器对静态稳定的影响，归纳起来有下面几点：

1）比例式调节器可以提高和改善电力系统静态稳定性。调节器扩大了稳定运行的范围，发电机可以运行在 $S_{E_q}<0$，即 $\delta>90°$ 的一定范围，同时增大了稳定极限 P_{sl} 的值，提高了输送能力。

2）具有比例式励磁调节器的发电机，不能在 $P_{E_q'}<0$ 的情况下稳定运行。考虑到 T_e 远比 T_d' 小，因此，在实际计算中，如果能恰当地整定放大系数，使之不发生自发振荡，则可以近似地用 $P_{E_q'}=0$ 来确定稳定极限，即发电机可以采用 $E_q'=E_{q0}'=$ 常数的经典模型。

3）调节器放大系数的整定值是应用比例式调节器要特别注意的问题。整定值应兼顾维持电压的能力、提高功率极限和扩大稳定运行的范围、增大稳定极限两个方面。

4）多参数的比例式调节器比单参数的优越。可以用其中一个参数的调节来扩大稳定域，而用另一参数的调节来提高功率极限，从而使稳定极限得到较大的增加。

3. 改进励磁调节器的几种途径

随着电力系统的发展和扩大，需要将远方发电厂的大量电力通过输电网送往负荷的中心。由于发电厂没有近距离的负荷，发电机的端电压可以允许有较大的变动。这样，自动励磁调节器在电力系统中的主要作用便从维持发电机端电压、保证电能质量转变为提高电力系统的稳定性。

从上面的比例式励磁调节器的分析中看到，励磁调节器可能产生负阻尼效应，使得调节器的放大系数不能整定得过大，因此，需要对励磁调节系统进行研究和改进。改进的主要目的是设法削弱和克服励磁调节器所产生的负阻尼效应，抑制和防止电力系统发生自发振荡。其主要途径有下面几种。

（1）对励磁调节系统进行参数补偿

从图 9-5 和式（9-58）看到，增大励磁机的时间常数 T_e，在同样的运行角度下（即 S_{E_q}、$S_{E_q'}$、$S_{U_{Gq}}$ 相同），可以增大允许的放大系数 $K_{V\max}$，或者在给定的 K_V 整定值下，可以允许在较大的功角下运行而不发生自发振荡。放大系数放大允许值与运行角的关系总结如图 9-6 所示。通过改进励磁机结构来增大 T_e 是较困难的，但是，对上述按电压偏差调节的比例式调节系统，可以从励磁机端引进导数负反馈，如图 9-7 中的虚线所示。

这样，励磁调节系统的微分方程将为

$$-K_{VR}\Delta U_G = \Delta U_f + (T_e + K_f)\frac{\mathrm{d}\Delta U_f}{\mathrm{d}t} \tag{9-63}$$

可以看到，引入反馈之后，可以增大励磁机等效时间常数，起到抑制自发振荡的作用。

在励磁调节系统中进行参数补偿的方法很多。目前这类通过反馈、移相等来改变励磁调节系统参数的调节器，习惯上称为电力系统稳定器，或简称为 PSS（Power System Stabilizer），它

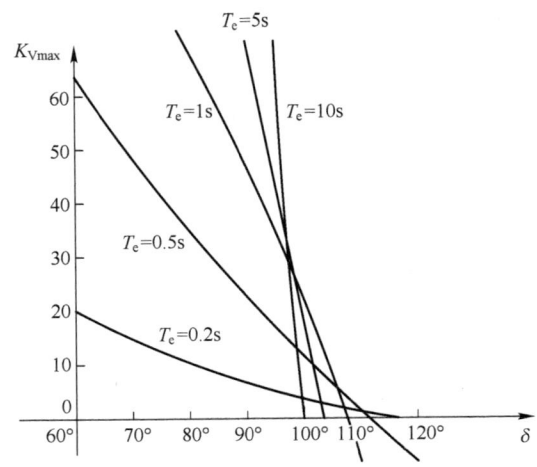

图 9-6 放大系数放大允许值与运行角的关系

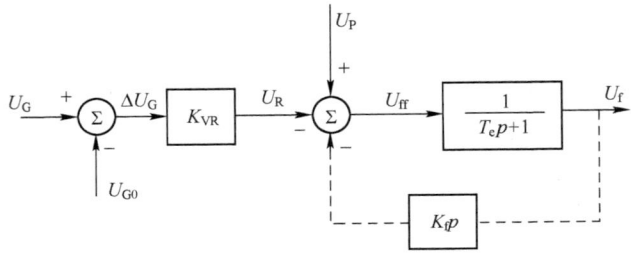

图 9-7 励磁系统的简化框图

们主要是为提高电力系统静态稳定性而设计的。应该指出，增大 T_e，将会降低励磁系统中的动态响应速度，这可能对暂态稳定产生影响。对此，在一些 PSS 设计中，还采用了在强励动作时使补偿环节退出工作的一种电路。

（2）按运行参数的偏差导数来调节励磁

这是通过导数调节部分所产生的正阻尼效应来削弱和克服比例式调节部分所产生的负阻尼效应的方法。我们知道，阻尼转矩与发电机的相对速度有关，近似地认为与相对速度成比例，即与 $p\Delta\delta$ 成比例。如果按功角偏差的导数来调节励磁，则相当于调节器产生了附近的正阻尼效应。另一方面，发电机的相对加速度 $p^2\Delta\delta$ 对稳定性的影响也很大。如果按 $p^2\Delta\delta$ 来调节励磁，则发电机受扰后的转子相对运动有可能向有利于保持稳定的方向发展。为此，提出按 ($k_{80}\Delta\delta + K_{81}p\Delta\delta + k_{82}p^2\Delta\delta$) 来调节励磁。这种既按运行参数偏差，又按运行参数的一次及二次导数调节励磁的自励磁调节器，称为强力式调节器。

按哪个运行参数来调节励磁，是采用强力式调节器首先要解决的问题。可供选择的运行参数很多，如发电机的电流、机端电压、输电线路某点电压、发电机的功角等。选用的运行参数不同，其效果及实现的技术困难也不同。研究表明，以功角偏差作为强力式调节器的输入量，其效果最好，但实现它需要功角遥测设备和传送信息的通道，增加了技术的困难。

目前研究表明，采用强力式调节器可以有效地抑制和克服自发振荡，从而把稳定极限 P_{s1} 提到接近功率极限 P_m 的水平。在简化近似计算中，可按发电机端电压 U_G 恒定，甚至可以按高压母线电压恒定作为计算条件。

（3）开发新型的励磁调节系统

研究和开发有效地提高电力系统稳定的新型励磁调节系统，是电力系统技术发展的重要课题。目前各方面都在研究和探索，有的已在试用。如按最优控制理论来设计多参数调节器、微型计算机励磁调节器等。

4. 电力系统静态稳定的简要评述

在发电机装设了励磁调节器之后，电力系统静态稳定的情况，与励磁调节的不同。下面以简单电力系统为例，对电力系统静态稳定作一简要评述，以便对简化的关于发电机模型处理问题，可以有效清晰地理解。

无励磁调节的发电机在运行情况缓慢变化时，发电机励磁电流保持不变，即发电机电动势 $E_q = E_{q0}=$ 常数，当发电机输出的功率从给定的运行条件 P_0 慢慢增加，功角逐渐增大时，发电机工作点将沿 $E_q=E_{q0}=$ 常数的曲线变化。电力系统静态稳定极限，将由 $S_{E_q}=0$ 确定，它与功角极限 P_{E_qm} 相等，即由图 9-8 的 1 点确定。电力系统失去静态稳定的形式为非周期性的，即功角随时间单调地增大，如图 9-8 中的 $\delta(t)$ 曲线所示。在简化计算中，发电机采用 $E_q=E_{q0}=$ 常数的模型。

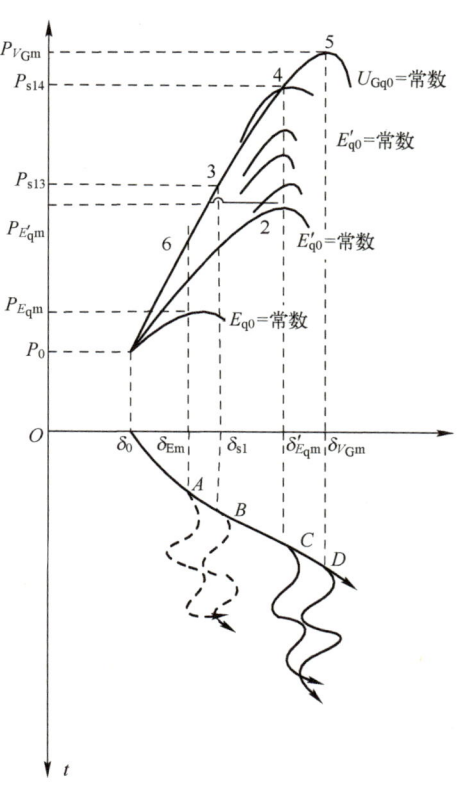

当发电机装有按单个参数偏差调节的比例式调节器时，如果放大系数整定适中，例如大致能保持 $E_q'=E_{q0}'=$ 常数时，则发电机工作点近似地沿 $P_{E_{q0}'}$ 的曲线变化。由于放大系数不是很大，即使在最大运行方式时也能满足放大系数小于最大允许值 K_{Vmax} 的要求，因而静态稳定极限功率 P_{s1} 可以近似地由 $S_{E_{q0}'}=0$ 确定，即大小取为与功率极限 $P_{E_q'm}$ 相等（图 9-8 的点 2）。系统失去静态稳定的形式可能是非周期的，也可能是周期性的。简化计算中，发电机采用 $E_q'=$ 常数的模型。

图 9-8 电力系统静态稳定的一般情况

如果放大系数整定得比较大，则由于受到自发振荡条件的限制（即 $K<K_{max}$），极限运行角 δ_{s1} 将缩小，一般比 $S_{E_{q0}'}=0$ 对应的 $\delta_{E_q'm}$ 小得多，差别的大小与 T_e 有关。由于放大系数较大，维持电压能力较强，因此，稳定极限功率可以近似地按 $U_G=U_{G0}=$ 常数的曲线 $P_{U_{G0}}$ 上对应 δ_{s1} 的点 3 确定。当发电机功率由 P_0 慢慢增加到 P_{s13}，功角抵达 δ_{s1} 时，系统便要失去静态稳定。失去静态稳定的形式是周期性的自发振荡。

对于装有单参数调节的比例式调节器的发电机，按点 2 和点 3 确定的稳定极限功率值相差并不大，因此，在简化计算中，就按点 2 来确定稳定极限，并对发电机采用 $E_q'=$ 常数的经典模型。

当发电机装有按两个参数调节的比例式调节器，例如装设带电压校正器的复式励磁装置时，可以选择合适的电流放大系数 K_I，使稳定运行角增大到接近于由 $S_{E'_{q0}}=0$ 所确定的 $\delta_{E'_{qm}}$，而利用电压校正器来使发电机端电压大致恒定，因此，静态稳定极限值可以近似地由 $U_G=U_{G0}=$ 常数的曲线上对应 $\delta_{E'_{qm}}$ 的点 4 确定。

当发电机装有强力式调节器时，静态稳定极限可以提高到 $P_{U_{G0}}$ 的功率 $P_{U_{Gm}}$。在简化计算中，发电机可以采用 $U_G=$ 常数的模型。

附带指出，当发电机采用手动调节励磁或装有不连续的调节器，大致上保持发电机端电压不变时，由于受到自发振荡的限制，稳定运行角不能超过由 $S_{E_q}=0$ 所确定的 $\delta_{E_{qm}}$。但是，由于大致保持了发电机端电压不变，稳定极限功率值将由 $U_G=U_{G0}=$ 常数的功率特性上对应 $\delta_{E_{qm}}$ 的点 6 来确定，它比无调节励磁时大得多，所以，即使手动调节励磁，也能提高输电系统的输送能力。

此外，目前我国已研制和开发了许多种类的微型计算机励磁调节系统。由于微型计算机具有极强的综合处理能力，对于抑制自发振荡、提高稳定极限从而提高系统稳定性都有显著的效果。

> ※一点讨论
>
> 稳定性是电力系统分析的核心，其中静态稳定是从大视角以简单的判据判断电网稳定情况，是电网迈入稳定运行的第一道门槛，是必要条件。简单地说，电力系统满足静态稳定条件时，电网不一定稳定，但如不满足静态稳定条件，则电网必然不稳定。

9.3 电力系统静态稳定分析计算工程化方法

实际的电力系统都是复杂的电力系统。虽然，前面以简单电力系统为例所指出的有关静态稳定的概念，在性质上都能适用于复杂电力系统，但是，有些则无法得出量值。本节将简要介绍实际电力系统分析计算的一些基本概念。

1. 小扰动法在复杂电力系统中的应用

应用小扰动法分析复杂电力系统静态电压稳定的原则和步骤，在前面已经介绍过。在复杂电力系统中，只要逐个地按发电机及其调节系统列出小扰动方程，从而得到全系统的微分方程组，这并不困难。但是，在应用中还需注意如下的一些新问题和新概念。

（1）在复杂电力系统中静态稳定的判别法

对复杂电力系统，无法再导出反映特征值性质的用运行参数表示的简单稳定性判断条件，并求出稳定极限功率。而只能由给定的运行方式，确定 A 矩阵的元素值，然后借助于计算机，直接求出全部的特征值，或者对间接判断特征值性质的判据进行计算，从而判断系统在给定的运行方式下是否具有静态稳定性。但是，由于不能从理论上求出稳定极限功率，因而不能确定所给定运行方式的稳定程度的高低。

应该指出，当所有特征值实部为负值时，系统是稳定的。特征值实部绝对值的大小，仅说明系统受扰动后自由振荡衰减的速度，表征系统在给定运行条件下的阻尼情况，并不能反映稳定程度的高低。

(2) 关于参考轴的选择

在暂态稳定的分析计算中,是以发电机转子相对于同步旋转轴的角度和相对于同步转速的速度,即以"绝对"角 δ_i 和"绝对"速度 $\Delta\omega_i$ 作为变量的。在复杂多机电力系统静态稳定分析中,如果仍以"绝对"角和"绝对"速度作变量来列写转子运动方程,则状态方程的系数矩阵 A 将会出现零特征值,这将无法判定所给定运行方式是否具有静态稳定性。

为了消除零特征值,在复杂电力系统中,必须用相对角作为变量;当不存在比例于"绝对"速度的阻尼项时,还必须以相对速度作为变量,也就是说,要以某一台发电机的转子作为参考轴来列写小扰动方程。

对发电机转子运动方程,若选最后一个编号 n 的发电机转子作为参考轴,则第 i 台发电机的转子运动方程为发电机电磁功率增量。

$$\begin{cases} \dfrac{\mathrm{d}\Delta\delta_{in}}{\mathrm{d}t} = \Delta\omega_{in} \\ \dfrac{\mathrm{d}\Delta\omega_{in}}{\mathrm{d}t} = \omega_N\left(\dfrac{\Delta P_i}{T_{Ji}} - \dfrac{\Delta P_n}{T_{Jn}}\right) \\ \Delta P_i = P_{Ti} - P_{ei}, \Delta P_n = P_{Tn} - P_{en} \end{cases} \quad (9\text{-}64)$$

式中,电磁功率 P_{ei} 是由网络方程来确定的,它也应以同一参考轴的相对角表示。用 P_{ei} 及线性化求电磁功率增量的具体计算方法,与发电机的模型、负荷特性的考虑等有关。

2. 静态稳定储备系数 $K_{sm(p)}$ 的计算

(1) 静态稳定储备

从电力系统运行可靠性要求出发,不能允许电力系统运行在稳定的极限附近,否则,运行情况稍有变动或者扰动,系统便会失去稳定。为此,要求电力系统有相当的稳定度。稳定度的大小,通常用稳定储备系数来表示。

以有功功率表示的静态稳定储备系数定义为

$$K_{sm(p)} = \frac{P_{sl} - P_{G0}}{P_{G0}} \times 100\% \quad (9\text{-}65)$$

电力系统稳定运行时具有多大的储备系数,必须从技术和经济等方面综合考虑。若储备系数定得较大,则要减小正常运行时发电机输送的功率 P_{G0} (当稳定极限变化不大时),因而限制了输送能力,恶化输电的经济指标;储备系数定得过小,虽然可以增大正常运行的输送功率,但运行的安全可靠性较低,若出现稳定破坏事故,那么将造成经济上的巨大损失。电力系统不仅要求正常运行下有足够的稳定储备,而且要求在非正常运行方式下也应有一定的稳定储备,当然,这一储备可以比正常运行时小些。

我国现行《电力系统安全稳定导则》规定:

正常运行方式和正常检修运行方式下, $K_{sm(p)} \geq (15 \sim 20)\%$。

事故后运行方式和特殊运行方式下, $K_{sm(p)} \geq 10\%$。

电力系统静态稳定实际计算的目的,就是按给定的运行条件,求出以运行参数表示的稳定极限,从而计算出该运行方式下的稳定储备系数,检验它是否满足规定的要求。

(2) 静态稳定极限的计算

从以上的讨论中可以看到,即使是简单电力系统,要确定稳定极限功率 P_{sl} 也是很麻烦的,而复杂电力系统已无法确定稳定极限。为此,实用上认为系统在不发生自发振荡的前提下，用 dP/dδ>0 作为静态稳定判据来计算储备系数，这意味着用功率极限 P_m 来代替极限 P_{sl}，静态稳定储备系数 $K_{sm(p)}$ 将改用下式计算：

$$K_{sm(p)} = \frac{P_m - P_{G0}}{P_{G0}} \times 100\% \tag{9-66}$$

这样，计算静态稳定储备系数 $K_{sm(p)}$ 时，首先根据发电机装设的励磁调节器特性和整定的参数，确定发电机的计算条件；然后根据给定的运行方式，进行潮流计算，求出发电机的电动势及此时的功率 P_{G0}；接着根据计算条件，计算功率特性和功率极限；最后用式（9-66）计算 $K_{sm(p)}$，检验它是否满足规定的要求。

(3) 两机电力系统功率极限的计算

两机电力系统及其等效电路如图 9-9 所示，图中 Z_1 和 Z_2 代表了包括发电机在内的网络阻抗。两机系统功率极限的计算，除与发电机的计算条件有关外，还与负荷所采用的数学模型有关。在实际计算中，发电机可以采用某一电抗电动势恒定（如 X'_d 后电动势 E'）或某一 q 轴电动势恒定（如 E'_q）的模型；负荷则可以采用恒定阻抗模型或电压静态特性模型，这样便会组合出四种算法。下面通过两种算法来说明两机系统的功率极限算法。

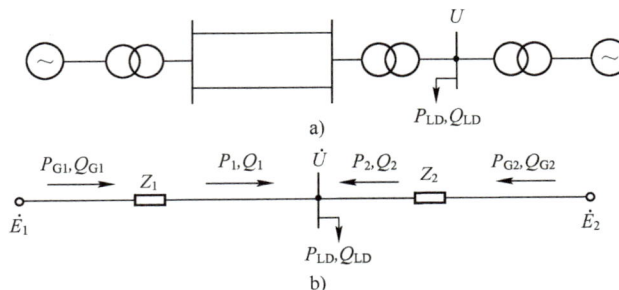

图 9-9 两机电力系统及其等效电路

1）最简化的算法。

最简化的算法是发电机某一电抗后的电动势恒定，负荷用恒定负荷模型。首先根据给定的运行方式进行潮流计算，算出某个发电机的 E_{10}、E_{20}、P_{G10}、P_{G20} 以及负荷点的电压 U_o。然后用 U_o 及 P_{LD0} 和 Q_{LD0} 求出负荷的阻抗 Z_{LD}。接着便可求出两发电机的电动势点的输入阻抗 Z_{11}、Z_{22} 及它们之间的转移阻抗 Z_{12}。这样，两机电力系统的功率特性为

$$\begin{cases} P_{G1} = \dfrac{E_{10}^2}{|Z_{11}|}\sin a_{11} + \dfrac{E_{10}E_{20}}{|Z_{12}|}\sin(\delta_{12} - a_{12}) \\ P_{G2} = \dfrac{E_{20}^2}{|Z_{22}|}\sin a_{22} - \dfrac{E_{10}E_{20}}{|Z_{12}|}\sin(\delta_{12} + a_{12}) \end{cases} \tag{9-67}$$

如果研究和检验发电机 1，则可由 dP_{G1}/dδ_{12}=0 求得发电机 1 的功率极限为

$$P_{1Gm} = \frac{E_{10}^2}{|Z_{11}|}\sin a_{11} + \frac{E_{10}E_{20}}{|Z_{12}|} \tag{9-68}$$

稳定储备系数为

$$K_{sm(p)G1} = \frac{P_{G1m} - P_{G10}}{P_{G10}} \times 100\% \tag{9-69}$$

2）迭代算法。

负荷采用电压静态特性模型，当功角 δ_{12} 增大时，负荷点的电压 U_{LD} 也要发生变化，负荷所吸收的功率由负荷的电压静态特性确定，因而负荷的阻抗也发生变化，因此，不能简单地用线性等效电路导出计算功率特性和功率极限，而需用迭代的算法来满足负荷特性的约束。

当发电机采用某一 q 轴电动势恒定的模型时，由于发电机只能用一个阻抗及其后的电动势 E_G 的全电流等效电路（当不计定子电阻时，通常用 E_Q 和 x_q）与网络等效电路联系，因此，δ_{12} 变化时，发电机等效电路中的 E_G 也要发生变化，所以，也必须用迭代的算法来满足 q 轴电动势恒定的约束。

两机系统发电机用某电抗后电动势恒定、负荷用电压静态特性模型的算法，把负荷点独立出来，这样，发电机与输电网络便成为一个线性网络，两机系统计算用的模型如图 9-10a 所示。用计算机计算时，其计算步骤如下：

① 按正常（给定）运行方式进行潮流计算，可以求得 $U_{LD(0)}$、$E_{1(0)}$、$E_{2(0)}$、$\delta_{12(0)}$、$P_{G1(0)}$、$P_{G2(0)}$，于是得到发电机 1 的功率特性 $P_{G1}(\delta_{12})$ 曲线上的一点（图 9-10b 中的点 0）。

② 给定一个新角度 $\delta_{12(1)} > \delta_{12(0)}$，此时，发电机 1、2 的电动势大小和角度已知。由于 δ_{12} 增大到 $\delta_{12(1)}$，负荷点的电压将发生变化，负荷吸收的功率也要发生变化，并受到电压静态特性约束。先取负荷第一次计算值等于正常运行值，即 $P_{LD(1)}^{(0)} = P_{LD(0)}$；$Q_{LD(1)}^{(0)} = Q_{LD(0)}$。以此进行潮流计算，可以求得负荷点电压的第一次迭代值 $U_{LD(1)}^{(1)}$。

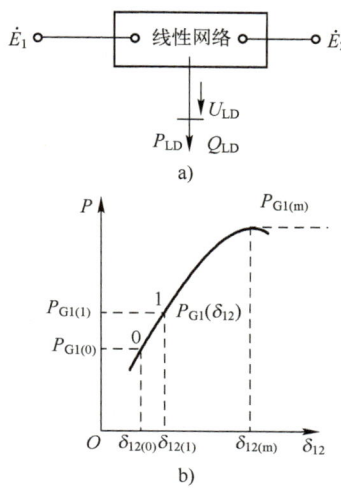

图 9-10 负荷静态特性时的功率极限计算

③ 查负荷电压静态特性，由 $U_{LD(1)}^{(1)}$ 查得 $P_{LD(1)}^{(1)}$、$Q_{LD(1)}^{(1)}$，并以此作为负荷点功率的指定值。发电机的电动势和相对角仍以 E_1、E_2、$\delta_{12(1)}$，再进行潮流计算，求得负荷点电压第二次迭代值 $U_{LD(1)}^{(2)}$。

④ 用 $U_{LD(1)}^{(2)}$ 查负荷电压静态特性，求得新的指定值 $P_{LD(1)}^{(2)}$、$Q_{LD(1)}^{(2)}$，按第③步进行潮流计算。这样，重复第③、④两步，一直到 $U_{LD(1)}^{(k)} - U_{LD(1)}^{(k-1)}$ 满足精度要求为止。于是便得到 $P_{G1(1)}^{(k)}$，即求得了功率特性上对应于 $\delta_{12(1)}$ 的功率 $P_{G1(1)} = P_{G1(1)}^{(k)}$（图 9-10b 中的点 1）。

重复第②~④步，便可以把发电机 1 的功率特性逐点算出，其最大值即为功率极限 P_{G1m}。

(4) 复杂电力系统功率极限的计算问题

由于多机系统功率的特性是多变量函数，因此理论上不能求出功率极限。目前，我国的一些设计和运行部门，有时仍需要按《电力系统安全稳定导则》要求计算储备系数 $K_{sm(p)}$。因此，只好凭经验做出一些规定和假设，在保留被研究的发电厂（机）的情况下，把复杂系统简化成两机系统，计算两机系统的功率极限和储备系数，作为被研究发电机的储备系数。根据不同的简化条件，大致有两种算法。

1）角度恒定法。

这种算法假定除被研究的发电机以外，系统其余发电机的功角保持恒定。由于规定其余发电机的"绝对"角和相对角均恒定不变，实质上是把其余发电机看成是一个等效发电机。

通过网络的等效变换和化简，将这些发电机合并成一个等效发电机，便可按照前述两机系统的算法进行计算了。

2) 中间发电机有功功率恒定法。

这种算法规定，除被研究的发电机和另一指定的发电机外，其余发电机输出的有功功率保持恒定。由于从给定的运行方式开始，改变被研究的发电机功率后，各发电机端电压都会发生变化，因此，有功功率恒定的发电机，其输出的无功功率要受到机端电压与发电机电动势间电路定律的约束，这与负荷电压静态特性是一样的。所以，这种算法的实质是除两个发电机外，其余发电机均当作具有电压静态特性的负荷处理。这种算法与前面所说的两机系统负荷用电压静态特性的算法相同，只是将发电机看成负值的负荷。

由于以上两种算法的规定都无理论依据，对于同一系统，两种算法得出的结果可能差别很大，这与系统的网架结构与被研究的发电机在系统中的地位有关。要使计算结果具有某些参考意义，应根据系统的网架结构、被研究的发电机（厂）在系统中的地位和比重，适当地选择算法。此外，上述两种规定还可混合使用，即除被研究的发电机以外，其余发电机根据网络结构及这些发电机在系统中的地位，一部分按角度恒定处理，另一部分按有功功率恒定处理。

9.4 电力系统的电压稳定性

到此为止，主要讨论了发电机同步并联运行的稳定性，以发电机转子间相对角的运动规律作为判断稳定性的依据，因此，也称为功角稳定性。但是，在实际电力系统中还存在另一种性质的稳定问题，即负荷节点的电压稳定性。在发电厂经过一定距离的输电线向负荷中心地区供电的系统中，当电源电压和网络结构不变时，负荷节点的电压会随着负荷功率的增加而缓慢下降，当负荷功率增加到一定限值时，节点电压将发生不可控制的急剧下降，这就是所谓的"电压崩溃"现象。

> ※一点讨论
> 电压稳定问题实质上是负载稳定问题，因此，它与负载的动态特性密切相关。但是，电力系统中的负载，其动态特性往往是不清楚的，如何用综合的负载特性去等效实际上数量庞大且分散的各种负载，实现负载的动态等效，是研究电压稳定问题的理论基础与根源。

电压失稳主要同负荷的动态特性有关。在简单电力系统中，一台同步发电机经过一段线路向负荷节点供电，发电机和输电线的总阻抗记为 Z_s，用户的用电设备也表示为某种可变的等效阻抗 Z。在这样的简单电力系统中，只有一台发电机，不存在功角稳定性问题，但是电压稳定问题则是确实存在的。

负荷节点接受的功率为

$$P+jQ = \frac{E^2|Z|}{|Z_s+Z|^2}(\cos\varphi+j\sin\varphi) = \frac{E^2|Y|}{|1+Z_sY|^2}(\cos\varphi+j\sin\varphi) \tag{9-70}$$

负荷节点的电压为

$$U=\frac{E|Z|}{|Z_s+Z|}=\frac{E|Y|}{|1+Z_sY|} \tag{9-71}$$

式中，$Y=1+Z$。

在分析电压稳定问题时，假定系统频率不变，发电机电动势不变，阻抗 Z_s 不变，这时唯一变量是负荷的等效阻抗 Z（或等效导纳 Y）。在给定的功率因数下，可以绘出 P-$|Y|$ 曲线如图 9-11 所示，相应的 U-$|Y|$ 曲线如图 9-12 所示。

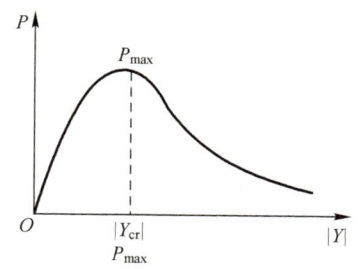

图 9-11　负荷节点的 P-$|Y|$ 曲线　　图 9-12　负荷节点的 U-$|Y|$ 曲线

P-$|Y|$ 曲线为负荷节点的功率特性曲线，这条曲线有一个最高点，与此相对应的负荷导纳记为 $|Y_{cr}|$。当负荷运行在 $|Y|<|Y_{cr}|$ 的区段内时，只要增加导纳，总可以从电网得到更多的功率供应。当 $|Y|=|Y_{cr}|$ 时，负荷节点可得到最大功率。在 $|Y|>|Y_{cr}|$ 以后，继续增大负荷导纳将导致电网输送达功率的减小。这种功率传输特性，如同发电机的功角特性一样是电力网络所固有的，它由电路本身规律所决定。U-$|Y|$ 曲线表明，随着负荷导纳的增大，负荷节点电压呈单调下降的趋势，这也是电力网络的固有特性。顺便说明，这里讨论的是负荷吸收感性无功功率的情况。当负荷功率因数超前时，在一定的参数配合下，随着负荷导纳的增大，U-$|Y|$ 曲线可能先上升，然后再单调下降。

用户的用电设备对于电网来说，呈现为某种阻抗，在取得功率同时又将从电网吸取的电磁功率转化为其他形式的功率，以满足生产和人们生活的各种需要。例如，异步电动机将电磁功率转化为机械功率，以带动旋转机械工作。当机械功率超过电磁功率时，电动机转速下降，转差增大，等效导纳增大，将试图从电网中吸收更多的电磁功率来实现新的功率平衡。实际上，不仅电动机如此，系统中其他动态负荷都具有同样特性；当负荷吸收的电磁功率和输出的其他形式的功率失去平衡时，会自动调整其等效导纳的大小，以求得新的功率平衡。当输入的电磁功率大于输出功率时，等效导纳将减小，反之则增大。

当系统运行在 P-$|Y|$ 曲线的上升段时，负荷有功功率的暂时供需失衡，依靠网络和负荷本身的固有特性可以恢复平衡，系统是稳定的，只是随着负荷导纳的增大，节点电压有所下降。当系统运行在 P-$|Y|$ 曲线的下降段时，负荷因需求功率的增大而增加导纳，电网输送的功率反而减少了，导致功率不平衡的加剧。根据上述负荷动态特性，负荷导纳将继续增大，负荷节点电压随之迅速下降，于是出现了电压崩溃现象。由此可见，电压失稳是负荷维持功率平衡而调节导纳的性质与网络的功率传输特性相互作用的结果。

负荷的功率因数（滞后）不同时，P-$|Y|$ 曲线和 U-$|Y|$ 曲线的形状没有变化。功率因数变小时，对应于相同 $|Y|$ 值的功率 P 和电压 U 都要减小。对于以异步电动机为主要成分的综合负荷，当机械功率增大，电动机转差增大时，功率因数下降很快，因此，实际的

P-$|Y|$ 曲线要比恒定功率因数时的曲线低很多。当转差越过临界值，相当于等效导纳越过相应的临界值 $|Y_{cr}|$ 时，负荷的功率因数迅速下降，所需的无功功率剧增，加大了输电线中的电压损耗，从而加剧了电压崩溃的过程。

在实际系统中，电压崩溃主要发生在系统遭受大扰动、发电机保持了暂态稳定性的故障后运行状态下。1978 年 12 月法国电网和 1987 年 7 月日本东京电网的电压崩溃都是在大扰动后十几分钟才发生的。法国电网的电压失稳发生在冬季早上 8 点多，日本东京电网则发生在夏季特别炎热的中午，都处于负荷迅速增长的阶段。故障后的系统由于切除了故障线路，网络结构发生了变化，传输能力有所下降，随着故障后稳态的建立，在暂态过程中失去负荷逐渐恢复，而且还继续大幅度地增长，当负荷的功率达到一定的限值时，便诱发了电压崩溃现象。

在电力系统潮流的稳态解中，能够保持电压稳定性的运行状态的集合构成静态电压稳定域。如果系统运行的初始阶段是电压稳定的，随着负荷需求的不断增大，运行点将逐渐向域的边界靠近，当达到边界上的运行状态时，负荷再继续增大，就会发生电压失稳，对应的运行状态称为静态电压稳定的临界状态。与功角失稳不同的是，电压失稳往往是局部的，随着负荷功率的不断增大，总是在某一最薄弱节点的负荷功率首先失去平衡，该节点称为临界节点，其临界状态下的功率和电压分别称为临界功率和临界电压。在电力系统实际运行中，计算临界状态，找出临界节点和临界功率可以帮助运行人员评估系统运行状态的电压稳定程度。目前常把临界节点的临界功率和实际功率之差作为电压稳定的裕度指标，稳定裕度不够时，需及时围绕薄弱环节采取必要的提高稳定措施。

在实用计算中，常采用 P-U 曲线作为分析系统电压稳定性的手段，负荷节点的 P-U 特性曲线如图 9-13 所示。曲线的上半支相当于 P-$|Y|$ 曲线的上升段，在这段曲线运行时，负荷节点电压的下降总是可以换取网络传送功率的增加，系统的运行是稳定的。但是有功功率的增加是有限度的，当功率达到最大值 P_{max} 时，即是电压稳定的临界点。在 P-U 曲线的下半支，电压的降低将导致功率的减小，由于负荷本身固有的动态特性，将不能稳定运行。通过监视

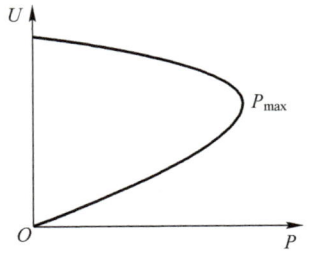

图 9-13 负荷节点的 P-U 曲线

各负荷节点 P-U 曲线的变化，可以对系统的电压稳定性有较清楚的认识。严格地讲，采用 P-U 曲线和一些基于潮流方程求解的电压稳定性的分析，都没有考虑负荷特性的影响，只是把网络传送功率的极限点当作电压稳定的临界点。对电压稳定问题的进一步分析研究，选择适用的负荷模型是至关重要的。

应该着重指出，电力系统供电接入的负荷代表了多种类型的用电设备和与其相关的配电网络元件的组合，要确定综合负荷的输出功率特性是不容易的。如果用一台等效电动机来代替综合负荷，当供电点电压下降过多时，虽然从综合负荷特性来看仍然保持稳定，但是个别电动机或其他的用电设备可能已失去稳定或者因电压过低而退出运行。大负荷失去稳定时，系统的有功负荷骤减，使各发电机的有功功率发生大的变化，引起发电机间的相对运动，严重时也可能导致电力系统同步运行稳定的丧失。

9.5 静态稳定性知识拓展

9.5.1 静态稳定性发展综述

静态稳定是从大视角以简单的判据判断电网稳定情况，是电网迈入稳定运行的第一道门槛，是必要条件。简单地说，电力系统满足静态稳定条件时，电网不一定稳定，但如不满足静态稳定条件，则电网必然不稳定。静态稳定计算分析包括静态功角稳定计算分析和静态电压稳定计算分析。静态功角稳定分析的目的是应用相应的判据，确定电力系统稳定性和区域间输电断面（线路）的输送功率极限和相应的稳定储备情况；而静态电压稳定主要的目的是寻找电网电压崩溃前所能承受的负荷极限。综合考虑静态功角稳定和电压稳定情况，最终检验在给定方式下电力系统的稳定储备情况，保障电力系统具备一定的稳定运行裕度。

其中电力系统的小信号稳定性又称为小干扰稳定，是指系统在遭受小扰动后，不发生自发振荡或非周期性失步，自动恢复到起始运行状态的能力。电力系统时刻经受着小的干扰，如负荷随机波动、参数缓慢变化等。电力系统的小信号稳定性问题通常是由于系统阻尼不足所引发的振荡问题，可能是局部的或全局的。

随着可再生能源机组容量占比的逐渐提升，大规模储能和微电网技术的逐渐成熟，电网的电源结构发生重大变化；直流输电和电力电子技术的不断发展，电网电力电子化程度不断提高，电网的网络形态发生显著改变；主动负荷控制等技术日渐成熟，电网的负荷类型日趋多样；通信、大数据、人工智能等技术广泛应用，电网信息化、智能化程度显著提高。新一代电网快速发展，电网转动惯量不断减小、运行方式复杂多样、源网荷的扰动源增加等新问题，对系统小信号稳定分析带来新的挑战，但也为提高小信号稳定性提供了丰富的控制措施。

由于传统方法难以有效分析当前电力系统的小信号稳定性，因此新理论和分析方法不断涌现。当前电力系统的小信号模型呈现出高度不确定性和非线性、高维度、多时间尺度等新特点，传统基于状态空间模型的特征值分析法、基于频域理论的阻抗分析法和灵敏度分析法等小信号稳定性的分析方法的适用性受到限制，因此小信号稳定性分析新方法应运而生。分岔理论是非线性动力学中的一种小信号稳定性分析方法，能充分考虑系统中各部分的动态特性。动态向量法是一种精度较高的建模手段，在柔性交直流输电中已被使用，可为小信号建模提供新思路。奇异摄动理论通常被用于系统模型的降级处理，亦可解决多时间尺度的问题。电网运行会产生海量数据，人工智能方法对数据处理和分析具有明显优势，可在小信号稳定评估和预测、控制器参数优化设计等方面发挥积极作用。

（赵俊华，香港中文大学（深圳）理工学院）

9.5.2 静态稳定性工程应用

（1）静态功角的稳定性

静态功角稳定分析的物理基础是同步发电机转子的机械转动的稳定性，即同步发电机转子上机械转矩和电磁转矩的平衡情况，静态功角稳定本质是功角与机械和电磁转矩呈负反馈，考虑到原动机的机械惯性较大，一般短过程可假设其提供的机械功率不变，静态功角稳定简化为判断功角与电磁转矩是否具有同向性。实际电网分析中，两种情况下仍需考虑静态功角稳定：情况一，按照电力系统三级安全稳定标准，大电源送出线、跨大区或省网间联络线、网络中的薄弱断面等静态稳定裕度在进行暂态功角稳定计算的同时，仍需考虑小扰动情况下静态功角稳定问题，分析远距离传输线路两端机组功角曲线，若发生非周期性失步，不能自动恢复到初始运行状态，则静态功角稳定失稳，则需要降低线路传输功率或加强网架结构；情况二，需要分析电网的静态稳定储备是否满足电网的要求。

（2）静态电压的稳定性

静态电压稳定分析方法与静态功角稳定分析既有一致性，也存在差异性。从分析思想来说，具有一致性，它们均从静态稳定判定方法和静态稳定储备系数两个方面分析。差异性表现在，其一，静态功角稳定是基于功角曲线分析，而静态电压稳定是基于功率-电压曲线分析（P-U 和 Q-U）；其二，相对于功角稳定性而言，电压稳定性往往表现为一种局部现象，电压失稳总是从系统电压稳定性最薄弱的节点开始引发，并逐渐向周围比较薄弱的节点（区域）蔓延，严重时才会引发整个系统的电压崩溃。电压稳定静态分析方法主要可分为最大功率法、灵敏度分析法、潮流雅可比矩阵奇异法及潮流多解法四种方法，它们的物理本质都是把电力网络输送功率的极限运行状态作为电压失稳的临界点，不同之处在于抓住极限运行状态的不同特征作为极限运行状态的判据。

值得注意的是，静态稳定分析不含静态频率稳定分析，因为频率失稳的原因在于有功功率不平衡，即全网的电源出力和负荷需求不平衡，而在小扰动情况下，造成系统频率失稳必然是电源和负荷相差过大，超出电网的频率调节能力。此种情况下，往往潮流难以收敛或平衡机组有功值超过机组额定功率数倍，换句话说，若存在频率失稳问题，在潮流分析中就能充分地暴露，无须深入稳定性的领域进行研究。

（3）高比例电力电子化电力系统的小信号稳定性

风电、光伏、储能、柔性高压直流输电等通过电压源/电流源型换流器接口实现能量转换和并网。由于大规模低惯量、弱阻尼换流器的接入，为了缓解惯性下降，提升可再生能源的渗透率，提高系统的小信号稳定性，现有文献对柔性直流输电、虚拟惯量控制等技术进行了大量研究。柔性直流输电技术是一种以电压源换流器、自关断器件和脉宽调制技术为基础的新型输电技术，可实现大规模新能源并网和远距离外送。虚拟惯量控制通过模拟同步机组的功率响应性能，使可再生能源发电系统具备与火电类似的惯量特性，有利于减少可再生能源输出功率的波动。虚拟惯量的具体控制策略包括下垂控制、虚拟同步机、摇摆方程模拟等技术。在进行高比例电力电子化电力系统的小信号稳定性分析时，一般的思路为对不同原动机特性和控制特性的换流器接口进行小信号建模分析，采用基于阻抗或特征值的分析方法来评估系统的小信号稳定性，通过优化设计控制器参数、改变锁相环控制和附加虚拟阻尼控制器等手段来提高系统的小信号稳定性。

（4）微电网的小信号稳定性

微电网是一种可控的自治单元，由分布式电源、负载、储能设备、逆变器和保护设备组成，主要有并网和孤岛两种运行模式。并网运行时，大电网可为微电网提供较强支撑；孤岛运行模式下，微电网惯性较小，其小信号稳定性易受到扰动影响。微电网具有高频非线性、规模小、惯性缺失等新的特征，其小信号的稳定性与运行方式、控制器以及源荷、交直流网络、多微电网间的互联交互等因素有关。进行微电网小信号稳定性分析时，应考虑到各个单元的动态特性，微电网的小信号模型具有高阶非线性的特点，需要适当降阶简化。分析方法包括特征值分析、阻抗分析和其他非线性分析方法，如分岔理论和概率分析方法。微电网小信号稳定性的提高，可从控制器参数优化、下垂控制改进和分层控制策略优化设计等方面进行。

（张强，国网辽宁省电力有限公司电力科学研究院）

第 9 章 部分知识点动画讲解

小　结

本章以简单系统为例，主要讨论了发电机同步并联运行的稳定性，以发电机转子间相对角的运动规律作为判断稳定性的依据，因此，也称为功角稳定性。

功率极限是指发电机功率特性的最大值；稳定极限是指保持静态稳定下发电机所能输送的最大功率，必须严格区分这两个重要的概念。

具有等效负阻尼系数的电力系统是不稳定运行的，其失去稳定的形式是周期性地不断增大振荡幅度（自发振荡）。

自动励磁调节器可以提高功率极限和稳定运行范围。改进和发展励磁调节器的重要目标之一是尽可能地削弱和消除励磁调节器产生的负阻尼效应。

在实际电力系统中还存在另一种性质的稳定问题，即负荷节点的电压稳定性。

习　题

9-1　列出三种提高系统静态稳定的措施。

9-2　简单电力系统的静态稳定性的实用判据是什么？

9-3　如何用小扰动法分析简单电力系统的静态稳定性？

9-4　简单电力系统的静态稳定的储备系数和整步功率系数指的是什么？

9-5　隐极机单机无限大供电系统，系统母线电压 $U_s=1$，运行在额定情况，$P_N=1$，$\cos\varphi_N=0.85$，元件参数 $X_d=1.0$，$X_e=0.1$，求功率极限、初始运行功角和静态稳定储备系数。

9-6　简单系统如图 9-14 所示，以知参数为 $X_{d\Sigma}=1.5$，$E_q=1.07$，$U_S=1.0$，$T_J=15\text{s}$。

（1）不计阻尼功率影响，用小干扰法分析系统在 δ_0 为 0°、60°、90°、100°时的静态稳定性，求上述 δ_0 下系统的振荡频率和周期。

（2）当阻尼系数 $D=60$ 时，分析系统在 δ_0 为 0°、60°、90°、100°时的静态稳定性，求上述 δ_0 下系统的振荡频率和周期。

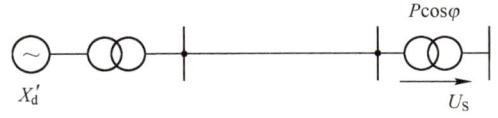

图 9-14　习题 9-6 图

9-7 如图 9-15 所示的简单电力系统中，隐极机的参数（标幺值）如下：$X_{d\Sigma} = 2.0$，$E_q = 1.1$，$U = 1.0$，$T_J = 10\,\mathrm{s}$。小扰动时 E_q 保持不变，$\delta_0 = 60°$。试求在不考虑阻尼的情况下，系统受到小扰动时的振荡频率和周期。

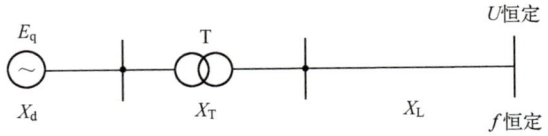

图 9-15 习题 9-7 图

第 10 章 电力系统暂态稳定性

> 科学不是为了个人荣誉，不是为了私利，而是为人类谋幸福。——钱三强

本章要点：

- 掌握电力系统暂态稳定性的基本概念。
- 掌握分析简单系统暂态稳定的方法，即等面积定则。
- 掌握转子运动方程的求解方法，包括分段计算法和改进欧拉法。

第 10 章导学

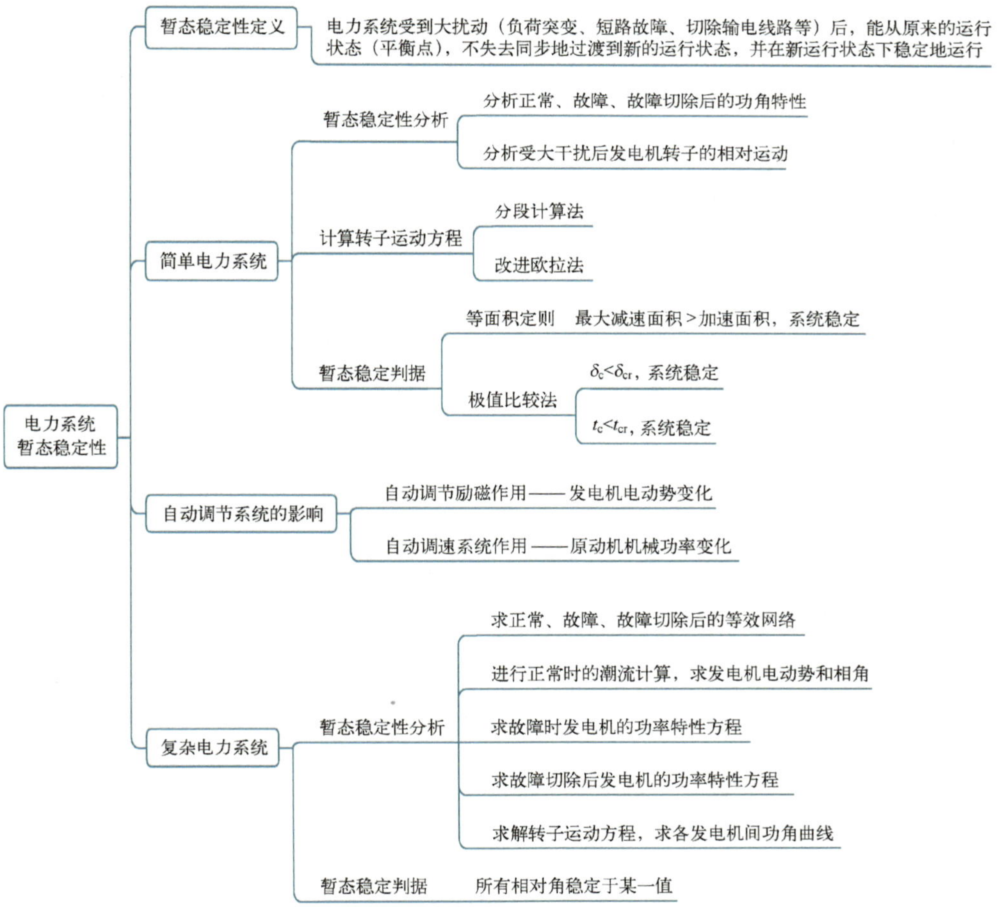

电力系统暂态稳定性
- 暂态稳定性定义：电力系统受到大扰动（负荷突变、短路故障、切除输电线路等）后，能从原来的运行状态（平衡点），不失去同步地过渡到新的运行状态，并在新运行状态下稳定地运行
- 简单电力系统
  - 暂态稳定性分析
    - 分析正常、故障、故障切除后的功角特性
    - 分析受大干扰后发电机转子的相对运动
  - 计算转子运动方程
    - 分段计算法
    - 改进欧拉法
  - 暂态稳定判据
    - 等面积定则　最大减速面积>加速面积，系统稳定
    - 极值比较法
      - $\delta_c<\delta_{cr}$，系统稳定
      - $t_c<t_{cr}$，系统稳定
- 自动调节系统的影响
  - 自动调节励磁作用——发电机电动势变化
  - 自动调速系统作用——原动机机械功率变化
- 复杂电力系统
  - 暂态稳定性分析
    - 求正常、故障、故障切除后的等效网络
    - 进行正常时的潮流计算，求发电机电动势和相角
    - 求故障时发电机的功率特性方程
    - 求故障切除后发电机的功率特性方程
    - 求解转子运动方程，求各发电机间功角曲线
  - 暂态稳定判据　所有相对角稳定于某一值

本章学科史：

1920 年，电力系统稳定性作为一个重要研究方向第一次被提出，20 世纪 60 年代人们才开始关注暂态稳定性。现在电力系统稳定性分类的方式主要分为两种：一种是根据扰动方式分类，另一种是根据失稳类型分类。

电力系统稳定性分析的发展历程如下。

在 20 世纪 60 年代及以前，根据电力系统所受到扰动大小，习惯上将电力系统稳定性分为静态稳定性和动态稳定性。由于电力系统规模的扩展，出现高灵敏度的快速励磁系统，低频振荡现象成为不稳定现象的一种常见形式。

1974 年，北美学者将振荡形式失稳抽象出来，称之为动态不稳定性。美国学者拜尔利和金巴克将电力系统不稳定性分为以下三类。

1）静态不稳定性：系统内由于功角过大，使发电机间同步能力减弱，以致失步的现象，即主要是指滑差失步现象。

2）动态不稳定性：无论是小扰动还是大扰动，在第一摆中未失步，但在多摆振荡中，出现增幅振而引起失步，都可称为动态不稳定。

3）暂态不稳定性：主要指受到大扰动后，系统一摆失稳。它主要研究一摆失稳。

北美分类法把稳定性按失稳产生的原因分类，区分了失稳的原因和过程，促进了励磁控制新技术，出现了电力系统稳定器，暂态稳定控制得到了发展。

1976 年，国际大电网会议第 32 届委员会提议重新讨论电力系统稳定性的分类和定义。

1981 年，美国电子电气工程师学会对电力系统稳定性提出了新的分类及定义。

1）静态稳定/小干扰稳定：对于某个稳定运行状态，当系统受到小的干扰后，系统会达到与受干扰前相同或接近的运行状态。

2）暂态稳定/大干扰稳定：对于某个稳定运行状态，当系统受到大的干扰后，系统可以达到另一个可接受的稳态运行状态。

20 世纪 80 年代，电力系统规模不断扩大，虽然新的控制、保护技术不断应用于系统运行和控制中，但是实际系统仍发生了多次较大规模的停电事故，以区域间低频振荡、频率失稳和电压不稳定出现的现象增多。1982 年，美国电力科学院把电压问题列为最主要的研究课题。在这样的背景下，电压稳定性问题成为国内外研究的热点，几乎使电压稳定问题成为一个独立的研究领域。1981 年的分类法虽然将低频振荡形式的不稳定已明确包含在小干扰稳定性中，但并没有明确将频率稳定性和电压稳定性提出来。

2004 年 8 月，国际电子电气工程师学会和国际大电网会议第 38 届委员会制定了最新的电力系统稳定性的定义及分类。

1）功角稳定性：表征着系统维持同步的能力。分析计算的时间在 10~20 s，所以又称为短期稳定性；又可分为静态稳定性和暂态稳定性，或者称为小干扰功角稳定性和大干扰功角稳定性。

2）电压稳定性：表征着系统受扰动后维持所有母线电压的能力；可再分为小干扰和大干扰下的电压稳定性；由于电压不稳定持续的时间可能是几秒到几十分钟，故又可分为短期电压稳定性和长期电压稳定性。

3）频率稳定性：指系统遭受到严重的故障造成出力与负荷出现较大的不平衡时，维持频率在可接受的范围内的能力。频率稳定性可分为短期稳定性和长期稳定性。

10.1 电力系统暂态稳定性概述

电力系统同步运行的稳定性，是根据受扰后中并联运行的同步发电机转子之间的相对位移角（或发电机电动势之间的相位差）的变化规律来判断，因此，这种性质的稳定性又称为功角稳定性。

电力系统稳定性的破坏，将造成大量用户供电的中断，甚至导致整个系统的瓦解，后果极为严重，保持电力系统运行的稳定性，对于电力系统安全可靠运行，具有非常重要的意义。

当发电机的电动势 E_q 和受端电压 U 均为恒定时，由 $P_e = \dfrac{E_q U}{X} \sin\delta$ 得传输功率 P_e 是角度 δ 的正弦函数。角度 δ 为电动势 $\dot{E}_q$ 与电压 $\dot{U}$ 之间的相位角。因为传输功率的大小与相位角 δ 密切相关，因此又称 δ 为"功角"或"功率角"。传输功率与功角的关系 $P_e = f(\delta)$ 称为"功角特性"或"功率特性"。

功角 δ 在电力系统稳定问题的研究中占有特别重要的地位。它除了表示电动势 $\dot{E}_q$ 和电压 $\dot{U}$ 之间的相位差，即表征系统的电磁关系之外，还表明了各发电机转子之间的相对空间位置（故又称为"位置角"）。功角 δ 随时间的变化描述了各发电机转子之间的相对运动，而发电机转子之间的相对运动性质，恰好是判断各发电机之间是否同步运行的依据。在正常运行情况下，原动机的转矩 M_T 和发电机输出的电磁转矩 M_e 是相互平衡的，因而发电机转子以恒定速度旋转，功角 δ 保持不变。如果转矩平衡受到破坏，功角就会变化，直到达到新的平衡。

电力系统中，人们把扰动、负荷增大或系统参数变更后造成大面积、大幅度电压持续下降，运行人员和自动控制系统也无法阻止这种电压衰减的情况称为电压崩溃。这种电压下降的持续时间可能只需几秒钟，也可能需要数十分钟，甚至更长。电压崩溃是电压失稳的最明显的特征，它会导致系统瓦解。

电力系统的暂态稳定问题是指电力系统受到较大的扰动之后各发电机是否继续保持同步运行的问题。引起电力系统较大扰动的原因主要有下列几种：

1) 负荷的突然变化，如投入或切除大容量的用户等。
2) 切除和投入系统的主要元件，如发电机、变压器及线路等。
3) 发生短路故障。

其中，短路故障的扰动最为严重，常以此作为检验系统是否具有暂态稳定的条件。

由大扰动引起的电力系统暂态过程，是一个由电磁暂态过程和发电机转子间机械运动暂态过程交织在一起的复杂过程。

精确地确定所有电磁参数和机械运动参数在暂态过程中的变化是很困难的，对于解决一般的工程实际问题往往也没有必要。通常，暂态稳定分析计算的目的在于确定系统在给定的大扰动下发电机能否保持同步运行。因此，只需研究表征发电机是否同步的转子运动特性，即功角 δ 随时间变化特性。

> ※一点讨论
>
> 随着新能源并网发电、柔性直流输电等技术的快速发展,电力电子技术及其设备在电力系统中的应用越来越广泛。不同于上述以同步机为主导的传统电力系统,电力电子化的电力系统惯性更小,响应速度更快,系统受到扰动时,更易发生较大范围的变化,使得系统面临严重的暂态稳定性问题。因此,长远来看,电力电子化电力系统的暂态稳定性分析亟须研究。

10.2 简单电力系统暂态稳定的分析计算

假设简单电力系统在正常运行时,输电线路的始端发生短路故障,然后继电保护动作,切除了一回线路,其相应等效电路如图 10-1 所示,下面分析其暂态稳定性。

1. 各种运行情况下的功率特性

系统正常运行情况下的等效电路如图 10-1 所示。

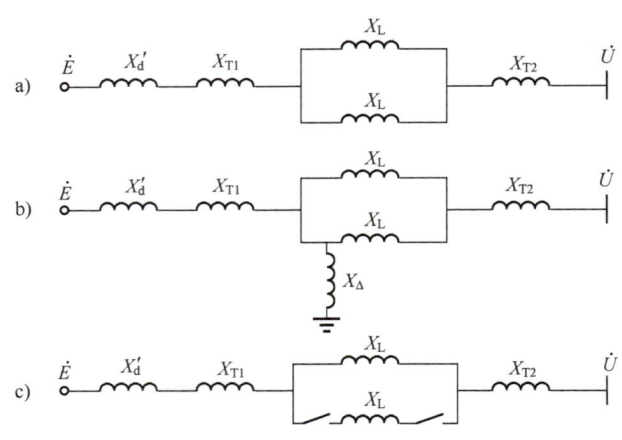

图 10-1 各种运行情况下的等效电路
a)正常运行 b)故障 c)切除故障

系统总电抗为

$$X_{\mathrm{I}} = X_{\mathrm{d}}' + X_{\mathrm{T1}} + \frac{1}{2}X_{\mathrm{L}} + X_{\mathrm{T2}} \tag{10-1}$$

根据给定的运行条件,可以算出短路前暂态电抗 X_{d}' 后的电动势值 E_0。正常运行时的功率特性为

$$P_{\mathrm{I}} = \frac{E_0 U_0}{X_{\mathrm{I}}} \sin\delta = P_{\mathrm{mI}} \sin\delta \tag{10-2}$$

发生短路时根据正序等效定则,应在正序等效电路中的短路点接入短路附加电抗 X_Δ,此时,发电机与系统间的转移电抗为

$$X_{\text{II}} = X_{\text{I}} + \frac{(X'_{\text{d}} + X_{\text{T1}})\left(\frac{1}{2}X_{\text{L}} + X_{\text{T2}}\right)}{X_{\Delta}} \tag{10-3}$$

发电机的功率特性为

$$P_{\text{II}} = \frac{E_0 U_0}{X_{\text{II}}}\sin\delta = P_{\text{mII}}\sin\delta \tag{10-4}$$

由于 $X_{\text{II}} > X_{\text{I}}$，短路时的功率特性比正常运行时的要低。

故障线路被切除后，系统总电抗为

$$X_{\text{III}} = X'_{\text{d}} + X_{\text{T1}} + X_{\text{L}} + X_{\text{T2}} \tag{10-5}$$

此时的功率特性为

$$P_{\text{III}} = \frac{E_0 U_0}{X_{\text{III}}}\sin\delta = P_{\text{mIII}}\sin\delta \tag{10-6}$$

一般情况性下，$X_{\text{II}} > X_{\text{III}} > X_{\text{I}}$，因此 P_{III} 也介于 P_{I} 和 P_{II} 之间。

2. 大扰动后发电机转子的相对运动

正常运行情况下，原动机输入功率为 $P_{\text{T}} = P_0$，发电机的工作点为 a，与此对应的功角为 δ_0。

短路瞬间，由于转子惯性，功角不能突变，此时出现的过剩功率为 $\Delta P_{(0)} = P_{\text{T}} - P_{\text{e}} = P_0 - P_{(0)} > 0$，它是加速性的。在加速性的过剩功率作用下，发电机获得加速度，使其相对速度 $\Delta\omega = \omega - \omega_{\text{N}} > 0$，于是功角 δ 开始增大，随着 δ 的增大，发电机的电磁功率开始增大，过剩功率则减少，但过剩功率仍是加速性的，所以，$\Delta\omega$ 不断增大。

在功角 δ_{c} 处，线路故障切除，在切除的瞬间由于功角不能突变，发电机的工作点转移到 P_{III} 曲线上对应于 δ_{c} 的点 d。此时 $\Delta P_{\text{a}} = P_{\text{T}} - P_{\text{e}} < 0$，发电机的转速开始下降，虽然 $\Delta\omega$ 在减小，但是仍大于 0，功角继续增大，直到发电机减速，恢复到同步速度，即 $\Delta\omega = 0$ 时，功角 δ 抵达它的最大值 δ_{max}。此时虽然恢复了同步，但是由于功率平衡尚未恢复，转速继续下降而低于同步转速，相对速度 $\Delta\omega$ 改变符号，于是功角开始减小，发电机的工作点将沿 P_{III} 由点 f 向点 d、s 变动。最后由于过程中的能量损耗，稳定运行在 s 点。

3. 等面积定则

当不考虑振荡中的能量损耗时，可以在功角特性上，根据等面积定则简便地确定最大摇摆角 δ_{max}，并判断系统的稳定性。从图 10-2 中可以看出，在功角由 δ_0 变到 δ_{c} 的过程中，原动机输入的能量大于发电机输出的能量，多余的能量将使发电机转速升高并转化为转子的动能而储存在转子中；而当功角由 δ_{c} 变到 δ_{max} 时，原动机输入的能量小于发电机输出的能量，不足部分由发电机转速降低而释放出的动能转化为电磁能来补充。

转子由 δ_0 到 δ_{c} 移动时，过剩转矩所做的功为

$$W_{\text{a}} = \int_{\delta_0}^{\delta_{\text{c}}} \Delta M_{\text{a}} \text{d}S = \int_{\delta_0}^{\delta_{\text{c}}} \frac{\Delta P_{\text{a}}}{\omega} \text{d}\delta \tag{10-7}$$

用标幺值计算时，因发电机转速偏离同步速度不大，$\omega \approx 1$，于是

$$W_{\text{a}} \approx \int_{\delta_0}^{\delta_{\text{c}}} \Delta P_{\text{a}} \text{d}S = \int_{\delta_0}^{\delta_{\text{c}}} (P_{\text{T}} - P_{\text{II}}) \text{d}\delta \tag{10-8}$$

式（10-7）右边的积分代表图 10-2 中的阴影面积 A_{abce}，可以认为转子在加速过程中获

得的动能增量等于阴影 A_{abce} 的面积值,这块面积称为加速面积,在不计能量损失时,加速期间过剩转矩所做的功,将全部转化为转子动能。

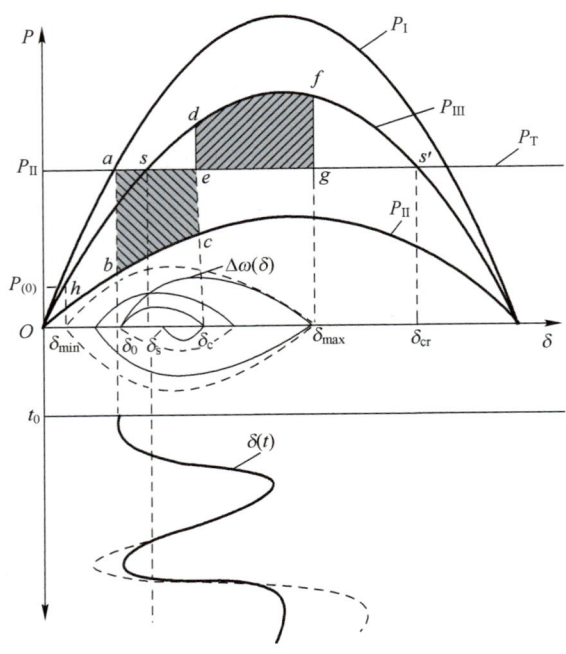

图 10-2 转子相对运动及等面积定则

当转子由 δ_c 变动到 δ_{max} 时,转子动能增量为

$$W_b = \int_{\delta_c}^{\delta_{max}} \Delta M_a d\delta \approx \int_{\delta_c}^{\delta_{max}} \Delta P_a d\delta = \int_{\delta_c}^{\delta_{max}} (P_T - P_{III}) d\delta \tag{10-9}$$

由于 $\Delta P_a < 0$,式(10-9)的积分为负值。也就是说,动能增量为负值,这意味着转子储存的动能减小了,即转速下降了,减速过程中动能增量所对应的面积称为减速面积,如图 10-2 中的阴影面积 A_{edfg}。

显然,当满足

$$W_a + W_b = \int_{\delta_0}^{\delta_c} (P_T - P_{II}) d\delta + \int_{\delta_c}^{\delta_{max}} (P_T - P_{III}) d\delta = 0 \tag{10-10}$$

的条件时,动能增量为零,即短路后得到加速使其转速高于同步转速的发电机重新恢复了同步。应用这个条件,可以写成

$$|A_{abce}| = |A_{edfg}| \tag{10-11}$$

即加速面积和减速面积大小相等,这就是等面积定则。同理,根据等面积定则,可以确定摇摆的最小角度 δ_{min}(在已经确定最大角 δ_{max} 后),即

$$\int_{\delta_{max}}^{\delta_s} (P_T - P_{III}) d\delta + \int_{\delta_s}^{\delta_{min}} (P_T - P_{III}) d\delta = 0 \tag{10-12}$$

4. 极限切除角

从图 10-2 可以看出,在给定的计算条件下,当切除角 δ_c 一定时,有一个最大可能的减速面积 A_{dfse}。如果这块面积的数值比加速面积 A_{abce} 小,发电机将失去同步。因为在这种情况下,当功角增至临界角 δ_{cr} 时,转子在加速过程中所增加的动能未完全耗尽,发电机转速仍

高于同步转速，功角继续增大而越过点 s'，过剩功率变成加速性的了，使发电机继续加速而失去同步。显然，最大可能的减速面积大于加速面积，是保持暂态稳定的条件。

当最大可能的减速面积小于加速面积时，如果减小切除角 δ_c，由图 10-3 可知，这既减小了加速面积，又增加了最大可能减速面积，这就有可能使原来不能保持暂态稳定的系统变成能保持暂态稳定了。如果在某一切除角时，最大可能的减速面积与加速面积大小相等，则系统将处于稳定的极限情况，大于这个角度切除故障，系统将失去稳定。这个角度称为极限切除角 $\delta_{c.\lim}$。

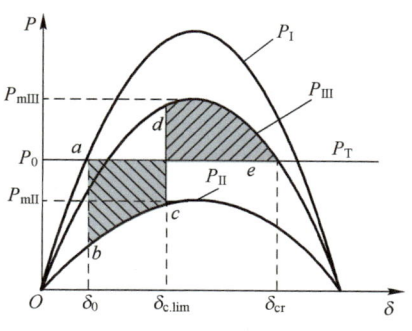

图 10-3 极限切除角

> ※一点讨论
>
> 由图 10-3 可以观察到，电力系统暂态稳定保持动态平衡，所谓动态平衡是物质系统在不断运动和变化情况下的宏观平衡，世界上没有绝对的、静止的平衡，平衡是一个动态的过程，人生亦是如此。

应用等面积定则可以方便地确定 $\delta_{c.\lim}$，由图 10-3 可得

$$\int_{\delta_0}^{\delta_{c.\lim}}(P_0 - P_{mII}\sin\delta)\mathrm{d}\delta + \int_{\delta_{c.\lim}}^{\delta_{cr}}(P_0 + P_{mIII}\sin\delta)\mathrm{d}\delta = 0 \qquad (10-13)$$

求解式（10-13）的积分并整理后得到

$$\delta_{c.\lim} = \arccos\frac{P_0(\delta_{cr}-\delta_0) + P_{mIII}\cos\delta_{cr} - P_{mII}\cos\delta_0}{P_{mIII} - P_{mII}} \qquad (10-14)$$

式中所有角度都是用弧度表示的，临界角为

$$\delta_{cr} = \pi - \arcsin\frac{P_0}{P_{mIII}} \qquad (10-15)$$

> ※一点讨论
>
> 当系统负荷突然增大时，由于同步发电机优良的惯性和阻尼特性，制动转矩会缓慢地将发电机转子的动能转化为势能，直到出力和频率达到新的平衡。但在电力电子化的电力系统中，绝大多数电源通过电力电子逆变器接入电网，而电力电子元件自身反应快、惯性小的特点会使得系统内巨大的动能无法被平衡，进而导致系统失去频率支撑能力。因此，虚拟同步机技术得到了广泛的关注，该技术是在逆变器基础上，通过人为增加惯性环节来模拟同步发电机。

5. 简单电力系统暂态稳定判断的极值比较法

为了判断电力系统的暂态稳定性，还必须知道转子抵达极限切除角所用的时间，即所谓切除故障的极限允许时间（简称极限切除时间 $t_{c.\lim}$）。为此，可以通过求解故障时发电机转子的运动方程来确定功角随时间变化的特性 $\delta(t)$，如图 10-4 所示。当已知继电保护和断路器切出故障的时间 t_c 时，可以由 $\delta(t)$ 曲线上找出对应的切除角 δ_c。比较 δ_c 与等面积定则确

定的极限切除角 $\delta_{\text{c.lim}}$。若 $\delta_c < \delta_{\text{c.lim}}$，系统是暂态稳定的，反之则不稳定；也可以比较时间，由等面积定则确定的 $\delta_{\text{c.lim}}$，在 $\delta(t)$ 上求出对应的极限切除时间 $t_{\text{c.lim}}$，若实际切除时间 $t_c < t_{\text{c.lim}}$，系统是暂态稳定的，反之是不稳定的。

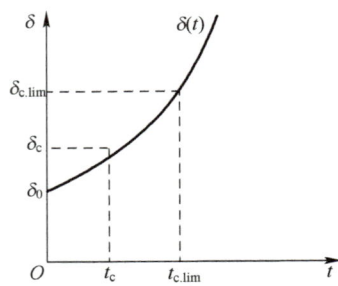

图 10-4 极限切除角（功角随时间变化的特性）

> ※一点讨论
>
> 暂态稳定，是指电力系统受到大干扰后，各发电机保持同步运行并过渡到新的或恢复到原来稳定运行状态的能力，通常指第一或第二摆不失步。分析系统的暂态稳定性就是要分析系统的初始运行方式、故障点条件、故障切除时间，以及故障后的状态，计算电力系统故障及恢复期间内各发电机组的功角变化情况，然后再根据功角有无趋向稳定数值，来判断系统能否保持稳定。

10.3 发电机转子运动方程的数值解法

发电机转子运动方程是非线性常微分方程，一般不能求得解析解，只能用数值计算方法求它们的近似解。这里，仅介绍暂态稳定计算中常用的两种方法，即分段计算法和改进欧拉法。

1. 分段计算法

对于简单电力系统，用标幺值描述的发电机转子运动方程为

$$\frac{T_J \mathrm{d}^2\delta}{\omega_N \mathrm{d}t^2} = \Delta M_a = \frac{1}{\omega}\Delta P_a = \frac{1}{\omega}(P_T - P_m \sin\delta) \tag{10-16}$$

式中，功角对时间的二阶导数为发电机的加速度，当取 $\omega \approx 1$ 时，转子运动方程为

$$a = \frac{\omega_N}{T_J}\frac{1}{\omega}(P_T - P_m \sin\delta) = \frac{\omega_N}{T_J}(P_T - P_m \sin\delta) \tag{10-17}$$

因为 δ 是时间的函数，所以发电机转子运动是变加速运动。

分段计算法就是把时间分成若干个小时间段，在每一个小段时间内，把变加速运动近似地看成等加速运动来求解，具体算法如下。

在短路瞬间，发电机的电磁功率突然减小，原动机的功率 $P_T = P_0 =$ 常数，转子上出现了过剩功率，$\Delta P_{(0)} = P_{T(0)} - P_{e(0)} = P_0 - P_{mII}\sin\delta_0$，发电机转子获得一个加速度，即

$$a_{(0)} = \frac{\omega_N}{T_J}\Delta P_{(0)} \tag{10-18}$$

在一个时间段 Δt 内，近似地认为加速度为恒定值 $a_{(0)}$，于是在第一个时间段末，发电机的相对速度和相对角度的增量为

$$\Delta\omega_{(1)} = \Delta\omega_{(0)} + a_{(0)}\Delta t \tag{10-19}$$

$$\Delta\delta_{(1)} = \Delta\omega_{(0)}\Delta t + \frac{1}{2}a_{(0)}\Delta t^2 \tag{10-20}$$

因为发电机的速度不能突变，故 $\Delta\omega_{(0)} = 0$，于是

$$\Delta\omega_{(1)} = a_{(0)}\Delta t \tag{10-21}$$

$$\Delta\delta_{(1)} = \frac{1}{2}a_{(0)}\Delta t^2 = \frac{1}{2}\frac{\omega_N}{T_J}\Delta P_{(0)}\Delta t^2 = \frac{1}{2}K\Delta P_{(0)} \tag{10-22}$$

式中，$K = \frac{\omega_N}{T_J}\Delta t^2$ 为一常数。

知道了第一个时间段内的功角增量，即可求得第一个时间段末，第二个时间段开始瞬间的功角值为

$$\delta_{(1)} = \delta_0 + \Delta\delta_{(1)} \tag{10-23}$$

有了功角新值 $\delta_{(1)}$ 后，便能确定第二个时间段开始瞬间的过剩功率和发电机的加速度分别为

$$\Delta P_{(1)} = P_0 - P_{mⅡ}\sin\delta_{(1)} \tag{10-24}$$

$$a_{(1)} = \frac{\omega_N}{T_J}\Delta P_{(1)} \tag{10-25}$$

同样假定在第二个时间段内加速度为恒定值 $a_{(1)}$，则第二个时间段内角度增量为

$$\Delta\delta_{(2)} = \Delta\omega_{(1)}\Delta t + \frac{1}{2}a_{(1)}\Delta t^2 \tag{10-26}$$

式中的相对速度 $\Delta\omega_{(1)}$ 如果按式（10-21）计算，结果并不十分准确。因为在第一个时间段内，加速度毕竟还是变化的。为了提高计算精度，取时间段初和时间段末的加速度的平均值，作为计算每个时间段内速度增量的加速度。这样，第一个时间段末的速度为

$$\Delta\omega_{(1)} = a_{(0)av}\Delta t = \frac{a_{(0)} + a_{(1)}}{2}\Delta t \tag{10-27}$$

将式（10-27）代入式（10-26）中得到

$$\Delta\delta_{(2)} = \frac{a_{(0)} + a_{(1)}}{2}\Delta t \times \Delta t + \frac{1}{2}a_{(1)}\Delta t^2 = \Delta\delta_{(1)} + K\Delta P_{(1)} \tag{10-28}$$

第二个时间段末的角度为

$$\delta_{(2)} = \delta_{(1)} + \Delta\delta_{(2)} \tag{10-29}$$

同理，可以得到第 k 个时间段的递推公式为

$$\begin{cases} \Delta P_{(k-1)} = P_0 - P_{mⅡ}\sin\delta_{(k-1)} \\ \Delta\delta_{(k)} = \Delta\delta_{(k-1)} + K\Delta P_{(k-1)} \\ \delta_{(k)} = \delta_{(k-1)} + \Delta\delta_{(k)} \end{cases} \tag{10-30}$$

这样可以根据计算结果绘出图 10-4 所示的 $\delta(t)$ 曲线。然而，实际电力系统都是多机系统，已不能用等面积定则来确定 $\delta_{c.lim}$ 和用极值比较法判断暂态稳定。为此，在暂态稳定计算中，把切除故障作为一次操作（即大扰动）来处理，切除时间由继电保护及断路器动作

时间来确定。

设在第 m 个时间段开始的瞬间（即第 $m-1$ 个时间段末）切除故障，发电机的工作点便由 P_{II} 突然变到 P_{III} 上。过剩功率也由 $\Delta P'_{(m-1)} = P_0 - P_{\mathrm{mII}} \sin\delta_{(m-1)}$，突然变到 $\Delta P''_{(m-1)} = P_0 - P_{\mathrm{mIII}} \sin\delta_{(m-1)}$（见图 10-5）。在切除故障后的第一个时间段内，计算角度增量时，过剩功率取操作前后瞬间的平均值，即

$$\Delta\delta_{(m)} = \Delta\delta_{(m-1)} + K\frac{\Delta P'_{(m-1)} + \Delta P''_{(m-1)}}{2} \tag{10-31}$$

这样，便可以把暂态过程中功角变化计算出来并绘成曲线，如图 10-6 所示。这种曲线通常称为转子的摇摆曲线。如果功角随时间不断增大（单调变化），则系统在所给定的扰动下是不能保持暂态稳定的。如果功角增加到某一最大值后便开始减小，以后振荡逐渐衰减，则系统是稳定的。

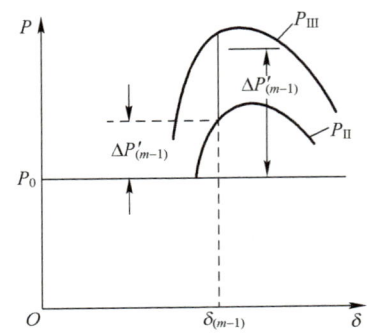

图 10-5 切除故障瞬间的过剩功率

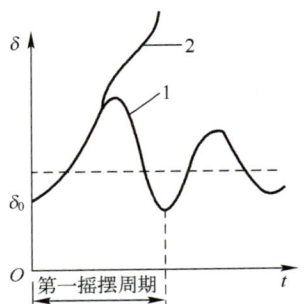

图 10-6 转子摇摆曲线
1—稳定 2—不稳定

分段计算法的计算精度与所选的时间段的长短（即步长）有关，Δt 过大固然精度下降；Δt 过小，除增加计算量外，也会增加计算过程中的累计误差。Δt 的选择应与所研究对象的时间常数相配合，当发电机组采用简化的模型时，Δt 一般可选为 0.01~0.05 s。

2. 改进欧拉法

设一阶非线性微分方程为

$$\frac{\mathrm{d}x(t)}{\mathrm{d}t} = f(x(t), t) \tag{10-32}$$

且已知 $t = t_0$ 时刻的初始值 $x(t_0) = x_0$，现在要求出 $t > t_0$ 以后满足上述方程的 $x(t)$。这就是所谓常微分方程的初值问题。暂态稳定计算就是给定了扰动时刻的初值，求扰动后转子运动的规律 $\delta(t)$，这也属于常微分方程的初值问题。在暂态稳定计算中，非线性函数 f 都不显含时间变量 t，即

$$\frac{\mathrm{d}x(t)}{\mathrm{d}t} = f(x(t)) \tag{10-33}$$

为简化起见，取 $t_0 = 0$，$x(t_0)$ 写成 x_0。

在 $t = 0$ 瞬间，已给定初值 $x(0) = x_0$，于是可以求得此瞬间非线性函数值 $f(x_0)$ 及 x 的变化速度为

$$\left.\frac{dx}{dt}\right|_0 = f(x_0) \tag{10-34}$$

在一个很小的时间段 Δt 内,假设 x 的变化速度不变并等于 $\left.\dfrac{dx}{dt}\right|_0$,则第一个时间段内 x 的增量 Δx 为

$$\Delta x_1 = \left.\frac{dx}{dt}\right|_0 \Delta t \tag{10-35}$$

第一个时间段末的 x 值为

$$x_{(1)} = x_0 + \Delta x_{(1)} = x_0 + \left.\frac{dx}{dt}\right|_0 \Delta t \tag{10-36}$$

知道 $x_{(1)}$ 的值后,便可以求得 $f(x_{(1)})$ 以及 $\left.\dfrac{dx}{dt}\right|_1 = f(x_{(1)})$,从而求得第二个时间段末的 x 为

$$x_{(2)} = x_{(1)} + \Delta x_{(2)} = x_{(1)} + \left.\frac{dx}{dt}\right|_1 \Delta t \tag{10-37}$$

以后时间段的递推公式为

$$x_{(k)} = x_{(k-1)} + \left.\frac{dx}{dt}\right|_{k-1} \Delta t \tag{10-38}$$

上述算法的特点是算式简单、计算量小,但不够精确,一般不能满足工程计算的精度要求,必须加以改进。改进后的算法如下。

对于任一个时间段,先计算时间段初 x 的变化速度(例如第一个时间段):

$$\left.\frac{dx}{dt}\right|_0 = f(x_0) \tag{10-39}$$

于是可以求得时间段末 x 的近似值为

$$x_{(1)}^{(0)} = x_0 + \left.\frac{dx}{dt}\right|_0 \Delta t \tag{10-40}$$

然后计算时间段末 x 的近似速度为

$$\left.\frac{dx}{dt}\right|_1^{(0)} = f(x_{(1)}^{(0)}) \tag{10-41}$$

最后,以时间段初的初始速度和时间段末的近似速度的平均值,作为这个时间段的不变速度来求 x 的增量,即

$$\Delta x_{(1)} = \frac{1}{2}\left[\left.\frac{dx}{dt}\right|_0 + \left.\frac{dx}{dt}\right|_1^{(0)}\right]\Delta t \tag{10-42}$$

从而求得时间段末 x 的修正值为

$$x_{(1)} = x_0 + \Delta x_{(1)} = x_0 + \frac{1}{2}\left[\left.\frac{dx}{dt}\right|_0 + \left.\frac{dx}{dt}\right|_1^{(0)}\right]\Delta t \tag{10-43}$$

这种算法称为改进欧拉法。它的递推公式为

$$\begin{cases} \dfrac{\mathrm{d}x}{\mathrm{d}t}\bigg|_{k-1} = f(x_{k-1}) \\ x_{(k)}^{(0)} = x_{(k-1)} + \dfrac{\mathrm{d}x}{\mathrm{d}t}\bigg|_{k-1}\Delta t \\ \dfrac{\mathrm{d}x}{\mathrm{d}t}\bigg|_{k}^{(0)} = f(x_{(k)}^{(0)}) \\ x_{(k)} = x_{(k-1)} + \dfrac{1}{2}\left[\dfrac{\mathrm{d}x}{\mathrm{d}t}\bigg|_{k-1} + \dfrac{\mathrm{d}x}{\mathrm{d}t}\bigg|_{k}^{(0)}\right]\Delta t \end{cases} \quad (10\text{-}44)$$

对于一阶微分方程组，递推算法的形式和式（10-44）相同，只是式中 x、$f(x)$ 等要换成向量或列向量函数。

下面以简单电力系统为例来说明改进欧拉法在暂态稳定计算中的应用。对于转子运动方程：

$$\begin{cases} \dfrac{\mathrm{d}\delta}{\mathrm{d}t} = \omega - \omega_\mathrm{N} = \Delta\omega = f_\delta(\delta,\Delta\omega) \\ \dfrac{\mathrm{d}\Delta\omega}{\mathrm{d}t} = \dfrac{\omega_\mathrm{N}}{T_\mathrm{J}}(P_\mathrm{T} - P_\mathrm{e}) = f_\omega(\delta,\Delta\omega) \end{cases} \quad (10\text{-}45)$$

假定计算已经进行到第 k 个时间段。计算步骤及递推公式如下。

确定时间段初的电磁功率：

$$P_{\mathrm{e}(k-1)} = P_{\mathrm{mII}}\sin\delta_{(k-1)} \quad (10\text{-}46)$$

解微分方程求时间段末功角等的近似值（设 $P_\mathrm{T} = P_0 = $ 常数）分别为

$$\begin{cases} \dfrac{\mathrm{d}\delta}{\mathrm{d}t}\bigg|_{k-1} = f_\delta(\delta_{(k-1)},\Delta\omega_{(k-1)}) = \Delta\omega_{(k-1)} \\ \dfrac{\mathrm{d}\Delta\omega}{\mathrm{d}t}\bigg|_{k-1} = f_\omega(\delta_{(k-1)},\Delta\omega_{(k-1)}) = \dfrac{\omega_\mathrm{N}}{T_\mathrm{J}}(P_0 - P_{\mathrm{e}(k-1)}) \\ \delta_{(k)}^{(0)} = \delta_{(k-1)} + \dfrac{\mathrm{d}\delta}{\mathrm{d}t}\bigg|_{k-1}\Delta t \\ \Delta\omega_{(k)}^{(0)} = \Delta\omega_{(k-1)} + \dfrac{\mathrm{d}\Delta\omega}{\mathrm{d}t}\bigg|_{k-1}\Delta t \end{cases} \quad (10\text{-}47)$$

计算时间段末电磁功率的近似值为

$$P_{\mathrm{e}(k)}^{(0)} = P_{\mathrm{mII}}\sin\delta_{(k)}^{(0)} \quad (10\text{-}48)$$

解微分方程分别求时间段末功角等的修正值为

$$\begin{cases} \dfrac{\mathrm{d}\delta}{\mathrm{d}t}\bigg|_{k}^{(0)} = f_\delta(\delta_{(k)}^{(0)},\Delta\omega_{(k)}^{(0)}) = \Delta\omega_{(k)}^{(0)} \\ \dfrac{\mathrm{d}\Delta\omega}{\mathrm{d}t}\bigg|_{k}^{(0)} = f_\omega(\delta_{(k)}^{(0)},\Delta\omega_{(k)}^{(0)}) = \dfrac{\omega_\mathrm{N}}{T_\mathrm{J}}(P_0 - P_{\mathrm{e}(k)}^{(0)}) \\ \delta_{(k)} = \delta_{(k-1)} + \dfrac{1}{2}\left[\dfrac{\mathrm{d}\delta}{\mathrm{d}t}\bigg|_{k-1} + \dfrac{\mathrm{d}\delta}{\mathrm{d}t}\bigg|_{k}^{(0)}\right]\Delta t \\ \Delta\omega_{(k)} = \Delta\omega_{(k-1)} + \dfrac{1}{2}\left[\dfrac{\mathrm{d}\Delta\omega}{\mathrm{d}t}\bigg|_{k-1} + \dfrac{\mathrm{d}\Delta\omega}{\mathrm{d}t}\bigg|_{k}^{(0)}\right]\Delta t \end{cases} \quad (10\text{-}49)$$

从递推公式可以看出，用改进欧拉法计算暂态稳定，也是把时间分成若干个小时间段，在每一小时间段内按等速运动进行微分方程求解，从而求得发电机转子的摇摆曲线。

应该着重指出，用改进欧拉法对故障切除后的第一个时间段的计算，与用分段计算法计算不同，电磁功率只用故障切除后的网络方程来求得而不必求出故障切除前后的平均值。这是因为改进欧拉法的递推公式中实际已计及了故障切除前瞬间电磁功率的影响。

改进欧拉法和分段计算法的精度是相同的。对于简单电力系统（包括某些多机系统的简化计算）来说，分段计算法的计算量比改进欧拉法少得多。

10.4 考虑调节系统作用时暂态过程的计算

由于发电机励磁绕组的时间常数较大，原动机的调速器也具有较大惯性。因此，在暂态过程的初始阶段，自动调节器的作用并不显著，可以不予考虑或只作近似考虑。但在精度要求高，或者要研究较长时间暂态过程的情况下，必须计及自动调节器的作用。

考虑电动势变化时的暂态稳定计算如下。

计及自动励磁调节器作用后，发电机电动势的变化规律必须由求解励磁系统的微分方程来确定。具有继电强行励磁的发电机励磁调节系统，不计阻尼绕组的作用时，发电机励磁绕组方程为

$$U_f = R_f i_f + \frac{d\psi_f}{dt} \tag{10-50}$$

式中，ψ_f 为励磁绕组的总磁链。把式（10-50）变换成用发电机电动势表示的形式，于是发电机励磁绕组方程为

$$E_{qe} = E_q + T'_{d0} \frac{dE'_q}{dt} \tag{10-51}$$

对于励磁机的励磁绕组有

$$U_{ff} = R_{ff} i_{ff} + L_{ff} \frac{di_{ff}}{dt} \tag{10-52}$$

发生短路时，强行励磁动作，励磁机的励磁绕组电压从正常运行时的 U_{ff0} 跃变到其最大值 U_{ffm}，于是式（10-52）变为

$$U_{ffm} = R_{ff} i_{ff} + L_{ff} \frac{di_{ff}}{dt} \tag{10-53}$$

当励磁机转速恒定，且不计励磁机的饱和等非线性因素以及电枢电压降时（其中 E_{qe} 正比于 U_f），式（10-53）变为

$$E_{qem} = E_{qe} + T_e \frac{dE_{qe}}{dt} \tag{10-54}$$

通常 E_{qem} 称为顶值电动势。式（10-54）的解为

$$E_{qe} = E_{qem} - (E_{qem} - E_{qe0}) \exp(-t/T_e) \tag{10-55}$$

E_{qe} 的变化曲线如图 10-7 所示。E_{qem} 越大、T_e 越小，E_{qe} 的上升速度也越快，这对暂态稳定是有利的。

求解方程式（10-51）和式（10-54），即能确定电动势随时间的变化规律。为了便于采用数值解法，方程可改写成

$$\frac{dE_{qe}}{dt} = \frac{1}{T_e}(E_{qem} - E_{qe}) \quad (10\text{-}56)$$

$$\frac{dE'_q}{dt} = \frac{1}{T'_{d0}}(E_{qe} - E_q) \quad (10\text{-}57)$$

电动势 E_q 可由公式 $E_q = E'_q \dfrac{X_{d\Sigma}}{X'_{d\Sigma}} + \left(1 - \dfrac{X_{d\Sigma}}{X'_{d\Sigma}}\right) U\cos\delta$ 算出。

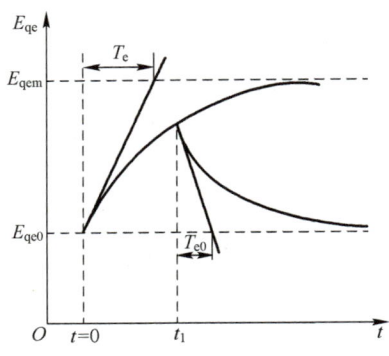

图 10-7 强行励磁动作时电动势的变化

应用改进欧拉法计算时，可以根据上面的原理写出相应的递推算式。求得每个计算阶段的 E_q 值后，利用功率方程

$$P_{Eq} = \frac{E_q U}{X_{d\Sigma}} \sin\delta + \frac{U^2}{2} \frac{X_{d\Sigma} - X_{q\Sigma}}{X_{d\Sigma} X_{q\Sigma}} \sin 2\delta \quad (10\text{-}58)$$

即可求得该计算阶段的电磁功率。

当短路故障被切除后，发电机端电压上升，达到强行励磁（简称强励）退出工作的电压值时，强行励磁将退出工作。强制电动势 E_{qe} 将由此刻的值按指数规律逐渐地降回正常运行时的 E_{qe0}。在计算中，应注意由此刻开始，描述电动势变化的方程为

$$\frac{dE_{qe}}{dt} = \frac{1}{T_{e0}}(E_{qe0} - E_{qe}) \quad (10\text{-}59)$$

式中，T_{e0} 是强励退出后励磁机励磁回路的时间常数。

当正常过程中发电机机端电压再次下降到强行励磁动作电压时，强行励磁又将再次动作，此时描述电动势变化的方程必须改用式（10-56）。为了确定强行励磁的工作状态，在计算过程中要检查发电机的电压。

10.5 复杂电力系统暂态稳定的分析计算

10.5.1 大扰动后各发电机转子运动的特点

以两机电力系统为例，来说明复杂电力系统大扰动后各发电机转子运动的特点。图 10-8 所示为两机电力系统，其正常运行时，发电机 G_1、G_2 共同向负荷 LD 供电。为简化起见，负荷用恒定阻抗表示。这样，可以做出正常运行时的等效电路，并根据给定的运行条件，算出 $E_1\angle\delta_1$、$E_2\angle\delta_2$ 以及发电机转子间的相对角 $\delta_{12} = \delta_1 - \delta_2$。对于两机系统可得

$$P_{1I} = \frac{E_1^2}{|Z_{11I}|} \sin\alpha_{11I} + \frac{E_1 E_2}{|Z_{12I}|} \sin(\delta_{12} - \alpha_{12I}) \quad (10\text{-}60)$$

$$P_{2I} = \frac{E_2^2}{|Z_{22I}|} \sin\alpha_{22I} - \frac{E_1 E_2}{|Z_{12I}|} \sin(\delta_{12} + \alpha_{12I}) \quad (10\text{-}61)$$

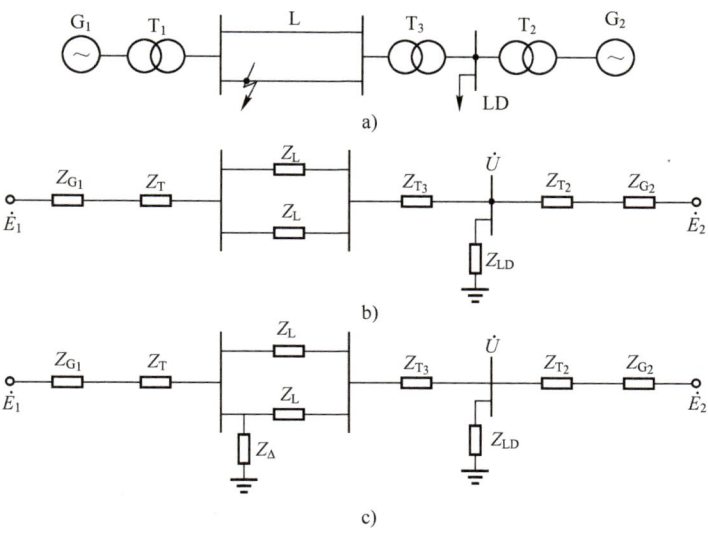

图 10-8 两机系统暂态稳定计算用的等效电路
a) 系统接线图 b) 正常运行 c) 短路状态

由此可以画出功率特性曲线。由于两发电机共同供给负荷所需的功率,所以发电机 1 的功率随相对角 δ_{12} 增大而增大;发电机 2 随相对角 δ_{12} 增大而减小。

在正常运行时,$\delta_{12}=\delta_{120}$,发电机输出的功率应为由 $P_{1\mathrm{I}}$ 和 $P_{2\mathrm{I}}$ 分别与 δ_{120} 相交的点 a_1 以及点 a_2 所确定的 P_{10} 和 P_{20},它们分别等于各自原动机的功率 P_{T1} 和 P_{T2},如图 10-9 所示。

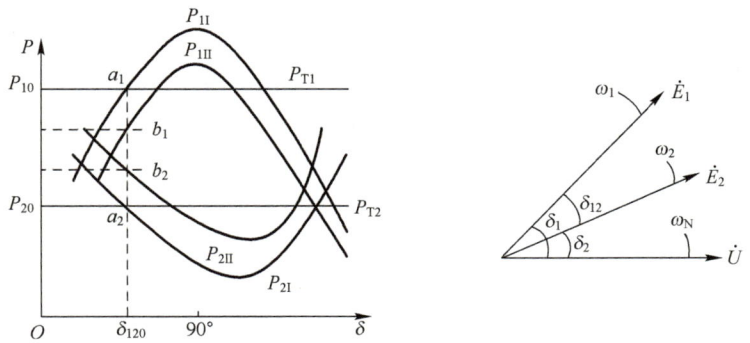

图 10-9 两机系统的功率特性

如果在靠近发电机 1 的高压线路始端发生短路,则短路时的等效电路如图 10-8c 所示。此时各发电机的功率特性为

$$\begin{cases} P_{1\mathrm{II}} = \dfrac{E_1^2}{|Z_{11\mathrm{II}}|}\sin\alpha_{11\mathrm{II}} + \dfrac{E_1 E_2}{|Z_{12\mathrm{II}}|}\sin(\delta_{12}-\alpha_{12\mathrm{II}}) \\ P_{2\mathrm{II}} = \dfrac{E_2^2}{|Z_{22\mathrm{II}}|}\sin\alpha_{22\mathrm{II}} - \dfrac{E_1 E_2}{|Z_{12\mathrm{II}}|}\sin(\delta_{12}+\alpha_{12\mathrm{II}}) \end{cases} \quad (10\text{-}62)$$

通常,高压网络的电抗远远大于电阻,因此短路附加阻抗 Z_Δ 主要是电抗。并联电抗的接入,使转移阻抗增大,即 $|Z_{12\mathrm{II}}| > |Z_{12\mathrm{I}}|$。因而功率特性中与转移阻抗成反比的正弦项

的幅值下降，从而使发电机 1 的功率比正常时的低，发电机 2 的功率则比正常时的高。

在突然短路瞬间，由于转子惯性，功角仍保持为 δ_{120}。此刻，发电机 1 输出的电磁功率，由 $P_{1\mathrm{II}}$ 上的点 b_1 确定；发电机 2 的电磁功率由 $P_{2\mathrm{II}}$ 上的点 b_2 确定。由图 10-9 看到，发电机 1 的电磁功率比它的原动机功率小，它的转子将受到加速性过剩转矩作用而加速，使其转速高于同步转速，从而使"绝对"角 δ_1 增大。而发电机 2 的电磁功率却大于它的原动机功率，它的转子将受到减速性过剩转矩作用而减速，使其低于同步速度，因而"绝对"角 δ_2 将减小。这将使发电机之间的相对运动更加剧烈，相对角 δ_{12} 急剧增大。

在发电机的复杂电力系统中，当发生大扰动时，各发电机输出的电磁功率将按扰动后的网络特性重新分配。这样，有的发电机由于电磁功率小于原动机功率而加速，有的则因电磁功率大于原动机功率而减速。至于哪些发电机加速，哪些发电机减速，则与网络的接线、负荷的分布、各发电机与短路点的电气连接有关。

10.5.2 复杂电力系统暂态稳定计算的原理和特点

判断复杂电力系统的暂态稳定问题同样需要求解发电机转子运动方程，计算功角随时间变化的曲线。复杂电力系统暂态稳定的计算，由于计算量很大，现在都采用计算机来完成。

每一台发电机的转子运动方程为

$$\begin{cases} \dfrac{\mathrm{d}\delta_i}{\mathrm{d}t} = \Delta\omega_i \\ \dfrac{\mathrm{d}\Delta\omega_i}{\mathrm{d}t} = \dfrac{\omega_\mathrm{N}}{T_{\mathrm{J}i}}(P_{\mathrm{T}i} - P_{\mathrm{e}i}) \end{cases} \quad (i=1,2,\cdots,n) \tag{10-63}$$

式中，$P_{\mathrm{T}i}$ 为第 i 台发电机的原动机的功率，它由本台原动机及其调速器特性所决定，基本上与其他发电机无关；$P_{\mathrm{e}i}$ 为第 i 台发电机输出的电磁功率，它由求解全系统的网络方程来确定。

下面介绍最简化的条件下（即不考虑原动机的调节作用，发电机用 $E'=$ 常数、负荷用恒定阻抗表示）复杂电力系统暂态稳定计算的特点。

采用改进欧拉法时计算步骤如下。

解网络方程（在最简化的条件下只需直接利用由网络方程导出的电磁功率公式）求第 k 个时间段初各发电机的电磁功率：

$$P_{\mathrm{e}i(k-1)} = \dfrac{E_i^2}{|Z_{ii}|}\sin\alpha_{ii} + \sum_{j=1,j\neq i}^{n} \dfrac{E_i E_j}{|Z_{ij}|}\sin(\delta_{ij(k-1)}-\alpha_{ij}) \quad (i=1,2,\cdots,n) \tag{10-64}$$

解微分方程求时间段末功角的近似值：

$$\begin{cases} \left.\dfrac{\mathrm{d}\delta_i}{\mathrm{d}t}\right|_{k-1} = \Delta\omega_{i(k-1)} \\ \left.\dfrac{\mathrm{d}\Delta\omega_i}{\mathrm{d}t}\right|_{k-1} = \dfrac{\omega_\mathrm{N}}{T_{\mathrm{J}i}}(P_{i0}-P_{\mathrm{e}i(k-1)}) \\ \delta_{i(k)}^{(0)} = \delta_{i(k-1)} + \left.\dfrac{\mathrm{d}\delta_i}{\mathrm{d}t}\right|_{k-1}\Delta t \\ \Delta\omega_{i(k)}^{(0)} = \Delta\omega_{i(k-1)} + \left.\dfrac{\mathrm{d}\Delta\omega_i}{\mathrm{d}t}\right|_{k-1}\Delta t \\ \delta_{ij(k)}^{(0)} = \delta_{i(k)}^{(0)} - \delta_{j(k)}^{(0)} \quad (i,j=1,2,\cdots,n) \end{cases} \tag{10-65}$$

计算时间段末各发电机电磁功率的近似值：

$$P_{ei(k)}^{(0)} = \frac{E_i^2}{|Z_{ii}|}\sin a_{ii} + \sum_{j=1,j\neq i}^{n}\frac{E_i E_j}{|Z_{ij}|}\sin(\delta_{ij(k)}^{(0)} - a_{ij}) \quad (i=1,2,\cdots,n) \quad (10\text{-}66)$$

解微分方程求时间段末功角的修正值：

$$\begin{cases} \left.\dfrac{\mathrm{d}\delta_i}{\mathrm{d}t}\right|_k^{(0)} = \Delta\omega_{(k)}^{(0)} \\[4pt] \left.\dfrac{\mathrm{d}\Delta\omega_i}{\mathrm{d}t}\right|_k^{(0)} = \dfrac{\omega_\mathrm{N}}{T_{\mathrm{J}i}}(P_{i0}-P_{ei(k)}^{(0)}) \\[4pt] \delta_{i(k)} = \delta_{i(k-1)} + \dfrac{1}{2}\left[\left.\dfrac{\mathrm{d}\delta_i}{\mathrm{d}t}\right|_{k-1} + \left.\dfrac{\mathrm{d}\delta_i}{\mathrm{d}t}\right|_k^{(0)}\right]\Delta t \\[4pt] \Delta\omega_{i(k)} = \Delta\omega_{i(k-1)} + \dfrac{1}{2}\left[\left.\dfrac{\mathrm{d}\Delta\omega_i}{\mathrm{d}t}\right|_{k-1} + \left.\dfrac{\mathrm{d}\Delta\omega_i}{\mathrm{d}t}\right|_k^{(0)}\right]\Delta t \\[4pt] \delta_{ij(k)} = \delta_{i(k)} - \delta_{j(k)} \quad (i,j=1,2,\cdots,n) \end{cases} \quad (10\text{-}67)$$

对于最简化条件下的计算，采用分段计算法将会大大加快计算速度，其步骤如下。

第 k 个时间段初各发电机的电磁功率为

$$P_{ei(k-1)} = \frac{E_i^2}{|Z_{ii}|}\sin a_{ii} + \sum_{j=1,j\neq i}^{n}\frac{E_i E_j}{|Z_{ij}|}\sin(\delta_{ij(k-1)} - a_{ij}) \quad (i=1,2,\cdots,n) \quad (10\text{-}68)$$

解微分方程求时间段末功角的值：

$$\begin{cases} \Delta P_{i(k-1)} = P_{i0} - P_{ei(k-1)} \\ \Delta\delta_{i(k)} = \Delta\delta_{i(k-1)} + K_i\Delta P_{i(k-1)} \\ \delta_{i(k)} = \delta_{i(k-1)} + \Delta\delta_{i(k)} \\ \delta_{ij(k)} = \delta_{i(k)} - \delta_{j(k)} \quad (i,j=1,2,\cdots,n) \end{cases} \quad (10\text{-}69)$$

由以上两种计算方法的求解过程，可以看到复杂电力系统暂态稳定计算的几个特点：

1) 复杂电力系统暂态稳定计算的过程，是交替的求解网络方程和微分方程的过程。

2) 发电机转子运动方程是用每一台发电机的"绝对"角 δ_i 和"相对"角 $\Delta\omega_i$ 来描述的。在求解网络方程得到发电机的电磁功率之后，求解微分方程时，只考虑与本台发电机组的有关特性，计算公式简单。

3) 网络方程与扰动后网络的结构和参数、所有发电机的电磁特性和参数以及负荷的特性和参数有关，它是由全系统的电磁特性所决定的。最简化的情况下，发电机的电磁功率是 $n-1$ 个相对角 δ_{ij} 的函数。

4) 对复杂电力系统不能再用等面积定则来确定极限切除角，而是按给定的故障切除时间 t_c 进行计算，算到 $t=t_\mathrm{c}$ 时刻，以系统再发生一次扰动来处理，从而算出发电机的摇摆曲线。

10.5.3 复杂电力系统暂态稳定的判据

由暂态稳定计算的结果，可以得到两种功角随时间变化的曲线，即"绝对"角和相对角随时间变化的曲线。图 10-10 为三机电力系统某一计算结果。

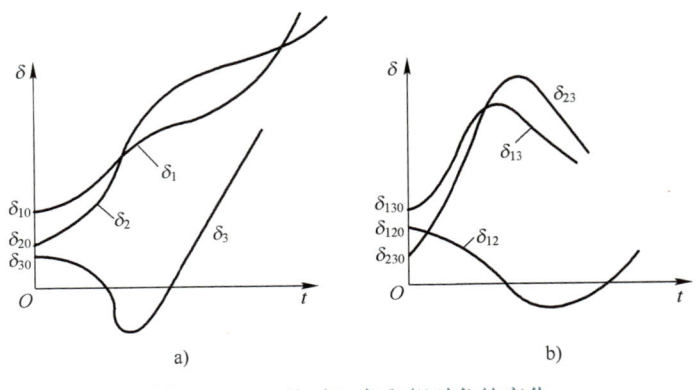

图 10-10 "绝对"角和相对角的变化
a) "绝对"角 b) 相对角

电力系统是否具有暂态稳定性，或者说，系统受到大扰动后各发电机之间能否继续保持同步运行，是根据各发电机转子之间相对角的变化特性来判断的。在相对角中，只要有一个相对角随时间的变化趋势是不断增大（或不断减小）时，系统是不稳定的（见图10-11）。若所有的相对角经过振荡之后都能稳定在某一值，则系统是稳定的（见图10-10b）。

因为"绝对"角是发电机相对于同步旋转轴的角度，所以若"绝对"角 δ_i 随时间不断增大，则意味着第 i 台发电机的转速高于同步转速；若 δ_i 随时间不断减小，则第 i 台发电机的转速低于同步转速。所有发电机的"绝对"角最后都随时间不断增大（见图10-10a），系统仍然可能是稳定的，它只意味着在新的稳定运行状态下，系统频率高于额定值。

图10-11为系统失去暂态稳定的情况。从图中可以看到，2、3号发电机基本上是同步的，而1号发电机相对于2、3号发电机则失去同步，系统稳定破坏是由于1号发电机转速升高引起的。

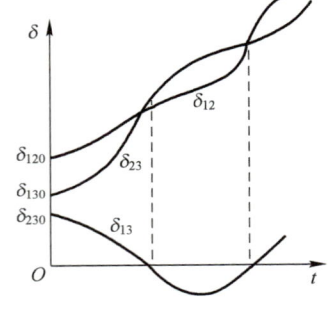

图 10-11 发电机1与2、3间失去同步

> ※一点讨论
>
> 系统的暂态稳定性的好坏，其实是取决于电网遭受大扰动时，引起的电力系统机组的相对角度在经过第一个角度最大值后，是否能做同步衰减振荡，系统中枢点电压是否可以逐渐恢复。提高暂态稳定的核心就是减小功率差额。

10.5.4 暂态稳定计算用的网络模型

电力系统分析中发电机的模型一般用微分方程的阶次来说明，常用的有三阶模型和五阶模型。三阶模型包括转子运动的两阶微分方程和励磁绕组电磁暂态的一阶微分方程。再加上纵轴和横轴阻尼绕组各一阶微分方程，便构成五阶模型。

复杂电力系统暂态稳定计算中最为复杂的是求解网络方程以确定发电机的电磁功率。为了提高计算精度，对发电机采用 $E_q' =$ 常数的模型，同时，还必须考虑负荷的特性。这样，仅保留电动势节点的网络模型便不方便了。

正常潮流计算是以发电机端和负荷端作为系统节点来形成节点导纳矩阵的,现在在这个基础上,讨论如何接入发电机和负荷来形成暂态稳定计算用的网络模型(这里仅介绍网络的线性模型)。

采用直角坐标表示网络的方程时,电压和电流相量是以某一同步旋转的坐标系为基准的,这个坐标系由 x 轴和比它超前 $90°$ 的 y 轴组成。各节点的电压和电流都以坐标系的分量表示。

当发电机用 E'_q 表示时,需按 d、q 轴分别建立电压平衡方程,即

$$\begin{cases} E'_q = U_{Gq} + I_{Gq}R_G + I_{Gd}X'_d \\ 0 = U_{Gd} - I_{Gq}X_q + I_{Gd}R_G \end{cases} \tag{10-70}$$

写成矩阵形式为

$$\begin{bmatrix} E'_q \\ 0 \end{bmatrix} = \begin{bmatrix} U_{Gq} \\ U_{Gd} \end{bmatrix} + \begin{bmatrix} R_G & X'_d \\ -X_q & R_G \end{bmatrix} \begin{bmatrix} I_{Gq} \\ I_{Gd} \end{bmatrix} \tag{10-71}$$

为此,必须进行 d、q 坐标和 x、y 坐标间的变换。

在暂态稳定计算中,如果同步旋转的参考电压选为与 x 轴重合,则发电机转子 q 轴和 x 轴间的夹角,即为转子的"绝对"角 δ,如图 10-12 所示。

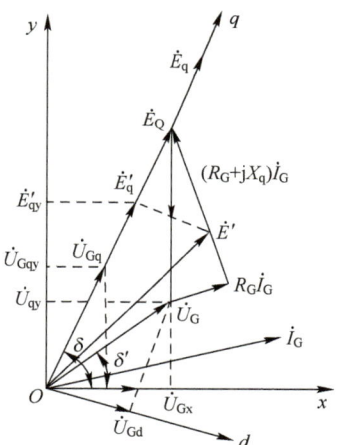

图 10-12 坐标系的变换

发电机端电压在两个直角坐标系的分量之间,有如下关系:

$$\begin{bmatrix} U_{Gq} \\ U_{Gd} \end{bmatrix} = \begin{bmatrix} \cos\delta & \sin\delta \\ \sin\delta & -\cos\delta \end{bmatrix} \begin{bmatrix} U_{Gx} \\ U_{Gy} \end{bmatrix} \tag{10-72}$$

同理有

$$\begin{bmatrix} I_{Gq} \\ I_{Gd} \end{bmatrix} = \begin{bmatrix} \cos\delta & \sin\delta \\ \sin\delta & -\cos\delta \end{bmatrix} \begin{bmatrix} I_{Gx} \\ I_{Gy} \end{bmatrix} \tag{10-73}$$

将式(10-72)、式(10-73)代入式(10-71)中,并解出电流 I_{Gx}、I_{Gy},可得

$$\begin{bmatrix} I_{Gx} \\ I_{Gy} \end{bmatrix} = \begin{bmatrix} G_x & B_x \\ B_y & G_y \end{bmatrix} \begin{bmatrix} U_{Gx} \\ U_{Gy} \end{bmatrix} + \begin{bmatrix} C_x \\ C_y \end{bmatrix} E'_q \tag{10-74}$$

式中

$$\begin{cases} G_x = \dfrac{R_G+(X_q-X'_d)\sin\delta\cos\delta}{R_G^2+X_qX'_d} \\ G_y = \dfrac{R_G-(X_q-X'_d)\sin\delta\cos\delta}{R_G^2+X_qX'_d} \\ B_x = \dfrac{X'_d+(X_q-X'_d)\sin^2\delta}{R_G^2+X_qX'_d} \\ B_y = \dfrac{X'_d+(X_q-X'_d)\cos^2\delta}{R_G^2+X_qX'_d} \\ C_x = \dfrac{R_G\cos\delta+X_q\sin\delta}{R_G^2+X_qX'_d} \\ C_y = \dfrac{R_G\sin\delta-X_q\cos\delta}{R_G^2+X_qX'_d} \end{cases} \quad (10\text{-}75)$$

这些系数仅仅是"绝对"角 δ 的函数，它们必须根据每个时间段的功角值不断加以修改。

当取导纳 $Y=G+jB$ 时，用直角坐标系表示的实数网络为

$$\begin{bmatrix} \begin{bmatrix} I_{1x} \\ I_{1y} \end{bmatrix} \\ \vdots \\ \begin{bmatrix} I_{ix} \\ I_{iy} \end{bmatrix} \\ \vdots \\ \begin{bmatrix} I_{Nx} \\ I_{Ny} \end{bmatrix} \end{bmatrix} = \begin{bmatrix} \begin{bmatrix} G_{11} & -B_{11} \\ B_{11} & G_{11} \end{bmatrix} & \cdots & \begin{bmatrix} G_{1i} & -B_{1i} \\ B_{1i} & G_{1i} \end{bmatrix} & \cdots & \begin{bmatrix} G_{1N} & -B_{1N} \\ B_{1N} & G_{1N} \end{bmatrix} \\ \vdots & & \vdots & & \vdots \\ \begin{bmatrix} G_{i1} & -B_{i1} \\ B_{i1} & G_{i1} \end{bmatrix} & \cdots & \begin{bmatrix} G_{ii} & -B_{ii} \\ B_{ii} & G_{ii} \end{bmatrix} & \cdots & \begin{bmatrix} G_{iN} & -B_{iN} \\ B_{iN} & G_{iN} \end{bmatrix} \\ \vdots & & \vdots & & \vdots \\ \begin{bmatrix} G_{N1} & -B_{N1} \\ B_{N1} & G_{N1} \end{bmatrix} & \cdots & \begin{bmatrix} G_{Ni} & -B_{Ni} \\ B_{Ni} & G_{Ni} \end{bmatrix} & \cdots & \begin{bmatrix} G_{NN} & -B_{NN} \\ B_{NN} & G_{NN} \end{bmatrix} \end{bmatrix} \begin{bmatrix} \begin{bmatrix} U_{1x} \\ U_{1y} \end{bmatrix} \\ \vdots \\ \begin{bmatrix} U_{ix} \\ U_{iy} \end{bmatrix} \\ \vdots \\ \begin{bmatrix} U_{Nx} \\ U_{Ny} \end{bmatrix} \end{bmatrix} \quad (10\text{-}76)$$

如果节点 i 为发电机节点，则节点注入电流即为发电机定子电流，节点电压即是机端电压。将定子电流算式代入式（10-76）的左端，其中与机端电压有关的项移到右端并与同类项合并，便可得到暂态稳定计算的网络方程：

$$\begin{bmatrix} \begin{bmatrix} I_{1x} \\ I_{1y} \end{bmatrix} \\ \vdots \\ \begin{bmatrix} I'_{ix} \\ I'_{iy} \end{bmatrix} \\ \vdots \\ \begin{bmatrix} I_{Nx} \\ I_{Ny} \end{bmatrix} \end{bmatrix} = \begin{bmatrix} \begin{bmatrix} G_{11} & -B_{11} \\ B_{11} & G_{11} \end{bmatrix} & \cdots & \begin{bmatrix} G_{1i} & -B_{1i} \\ B_{1i} & G_{1i} \end{bmatrix} & \cdots & \begin{bmatrix} G_{1N} & -B_{1N} \\ B_{1N} & G_{1N} \end{bmatrix} \\ \vdots & & \vdots & & \vdots \\ \begin{bmatrix} G_{i1} & -B_{i1} \\ B_{i1} & G_{i1} \end{bmatrix} & \cdots & \begin{bmatrix} G_{ii} & -B_{ii} \\ B_{ii} & G_{ii} \end{bmatrix} & \cdots & \begin{bmatrix} G_{iN} & -B_{iN} \\ B_{iN} & G_{iN} \end{bmatrix} \\ \vdots & & \vdots & & \vdots \\ \begin{bmatrix} G_{N1} & -B_{N1} \\ B_{N1} & G_{N1} \end{bmatrix} & \cdots & \begin{bmatrix} G_{Ni} & -B_{Ni} \\ B_{Ni} & G_{Ni} \end{bmatrix} & \cdots & \begin{bmatrix} G_{NN} & -B_{NN} \\ B_{NN} & G_{NN} \end{bmatrix} \end{bmatrix} \begin{bmatrix} \begin{bmatrix} U_{1x} \\ U_{1y} \end{bmatrix} \\ \vdots \\ \begin{bmatrix} U_{ix} \\ U_{iy} \end{bmatrix} \\ \vdots \\ \begin{bmatrix} U_{Nx} \\ U_{Ny} \end{bmatrix} \end{bmatrix} \quad (10\text{-}77)$$

式中

$$\begin{bmatrix} I'_{ix} \\ I'_{iy} \end{bmatrix} = \begin{bmatrix} C_{ix} \\ C_{iy} \end{bmatrix} E'_{qi} \tag{10-78}$$

其他发电机节点也按同样的方法处理。式（10-77）和正常潮流计算的方程式具有完全相同的形式，节点数也没有变化，只是对应于发电机节点的自导纳二阶子矩阵的元素进行修改而已。

在暂态稳定计算中解微分方程算出发电机的 δ 之后，算出各发电机的 G_x、G_y、B_x、B_y、C_x、C_y 等系数，用以修正各发电机节点的自导纳二阶子矩阵元素，再求出各发电机的注入电流 I'_{ix} 和 I'_{iy}；求解网络方程，得到发电机的端电压 U_x 和 U_y，再求得发电机定子电流 I_x 和 I_y，接下来就可以计算发电机的电磁功率，即

$$P_e = U_x I_x + U_y I_y + (I_x^2 + I_y^2) R_G \tag{10-79}$$

如果暂态稳定计算中发电机采用 E' = 常数作为计算条件，则将式（10-70）中的 E'_q 用 E' 代替，δ 用 δ' 代替，且令 $X_q = X'_d$ 即可。此时，C_x、C_y 仍是随时间变化的 δ' 的函数，但系数 G_x、G_y、B_x、B_y 是常数了。因此，只需在操作后的第一个时间段开始时，将导纳矩阵中与 E' = 常数的发电机相对应的自导纳二阶子矩阵用常数 G_x、G_y、B_x、B_y 修改一次即可。

考虑励磁调节器作用时，电动势 E'_q 是时变的，则描述 E'_q 的微分方程为

$$\frac{dE'_q}{dt} = \frac{1}{T'_{d0}} \left\{ E_{qe} - \frac{R_G^2 + X_q X_d}{R_G^2 + X_q X'_d} E'_q + \frac{X_d - X'_d}{R_G^2 + X_q X'_d} [U_{Gx}(R_G \sin\delta + X_q \cos\delta) + U_{Gy}(-R_G \cos\delta + X_q \sin\delta)] \right\}$$

$$\tag{10-80}$$

10.6 暂态稳定性知识拓展

10.6.1 暂态稳定性发展综述

随着智能电网建设的逐步推进，远距离大容量输电方式和高比例电力电子化引入加剧了新的电力系统安全稳定运行风险，大功率缺额事故和复杂连锁故障进一步加大了电力系统稳定分析与控制的难度，准确掌握大电网的暂态态势实现准确的安全稳定分析与控制，存在理论和技术瓶颈。物理系统复杂化和信息系统多源化对暂态稳定分析的准确性和时效性提出了更高要求，引入人工智能以满足当前暂态稳定研究要求，成为热门的研究方向。针对电力系统暂态问题出现的以下一些新变化，人工智能应用于暂态稳定分析与控制更具有合理性。

（1）电力系统深度信息化

传统的基于因果逻辑的信息分析处理方法无法满足高维异构的多源信息的快速计算要求，人工智能技术在大数据处理和信息挖掘方面兼具效率和精度的优势，有利于更好地发挥多源信息的价值。

（2）暂态稳定机理复杂化

特高压直流输电、柔性交流输电、新能源和变频器负荷等电力电子化元素加入电力系统

中，造成暂态问题研究对象复杂化。针对仿真规模庞大造成的计算问题，引入人工智能算法使仿真程序通过部分场景仿真挖掘暂态问题的数据规则，以提升应对整体故障集的泛化能力，从而实现仿真数据通过映射关系的快速分析。

(3) 暂态稳定分析方法局限化

电力系统暂态问题的分析方法主要分为扩展等面积法、时域仿真法和暂态能量函数法。扩展等面积法被广泛研究；时域仿真法能适应任意模型，通过识别发电机角速度与功角的相平面轨迹的凹凸性直观判定系统稳定性；暂态能量函数法，或称李雅普诺夫直接法，基于李雅普诺夫函数的稳定性分析比较复杂。随着电力电子化比例提高，电力系统的离散特性不断增强。基于人工智能的暂态稳定分析方法，脱离了大量复杂机理分析，通过挖掘数据知识，暂态故障发展的全过程及最终稳定状态均可进行分析。

(4) 暂态控制问题多样化

现阶段电力系统暂态问题控制技术面临控制对象范围扩大、控制目标维度增加，以及机理不明确导致的控制难度加大等问题。针对此复杂网络的智能调控手段主要是从智能控制的角度出发，希望将"知识"和"判断能力"赋予计算机，实现应对暂态问题的预防、紧急处置和恢复控制的全过程智能化。利用人工智能在群体智能、处理复杂数据关系和学习能力上的优势，有助于缓解传统控制模式应对不确定性场景控制的压力。

10.6.2 暂态稳定性工程应用

电力系统的稳定性问题是当系统在某一正常运行状态下受到干扰后，能否经过一段时间后回到原来的稳定状态或者过渡到一个新的稳定状态的问题。电力系统失去稳定就是系统的平衡状态遭到破坏而不能正常工作，可能造成大电网事故及重要设备事故，进而导致大量用户供电中断，使得重要用户供电受到严重影响，甚至导致整个系统的瓦解，后果极为严重。

(1) 电力系统稳定性及相关内容浅析

正常运行电力系统的平衡状态有三个主要特征：①系统中所有的发电机均以相同的额定或接近于额定的角速度 ω 运行或者说系统内所有发电机都处于同步运行状态；②系统中所有的发电厂、变电站母线的电压在额定值或其附近运行；③系统频率在正常范围内。

(2) 电力系统暂态稳定分析方式介绍

电力系统暂态稳定分析结论可为防范系统运行风险，优化系统稳定控制策略，以及为电网规划设计、生产运行、科研试验等工作提供重要依据。现有电力系统的暂态稳定分析方式包括两种，即离线计算和在线计算。

(3) 提高电力系统暂态稳定性的方法

提高暂态稳定的措施可分成三大类：①缩短"电气距离"或等效地缩短"电气距离"，加强电气联系，使系统在电气结构上更加紧密，这是从根本上避免稳定破坏的措施之一；②减少机械与电磁、负荷与电源的功率或能量的差额，并使之达到新的平衡，尽可能防止运行情况的进一步恶化，这是在稳定有破坏的危险时运用的临时措施；③在稳定的破坏已不可避免时，为了限制事故的进一步扩大，减少稳定破坏造成的危害，因势利导而必须采取的措施，如系统解列。

(4) 电网稳定分级、控制及事故处置原则

为保证电力系统安全性,电力系统承受大扰动能力的安全稳定标准分为三级。为了实现电力系统的安全稳定运行,指导从业人员进行有关电力系统安全稳定的工作,应遵守《电力系统安全稳定导则》规定。

(5) 未来电力系统面临的发展与挑战

未来电力系统为大电网层面和配电网层面两种发展模式的融合。未来电力系统主要面临十大挑战,也是未来技术和管理需要创新的主要方向:①高压直流及海量电力电子设备的接入;②未来电力系统的认知和仿真;③未来电力系统的运行和控制;④储能的快速发展;⑤保护新概念;⑥规划新概念;⑦主动配电网;⑧电力大数据及信息的大量交换;⑨现有基础设施的技术改造途径;⑩互利共赢的电力市场协调机制。

(李典阳,国网辽宁省电力有限公司)

小 结

功角随时间变化的特性,是判断电力系统能否保持暂态稳定的重要依据。

对于简单电力系统,判断系统在给定的计算条件下是否具有暂态稳定,用极值比较法比较快捷。

在复杂电力系统暂态稳定的实用计算中,将发电机微分方程与网络方程分开交替求解,这样网络结构变化时可以方便地修改系统参数,同时可以考虑任意详细的发电机和负荷模型,易于实现。

第 10 章
部分知识点动画
讲解(1)

第 10 章
部分知识点动画
讲解(2)

习 题

10-1 何为电力系统的暂态稳定性?

10-2 电力系统产生大扰动的原因是什么?

10-3 发电机自动调节系统对暂态稳定性有什么影响?

10-4 简单电力系统如图 10-13 所示,假定发电机无励磁调节装置(E_q 为常数),已知以发电机额定容量为基准的各元件的电抗和系统电压标幺值为 $X_d = 1.8$,$X_{T1} = X_{T2} = 0.25$,$X_L = 0.5$,$U_0 = 1.0$,正常运行时 $P = 0.8$,$\cos\varphi = 0.8$。计算 f 点发生三相短路时的极限切

除角。

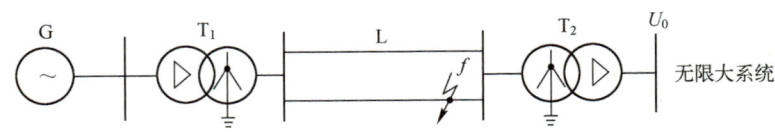

图 10-13 习题 10-4 图

10-5 系统接线如图 10-14 所示，设在一回线路始端突然发生三相短路，当发电机转子功角增加 30°时，A、B 两断路器同时跳开，将故障线路切除。已知原动机机械功率 $P_T = 1.5$，双回线运行时系统的功角特性为 $P_I = 3\sin\delta$，切除一回线路后系统的功角特性为 $P_{III} = 2\sin\delta$。试判断该系统是否能保持暂态稳定？

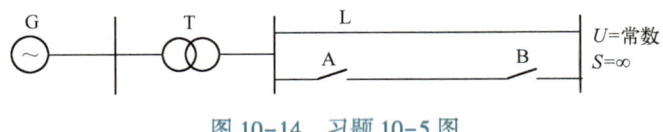

图 10-14 习题 10-5 图

10-6 某输入功率区域从无线电母线获得 25 MW 的功率，已知稳态功率极限是 80 MW，应用等面积定则求在不使系统失去稳定的情况下，能够突然增加的区域负荷。

参 考 文 献

[1] 孙秋野. 电力系统分析 [M]. 北京：人民邮电出版社，2012.
[2] 周荣光. 电力系统理论精析 [M]. 北京：电子工业出版社，2014.
[3] 韩祯祥. 电力系统分析 [M]. 5版. 杭州：浙江大学出版社，2013.
[4] 夏道止，杜正春. 电力系统分析 [M]. 3版. 北京：中国电力出版社，2018.
[5] 何仰赞. 电力系统分析：上册、下册 [M]. 4版. 武汉：华中科技大学出版社，2016.
[6] 孙秋野. 能源互联网 [M]. 北京：科学出版社，2015.
[7] SUN Q Y. Energy Internet and We-Energy [M]. Berlin：Springer，2019.
[8] 查尔斯 E 哈里斯，迈克尔 S 普里查德，迈克尔 S 雷宾斯，等. 工程伦理概念与案例 [M]. 5版. 丛杭青，沈琪，魏丽娜，等译. 杭州：浙江大学出版社，2018.
[9] 李正风，丛杭青，王前，等. 工程伦理 [M]. 2版. 北京：清华大学出版社，2016.